Trevor Baker

DAVE GAHAN – SEIN LEBEN MIT DEPECHE MODE

Trevor Baker

DAVE GAHAN

SEIN LEBEN MIT DEPECHE MODE

Mit einem Update von André Boße und Dennis Plauk

Aus dem Englischen übersetzt von Henning Dedekind

hannibal
www.hannibal-verlag.de

Impressum

Der Autor: Trevor Baker
Deutsche Erstausgabe 2010

Update und Erweiterung 2024, Kap. 23–27: André Boße/Dennis Plauk

Hannibal Verlag, ein Imprint der KOCH International GmbH, A-6604 Höfen
www.hannibal-verlag.de

ISBN 978-3-85445-781-7
Auch als E-Book erhältlich mit der ISBN 978-3-85445-782-4

Titel der Originalausgabe:
„DAVE GAHAN – Depeche Mode & The Second Coming"
ISBN 978-1-906191-11-5

Übersetzung: Henning Dedekind bis inkl. Kapitel 22
Mit einem Update von André Boße und Dennis Plauk
Lektorat und Korrektorat bis inkl. Kapitel 22: Hollow Skai
Lektorat und Korrektorat Update: Dr. Matthias Auer
Layout und Satz: Thomas Auer
Coverdesign: Michael Bergmeister
Coverfoto: Spencer Ostrander, www.spencerostrander.com
Fotos Innenteil: Ronny Ecke, außer anders erwähnt

Besonderen Dank an: Ronny Ecke, CPR und Partyman

Printed in Germany

Inhaltsverzeichnis

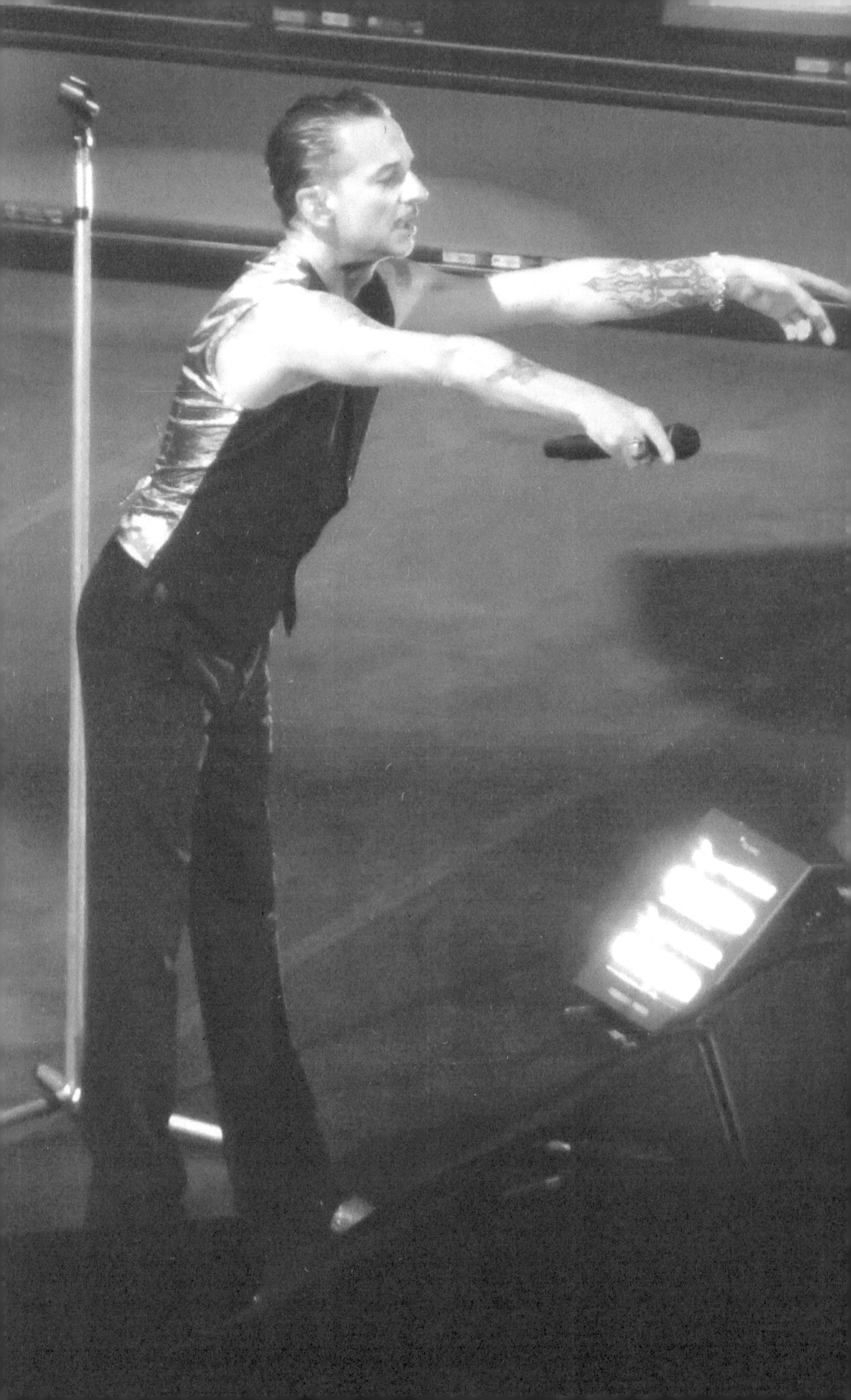

Einleitung

In den achtziger Jahren wurden Depeche Mode insbesondere in England von vielen nur als etwas seltsame Teenie- Pop-Gruppe betrachtet. Doch Dave Gahan muss davon geträumt haben, dass sich sein Image eines Tages wandeln würde. Irgendwann erkannten die Menschen schließlich den Rockstar, der hinter seinem aufgeräumten Gesicht, der Million Fotoposen, den Rüschenhemden und schlechten Anzügen auch nicht gerade sonderlich gut versteckt war. Er bekam also, was er wollte. Dank eines gut dokumentierten und erschütternden persönlichen Niedergangs sowie einer Reihe schonungslos offener Interviews, die er Mitte der Neunziger gab, erlangte Dave Gahan in der Tat ein neues Image: das eines der berühmtesten Beinahe-Opfer des Rock.

Die Wahrheit über Dave Gahan ist jedoch, dass er seit jeher eine weitaus komplexere Persönlichkeit ist als der stereotype, exzessive Rocker oder der Frontmann, der nur Stücke von anderen Leuten singt. An einem seiner zahlreichen Tiefpunkte „starb“ Dave Gahan und lag zwei Minuten lang „tot“ hinten in einem Rettungswagen. Gahans Leben lässt sich jedoch nicht auf diese eine Schlagzeile reduzieren: Seine wunderbare Arbeit mit Depeche Mode, seine eigenen viel beachteten Soloalben und seine legendären Live-Auftritte werden immer unvergessen bleiben.

Es ist unvermeidlich, dass dieses Buch davon erzählt, welche Wirkung weltweiter Erfolg auf einen Menschen haben kann. Daneben geht es aber auch darum, was hinterher passiert und wie man vom Rande des Abgrunds aus erneut einen persönlichen und beruflichen Triumph erringen kann.

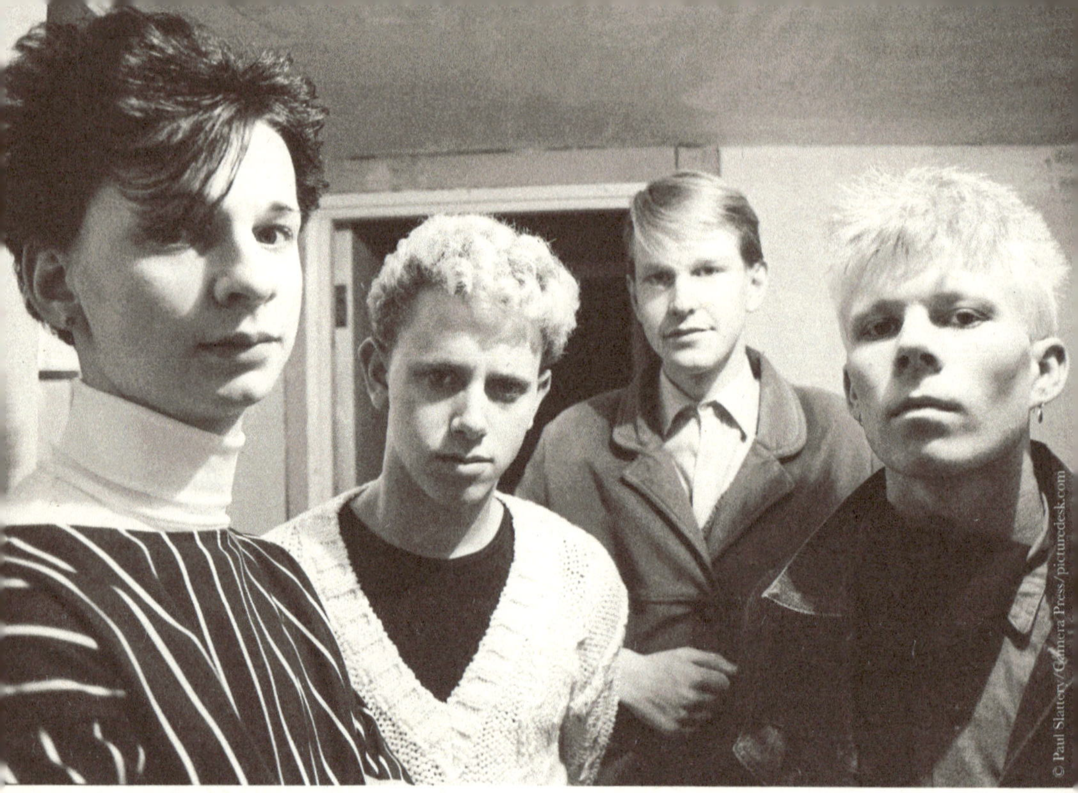

Depeche Mode, 16. Januar 1981, Rough Trade Records, London.
V.l.n.r.: Dave Gahan, Martin Gore, Andy Fletcher, Vince Clarke

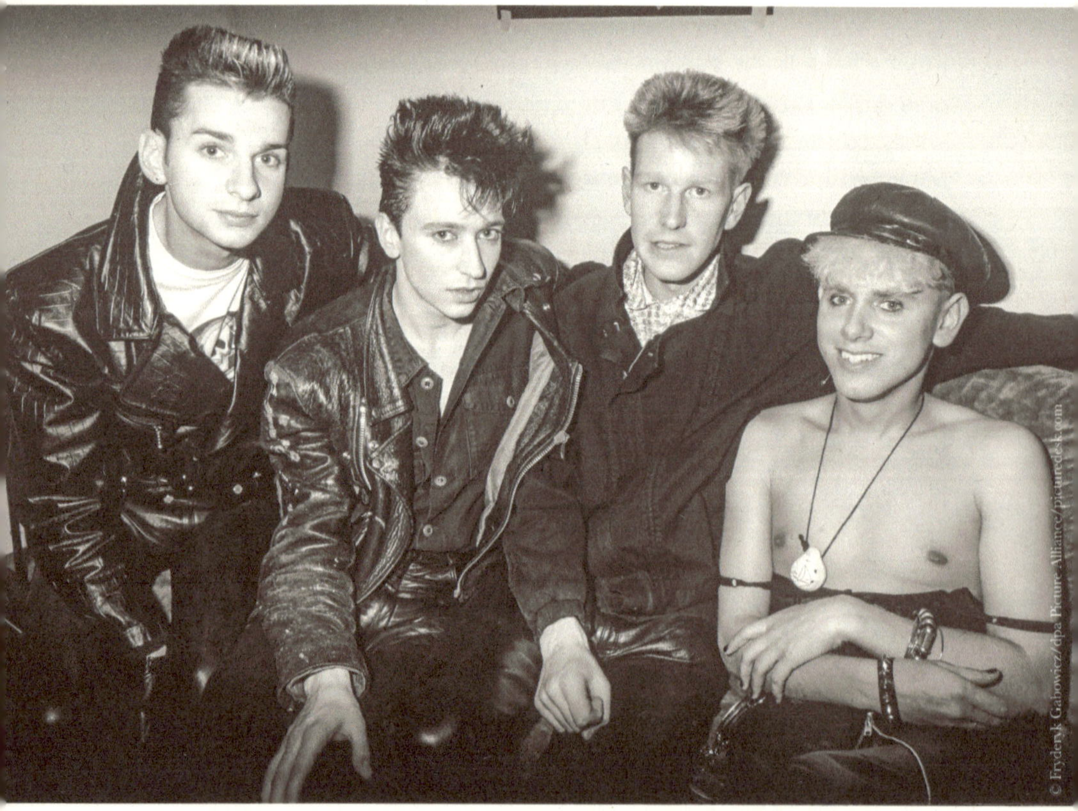

Depeche Mode, 19. November 1984, Alabamahalle München (TV Show).
V.l.n.r.: Dave Gahan, Alan Wilder, Andy Fletcher, Martin Gore

1. Der Junge aus Essex

Liest man die ersten Presseberichte über Depeche Mode, dann entgeht einem nicht eine gewisse Verwunderung darüber, dass überhaupt eine Band aus Basildon in Essex kam. Basildon ist nicht etwa ein Slum. Es ist eine vollkommen normale Arbeiterstadt im Südosten Englands. Doch allein die Tatsache, dass drei der vier langjährigen Bandmitglieder von dort stammten, bestimmte während der ersten zehn Jahre ihrer Karriere das Bild der Gruppe in der Öffentlichkeit. Als The Smiths in den Achtzigern einen bestimmten Manchester-Sound prägten, wurden sie dafür gelobt. Jeder Hinweis auf Basildon, der sich in der Musik von Depeche Mode fand, diente der britischen Presse hingegen als Anlass zu Hohn und Spott. Vielleicht liegt das daran, dass der Ort keine besondere Geschichte vorzuweisen hat: Er wurde in den vierziger Jahren als neue Stadt für die nicht gar so reichen Neureichen gegründet.

Nach dem Zweiten Weltkrieg hatte die Regierung angeordnet, einen so genannten „Grüngürtel" um London herum zu schaffen. Damit wollte man verhindern, dass sich die Hauptstadt die umliegenden ländlichen Gebiete vollends einverleibte. Da in London selbst keine neuen Wohnhäuser gebaut wurden, landeten bald hunderttausende Menschen in den neuen Städten auf der anderen Seite dieses Grüngürtels. In dieser Umgebung spiegelte sich die Hoffnung auf eine bessere Zukunft wider. Die Stadtplaner hofften wohl, dass Städte wie Basildon ein besserer Ort für die Baby-Boomer wären als die ausgebombten Viertel, aus denen viele Familien stammten. Neue Fabriken wie das riesige Ford-Werk im nahe gelegenen Dagenham wurden eröffnet. Außerdem gab es eine gute Verkehrsanbindung an das nur etwa 40 Kilometer entfernte London. Obwohl die Stadt grün und von ihrem Charakter her recht ländlich wirkte, war sie praktisch doch ein Vorort von London.

Dave Gahan war gerade drei Jahre alt, als seine Familie 1965 nach Basildon zog. Er war das erste der künftigen Bandmitglieder, das dort heimisch wurde. Seine Mutter war die Busschaffnerin Sylvia Gahan, sein

Vater Jack Gahan übte bei dem Ölmulti Shell eine Bürotätigkeit aus. Dave hatte eine ältere Schwester, Sue, und zwei jüngere Brüder, Philip und Peter. Jack spielte Saxofon in einer Bigband, sodass Daves Kindheit von Jazz-Klängen, Jacks eigenem Spiel und Schallplatten von Miles Davis oder John Coltrane untermalt war.

Als Sue älter wurde, war Dave auch ihrem Musikgeschmack ausgesetzt, Soul-Sängern wie Barry White und Bands wie den Stylistics. Außerdem spielte seine Mutter regelmäßig ihre Lieblingsplatten, darunter zuckersüße Schnulzensänger wie Johnny Mathis. Dave war ein freches, fröhliches Kind, das seine Tanten gerne zum Lachen brachte, indem es Rockstars wie Mick Jagger imitierte.

Jack Gahan starb 1972 völlig unerwartet. Es muss nicht eigens erwähnt werden, dass dieses tragische Ereignis ein schwerer emotionaler Schlag für die gesamte Familie war, doch für Sue und David bedeutete es noch zusätzliche Verwirrung. Der junge David erfuhr nun, dass seine Mutter schon einmal verheiratet gewesen war, diese Beziehung jedoch kurz nach seiner Geburt auseinander gegangen war. Somit war Len, der Ex-Ehemann seiner Mutter, sein biologischer Vater. Auf einmal war alles anders.

„Danach habe ich Leuten, bei denen man sich eigentlich sicher fühlen sollte, stets ein wenig misstraut", sagte Dave 2003. „Wie Lehrern, die Schwierigkeiten mit der Polizei bekommen. Ich bin immer noch ein bisschen so. Anstatt den einfachen Weg zu gehen, schlage ich mich lieber durchs Unterholz."

Für Sylvia war es verständlicherweise schwierig, alleine für das Auskommen der Familie zu sorgen. Dave erinnerte sich später zwar, wie er mit Gratis-Essensmarken in der Hand für die Schulspeisung Schlange gestanden hatte, betonte aber stets, dass seine Mutter die Kinder immer vor dem Gefühl der Armut bewahrt habe.

Die wohlgemeinte Arbeit der Stadtplaner, die Basildon erschaffen hatten, wirkte inzwischen etwas fehlgeleitet. Der Beton hatte Risse bekommen, und als es mit der Wirtschaft in den Siebzigern bergab ging, gab es nicht genügend Arbeit für all die Menschen, die sich dort angesiedelt hatten. Große Teile der Grünflächen waren verschluckt worden, und für die Jugendlichen gab es kaum Freizeitangebote. Wo einst Felder, Bolzplätze, Kricket-Ovale und ländliche Gebiete gewesen waren, erstreckte sich nun eine gewaltige Stadt mit wenigen Jobs und jungen Leuten, die nichts mit sich anzufangen wussten.

Dave Gahan geriet bald selbst in Schwierigkeiten, erst zuhause, dann mit der Polizei. Schon in jungen Jahren begann er zu trinken und Drogen zu konsumieren. Er stibitzte sogar einige der Barbiturate, die seine Mutter gegen ihre Epilepsie verschrieben bekam. „Mit diesen kleinen Beruhigungspillen hat alles angefangen", gab er Jahre später zu.

Seine Eskapaden waren zumeist Akte von jugendlichem Vandalismus; zu Anfang verwarnte ihn die Polizei nur, was ihn nicht davon abhielt, weiterhin auffällig zu werden. Es half auch nicht, dass eine seiner Lieblingsbeschäftigungen das Sprayen von Graffiti war und er seinen richtigen Namen als Unterschrift verwendete.

„In ganz England gab es nicht allzu viele Gahans, geschweige denn in Basildon", sagte er 2001. „Ich wurde ziemlich oft festgenommen. Als Straftäter war ich nicht besonders gut."

Wie die meisten Teenager wollte auch Dave geliebt werden und unbedingt cool sein. Dass er sich zunehmender Beliebtheit bei den Mädchen von Basildon erfreute, war ein erster Fortschritt. Als er heranwuchs, wurde er zu einem bekannten Gesicht in angesagten Pubs wie dem Sherwood. Zu diesem Zeitpunkt avancierte die Musik zum wichtigsten Bestandteil seines Lebens. Zunächst interessierte er sich vornehmlich für David Bowie, Slade and Gary Glitter. Als 1976/77 überall im Lande der Punk aufkam, begeisterte ihn diese neue Szene.

Seine Mutter war außer sich, als die Sex Pistols im Fernsehen fluchten. „Genau das", so Gahan, „machte aber den Reiz für mich aus. Ich begriff, dass ich bei etwas mitmachen konnte, das meiner Mutter von Grund auf zuwider war."

Er ging nun regelmäßig zu Konzerten, nahm auf einem Rummelplatz eine Arbeit bei einem Achterbahnbetrieb an und ließ sich mit 14 Jahren von einem alten Seemann namens Clive seine erste Tätowierung stechen.

Sein schlechtes Benehmen behielt er bei – und steigerte es sogar noch. Bald klaute er Autos. Er war darin jedoch auch nicht besser, als er als Sprayer gewesen war. Seine Mutter musste sich daher regelmäßig mit der Polizei herumschlagen. Andauernd standen die Beamten vor der Tür, was ihr äußerst unangenehm war.

„Meine Mama hatte es damals nicht gerade leicht mit mir", räumte Dave ein. „Ich baute ziemlich viel Scheiße, fuhr herum, nahm mir irgendwelche Sachen, beging Sachbeschädigungen und Diebstähle. Wenn die Gesetzeshüter bei uns auftauchten, tat meine Mutter ihr Bestes. Ich erinnere mich noch, wie einmal ein Polizeiwagen vor dem Haus hielt. Sie sagte: „Kommen die wegen dir?“ Ich antwortete: „Ja.“ Ich kann mich noch ganz genau erinnern, dass sie sagte: ‚David war die ganze Nacht zuhause.‘ Leider hatte ich aber meinen Namen mit Farbe an eine Mauer geschrieben.“

Er landete vor dem Jugendrichter und wurde schließlich gewarnt, dass er von einer Jugendhaftstrafe nicht mehr weit entfernt sei. „Es ging soweit, dass wir schließlich Autos aus einem Parkhaus stahlen, eine Weile mit ihnen herumfuhren und sie dann irgendwo auf einem Feld anzündeten und zurückließen“, erinnerte er sich. „Ich hatte ständig das Gefühl, vor jemandem auf der Flucht zu sein. Ich floh vor dem Gesetz und wurde doch meistens erwischt. Als ich 14 war, hatte man mich schon dreimal geschnappt. Ein Bulle sagte zu mir, man würde mich jetzt wahrscheinlich einbuchten. Der Gedanke daran flößte mir ganz schön Angst ein, doch ich hatte Glück und kam mit einer Besserungsanstalt davon.“

Die „Besserungsanstalt“ befand sich im nahe gelegenen Romford. Dort herrschte eine rigorose, fast militärische Disziplin. Er musste sich die Haare schneiden, boxen lernen und arbeiten gehen. Im Alter von 17 Jahren schlitterte er bei einer Hausparty im Londoner Stadtteil King's Cross trotzdem direkt in die Katastrophe. Er hatte zuvor zwar schon mit relativ weichen Drogen herumexperimentiert, doch an jenem Abend probierte er zum ersten Mal Heroin. Er hatte keine Ahnung, was es war, und dachte nur, die Farbe sehe im Vergleich zu dem weit verbreiteten Speed ein bisschen komisch aus. „Das Zeug knallte fürchterlich rein, und ich verlor das Bewusstsein“, sagte er später. „Ich erinnere mich noch, dass ich damals dachte, diese Droge wäre nichts für mich.“

Als äußerst geselliger Mensch war er immer stark von den Leuten in seinem Umfeld beeinflusst. Er fühlte sich gern als Teil einer Gemeinschaft. Sein bester Freund war damals ein Typ namens Mark. „Wir machten alles gemeinsam – bauten zusammen Mist, baggerten zusammen Mädchen an, teilten uns Freundinnen“, schwärmte er. Später sagte er jedoch, ein bestimmtes Erlebnis mit Mark habe bleibenden Eindruck bei ihm hinterlassen. Er sei mit seiner Freundin auf einer Party gewesen, als er plötzlich festgestellt habe, dass er sowohl sie als auch seinen besten Kumpel eine ganze Weile nicht mehr gesehen hatte. „Alle sahen mich an. Sie wussten Bescheid. Ich stieß die Tür zum Schlafzimmer auf und sah, wie sich Marks Arsch auf und ab bewegte. Das war das erste Mal, dass ich unsanft auf den Boden der Tatsachen zurückgeholt wurde. Es pflanzte mir den Gedanken ein, dass ich nicht gut genug war. Seitdem muss ich dagegen ankämpfen."

Zum Glück bewirkte seine zunehmende Begeisterung für den Punk, dass ihm der Gedanke daran, Musiker zu werden, nicht mehr ganz so unrealistisch erschien, wie es einst der Fall gewesen war. Als er zum ersten Mal The Clash live sah, sprang der Funke vollends über. Anfangs war er ein Fan von The Damned gewesen und sogar in deren Fanclub eingetreten. Doch nach dem Clash-Konzert war er überzeugt, dass er seinen eigenen Weg gehen konnte, ohne lediglich seine Idole zu imitieren. Er begann, in verschiedenen Bands zu singen, darunter in einer namens The Vermin, die als Basildons Antwort auf die Sex Pistols gehandelt wurde. Keiner der Musiker, mit denen er zusammenspielte, hatte jedoch genügend Standvermögen. Der Punk hatte ihnen zwar allesamt gezeigt, dass jeder in einer Band Musik machen konnte, aber niemand hatte begriffen, wie viel Hingabe und Arbeit es wirklich erforderte.

Im Alter von 17 Jahren begann David bereits erwachsen zu werden. Im Januar 1979 lernte er bei einem Gig von The Damned Joanne Fox kennen, die Freundin einer Klassenkameradin. Im August verabredeten sie sich regelmäßig, und im November waren sie unzertrennlich. Für einen Siebzehnjährigen hatte er schon eine ganze Menge erlebt und dachte bereits daran, seine wilden Jahre hinter sich zu lassen.

Zur selben Zeit machte in einer anderen Ecke von Basildon eine andere Band ihre ersten Schritte: Composition Of Sound. Die Mitglieder Martin Gore, dessen bester Freund Andy Fletcher und ein weiterer Schulfreund, Vince Martin, lebten ein ganz anderes Leben als Dave. Dave verbrachte seine Wochenenden in Londoner Clubs oder auf Punkkonzerten in Chelmsford und Southend – Martin, Andy und Vince hingegen waren Mitglieder der örtlichen Kirchengemeinde. Sie nahmen keine Drogen, und Martin schwor zwischen 16 und 18 sogar dem Alkohol vollständig ab.

Sie waren ruhig, diszipliniert und lerneifrig, also das volle Gegenteil von Dave. Insbesondere Vince wusste ganz genau, was er mit seinem Leben anfangen wollte. Er wollte Musiker werden. Das einzige Problem war nur, dass er sich dabei nicht als Frontmann sah und die anderen Kandidaten dafür noch weitaus weniger infrage kamen: Martin war unglaublich schüchtern, und Andy wollte nicht singen. „Uns war schon früh klar, dass wir einen Frontmann brauchten“, sagte Vince später. „Jemand, der herumhüpfen und uns als Gruppe interessant machen konnte.“

Dave hatte indes keine klar umrissene Vorstellung von seiner Zukunft. Für ihn war das Singen etwas, das er aus Spaß an der Freud machte. Er hielt sich gern im Dunstkreis von Bands auf und half zuweilen Martin Gores zweiter Band French Look mit ihrem Equipment, aber er selbst gehörte keiner richtigen Gruppe an. Eines Tages jedoch, als French Look in der Woodlands School in Basildon probten, bewegten sie ihn dazu, bei David Bowies „Heroes“ mitzusingen. Im Zimmer nebenan versuchten Composition Of Sound gerade ebenfalls zu proben, und horchten auf, als sie den ungeschliffenen Gesang hörten, der durch die Wand drang. Dave räumte später zwar ein, dass mehrere Personen gesungen hatten, doch als ihn Vince fragte, sagte er: „Ja, das war ich!“

Sie interessierten sich ohnehin nicht nur für seine Stimme. Er legte wesentlich größeren Wert auf seine äußere Erscheinung als sie, trug schwarze Lederhosen und brachte Stunden damit zu, sein Haar stachelig aufzustellen oder es zu einer perfekten Tolle zu frisieren. Er war bereits auf dem Weg, ein Frontmann zu werden.

Später rief Vince bei Dave an und bat ihn, zu einem Vorsingen zu kommen. Sie ließen ihn drei Songs singen, zwei von Vince’ eigenen und einen von Bryan Ferry. Er hatte einige Mühe, sie originalgetreu zu interpretieren, aber als sie seinen samtweichen Bariton bei der Ferry-Nummer hörten, waren sie sich einig, dass er der Richtige war. Er war nicht nur ein großartiger Sänger und sah blendend aus, sondern besaß darüber hinaus auch die extrovertierte Persönlichkeit, die sie benötigten. Er war bereits in ganz Essex als „Gesicht“ bekannt. Sie hatten über die Punk-Rock-Szene und die neuen Clubs voller schillernder Gestalten mit geschminkten Gesichtern gelesen. Dave hingegen war tatsächlich dort gewesen. Er wirkte beinahe beschämend cool.

Dave erklärte sich ohne zu zögern bereit, bei Composition Of Sound einzusteigen. Die Bands, mit denen er bislang zu tun gehabt hatte, hatten nur in Garagen geprobt und nichts erreicht. Seine erste Frage an Vince und Martin war daher: „Habt ihr irgendwelche Konzerte in Aussicht?“ Als man das bejahte, war die Sache geritzt. Dave sollte der Band weit mehr als nur eine Stimme und einen Namen bescheren.

Er kannte alle möglichen Leute, und zwar hauptsächlich Jugendliche, die gerne zu Konzerten gingen. Er hatte einen großen Freundeskreis, der sich regelmäßig in Southend traf und der neuen Band aus dem Stand ein Publikum von etwa 30 Zuschauern sicherte.

Nichtsdestoweniger war die Band von Anfang an eine recht seltsame Truppe. Vince war ein Getriebener. Während es die übrigen Mitglieder als gegeben betrachteten, dass sie irgendeiner Art fester Erwerbstätigkeit nachgehen mussten, sparte er sein Arbeitslosengeld und gab es für die Band aus. Er lebte und atmete Musik und war so etwas wie ein Einzelgänger. Martin war der Träumer. Oberflächlich lebte er ein Leben in perfekter Konformität, ging in die Kirche und arbeitete nach Beendigung der Schule bei einer Bank. Insgeheim jedoch hatte er Träume und Ambitionen, über die er bisher noch mit niemandem gesprochen hatte. Fletch war ein guter Kumpel von Martin und deshalb in die Band eingestiegen. Er wurde oft für einen etwas weltfremden Typen gehalten, hauptsächlich, weil er eine Brille trug. In Wahrheit jedoch sprach aus ihm stets der gesunde Menschenverstand – eine äußerst wichtige Funktion innerhalb der Gruppe.

Obwohl sie sehr unterschiedliche Charaktere waren, waren sie doch auf seltsame Weise eine *Clique*. Als Dave hinzu stieß, änderte sich schlagartig alles. Sie waren die Sorte Leute, mit denen er sich niemals abgegeben hätte, wenn er nicht mit ihnen in derselben Band gewesen wäre. Er hatte einen riesigen Freundeskreis und war stolz darauf, mit jedem auszukommen, doch der Rest der Band war relativ uncool. Während alle außer Vince direkt von der Schulbank in Jobs mit Schlips und Kragen rutschten, sah Daves Zukunft wesentlich ungewisser aus.

Er stieg auch deshalb in die Band ein, weil seine ersten Versuche, eine Arbeit zu finden, nicht gerade von Erfolg gekrönt gewesen waren. Er gab einmal an, er habe innerhalb von sechs Monaten etwa 20 Mal den Job gewechselt und dabei als Putzhilfe im Supermarkt, im Büro oder auf dem Bau gearbeitet. Um endlich in die Gänge zu kommen und einen „ordentlichen" Beruf zu erlernen, bewarb er sich um eine Stelle als Monteurslehrling bei der North Thames Gas- Gesellschaft. Er schaffte es durch das erste Auswahlverfahren und wurde sogar zu einem Gespräch eingeladen, doch er wusste, dass sein vergangenes Verhalten zu einem Stolperstein werden könnte. Sein Bewährungshelfer riet ihm, die Wahrheit zu sagen, was freilich zur Folge hatte, dass er den Job nicht bekam. Es war eine unmissverständliche Warnung, was ihm blühen würde, wenn er sein Leben nicht in den Griff bekäme. Zu diesem Zeitpunkt – Ende der Siebziger, als die Arbeitslosenzahlen in die Höhe schossen – war mit so etwas nicht zu spaßen.

Widerstrebend beschloss er, sich weiterzubilden und schrieb sich am Southend Art College für das Fach Schaufensterdesign ein. Seine einzigen Qualifikationen lagen im Bereich der Kunst und des technischen Zeichnens, also schien dieser Schritt eine logische Wahl zu sein.

Es ist bezeichnend, dass er nicht mit der Absicht an die Kunstschule ging, freie Kunst zu studieren und sich ein paar Jahre länger vor der Arbeitswelt zu drücken, wie es viele andere Popstars vor ihm getan hatten. Sein gesellschaftlicher Hintergrund ließ dies nicht zu. Vielmehr schrieb er sich für einen Studiengang ein, an dessen Ende ein Beruf stand. Die Vorstellung, mit der Musik den Lebensunterhalt zu bestreiten, erschien immer noch wie ein Tagtraum. Insbesondere seine Mutter machte sich große Sorgen, als die Band immer mehr Zeit in Anspruch nahm. Ausgerechnet jetzt, wo er sein Leben halbwegs in den Griff zu bekommen schien und gerne aufs College ging, sah es so aus, als würde er nun für irgendeine Band alles wieder hinschmeißen.

2. Die Band aus Essex

Composition Of Sound hatten vor Daves Einstieg schon einige Auftritte zu dritt bestritten – mit Andy am Bass und Vince und Martin an den Synthesizern. Für ihr Publikum waren sie in erster Linie eine Kuriosität. Das erste Konzert fand an der Schule statt, wo sie von Kindern umringt wurden, die noch nie zuvor einen Synthesizer gesehen hatten und versuchten, auf die Knöpfe zu drücken, um herauszufinden, was passierte. Sie hatten keinen Schlagzeuger – hauptsächlich deshalb, weil sie niemanden kannten, der ein Schlagzeug besaß, aber auch, weil ein Schlagzeug viel zu viel Lärm gemacht hätte. Sie probten immer bei Vince zuhause mit Kopfhörern, doch Vince' Mutter beklagte sich trotzdem noch über das Klackern der Tasten.

Als Dave einstieg, dauerte es nicht lange, und sie beschlossen, ganz auf Elektronik umzusteigen, und überredeten Andy, vom Bass zum Synthesizer zu wechseln. Vince liebte reine Popmusik, aber die Tatsache, dass sie vollelektronisch spielten, verlieh ihnen einen leicht experimentellen Touch. Keyboard-Bands steckte man gemeinhin in die so genannte „Futuristen"-Schublade. Sie waren damit zwar nicht ganz glücklich, zogen es jedoch der Alternative vor, die bedeutet hätte, dass man sie der aufkommenden New-Romantics-Bewegung zugerechnet hätte, die sich mehr für Klamotten als für Musik interessierte.

Der Begriff „New Romantics" war zu diesem Zeitpunkt noch nicht geprägt worden, doch in Clubs wie dem Londoner Billy's gab es bereits eine Gruppe trendbewusster Jugendlicher, die als Reaktion auf die Hässlichkeit der Spätsiebziger-Punkszene einen androgyneren, glamouröseren Stil entwickelten. Später beförderten Bands wie Spandau Ballet, Duran Duran oder Adam and the Ants die New-Romantics-Bewegung in den Mainstream. Depeche Mode liebäugelten zwar mit dem Stil, hatten jedoch nie ein Interesse daran, in diesem Sinne als cool zu gelten.

Zu Beginn ihrer Karriere kam der Gruppe die christliche Orientierung von Martin, Andy und Vince sehr gelegen. Als Vince' Mutter die Proben im Hause satt hatte, übten sie in der örtlichen Kirche. „Man musste nett und höflich sein, und man durfte nicht laut spielen", sagte Dave später. Im Mai 1980 hatten sie in der St. Nicholas School, die Andy und Martin besucht hatten, endlich ihren ersten Auftritt als Quartett. Es gab nur ein einziges Problem: Sie traten gemeinsam mit The French Look auf, und Martin spielte in beiden Bands. Dies hatte in der Vergangenheit bereits für Reibereien gesorgt, und der ehrgeizige Vince drängte Martin, er solle sich entscheiden. Der Bandleader hatte zudem seine eigenen Probleme.

„Wenn es um diesen Abend geht, erinnere ich mich vor allem daran, dass jemand Vince zusammenschlagen wollte", sagte Andy 2009. „Einer unserer Freunde, der ein guter Kämpfer war, sprang für ihn ein und verprügelte den anderen Kerl!" Der Rest der Band war außerdem überrascht zu sehen, dass der äußerlich so großspurige Dave vor dem Auftritt ungeheures Lampenfieber bekam. Er kaufte sich ein paar Dosen Bier und stand draußen. Immer wieder murmelte er vor sich hin: „Ich will es nicht machen, ich will es nicht machen."

Sobald sie die Bühne betraten, verschwand seine Nervosität jedoch. Es war kein besonders schwieriges Publikum. Die meisten der Zuschauer waren Freunde, abgesehen von denjenigen, die Vince verprügeln wollten. Trotzdem ernteten sie begeisterten Applaus. Martin gelang es sogar einigermaßen, von einer Band zur nächsten zu wechseln, indem er sich in der Konzertpause umzog und ganz anders zurechtmachte.

Als sie ihre ersten richtigen, bezahlten Auftritte in Southend hatten, zuerst im Scamps und dann im Pub Alexandra, waren sie alle schon viel selbstsicherer. Das Alexandra war eine Biker-Kneipe, in der unter dem Titel „The Top Alex" regelmäßig im kleinen Rahmen Konzerte stattfanden, meist Blues und Rock. Doch zu ihrer eigenen Überraschung gelang es ihnen, das Publikum für sich zu gewinnen. Danach entfalteten Daves Verbindungen in Southend ihre Wirkung, und die Engagements in der Stadt und der Region nahmen rasch zu.

Am 16. August 1980 hatten sie ihren ersten Auftritt in einem Club, der für ihren frühen Erfolg eine Schlüsselfunktion haben sollte: Croc's Glamour Club in Raleigh, in der Nähe von Southend. Diesen und ähnliche Clubs bezeichnete man später als „Blitz in der Pampa", weil sie dem legendären New-Romantics-Schuppen The Blitz im Londoner Stadtteil Covent Garden ähnelten. Damals war der Begriff New Romantics noch nicht besonders weit verbreitet, aber die Gäste des Croc's waren aufgetakelt, stark geschminkt und fuhren auf Popmusik mit Synthesizern ab. David Bowie, Roxy Music und Kraftwerk waren sehr beliebt, ebenso Visage, die Band der Blitz-Gründer Steve Strange und Rusty Egan. Das Croc's hatte zudem eine weitere bizarre Hauptattraktion: zwei lebendige Alligatoren in einem Glaskasten am Eingang.

Am 24. September 1980 gelang Composition Of Sound mit einem Auftritt im Bridge House ein weiterer Schritt nach vorn. Über die Jahre hatten in dem Londoner Vorort-Club alle möglichen Bands gespielt, von Heavy-Metal- und Hard-Rock-Gruppen der ersten Stunde bis zu Vertretern des Mod-Revivals. 1980 war er indes eher als Spielstätte für so genannte „Oi"-Bands bekannt. Oi war ein Punk-Ableger, dessen sich der *Sounds*-Journalist Gary Bushell angenommen hatte. Die Anhänger dieses Stils waren das genaue Gegenteil der Blitz Kids. Oft waren es Skinheads, die schwere Stiefel trugen und Synthie-Bands als Lackaffen verspotteten. Es war also kaum überraschend, dass die ersten Auftritte von Composition Of Sound dort nicht immer gut besucht waren. „Anfangs wussten wir nicht, wie wir sie einordnen sollten", sagte der Veranstalter des Bridge House, Terry Murphy. „Es war etwas völlig Anderes. Sie waren ziemlich mutig, in einem Club wie dem Bridge House aufzutreten."

Ohne die Unterstützung ihrer treuen Fans aus der Southend-Szene hatten sie schon Glück, wenn das halbe Dutzend Freunde, das ihnen nachreiste, zum Konzert kam. Daves Freundin Joanne lebte in der Gegend, also überredete auch sie ein paar ihrer Freundinnen, vorbeizukommen, doch der Laden war alles andere als voll. Terry erinnert sich daran, dass sie am Abend ihres ersten Auftritts wie versteinert wirkten. Die normale Klientel war eine Mischung aus Skinheads, Hippies und Schwarzkitteln, und verglichen mit ihnen erschienen die Jungs aus Essex extrem uncool.

„Sie kamen herein wie vier Büroangestellte, die gerade ihren ersten Job angefangen hatten", sagt Terry. „Sie waren sehr schüchtern. Dave hatte immer entsetzliches Lampenfieber. Man sah es ihm an. Der Rest der Band hatte ja wenigstens etwas zu tun, aber Dave stand nur da, richtete seinen Blick starr nach vorn und klammerte sich ans Mikrofon."

Von einigen Skinheads im Publikum gab es Buhrufe, doch Terry mochte die Band, sodass er ihr eine zweite Chance gab. Die Überreste der Punkszene, die immer noch bei ihm herumhingen, langweilten ihn. Es lag zweifellos eine Veränderung in der Luft, und er überlegte sogar, ob er die Gruppe nicht für sein eigenes Label Bridge House Records unter

Vertrag nehmen sollte. Es war allerdings klar, dass es ein paar Dinge gab, an denen sie noch arbeiten mussten. Terry legte Dave nahe, seine Bühnenpräsenz zu verbessern und etwas mit seinen Händen zu tun, anstatt ängstlich das Mikrofon zu umklammern. Nach und nach gewannen sie jedoch mehr Selbstvertrauen.

„Sie mussten verdammt hart arbeiten, weil sie keine Gäste zogen", sagt Terry. Russel Lee hingegen, ein früher Fan und späterer DJ im Croc's, sagte gegenüber dem Autor, dass sie bereits damals etwas Besonderes gewesen seien. „Meine erste Erinnerung an sie ist, dass ich dachte, wie phantastisch die Songs doch seien", sagt er. „Total eingängig. Verdammt, ich weiß noch, dass ich dachte: Kann es denn sein, dass es diese Jungs da nicht schaffen? Sie müssen es einfach schaffen!"

Auf ihre Art und Weise hatten Composition Of Sound mehr mit Punk Rock und Underground zu tun als viele der kommerziell orientierten Punkbands des Jahres 1980. Ihre Synthesizer ließen sich viel leichter transportieren als die Tonnen von Gerät, die eine traditionelle Rock-Gruppe mit sich herumschleppte, sodass sie zu Auftritten häufig in einem einzigen Auto oder mit dem Zug fuhren.

„Ohne es zu wissen, machten wir auf einmal etwas vollkommen anderes", erinnerte sich Dave später einmal. „Wir hatten diese Instrumente gewählt, weil sie sehr bequem waren. Man nahm seinen Synthesizer, klemmte ihn sich unter den Arm und ging zu einem Auftritt. Dort schloss man ihn direkt ans Mischpult an. Man brauchte keinen extra Verstärker, also brauchten wir auch keinen Kleinbus."

Außerdem schrieb Vince nun immer bessere Songs, doch der Rest der Band war bisweilen frustriert von seinem schwankenden Selbstvertrauen. Er spielte ihnen Demos vor, die ihnen sehr gefielen, entschied dann aber plötzlich, dass er sie eigentlich doch nicht aufnehmen wollte. Einige dieser Songs spielten sie sogar im Bridge House, ebenso wie das leicht punkige „Television Set", das Vince' Freund Jason Knott geschrieben hatte und mit dem sie damals ihre Konzerte eröffneten („Television Set" und andere verlorene Songs von Depeche Mode, darunter „Reason Man" und „Tomorrow's Dance", sind auf dem Bootleg eines Konzerts im Bridge House erschienen).

Nach und nach bauten Composition of Sound eine solide Fanbasis auf, wenngleich sie immer noch Schwierigkeiten hatten, Auftritte in der Londoner Innenstadt zu bekommen. Dafür spielten sie im Croc's und im Bridge House vor einem stetig wachsenden, begeisterten Publikum. Dies schlug sich auch in der Höhe der Gage nieder, die man ihnen zahlte.

„Für ihr erstes Konzert zahlte ich ihnen fünfzehn Pfund", sagt Terry. „Dann stockte ich auf zwanzig auf. Als sie anfingen, Leute zu ziehen, gab ich ihnen siebzig Prozent vom Eintritt. Dann begannen wir, den Eintrittspreis auf dreißig oder vierzig Pence zu erhöhen. Sie verdienten also zwischen sechzig und achtzig Pfund pro Abend."

Sie waren bemerkenswert anders als die meisten Bands, die man damals auf der Bühne sah. Viele der Punk- und Mod-Gruppen pflegten einen Rock'n'Roll-Lebensstil, tranken nach Konzerten gemeinsam bis morgens früh um vier und schliefen dann ihren Rausch aus. Die Attitüde von Composition Of Sound war eine ganz andere. „Sie blieben nie länger hier, um noch etwas zu trinken", sagt Terry. „Sie torkelten nicht besoffen im Bridge herum. Ein paar von ihnen hatten feste Jobs, also mussten sie am nächsten Morgen wieder zur Arbeit. Bei vielen anderen Bands schimpfte man nach dem Konzert: ‚Scheiß Band, macht jetzt endlich, dass ihr rauskommt!' Bei ihnen dauerte es hingegen zwanzig Minuten, maximal eine halbe Stunde, dann waren sie weg."

Ihre Hartnäckigkeit und Professionalität wurde schließlich mit einem Auftritt im Ronnie Scott's belohnt, einem berühmten Londoner Jazzclub. Es sollte ein bedeutender Meilenstein in ihrer Karriere werden, und sie traten zum ersten Mal unter einem neuen Namen auf — Depeche Mode. Der neue Gruppenname war ein Vorschlag von Dave gewesen. In seiner College-Zeit war ihm einmal eine französische Modezeitschrift mit diesem Titel in die Finger gekommen. Er klang cool, wenngleich er nicht ganz genau wusste, was er bedeutete. Es war jedoch immer noch besser als Composition Of Sound und viel, viel besser als die anderen Vorschläge für einen neuen Bandnamen wie Peter Bonetti's Boots, The Lemon Peels, The Runny Smiles und The Glow Worms.

Mit ihrer Karriere schien es zwar steil bergauf zu gehen, doch Depeche Mode mühten sich immer noch ab, Konzerte im Herzen von London zu bekommen. Es half auch nicht viel, dass sie ständig in Clubs und Konzertschuppen rannten, um den Betreibern ein von ihnen aufgenommenes Demoband mit drei Stücken vorzuspielen – zwei Instrumentalnummern und einen von Vince' besten Songs, „Photographic".

Die Nummer war nervös, schnell und unheimlicher als alles andere, was er bislang geschrieben hatte. Diese unterschwellige Kälte wurde durch Daves monotonen Gesang noch unterstützt, der dem Sound anderer Elektronikbands wie The Human League weit mehr ähnelte als sein späterer Stil. Vince und Dave gingen mit dem Demoband auch bei Plattenfirmen in London hausieren, wo sie auf eine ähnlich unterkühlte Resonanz stießen wie in den Clubs. Ohne einen verabredeten Termin betraten sie die Büros und baten darum, dass man sich dort ihr Band anhörte. Oft schlug ihnen die Empfangsdame höflich vor, ihre Kassette zu hinterlegen, worauf sie gestehen mussten, dass sie nur ein einziges Exemplar besaßen. Vielleicht noch bizarrer mutet an, dass einige A&R-Abteilungen ihnen tatsächlich Einlass gewährten, um das Band vorzuspielen.

Eines Tages klapperten sie ohne jeden Erfolg zwölf Labels ab. In ihrer Verzweiflung statteten sie sogar den berühmten Rough Trade Records einen Besuch ab. Es war nicht ihre erste Wahl gewesen, da die Indie-Ästhetik der Plattenfirma nicht ganz zu Vince' Vorstellung von Pop passte. Sie dachten, dass sich ein Label, das so viele kommerzielle Flops gelandet hatte, bestimmt nicht zu fein wäre, auch sie unter Vertrag zu nehmen. Dass Rough Trade ganz bewusst einen antikommerziellen Kurs fuhr, hatten sie nicht gecheckt.

In der Dokumentation *Do We Have To Give Up Our Day Jobs (Müssen wir unsere bürgerlichen Berufe aufgeben)* beschrieb Dave Rough Trade als „letzten Ausweg“. Die Person, die sie im Büro antrafen, reagierte jedoch ausgesprochen positiv. Es war Scott Piering, der durch seine Zusammenarbeit mit Bands wie den Smiths, KLF und vielen anderen später zu einem der meist geachteten Promoter im Musikgeschäft werden sollte. Er klopfte mit dem Fuß im Rhythmus der Musik und wirkte ehrlich beeindruckt. Dave und Vince blickten einander an, überzeugt, dass sie nun am Ziel waren. Doch als das Band zu Ende war, schüttelte Piering den Kopf. Er sagte, es sei gut, passe jedoch nicht ins Programm von Rough Trade. Stattdessen schlug er vor, sie sollten es bei dem Mann versuchen, der soeben eingetreten war – Daniel Miller.

Daniel Miller war ein Produzent und Musiker, der sein eigenes Label Mute Records beinahe durch Zufall gegründet hatte: Er veröffentlichte die Aufnahmen seines Projekts The Normal in Eigenregie, und da er auf dem Cover der Single „Warm Leatherette“ (1978) eine Adresse abdruckte, schickte man ihm bald Demos zu. Dies ermutigte ihn, mehr Platten zu veröffentlichen, darunter Musik des einflussreichen Elektronik-Künstlers Fad Gadget und später seiner eigenen Band Silicon Teens. Die Silicon Teens waren seine Vision einer perfekten Pop-Gruppe, nämlich vier Teenager mit Keyboards. In Wahrheit spielte er sämtliche Parts selbst ein, aber die

Musikindustrie brauchte eine Weile, bis sie den Witz kapierte. Er vertrieb seine Platten über Rough Trade, doch an dem Tag, als er Dave und Vince dort über den Weg lief, war er in keiner besonders guten Stimmung. Es gab anscheinend Probleme mit dem Plattencover von Fad Gadget, und er wollte herausfinden, was los war. Er musterte sie kurz und vergaß das Ganze wahrscheinlich wieder. Dave nahm seine desinteressierte Reaktion persönlich, was typisch für ihn war. „Er sah uns an und sagte ‚oho'", erinnerte er sich später. „Wir dachten nur: ‚Wichser!'"

Ihr Problem war, dass sie offensichtlich mit nichts vergleichbar waren, was sich damals auf der Szene tummelte. Die anderen Elektronikbands waren zumeist supercoole Futuristen, für die der Keyboardeinsatz ein künstlerisches Statement darstellte. Depeche Mode spielten Keyboards, weil sie tolle Popmusik machen wollten. Die Futuristen-Szene verwirrte sie nur. Sie hielten das Ganze für gekünstelt, und da sie noch Teenager waren, erschienen ihnen die oft in ihren Zwanzigern befindlichen Musiker ohnehin wie von Gestern.

„Ich mag diese Szene überhaupt nicht", sagte Dave später in einem Gespräch mit Betty Page, einer frühen Bewunderin. „Die ganzen Bands, die damit assoziiert werden, hängen in einem Klüngel zusammen und werden deshalb nie über ihren eigenen Horizont hinausschauen können. Soft Cell sind vielleicht die einzigen, die eine gute Chance haben. Ich möchte niemandem zu nahe treten, aber Naked Lunch zum Beispiel kochen schon seit Jahren nur im eigenen Saft."

Trotzdem war der nächste wichtige Schritt der Band ein Auftritt im Vorprogramm von Fad Gadget im Bridge House. Fad Gadget, mit bürgerlichem Namen Frank Tovey, war ein Musiker, den sie respektierten. Seine Musik war definitiv künstlerisch, aber er war gleichzeitig auch äußerst geistreich und hatte eine ausgezeichnete Bühnenpräsenz. „Für uns war es, als hätten wir es endlich geschafft", sagte Dave. „Wir würden die Bühne mit Fad Gadget teilen, und das war ganz schön aufregend." Außerdem war es eine neue Chance, Daniel Miller zu beeindrucken. Er mischte den Sound für Fad Gadget, also waren Depeche Mode zuversichtlich, dass er sich auch ihren Auftritt ansehen würde. Ein Fan, Russell Lee, schätzt, dass etwa 30 Zuschauer wegen Fad Gadget ins Bridge House kamen. Davon trafen ganze zehn rechtzeitig zum Konzertbeginn von Depeche Mode ein.

„Ich wollte sie mir eigentlich nicht ansehen", sagte Daniel Miller Jahre später. „Ich wollte mit Frank Tovey einen Hamburger essen gehen. Doch dann betrat diese Band die Bühne, jeder von ihnen an einem Mono-Synthie auf Bierkisten. Dave stand stocksteif da. Er hatte eine Art indirekter Beleuchtung, die ihn von unten anstrahlte und ihn irgendwie gruselig wirken ließ. Ich dachte: Dieser Song ist richtig gut, aber es ist nur der erste Song. Ich bin sicher, sie spielen ihre besten Songs am Anfang. Aber es ging einfach immer weiter und weiter mit diesen unglaublich arrangierten Pop-Songs. Sie waren noch Kinder, und Kinder machten damals keine elektronische Popmusik. Das taten meistens Leute, die die Kunstschule besucht hatten, aber Depeche Mode hatten mit dieser ganzen Ästhetik nichts am Hut. Sie machten einfach nur Popmusik auf Synthesizern. Und das funktionierte unglaublich gut."

Unter den etwa zehn Zuschauern befanden sich auch der Szenegänger Stevo (der kurz zuvor sein Label Some Bizzare gegründet hatte) und Daniel Miller, doch zu diesem Zeitpunkt war sich Terry Murphy bereits sicher, dass er sie selbst unter Vertrag nehmen würde. „Wenn ich schnell zugegriffen hätte, hätte ich sie bekommen", sagt er. „Aber ich hatte damals viel zu viel mit der Plattenfirma zu tun. Ich hatte andere Bands. Ich wusste, dass ich sie erst aufbauen müsste. Was bringt es, die Platte jetzt zu veröffentlichen? Niemand wird sie kaufen!"

Mute und das hauseigene Label von Bridge House waren zwar kleine, unabhängige Plattenfirmen, aber Mute hatte den Vorteil, dass Fad Gadget bei ihnen unter Vertrag war. Er war Depeche Mode stilistisch viel näher als die Musik von Bridge House. Mute war ein Label, das für Bands wie Depeche Mode wie geschaffen war.

Nach dem Auftritt ging Daniel in die Garderobe, um sich mit ihnen zu unterhalten. Er begrüßte zuerst Dave, weil er annahm, dass der Frontmann vermutlich auch der Songwriter wäre, doch der Sänger war seit ihrer Begegnung bei Rough Trade immer noch beleidigt und verwies ihn brüsk an Vince, der still in einer Ecke saß. „Ich glaube, ich sagte zu ihm, er solle sich verpissen", sagte Dave später.

Es belustigte sie, dass er so „normal" aussah, wie sein alter Bandname klang. Zu jener Zeit war es für die Anhänger der Futuristen- und New-Romantic-Szene ein absolutes Muss, Make-up und ausgefallene Kleider zu tragen. Sogar der normalerweise eher konservative Fletch sagte später, dass zu seinem Bühnenoutfit eine lila Bluse gehört habe, die Vince' Mutter umgenäht hatte. „Dazu weiße Fußballsocken und schwarz angemalte Pantoffeln."

Trotz allem konnte der begeisterte Miller die Gruppe schließlich für sich gewinnen. Im Grunde hatten sie ja auch nichts zu verlieren. Er sagte einfach, er werde ihnen helfen, eine Platte herauszubringen. „Was wollt ihr?“, fragte er. „Wir wollen in die Charts und im Radio laufen“, antworteten sie. Er versprach, sein Bestes zu tun.

Tatsächlich hatte er sie gerade noch zur rechten Zeit erwischt. Wenig später zeigten auch andere Plattenfirmen Interesse an der Band. Mit Vince' außerordentlichem Händchen für Pop-Songs und Daves äußerlichem Saubermann-Image ließen sie sich bestimmt hervorragend vermarkten. Sie boten eine Kombination aus dem immer noch relativ neuen Stil der elektronischen Popmusik und etwas viel Älterem – eine Gruppe von vier jungen Burschen, die vor allem bei jungen Mädchen gut ankamen. Zahlreiche Vertreter der großen Plattenfirmen luden sie zum Abendessen ein und boten sogar große Geldsummen als Vorschuss. Es war verlockend. Sie waren pleite und gingen alle noch einer geregelten Erwerbstätigkeit nach. „Einer von denen, die uns ein Angebot machten, nahm später Wham! unter Vertrag – was für ein Fiasko“, sagte Martin Gore. „Wenn wir bei einem dieser Major Labels unterschrieben hätten, gäbe es uns heute nicht mehr, da bin ich ganz sicher. Nach unserem zweiten oder dritten Album hätte man uns fallen gelassen.“

Nach und nach wichen die Szenegänger im Publikum von Depeche Mode waschechten Pop-Fans, doch zu Beginn des Jahres 1981 rechnete man sie immer noch vage der Avantgarde-Elektronikszene zu. Ein früher Auftritt in London fand im Cabaret Futura in Soho statt, zusammen mit den Performancekünstlern der Event Group. Das Hauptziel des Cabaret Futura war es, gleichzeitig zu provozieren und zu unterhalten. Eine der Lieblingsgruppen der Veranstalter nannte sich A Haircut, Sir? (einen Haarschnitt gefällig, der Herr?), bei deren Auftritten ein Gruppenmitglied kopfüber von einem Mast gehängt wurde und rituell den Kopf rasiert bekam. Der Macher des Cabaret Futura, Richard Strange, schrieb auf seiner Homepage über die Truppe: „Neben dem festen Kern aus diesen zwei Mitgliedern gehörten manchmal auch acht E-Bassisten oder zweiundzwanzig Kricketspieler in voller Montur zu der Gruppe.“

Das war von dem, was Depeche Mode machten, meilenweit entfernt. Während sie spielten, bemerkten sie zu ihrem Entsetzen, dass von den Balkonen über ihnen etwas herunterspritzte, das aussah wie Urin. Sie hofften inständig, dass es nur eine gelbe Flüssigkeit war, die die Event Group mit Schläuchen auf sie nieder regnen ließ. Es war ein Hinweis darauf, dass der weit gefasste Begriff des Futurismus auch solch extreme Performancekünstler wie Throbbing Gristle mit einschloss. Depeche Mode hatten noch beileibe nicht alle davon überzeugt, dass sie ganz anders waren.

Ein neuer Fan jedoch, der DJ Rusty Egan, war überzeugt, dass etwas Besonderes aus ihnen werden könnte. Auch er versuchte sofort, sie unter Vertrag zu nehmen, wie er dem Autor dieses Buches erklärte. „Ich sah Depeche Mode bei diesem Auftritt und fand sie neu und originell und brillant und flippte aus und versuchte, sie unter Vertrag zu nehmen und Stars aus ihnen zu machen. Also sagte ich: ‚Ich finde euch toll, ich möchte, dass ihr für mich spielt, ich möchte, dass ihr dieses und jenes macht.'"

Rusty war der Schlagzeuger der Rich Kids gewesen, jener Band, die Glen Matlock nach den Sex Pistols gegründet hatte, doch inzwischen war er durch und durch ein Jünger der neuen Elektronik-Welle. Er war neben Steve Strange als DJ im Club The Blitz äußerst einflussreich und veranstaltete in weniger hippen Stadtteilen Londons zahlreiche Clubnächte. Das seiner Meinung nach gekünstelte Gehabe und Getue großer Teile der Avantgarde-Musikszene war ihm zuwider. Vielmehr hatte er sehr klare Vorstellungen davon, was Popmusik war und was nicht.

„Was mich betraf, war ‚The Model' von Kraftwerk ein Pop-Song und hätte eine Nummer eins werden sollen", sagt er. „Ich interessierte mich aber nicht für Tangerine Dream, sondern für Popmusik, die von Engländern auf Synthesizern gespielt wurde – und nicht für Giorgio Moroder, der für kränkliche Divas Discomusik produzierte."

Die von den Blitz Kids geschaffene Szene war äußerst elitär, doch paradoxerweise war es eine demokratische Elite. Jeder konnte sich anschließen, wenn er sich denn die Mühe machen wollte. Depeche Mode entsprachen nicht dem, was man sich unter coolen Szenetypen vorstellt, doch die Musik, die sie spielten, hinterließ bleibenden Eindruck. Rusty Egan war überrascht, wie weltfremd sie waren. Er war den Umgang mit den extrem selbstbewussten New Romantics und Futuristen gewohnt. Depeche Mode wirkten wie nette Jungs.

„Sie waren die nettesten, höflichsten und freundlichsten Typen, die man sich nur vorstellen konnte", sagt er. „Dave war mit einem Paar Handschellen an seine Freundin gekettet, im übertragenen Sinne. Sie folgte ihm überall hin, und sie waren sehr verliebt. Da hieß es dann: ‚Das kann ich nicht beantworten, da muss ich zuerst mit meiner Freundin reden.' Das waren keine vier jungen Burschen, die es wirklich wissen wollten und Dinge sagten wie ‚Gehen wir zu mir nach Hause und unterhalten uns ein bisschen' oder ‚Kommt, wir hauen uns die Nacht um die Ohren'. Vielmehr hieß es: ‚Nein, da muss ich mit meiner Freundin sprechen.'"

Rusty sagte Dave, er könne ihnen Auftritte im Flicks besorgen, seinem Club in Dartford, doch das Croc's war immer noch ihre wichtigste Bühne. Es war zwar nur eine Kopie des Blitz, was aber nicht bedeutete, dass es ein schlechterer Club gewesen wäre, da die New-Romantics-Bewegung im Großen und Ganzen eine Erscheinung der Vororte war. Zu den Stammgästen gehörten Boy George und Culture Club, doch Depeche Mode wurden schließlich zu den Stars ihrer eigenen kleinen Szene.

„Es war eben das Blitz in der Pampa", sagt Rusty Egan. „Man darf nicht vergessen, was das Blitz war – ein Club für arbeitslose Leute aus der Arbeiterschicht, die sich in irgendeiner Form für talentiert hielten und dachten, sie könnten sich einbringen. Der No-Future-Schick war vorbei, drei Millionen Leute hatten keinen Job. Es war die Zeit, als Factory Records und Manchester und diese ganzen grauen, trostlosen Orte auf einmal einen neuen Sound — Industrial — hervorbrachten, der zum Grundstein von Mute Records wurde. Im Croc's traf man genau dieselben Leute wie im Blitz."

Im Croc's begegneten Depeche Mode auch immer wieder Stevo vom Some-Bizzare-Label. Stevo gefiel „Photographic", und sie waren überrascht, dass er die Band als Teil seiner ungewöhnlichen, verschrobenen Pop-Szene betrachtete. Er war gerade dabei, eine Compilation mit Bands wie Soft Cell und Blancmange zusammenzustellen, die den schlichten Titel *Some Bizzare* tragen sollte. Er und Rusty hatten beide ein Faible für elektronische Musik, aber Stevos Geschmack war wesentlich ausgefallener.

„Er hielt sich für einen großartigen DJ", sagt Rusty. „Er legte Cabaret Voltaire auf und erklärte, wie genial diese Musik doch sei. Ich hingegen meinte: ‚Ja, aber das fegt die Tanzfläche leer, Stevo!' Man muss Platten auflegen, zu denen die Leute tanzen können. Er spielte Platten von Suicide und Throbbing Gristle, die regelmäßig die Tanzfläche leerten."

Zu diesem Zeitpunkt waren Depeche Mode in Sachen Musikgeschmack eher mit Rusty auf einer Wellenlänge. Als Stevo vorschlug, „Photographic" in seine Compilation aufzunehmen, waren sie erfreut, aber auch ein wenig verwirrt.

„Wir sind keine bizarre Band", protestierte Vince.

Außerdem wollte Steve sie für eine Albumproduktion auf seinem Label unter Vertrag nehmen. Er konnte ihnen sogar einen Platz im Vorprogramm von Ultravox in Aussicht stellen, was durchaus verlockend war. Das Ganze hätte zu einer vertrackten Situation führen können, da Stevo im Bridge House eine Clubnacht veranstaltete und oft mit Daniel Miller zusammenarbeitete. Am Ende ging der Mute-Chef siegreich aus dieser Schlacht hervor. Er begriff, was Depeche Mode wollten – nämlich schlicht und einfach eine Platte herausbringen.

Obgleich sie Stevo und Terry Murphy respektierten, schien es viel einfacher, es mit Mute zu versuchen. Große Plattenfirmen empfanden sie ohnedies als verwirrend. Die Abmachung mit Daniel wurde einfach per Handschlag besiegelt, aber sie waren glücklich damit. Später munkelte man, dieser Deal solle sogar noch besser als der gewesen sein, den Paul McCartney für sich ausgehandelt hatte.

3. Speak & Spell

Das Konkurrenzgerangel von Daniel Miller und Stevo um einen Vertrag mit Depeche Mode wurde schließlich beigelegt, als bei Stevo mit Soft Cell die andere große Pop-Hoffnung der Futuristen-Szene unterschrieb und Daniel sich bereiterklärte, beide Bands für das Album *Some Bizzare* zu produzieren. Nachdem Depeche Mode „Photographic" neu aufgenommen hatten, nahm Miller sie mit in das Blackwing Studio im Süden von London, um dort mit ihnen ihre erste Single für Mute zu produzieren: „Dreaming Of Me". Das Blackwing Studio war eine umfunktionierte Kirche in den Londoner Docklands und gehörte Eric Radcliffe, dem Yazoo später mit ihrem Album *Upstairs At Eric's* ein Denkmal setzten. Er war einer der wenigen Toningenieure, die sich damals für synthetische Musik begeisterten und gewillt waren, Bands experimentieren zu lassen.

Insgesamt lief alles weit besser, als sie erwartet hatten. Die Fortschritte von Depeche Mode brachten allerdings neue Probleme mit sich. Insbesondere Dave stand vor einem Dilemma: Ihm gefiel es am Southend Art College viel besser als in der Schule, und es sah so aus, als hätte er seinen Weg gefunden. Er hatte bereits den British Display Society Award gewonnen, für ihn die Eintrittskarte ins „ordentliche" Berufsleben als Schaufensterdekorateur eines großen Geschäfts in London. Leider hatte er die Ausbildung noch nicht abgeschlossen und schwänzte regelmäßig tagelang, um mit der Band zu proben. Schließlich blieb der Collegeleitung nichts anderes übrig, als ihn vom Unterricht auszuschließen.

Es war ein Augenblick großer Sorge. Dave konnte jedoch sehr überzeugend sein, und es gelang ihm, eine Trainee-Stelle in einer großen John-Lewis-Filiale auf der Oxford Street zu ergattern. Alle Mitglieder von Depeche Mode hatten damals feste Jobs. Martin arbeitete bei einer Bank, und Andy hatte einen gut bezahlten Job als Versicherungsangestellter. 1981 war das für Schulabgänger keinesfalls eine Selbstverständlichkeit. Eine Anstellung zu kündigen oder dadurch zu gefährden, dass man häufig fehlte und nach Konzerten morgens erschöpft zur Arbeit kam, war ein großes Risiko.

Das erste Anzeichen dafür, dass es Depeche Mode schaffen könnten, kam von John Peel, der „Photographic" in seiner Radiosendung spielte. In kommerzieller Hinsicht bedeutete das noch nicht viel, aber die Unterstützung durch den einflussreichen DJ hatte großes Gewicht bei der Kritik. Im Februar 1981, am Valentinstag, hatten Depeche Mode ihren bis dato prestigeträchtigsten Auftritt. Sie spielten als Vorgruppe von Ultravox im Londoner Rainbow Theatre. Der Abend war von Rusty Egan organisiert worden, der ihnen 50 Pfund für den Gig zahlte. Außer ihnen trat noch eine weitere Synth-Band namens Metro auf. Es war ihr erstes Konzert vor großem Publikum in London, und es gelang ihnen, einen bleibenden Eindruck zu hinterlassen.

Der Erfolg von „Dreaming Of Me" im Jahre 1981 trug ebenfalls dazu bei, dass sie ihre Zweifel bald vollends abschütteln konnten. Die Veröffentlichung erfreute sich recht ordentlicher Kritiken, obwohl die meisten DJs darin nur eine weitere coole, exzentrische Mute-Single sahen. Dann aber begann überraschenderweise Peter Powell von Radio One – nicht unbedingt ein Trendsetter unter den DJs – die Single zu spielen. Ende März stieg „Dreaming Of Me" auf Platz 57 in die britischen Charts ein. Der Titel schaffte es zwar nicht in die alles entscheidenden Top 40, wurde aber Nummer eins in den Independent-Charts und schließlich die bestverkaufte Indie-Single des Jahres.

Interessanterweise klingt die exzellente B-Seite „Ice Machine" viel mehr nach den späteren Depeche Mode als die berühmtere A-Seite. „Ice Machine" hat einen dunkleren, kraftvolleren Sound – eine Eigenschaft, die bewirkte, dass der Song bis Anfang 1982 fester Bestandteil des Live-Programms blieb. Das poppige „Dreaming Of Me" indes war der Anfang vom Ende ihrer Reputation als coole Außenseiter. Zwischen den Bands der entstehenden Indie-Szene und Pop-Gruppen wie Depeche Mode hatte sich bereits eine stetig wachsende Kluft aufgetan.

„Es gab eine Nord-Süd-Trennlinie zwischen uns und den Leuten aus Manchester, der Regenmantel-Brigade, wie wir sie nannten", sagt Rusty Egan. „Das waren energische, von sich selbst überzeugte junge Leute, die Dostojewski und Sartre lasen. Pop-Platten mit Synthesizermusik zu machen, betrachtete man dort wahrscheinlich als Ausverkauf. Dann kamen New Order mit ihrem Drumcomputer daher und hatten größeren Erfolg als alle anderen zusammen."

Die Kluft zwischen Indie und Pop war vielleicht nicht ganz so groß, wie ständig behauptet wurde. Martin Gore begann zumindest später, ebenfalls Bücher von Hermann Hesse, Camus, Kafka und Brecht zu lesen. Für Publikum und Kritik sah es jedoch so aus, als hätten Depeche Mode unumkehrbar einen Weg in Richtung Mainstream-Pop eingeschlagen. Freilich kümmerte sie das wenig. „Dreaming Of Me“ war fast ein Hit, und sogar außerhalb Großbritanniens begann sich nun die Musikindustrie für die Gruppe zu interessieren.

Im April 1981 war der mächtige amerikanische Musikmanager Seymour Stein im Land. Er hatte bereits in der Vergangenheit mit Daniel Miller zusammengearbeitet und nahm sich stets die Zeit, sich im Rough-Trade-Laden ein Bild des aktuellen Stands der Indie-Szene zu verschaffen. Daniel schlug ihm vor, ein Konzert von Depeche Mode zu besuchen. So landete der Mann, der später die Talking Heads, die Pretenders und schließlich sogar Madonna entdeckte, an jenem Abend im Club Raquel's in Basildon. Nach dem Auftritt wollte er die Band im Backstage-Bereich kennen lernen, doch der Laden war so klein, dass es dort keinen richtigen Backstage-Bereich gab. Also unterhielten sie sich im Treppenhaus. Stein war stark beeindruckt. Er machte ihnen an Ort und Stelle zwar kein Angebot, sagte jedoch, sie würden in Verbindung bleiben.

Trotz ihres wachsenden Erfolges hatte Dave niemals vorgehabt, seinen bürgerlichen Beruf an den Nagel zu hängen. Nach einem Vorfall 1981 überlegte er es sich jedoch anders. Er arbeitete gerade bei John Lewis im Schaufenster, als jemand an die Scheibe klopfte und fragte: „Bist du nicht bei Depeche Mode?“ Das hätte ihm eigentlich schmeicheln sollen, doch stattdessen kam er sich eher ein bisschen lächerlich vor und kündigte noch am selben Nachmittag.

Ihre zweite Single „New Life“, die abermals im Blackwing Studio aufgenommen wurde, rechtfertigte zweifellos diese Entscheidung. Sie war ultra-clean und poppig, mit einem Refrain, der wesentlich eingängiger war als alles, was ihre Kollegen auf dem *Some Bizzare* -Sampler bislang zu Wege gebracht hatten. Es war wenig verwunderlich, dass ihnen mit diesem Song der Sprung aus dem Art-Pop-Ghetto ins Tagesprogramm im Radio gelang. „New Life“ erreichte Platz elf in den Charts und verkaufte sich weit über 200 000 Mal. Es brachte der Band auch den Heiligen Gral für alle Pop-Gruppen der Achtziger ein – einen Auftritt in *Top Of The Pops*. Depeche Mode waren „angekommen“.

Der Tag, an dem die berühmte Fernsehsendung aufgezeichnet werden sollte, gestaltete sich indes ganz anders, als die junge Band es erwartet hatte. Sie hatten von Mute keinerlei Vorschuss bekommen, also mussten sie von Basildon aus mit dem Zug nach London fahren und dann die U-Bahn quer durch die Stadt nehmen. Martin und Andy übten ihre bürgerlichen Berufe noch aus und wirkten nicht gerade wie Popstars. Sie trugen Hemd und Krawatte und sahen von Kopf bis Fuß aus wie Angestellte an ihrem freien Tag. Als sie in den BBC-Studios eintrafen, gelang es ihnen nur mit einiger Mühe, die Portiere davon zu überzeugen, dass sie einen Termin hatten. Vom Moderator Peter Powell als „Depesch-ey Mode" angekündigt (sie bestanden auf dieser Aussprache), absolvierten sie ihren Dreh trotzdem mit gewaltigem Enthusiasmus. Außerdem hatte ein Brotberuf zumindest eine gute Seite, die Dave nun entging – als Andy am nächsten Tag zur Arbeit kam, empfingen ihn seine Kollegen mit stehenden Ovationen.

Die Band wurde immer bekannter, und selbst Daves ängstliche Mutter musste zugeben, dass es nun so schien, als hätte er das Richtige getan. Die Vorstellung eines vaterlos aufgewachsenen Kindes, das in Musik und Auftritten vergeblich nach Zuneigung sucht, ist freilich ein Klischee, doch auf Dave Gahan trifft es wenigstens ein Stück weit zu. Als er älter wurde, akzeptierte er, dass der Wunsch nach Anerkennung eine der treibenden Kräfte seiner Persönlichkeit war. Er war sich trotzdem nie ganz sicher, ob alles anders gekommen wäre, wenn sein Vater bei ihnen gewesen wäre. Seine Mutter achtete stets darauf, dass all ihre Kinder in einem stabilen Umfeld heranwuchsen, sodass seine Entwicklung nicht gestört war. Nach den ersten Erfolgen mit Depeche Mode erwachte sein Interesse an Len von neuem. Also fragte er Sylvia, ob sie irgendwelche Fotos hatte. Sie zeigte ihm eines, auf dem er in einem Pub zu sehen war. Als Dave die Ähnlichkeit erkannte, sagte er trocken: „Ja, das ist wohl ganz offensichtlich mein Alter."

Durch ihren Auftritt in *Top Of The Pops* betrachtete man Depeche Mode nun im gesamten Familien- und Freundeskreis als Erfolgsunternehmen. Mitte der Achtziger war es fast so, als existierten Bands gar nicht, bevor sie in der Sendung auftraten. Die Band selbst wusste aber, dass sie noch einen weiten Weg vor sich hatte. Noch in derselben Woche gingen sie wieder in das Blackwing Studio und verbrachten dort zusammen mit Daniel Miller sechs Wochen, um ihr Debütalbum zu produzieren. Das Resultat unterschied sich deutlich von allem, was sie im weiteren Verlauf ihrer Karriere abliefern sollten. Sie hatten die Songs bereits fertig und spielten sie seit anderthalb Jahren live. Sie mussten also nur noch ins Studio gehen, die Kopfhörer aufsetzen und sie spielen, wie sie es auf der Bühne schon so oft getan hatten.

Das Ergebnis war eine seltsame Mixtur aus Avantgarde-Einflüssen und Pop-Melodien. Bis auf zwei Songs stammten alle von Vince Clarke, der einen ausgesprochen ungewöhnlichen Geschmack hatte. Er liebte saubere, helle Klänge und hasste alles, was übermäßig dunkel oder prätentiös war. Sein Material klang sehr zuckrig und schwül, doch Daves jungenhafter Gesang mit dem typischen Essex-Einschlag bildete bei Songs wie „New Life" einen guten Gegenpol zu den leichten Melodien.

Sie beschlossen, die Platte *Speak And Spell* zu nennen, nach einem ungeheuer beliebten Lernspiel der späten Siebziger und frühen Achtziger. Es war ein Titel, der das Album fest in der Zeit seines Entstehens verankerte.

Die Synthesizer, die sie einsetzten, waren dem Spielzeug technisch kaum überlegen, und doch gelang es der Band, ihnen ein paar außergewöhnliche Sounds zu entlocken. Später taten sie *Speak And Spell* häufig als Beginn einer langen Lernkurve ab, und doch kann man das Album über weite Strecken auch heute noch recht gut hören. Die technischen Beschränkungen verleihen ihm sogar einen gewissen naiven Charme. Zugegeben: Die Platte hat auch ihre Schwächen. Die pseudo-schwulen Hymnen „Boys Say No!" und „What's Your Name?" klangen bemüht und unausgegoren. Niemand in der Band war wirklich schwul, doch für Vince schien das augenzwinkernde Liebäugeln mit der Schwulenszene zum kleinen Einmaleins der Popmusik zu gehören, wie er später auch mit Erasure bewies.

Rückblickend waren beide Titel leider nur Trockenübungen für Vince' spätere Arbeit mit Erasure. Die ebenfalls schwul angehauchte Pop-Nummer „Just Can't Get Enough" hingegen war etwas ganz Anderes. Es sollte der einzige Song aus den ersten vier Jahren ihrer Karriere werden, den sie bis in die Neunziger und sogar weit darüber hinaus noch gerne spielten. Als die Single im September 1981 noch vor dem Album erschien, war sie die Nummer, welche die Gruppe in die Pop-Stratosphäre katapultierte. Depeche Mode büßten ihren Platz in der *Some Bizzare* -Gemeinde endgültig ein und fanden sich dafür in den Herzen und den Plattensammlungen heranwachsender Mädchen in ganz Großbritannien wieder, was weitaus lukrativer war.

Das dazugehörige Video markiert darüber hinaus die Geburtsstunde des von Dave einmal als „schwulen Lederlook“ bezeichneten Kleidungsstils, den sie viel zu früh aufgaben, wie ihnen später bewusst wurde. Damals mag man sie dafür verspottet haben, doch war er auf jeden Fall viel besser als die Anzüge, die sie später trugen. Während der ersten Hälfte ihrer Karriere schien es Depeche Mode schwer zu fallen, die Band als Einheit visuell zu kommunizieren. Die Gestaltung von *Speak And Spell* zeigt dies ganz deutlich. Daniel Miller schlug vor, mit dem Fotografen Brian Griffin zusammenzuarbeiten. Er war für seine Arbeit mit Bands wie Echo And The Bunnymen sehr bekannt. Es war mit sein Verdienst, dass diese Liverpooler Gruppe eine unverkennbare visuelle Identität entwickelt hatte.

Als sich Brian mit Depeche Mode traf, war er genau so, wie sie sich einen Künstler vorstellten. Er trug einen großen Schlapphut und fuchtelte aufgeregt mit den Armen herum. Er sagte, er habe eine Vision von einem fliegenden Schwan. Sie waren beeindruckt und sorgten sich lediglich darum, was das Ganze wohl kosten würde. Das Resultat war am Ende jedoch nicht ganz das, was sie erwartet hatten. „Die Idee klang wirklich klasse“, sagte Brian gegenüber dem Autor dieses Buches. „Aber als es fertig war, sah es aus wie ein Schwan in einer Plastiktüte! Es sollte alles ganz hübsch und romantisch sein, aber es war einfach nur komisch. Ich wusste nicht recht, was ich tun sollte. Es wurde zu einem der schlechtesten Plattencover aller Zeiten gewählt! Es war echt mies.“

Noch vor der Veröffentlichung der Platte hatten Depeche Mode Gelegenheit, sich auf ihrer ersten *NME*-Titelseite ganz anders darzustellen. Damals war der *NME* eine ungeheuer beliebte Zeitschrift mit einer Auflage von mehreren hunderttausend Exemplaren. Die Redaktion war außerdem für einen gewissen Zynismus bekannt, und eine Band wie Depeche Mode, die aus ihrem Bestreben, Popstars zu werden, keinen Hehl machte, passte nicht recht zu dem Post-Punk-Ethos des Blattes. Dies drückte sich vielleicht im Coverfoto aus, auf dem Dave Gahan vor den übrigen Bandmitgliedern zu sehen war. Zweifellos freute ihn das – bis zu jenem Mittwochmorgen, als er sein Exemplar der Zeitschrift erhielt und feststellte, dass er auf dem Bild verschwommen war, der Rest der Band hingegen gestochen scharf. Das verstand er nicht.

„Ich war sehr enttäuscht“, sagte er später. „Ich stand ganz vorne … und doch wieder nicht. Das war ganz schön gerissen von dem Fotografen. Das ganze Foto überforderte mich komplett. Ich erinnere mich, dass ich dachte: ‚So ein Wichser! Ich bin da ja völlig unscharf drauf.'" Fairerweise muss man sagen, dass dem Fotografen die Musik von Depeche Mode überhaupt nicht gefiel. Er war ein junger holländischer Knipser, der durch seine Arbeit mit Joy Division bekannt geworden war. Sein Name war Anton Corbijn. Viele, viele Jahre später sollte er in der Geschichte von Depeche Mode eine bedeutende Rolle spielen.

Sie waren nicht die einzige Elektro-Band, die in jenem Jahr an der Schwelle zum ganz großen Erfolg stand: Mit ihrem Album *Dare* sollten The Human League zu Popstars werden, Soft Cells Coverversion von „Tainted Love" entwickelte sich zu einem der größten Hits der Achtziger, *Architecture And Morality* war das bis dato bestverkaufte Album von OMD, und in Übersee verkauften Künstler wie Yello und Jean-Michel Jarre Millionen von Platten. Als „Just Can't Get Enough" im September 1981 als Single erschien, wurde Depeche Mode zu einem Markennamen. Gleichzeitig grenzte sie der Song aber auch von ihren cooleren Zeitgenossen ab. Der *Rolling Stone*-Autor David Fricke fasste dieses Phänomen später in einem Artikel über die erste Welle englischer Synth-Pop-Alben Anfang der Achtziger zusammen: „Verglichen mit dem Schmuddel-Pop von Soft Cell ist *Speak And Spell* von Depeche Mode durch und durch jugendfreie Kost. Als saubere britische Vorstadtjungs haben sie weder die Ambition von Orchestral Manœvres In The Dark noch den unverblümt kommerziellen Reiz von The Human League." Fricke betrachtete den britischen Synth-Pop-Trend jedoch als „Eintagsfliege" und erklärte in einer spektakulären Verkennung der Tatsachen: „Wenn diese paar Platten ein Hinweis sind, dann wird es wohl keine Synthesizer-Revolution geben."

Depeche Mode hatten offensichtlich jegliche Kritikergunst verspielt, derer sie sich in der Vergangenheit vielleicht einmal erfreut hatten. Sie befanden sich nun in einer vollkommen anderen Welt: der Welt von Duran Duran, Spandau Ballet und anderen Synth-Gruppen, die keine New Romantics oder Futuristen mehr waren, sondern nur noch Pop-Gruppen. Trotzdem vergaßen sie die wenigen Enthusiasten nicht, die sie am Anfang unterstützt hatten.

„Sie verhielten sich mir oder Steve Strange gegenüber niemals abweisend oder unhöflich", sagt Rusty. „Da gab es ganz Andere, die sich als große Rockstars oder Popstars aufspielten. Depeche Mode hingegen bedankten sich immer artig für meine Unterstützung und die ganzen Gigs am Anfang ihrer Karriere."

Depeche Mode scherten sich nicht allzu sehr darum, was gerade „in“ war. Sie wollten einfach nur gute Songs schreiben. Leider war genau der Mann, der ihren Teenager-freundlichen Sound am meisten zu verantworten hatte, Vince Clarke, derjenige, der mit ihrem neuen Status ganz und gar nicht glücklich war. Er hatte noch nie gerne Interviews gegeben und konnte nun mit den – wie er es sah – unangenehmen Einschnitten in ihrem Privatleben nicht umgehen.

Nach einem Interview mit Rick Sky vom *Daily Star* war für Vince der Gipfel erreicht. Rick fragte, ob er es für vorteilhaft halte, gut aussehend zu sein, und Vince erwiderte, dass dies natürlich der Fall sei. „Rick Sky drehte es so hin, als hätte Vince gesagt, dass es hässliche Bands niemals schaffen und man nur gut aussehen muss, um es auf Platz eins zu schaffen“, sagte Dave später. Vince fühlte sich durch dieses noch relativ harmlose Beispiel für Boulevardjournalismus zutiefst verletzt. Einige Wochen lang verließ er nur selten seine Wohnung. Danach überließ er die Interviews seinen Bandkollegen. Sie machten sich zwar Sorgen um ihn, erwarteten aber in keiner Weise, dass er so reagieren würde, wie er schließlich reagierte. Zu diesem Zeitpunkt waren sie mit Promotion und Konzerten mehr als beschäftigt.

Dave war immer noch 19, Martin und Andy hingegen waren schon 20 Jahre alt. Vince war 21. Sie besaßen noch nicht das notwendige Selbstbewusstsein, um ihre Karriere selbst zu steuern oder Kritik zu ignorieren. Brian, der viele Jahre mit ihnen zusammenarbeitete, sagt, er habe bei jenen ersten Treffen nur einen sehr schwachen Eindruck davon bekommen, wie sie wirklich waren.

„Sie wirkten einfach wie ganz junge Burschen aus Basildon. Sie waren nicht ungezogen oder aufmüpfig wie viele andere junge Bands, sondern ziemlich diszipliniert.“

Mit der Veröffentlichung von „Just Can't Get Enough“ waren ihre Auftritte im Croc's gezählt. Es war eine aufregende Entwicklung, die einem zuweilen aber auch Angst einjagen konnte. Dies traf insbesondere auf Dave zu, der bei den Fans im Mittelpunkt der Aufmerksamkeit stand. Einmal bat man ihn zu einer lockeren Signierstunde mit Jugendlichen in den Camden Palace. Wenige Monate zuvor wäre dies einfach und vergnüglich gewesen, doch das Publikum hatte sich gewandelt.

„Es war ziemlich beängstigend“, beschrieb er die Signierstunde in der Zeitschrift *Sounds*. „Als ich hineinkam, verstellte man mir den Weg. Die Leute rissen an meinen Kleidern und zogen an meinen Haaren – ich bekam es dermaßen mit der Angst, dass ich aufs Klo rannte und mich dort einschloss. Ich wollte nicht wieder rauskommen. Ich glaube, das war eine meiner schlimmsten Erfahrungen – diese Erkenntnis, dass die Kids einen umbringen könnten."

Trotzdem ließen sich Depeche Mode nicht entmutigen. Sie hatten jenes Arbeitsethos, das man bekommt, wenn man einen langweiligen Job hat. Was auch immer geschah, sie wollten keinesfalls wieder dorthin zurückkehren. Besonders Dave, der nun einen Vorgeschmack auf das Leben als Popstar bekommen hatte, hatte es überhaupt nicht eilig, wieder als Schaufensterdekorateur zu arbeiten.

Im November 1981 sah es allerdings so aus, als würde genau das passieren.

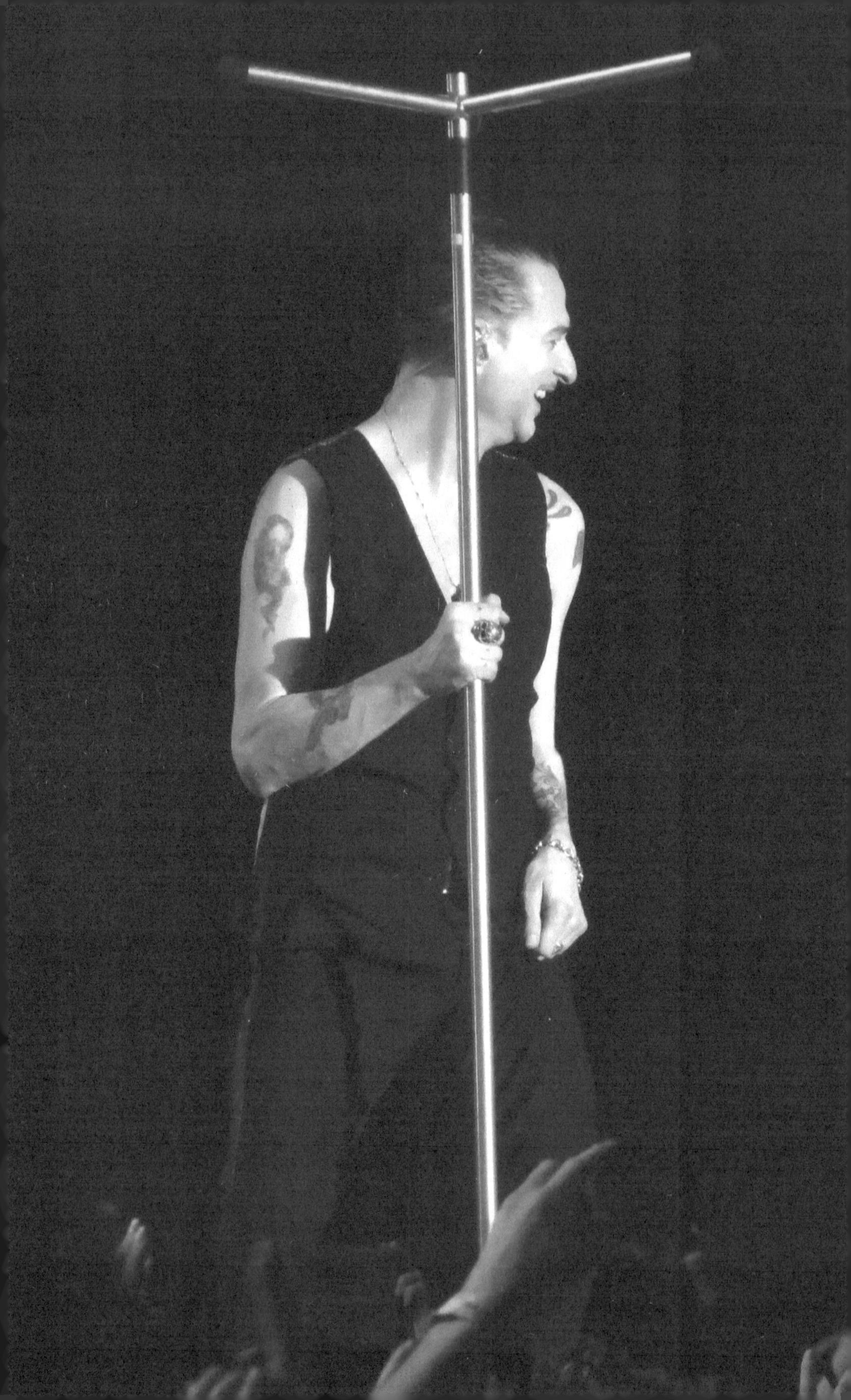

4. Don't Go

Dave wusste zwar, dass Vince unglücklich war, doch er wusste nicht, wie sehr ihn die Ereignisse durcheinander gebracht hatten. Vince war stets ein wenig introvertiert gewesen. Obwohl sie anfangs gut miteinander ausgekommen waren, bestand nun eine gewisse Distanz zwischen ihnen. Im September 1981 erreichten sie einen neuen Meilenstein in ihrer Karriere – ihre erste Auslandstournee. Der erste Termin war in Hamburg, genau wie zwanzig Jahre zuvor bei einer anderen Teenager-Band, den Beatles. Anschließend standen Amsterdam, Brüssel und Paris im Kalender. Während beinahe der gesamten Dauer der Tournee saß Vince vorn im Bus und sprach kaum ein Wort mit den anderen.

Ironischerweise war die Aufmerksamkeit, die seine Teenie-Pop-Songs erregten, ein Problem für ihn. Er wollte die ganzen Interviews und Fototermine nicht machen müssen. Wenn er komponierte oder im Studio arbeitete, war er am glücklichsten. Ebenso wenig mochte er die Demokratie, die typischerweise innerhalb einer Band herrscht. Viele Jahre später gestand er gegenüber der *Times* in einem Interview über sein späteres Vehikel Yazoo: „Die Kommunikation in einer zwischenmenschlichen Beziehung lag mir nie besonders. Im Studio fühlte ich mich sicher, aber eine Unterhaltung mit jemandem zu beginnen …"

Er konnte es nicht ausstehen, wenn die übrigen Bandmitglieder seine Songs infrage stellten. Zum Beispiel hatten sie immer an seinen Texten herumkritisiert. Dave, der sie schließlich singen musste, empfand sie bisweilen als Zumutung. Besonders schlechte Erinnerungen verknüpft er mit „New Life".

„Ich erinnere mich, wie ich eines Abends durch Basildon ging und auf einmal bemerkte, dass mir zwei Mädchen folgten", berichtete er 1982 in einem Gespräch mit Mark Ellen. „Ich wusste, dass sie mich erkannt hatten. Dann begannen sie zu singen: ‚I stand still stepping on a shady street' (etwa: Ich stehe still, eine schattige Straße betretend). Ich begann, ein bisschen schneller zu gehen, und stellte meinen Kragen auf. Dann sangen sie (stöhnt): ‚And I watch that man to a stranger' (Etwa: Und ich beobachte den Mann zu einem Fremden). Und ich dachte: Oh nein, ist das peinlich! Verstehen sie denn diese Texte überhaupt?! Vielleicht tun sie es ja und wir nicht!"

Vince schrieb seine Texte oft passend zu einer bestimmten Melodie, ohne Rücksicht auf den Inhalt und die Grammatik. Es war seine normale Arbeitsweise. Einmal präsentierte er der Band drei neue Songs aus seiner Feder. Als er den Raum verließ, um auf die Toilette zu gehen, steckten die anderen die Köpfe zusammen und sagten: „Die sind scheiße! Die können wir nicht aufnehmen." Als er wieder zurückkam, teilten sie ihm diese Entscheidung nur einen Hauch höflicher mit. „Das könnte der Wendepunkt gewesen sein", sagte Martin Jahre später.

Rückblickend glaubt Terry Murphy, dass Vince eines Abends im Bridge House erwog, einen neuen Weg einzuschlagen. „Als Vince vorbeikam, um den Auftritt von Alison Moyet zu sehen, kam mir der Gedanke, er könnte vielleicht aussteigen. Er kam vorbei, um sich das Konzert mit ihrer Band The Little Roosters anzusehen, und sagte zu mir: ‚Alison stammt aus Basildon, da dachte ich, ich schaue mal vorbei.' Damals dachte ich, er wollte Alison als Sängerin für Depeche Mode anwerben. Das sind viel beschäftigte Jungs, und wenn sie es erst einmal geschafft haben, gehen sie nicht einfach so zu einem Konzert. Also dachte ich: Was macht der denn hier? Alison in der Band wäre doch ein Witz gewesen, weil sie so eine tiefe Stimme hat. Ich konnte mir keinen Reim darauf machen."

Freilich hatte Vince auch keinesfalls die Absicht, Alison Moyet für Depeche Mode zu engagieren. Etwa ein Jahr später wurden die beiden unter dem Namen Yazoo zu einer der erfolgreichsten Gruppen des Landes.

Im Spätsommer 1981 suchte Vince Dave und Fletch zuhause auf und teilte ihnen mit, dass er die Band verlassen werde. Sie waren wie vor den Kopf gestoßen. Sie hatten drei Singles veröffentlicht, und das Album sollte jeden Moment erscheinen. Sie hatten auf dem Höhepunkt der schlimmsten Rezession seit Jahren alle ihre Jobs hingeworfen – und jetzt das!

Die Erklärung von Vince war einfach. „All das, was der Erfolg mit sich bringt, war plötzlich wichtiger als die Musik geworden", resümierte er, als die Trennung offiziell war. „Anfangs bekamen wir Fanpost, in der es hieß: ‚Mir gefallen eure Songs sehr.' Dann kamen Briefe, in denen gefragt wurde: ‚Wo kauft ihr eure Hosen?' Da fragt man sich doch, was kommt als Nächstes?"

Vince versprach zwar, die geplante Tournee noch zu absolvieren und bot an, weiterhin für sie zu schreiben, aber es war ein schwerer Schlag. Zu diesem Zeitpunkt war noch nicht einmal der Vertrag mit Seymour Stein und Sire Records in Amerika unter Dach und Fach. Also verschoben sie die Veröffentlichung von *Speak And Spell.* „Ehrlich gesagt, war das Ganze meiner Meinung nach eine totale Katastrophe", sagt Terry Murphy. „Sie hatten ihren Songwriter eingebüßt. Das war ihre Stärke, die Songs. Ich dachte, das wäre nun unwiderruflich das Aus für die Band. Ich konnte es nicht glauben, dass er ausstieg." Es war schwer vorstellbar, dass Martin künftig die Aufgaben von Vince übernahm. Sämtliche Bandmitglieder waren ziemlich still und schüchtern, aber er war vermutlich der Unscheinbarste von allen. Fletch fungierte oft als „Manager", während Dave und Vince eindeutig im Mittelpunkt des Interesses standen.

„Martin war der Stille in der Ecke", sagt Terry. „Sagte nie ein Wort. Keiner von ihnen sprach viel. Man musste sie erst ansprechen. Das war keine Arroganz, sie waren einfach schüchtern. Schließlich stammten sie aus Basildon und machten nun auf einmal Karriere in der Metropole, in London."

Trotzdem zogen sie es nie in Betracht, aufzuhören. In jugendlichem Selbstvertrauen dachten sie, sie könnten einfach weitermachen wie bisher – mit Martin als Hauptsongwriter. „Ich glaube, wir hätten uns ein bisschen mehr sorgen müssen, als wir das getan haben", sagte Martin später. „Wenn dein Hauptsongwriter aussteigt, solltest du dir ein paar Gedanken machen."

Depeche Mode tourten unbeirrt weiter und gaben im Oktober und November 1981 insgesamt vierzehn Konzerte. Vince' letzter Auftritt mit der Band fand dann am 3. Dezember in Chichester statt, für die TV-Show *Off The Record.* Zu diesem Zeitpunkt hätte er zu Recht annehmen können, dass Depeche Mode am Ende waren. Ihr neuer „Songwriter" Martin war ein extrem schüchterner, zurückhaltender Mensch, und weder Dave noch Fletch waren besonders begabte Musiker. Anfangs herrschte ihm gegenüber daher eine gewisse Feindseligkeit wegen seines plötzlichen Ausstiegs, doch legte sich diese rasch wieder.

„Als Vince ausstieg, überlegten wir einen Augenblick lang, ob wir ihn nicht verhauen sollten, weil wir gerade erst unsere Jobs aufgegeben hatten und so weiter", sagte Andy 1986. „Doch selbst die Trennung erfolgte auf einer recht freundschaftlichen Basis. Also gingen wir einfach wieder ins Studio und machten weitere Aufnahmen."

Nach dem Weggang von Vince mussten sie beweisen, dass sie trotzdem noch eine Zukunft hatten, und zwar weniger allen anderen als vielmehr sich selbst. Mit dieser Einstellung nahmen sie noch vor der Veröffentlichung von *Speak And Spell* den Titel „See You" auf, den Martin im Alter von 17 Jahren geschrieben hatte. Er war stark von dem Pop der frühen Sechziger geprägt, den seine Mutter so geliebt hatte, und klang wie eine seltsame Mischung aus seinem eigenen Stil und dem Versuch, Vince zu kopieren. Die Version, die später auf ihrem zweiten Album erschien, begann mit einer dunklen, düsteren Melodie, die sich rasch in etwas Sanftes und Süßliches auflöste. Die Single-Version hingegen wollte so rasch wie möglich zum Refrain gelangen. Daran ließ sich ablesen, dass sie sich um ein Überleben ohne Vince' Melodien mehr Sorgen machten, als sie zugaben.

Die Ergebnisse waren jedoch gut genug, dass sie neue Zuversicht schöpften und übereinkamen, ihn nicht zu ersetzen. Kurzfristig aber mussten sie jemanden finden, der auf der nächsten Tournee seine Keyboardparts übernahm. Zu diesem Zweck setzten sie eine ziemlich plumpe Anzeige in den *Melody Maker*: „Bekannte Band sucht Keyboarder, muss unter 21 sein."

Alan Wilder sagte später, er habe erraten, dass es sich dabei wahrscheinlich um Depeche Mode gehandelt habe. Es gab nicht allzu viele „bekannte" Bands, deren Mitglieder unter 21 waren, die auf ihren Synthesizer-Sound stolz waren und die unlängst ein Mitglied verloren hatten. Er war damals schon 22 und hatte bereits in verschiedenen Bands gespielt, jedoch ohne großen Erfolg. Seine aktuelle Band, The Hitmen, machte keinerlei Fortschritte, also ging er zu dem Vorspielen im Blackwing Studio.

Als er dort eintraf, standen Depeche Mode gerade kurz davor, zu verzweifeln. Daniel Miller nahm die Bewerber unter die Lupe, und das Niveau war nicht besonders hoch. Wie vorherzusehen gewesen war, tauchten zwar allerlei bunte Vögel zu dem Termin auf, aber die musikalischen Fähigkeiten waren meist nicht das, was sie sich erhofft hatten – bis Alan Wilder den Raum betrat. Er konnte einfach alles spielen. Alan wiederum war seinerseits überrascht, wie rudimentär die Musik streckenweise war. Er stellte fest, dass sich viele Parts mehr oder weniger mit einem einzigen ausgestreckten Finger spielen ließen. Außerdem spürte er instinktiv, dass er nicht ganz zu Dave, Martin und Fletch passte. Sie kamen aus Basildon, und man merkte es ihnen an. „Alle ihre Freunde stammten aus Basildon, und Alan kam aus einem leicht anderen, in ihren Augen etwas zu bürgerlichen Milieu“, sagte Daniel Miller. „Er war musikalisch sehr bewandert und reagierte zu Anfang etwas hochnäsig darauf, dass ihr gesamtes Material nur monophones Ein-Finger-Zeug war.“

„Es war ein bisschen kompliziert“, sagte Alan später. „Ich komme sozusagen aus der Mittelschicht, sie aus dem Arbeitermilieu. Sie waren jung und wirkten sehr naiv. Musikalisch klangen sie ein wenig naiv, aber trotzdem irgendwie interessant, und ich war damals in einer recht verzweifelten Lage, in der ich so gut wie jedes Engagement angenommen hätte.“

Obwohl Depeche Mode nach dem Weggang von Vince ebenfalls in einer unsicheren Lage steckten, so waren sie doch immerhin eine Band, die zwei Top-20-Hits gehabt hatte und kurz vor der Veröffentlichung eines mit Spannung erwarteten Debütalbums stand. Die Entscheidung kann für Alan also nicht gar so schwer gewesen sein, selbst wenn er fand, dass die anderen Bandmitglieder musikalisch ein bisschen unter seinem Niveau wären.

Der eigentliche Grund, warum Vince die Band verließ, könnte schlicht auch der gewesen sein, dass er dachte, er käme ohne sie besser voran. Damals war das ein nicht von der Hand zu weisendes Argument. Einer der Songs, den Depeche Mode als „Scheiße“ verworfen hatten, war das hervorragende „Only You“, mit dem Vince und Alison Moyet mit ihrer neuen Band Yazoo später einen riesigen Hit hatten. Die ersten beiden Yazoo-Singles – „Only You“ und das brillante „Don’t Go“, die beide bis auf die obersten Plätze der Charts kletterten – machten unmissverständlich klar, wer damals der fähigere Songwriter war. In einem Interview mit der *Times* sagte Alison Moyet 2008, Vince und ihr sei „bewusst“ gewesen, dass „Only You“ weit besser war als „See You“.

Obwohl sie es natürlich abstritten, teilten Depeche Mode dieses Bewusstsein zumindest ansatzweise. Sie waren einfach neidisch auf Vince, der einen Erfolg nach dem anderen zu haben schien. „Wir waren ein bisschen eifersüchtig“, gestand Dave Jahre später. „Der erste Song, den sie herausbrachten, ‚Only You‘, war ein Song, den er eigentlich mit uns hatte machen wollen. Ich dachte damals: ‚Nein, den nicht.‘ Dann wurde er jedoch zu einem Riesenhit.“

Für Mute erwies sich die Trennung als Gewinn, denn Daniel Miller hatte nun zwei bekannte Bands unter seinen Fittichen. Vince' Yazoo waren ausgesprochen erfolgreich, und sein Weggang bei Depeche Mode bot eine Chance für Martin. Trotzdem war die Stimmung bisweilen noch recht angespannt, wenn sie sich im Büro von Mute zufällig über den Weg liefen. Sie wussten jedoch, dass es besser war, den Ball flach zu halten. Sie alle kannten Alison Moyet noch von der Schule in Basildon und hatten großen Respekt vor ihr.

„In der Schule war sie in unserer Klasse", sagte Fletch. „Sie war die beste Kämpferin in jenem Jahr! Als wir einmal in diesem kleinen Büro bei Mute waren, dachte sie, wir hätten über sie gelacht, und sagte: ‚Fletch, wenn du noch einmal über mich lachst, dann trete ich dir in die Eier.' Lache niemals über Alison Moyet."

Als *Speak And Spell* schließlich erschien, erreichte das Album die Top 20, doch die Nachrufe auf Depeche Mode lagen bereits fertig in der Schublade. Die beiden Songs, die Martin für das Debütalbum geschrieben hatte, „Tora! Tora! Tora!" und das Instrumentalstück „Big Muff", waren zwar ganz gut, doch es gab keinerlei Anzeichen dafür, dass er solche Hits schreiben konnte wie Vince Clarke. Es war allerdings auffällig, dass „Tora! Tora! Tora!" einen dunkleren, schmutzigeren Sound hatte als alles, was Vince je verfasst hatte. Rückblickend war der Song dem Stil, für den sie heute stehen, wesentlich ähnlicher.

Damals indes stieg Alan in eine Band ein, die der Inbegriff einer seichten Pop-Gruppe war. Ihre Videos wurden in der Regel in den leuchtenden Primärfarben des Kinderfernsehens gehalten, und ihre Fotoserien waren sehr oft schlichtweg peinlich. Allerdings war das ein Erfolgsrezept, das sich bewährte.

„See You" erschien Anfang 1982 und gelangte zu ihrer Erleichterung in die Top 10. Bizarrerweise lief die Single viel besser als der qualitativ überlegene Vorgänger „Just Can't Get Enough", was von der großen Loyalität ihrer Teenie-Fangemeinde zeugte. Der Erfolg von „See You" war ein gewaltiger Ansporn. Er bewies, dass die drei es auch alleine schaffen konnten. Es verleitete sie außerdem zu der – rückblickend betrachtet falschen – Annahme, sie bräuchten nun auch keinen zusätzlichen Keyboarder im Studio. Alan unterstützte sie lediglich auf der Bühne. Anfangs zahlten sie ihm wöchentlich eine bestimmte Summe. Der erste Auftritt mit ihm fand im Januar 1982 im Croc's statt. Sie hatten keine Zeit, zu überlegen, was sie tun sollten, oder in welche Richtung sich die Band bewegte. Direkt nach dem Auftritt im Croc's brachen sie nach New York zu ihren ersten Konzerten in Amerika auf.

Es sah aus wie eine große Chance: Das Jahr 1982 markierte den Beginn der so genannten „Zweiten Britischen Invasion". Seit der Gründung von MTV hatten britische Bands – die in aller Regel ihr Image besser pflegten als ihre amerikanischen Kollegen – gewaltigen Erfolg in den Staaten. Gruppen wie Duran Duran, Culture Club, Wham! und ABC wurden rasch zu Superstars. Auf dem Höhepunkt der Zweiten Britischen Invasion waren 18 der Top-40-Singles in den amerikanischen *Billboard*-Charts britische Produktionen.

Die Konzerte von Depeche Mode liefen hingegen nicht besonders gut. Mute beschloss, sie zu ihrem ersten Auftritt im New Yorker Ritz Club mit einer Concorde einzufliegen. Nach diesem gelungenen Start ging es mit der Unternehmung jedoch leider sehr schnell bergab. Dave bereute inzwischen eine seiner Jugendsünden. Er war mit seiner Freundin Joanne sehr fest zusammen. Kurz vor dem Abflug ließ er sich die schlechteste seiner alten Tätowierungen entfernen. Dies hinterließ eine böse Narbe, die so schwer anschwoll, dass er mit einem Arm in der Schlinge auftreten musste. Auf der Bühne hatten sie andauernd Probleme mit der Technik und sahen sich einem Meer enttäuschter Gesichter gegenüber. Es war wie eine Bestätigung für den durchschnittlichen amerikanischen Rock-Fan, dass Synthesizermusik eben doch keine „richtige" Musik war.

Das allein wäre vielleicht noch nicht einmal ein so großes Problem gewesen, doch haperte es zudem auch an ihren frühen Videos, die berüchtigt für ihre miserable Qualität waren. Das vielleicht seltsamste davon war „See You". Sie engagierten Julien Temple als Regisseur, der damals vor allem durch seinen Film über die Sex Pistols, *The Great Rock And Roll Swindle*, ein Begriff war. Später drehte er viel beachtete Dokumentationen, darunter ausgezeichnete Filme über Joe Strummer oder das Glastonbury-Festival. Er war also keinesfalls der typische Pop-Regisseur, trotzdem warf man ihm später oft vor, die Videos zu „See You" und anderen Depeche-Mode-Singles hätten dem Ruf der Band geschadet.

Das Problem war vielleicht, dass er sie so drehte, als wären sie kleine Spielfilme. Daran wäre grundsätzlich nichts auszusetzen gewesen, aber die Bandmitglieder waren keine Schauspieler, sodass die Ergebnisse für viele Beobachter ziemlich unbeholfen wirkten. In „See You" betritt Dave beispielsweise eine Fotokabine und starrt wehmütig ein paar Bilder seiner

Angebeteten an, die er offenbar vermisst. Dabei sieht er aus, als wäre er am liebsten irgendwo anders, nur nicht in dieser Kabine.

„Schon von Anfang an war es uns verhasst, dass wir Videos drehen mussten", sagte Martin 1993. „Wir hatten nie das Gefühl, dass wir uns auf die Regisseure verlassen konnten. Man begibt sich aber vollkommen in die Hand des Regisseurs. Man hat beim Dreh keine Vorstellung davon, wie es einmal aussehen wird. Man sieht das Video erst, wenn es fertig ist, und dann ist es zu spät, um noch irgendetwas zu ändern. Dann muss es raus."

Während der ersten paar Jahre traten Depeche Mode regelmäßig live auf. Unter anderem gelang dabei eine triumphale Rückkehr ins Bridge House in Canning Town. Es war eine ganz andere Angelegenheit als damals, als sie noch Mühe hatten, eine Handvoll Leute zusammenzutrommeln. Obgleich es offiziell ein „geheimer" Auftritt war, drängten sich bereits Hunderte von Fans vor der Tür, als die Kneipe um die Mittagszeit öffnete. „Es war unglaublich, wie viele Leute schon um ein Uhr mittags da waren", sagt Terry Murphy. „Ich musste sie hinauswerfen und das Eintrittsgeld vorab bezahlen lassen, damit sie später wiederkommen konnten. Es war der helle Wahnsinn."

Die rasante Entwicklung ihrer Bühnenpräsenz in nur sechs Monaten war beeindruckend. Sie hatten ein ganz neues Selbstvertrauen. Dass sie nun vor Hunderten von Zuschauern in einem Club spielten, wo sie einst Mühe hatten, zwanzig Gäste anzulocken, illustrierte, wie weit sie es gebracht hatten. Terry Murphy war begeistert, als er in die Garderobe kam, um ihnen ihren Anteil an den Eintrittsgeldern zu geben. Das Pub hatte damals gerade wirtschaftliche Schwierigkeiten und sollte bald geschlossen werden.

„Es waren bestimmt ein- oder zweitausend Pfund", sagt er. „Jedenfalls weit über tausend. Sie aber sagten: ‚Nein, nein, behalte es. Lass' das Pub geöffnet; es war ein tolles Konzert!' Das war sehr nett von ihnen, weil sie keinesfalls reich waren. Sie waren immer noch arm wie Kirchenmäuse!"

Der Wandel innerhalb der Band rührte teilweise von einer neuen Sicherheit her, die Alans musikalisches Können ihnen verschaffte. In späteren Jahren erwies sich seine hervorragende Studioarbeit als weiterer Pluspunkt für die Gruppe, nicht zuletzt deshalb, weil ein Großteil ihres Materials stärker denn je von der Elektronik abhing. Trotzdem wurde Alan in den ersten Monaten nicht als vollwertiges Bandmitglied aufgenommen – ein Weg, den viele Bandgründer wählen, wenn sie ein neues Gesicht in ihrem engsten Kreis willkommen heißen. Zunächst erhielt Alan nur einen bescheidenen Wochenlohn, angeblich nicht mehr als 100 oder 200 Pfund. Doch das war ebenfalls nichts Ungewöhnliches.

Die Shows auf dem europäischen Festland waren eine besonders bizarre Angelegenheit. Trotz der Tatsache, dass die Pioniere von Kraftwerk aus Deutschland stammten, betrachtete man Depeche Mode in weiten Teilen des Kontinents beinahe wie einen exotischen Wanderzirkus. Die Journalisten hatten über die englische New-Romantic-Szene gelesen, und Depeche Mode wurden andauernd gefragt, ob sie „Blitz Kids" seien.

So wirkten Journalisten und TV-Moderatoren oftmals ein wenig verwirrt angesichts dieser naiven Jungs aus Basildon. Bei einem ihrer ersten TV-Auftritte etwa, einer Sendung im schwedischen Fernsehen, wurde Dave gefragt, wie man ihre Texte zu verstehen hatte – und der Sänger musste gestehen, dass er keine Ahnung hatte. „Ich weiß nicht", sagte er zu dem sichtlich irritierten Moderator, der ihn nach der Bedeutung des gerade gespielten „New Life" gefragt hatte – sehr zur Belustigung des Publikums. „Vince hat kürzlich die Band verlassen. Wir fragten ihn immer, was die Texte bedeuten, aber wir wissen es immer noch nicht. Diese Frage müssten Sie ihm also persönlich stellen."

Daneben sorgten Depeche Mode auf dem europäischen Festland auch deshalb für einigen Aufruhr, weil die englischen Synthesizerbands vom Mainstream als Kuriosität betrachtet wurden. „Glauben Sie, dass Synthesizer echte Instrumente vollständig ersetzen können?", wurde Dave gefragt. Seine Antwort war interessant: Anstatt darauf zu verweisen, dass Synthesizer sehr wohl richtige Instrumente seien, entgegnete er höflich: „Nein, ich denke Gitarren und Schlagzeuge wird es immer geben." Bei einem anderen Fernsehauftritt in Holland fragte der neugierige Moderator die einzelnen Bandmitglieder: „Wer ist denn jetzt der Gitarrist? Und wer der Bassist? Wer spielt Schlagzeug?" Da mussten sie umständlich erläutern, dass sie solche Musiker gar nicht in der Band hatten, bis Dave eine kleine Führung gab, die Keyboards erklärte und den „Schlagzeuger" vorstellte – eine etwas plump wirkende Bandmaschine. Zu dieser Zeit gaben sie es auch auf, darauf zu pochen, dass man ihren Bandnamen „Depesch-ey" aussprach. Anfangs gefiel ihnen das, weil es sich so französisch und gebildet anhörte, dabei klingt die tatsächliche französische Aussprache wie „Depesch".

Alan willigte ein, sich an sämtlichen Werbeaktivitäten zu beteiligen, die man der Band abverlangte. Hinsichtlich Musik und Kleidung war dies zweifellos der Tiefpunkt in der gesamten Karriere von Depeche Mode. Sie sahen nicht besonders aus und erledigten die meisten Aufgaben, die man ihnen stellte, ohne Murren und Knurren. Darunter waren auch einige ziemliche schräge Fernsehauftritte. In einer deutschen Sendung namens *Bananas* filmte man sie zu einem Playback von „See You" in einer Scheune voller Stroh. Anfangs wirkte Dave in seinem schrecklichen Anzug und den hoch geschnittenen Hosen einfach nur leicht dämlich. Dann folgte eine Einstellung, in der er sitzend ein Huhn hält, während anderes Geflügel zwischen den Beinen der übrigen Bandmitglieder herumrennt. Alans Blick, als er sich todesmutig ebenfalls ein Huhn schnappt, ist unbezahlbar. Als wäre das noch nicht genug gewesen, vergnügt sich hinter ihnen ein Pärchen im Heu – im krassen Widerspruch zur Hauptaussage des Songs.

Doch nicht nur im Ausland kam es zu peinlichen Szenen. So traten Dave und Martin etwa in der Samstagmorgensendung *Tiswas* auf und versuchten, die üblichen Fragen zu beantworten („Warum verwendet ihr Synthesizer?", „Warum heißt ihr Depeche Mode?", „Wie spricht man Depeche Mode aus?"), während sich direkt hinter ihnen ein paar aufsässige Jugendliche laut lachend unterhielten. Erst gegen Ende schienen sie den Musikern etwas mehr Aufmerksamkeit zu schenken, als sie die Anweisung erhielten, die beiden Stars mit Papierschnipseln zu bewerfen und Dave eine Sahnetorte ins Gesicht zu pfeffern.

Etwa zur selben Zeit hatten Depeche Mode in der britischen Fernsehinstitution der Achtziger, *Jim'll Fix It*, einen Auftritt, der sogar noch peinlicher war. Das Erfolgsgeheimnis der beliebten Sendung war, dass Kinder dem Moderator Jim Saville, einem ausgemachten Exzentriker, einen Brief schrieben und ihn baten, etwas für sie „zu deichseln", sprich: ihnen einen lang gehegten Wunsch zu erfüllen. Der Traum eines Mädchens war es, einmal zusammen mit Depeche Mode aufzutreten. Pflichtschuldig erklärten sie sich dazu bereit und ließen sie ein bisschen Keyboards spielen, dann bekam sie von Alan eine Trophäe überreicht, das begehrte *Jim'll Fix It*-Abzeichen.

Damals unterschied man streng zwischen „ Popmusik", die von vielen Fernseh- und Radio-Programmmachern als simple Unterhaltung für Kinder eingestuft wurde, und „Rockmusik", die für Teenager gedacht war. Jemand über 30, der sich noch für einen der beiden Stile interessierte, wurde für ein bisschen seltsam gehalten. Depeche Mode hatten zwar kein Problem damit, dass Kinder ihre Platten kauften, doch es dämmerte ihnen langsam, dass Teenager und Erwachsene auf Grund ihres Images aus der Zielgruppe herausfallen könnten.

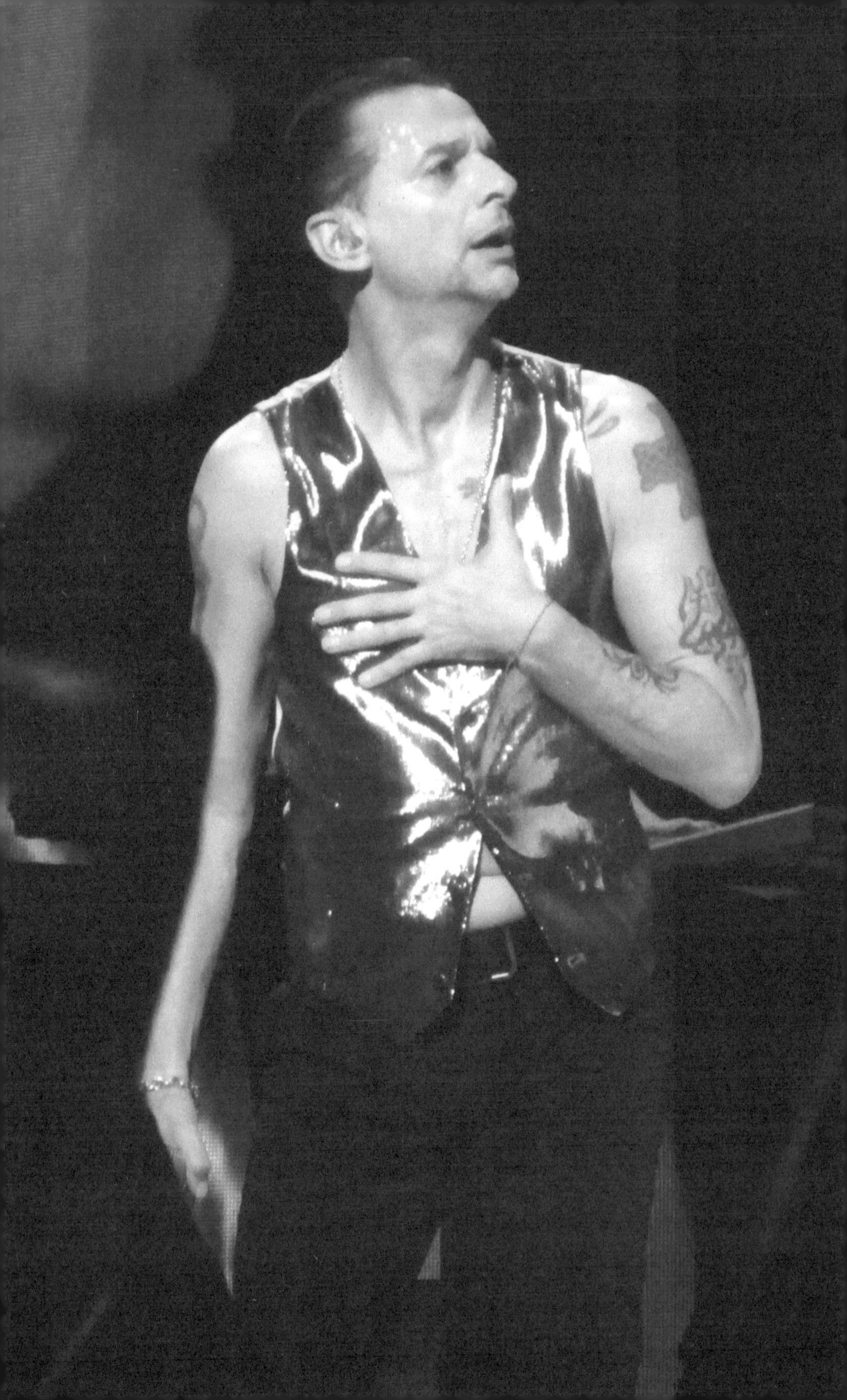

5. A Broken Frame

Als Depeche Mode ins Studio gingen, um ihr zweites Album *A Broken Frame* einzuspielen, mag ihnen schmerzlich bewusst gewesen sein, welch himmelweiter Unterschied zwischen den brillanten Chartstürmer-Singles von Yazoo und den eher geistlosen Songs bestand, die sie ohne Vince komponiert hatten. Wenigstens hatten sie eine Entschuldigung. Martin Gore war gezwungen gewesen, innerhalb weniger Wochen ein komplettes Album zu schreiben.

„Wir strampelten uns ab, ohne zu wissen, wohin die Reise eigentlich gehen sollte", sagte Martin 2001. „Es war das erste Mal, dass ich mich als Songwriter versuchte, und heraus kam ein regelrechter Mischmasch. Ein paar Nummern waren alt, mit das Erste, was ich überhaupt jemals geschrieben hatte, andere wiederum fielen mir spontan während der Aufnahmen ein."

Sie nahmen erneut im Blackwing Studio auf, doch dieses Mal machte die Arbeit weitaus weniger Spaß. „Das ist schon ein seltsamer Ort", sagte Dave damals. „Draußen im Garten steht eine Statue von Jesus am Kreuz, die jemand mit Blut angemalt hat. Wir haben eine Menge Fotos dort gemacht, aber keines davon ist etwas geworden. Das ist schon recht seltsam."

Sie lebten alle noch in Basildon, also nahmen sie jeden Morgen den Zug zur London Bridge und abends dann den letzten Zug zurück. Inzwischen waren ihre Gesichter allerdings in sämtlichen Musikzeitschriften erschienen, und sie waren häufig im Fernsehen gewesen, also wurden sie oft erkannt, was nicht immer vorteilhaft war. Viele Fahrgäste waren so genannte „Essex-Typen", die seit Feierabendbeginn in London getrunken hatten. „Wir gerieten ständig in Schlägereien", sagte Martin. „Manchmal, weil man uns erkannte, aber meistens war es die ganz normale Gewalt, die in Essex an der Tagesordnung ist."

Dave beklagte sich später, die Leute hätten sie hängen gelassen. Bei ihrem zweiten Album habe es im Studio an Begeisterung gemangelt.

Sie wussten, dass sie nicht mehr als Teenie-Pop-Idole betrachtet werden wollten, wussten aber nicht, wodurch sie Vince' Sound ersetzen sollten. Sie hatten die vage Vorstellung, dass sie ein bisschen „düsterer" als bisher sein wollten, und doch waren Songs wie „See You" beinahe klebrigsüß. Martins Aufgabe wurde dadurch erschwert, dass er immer noch in Vince' Schatten stand. Er gibt zu, dass er anfangs (vielleicht unweigerlich) noch stark von dem Stil ihres ehemaligen Bandkollegen beeinflusst war. Sie wussten, dass es riskant war, sich allzu weit von dem Stil zu entfernen, mit dem sie bekannt geworden waren – denn dann bestand die Gefahr, dass sich niemand mehr für die Band interessierte.

Depeche Mode wollten beweisen, dass sie ohne Vince als Trio bestehen konnten. Bis jetzt war es noch nicht zur kreativen Zusammenarbeit mit Alan Wilder gekommen. Sie wollten unbedingt ernster, erwachsener klingen, doch dieser Versuch war nicht ausnahmslos von Erfolg gekrönt. Tatsächlich waren die Songs nicht „tiefgründiger", sondern sogar noch ein wenig prätentiöser als die auf *Speak And Spell*.

Die vielleicht größte Schwäche des Albums ist, dass Martin noch keine Songs schrieb, die für Daves Stimme optimal geeignet waren. Die meisten waren sanfte, langsame Angelegenheiten, die er auch leicht selbst hätte singen können. Bei vielen der besseren Nummern – etwa „Monument", „My Secret Garden" oder „Satellite" – klingt Dave uncharakteristisch zurückhaltend. Das gesamte Album ist sehr minimalistisch und zweidimensional. Wenn es mit dem schnelleren, opulenteren „Photograph Of You" kurzzeitig aus diesem Muster ausbricht, klingt es abermals so, als würde jemand versuchen, einen Fünfzigerjahre-Pop-Song auf Spielzeuginstrumenten zu interpretieren.

Später sollte man sich daher mehr an die Covergestaltung des Albums denn an die Musik erinnern. Trotz ihrer Meinung über das Artwork von *Speak And Spell* betrauten sie erneut Brian Griffin damit, das Titelfoto zu schießen. „Es war wundervoll von ihnen, dass sie mir die Stange hielten", sagt Brian. „Denn das nächste wurde eines der berühmtesten Albumcover aller Zeiten." Das Cover von *A Broken Frame* fand später als Titelbild einer Sonderausgabe der Zeitschrift *Life* über die Farbfotografie des 20. Jahrhunderts Verwendung. Nach dem Fiasko mit dem Schwan auf *Speak And Spell* wollte die Band diesmal bei der Gestaltung mitreden. „Wir hatten deswegen mit Daniel und der Band eine Besprechung nach der anderen", sagt Brian. „Schließlich kamen wir auf die Idee, dass wir einen Bauern in einem Kornfeld nehmen sollten."

Trotz langwieriger Vorarbeit entstand das Coverfoto eher spontan, ganz nach Manier des Mute-Labels. Brians Stylist Jacqui Frye wurde am Freitag damit beauftragt, für den Fototermin am Montag ein Bauernkostüm herzustellen. Als sie an dem Kornfeld in der Nähe von Saffron Walden im Norden von Essex ankamen, bat sie ein ungeduldiger Landwirt, sie mögen sich bitte beeilen, weil er mähen wolle. An jenem Tag regnete es die meiste Zeit über, doch als die Wolken aufbrachen, schoss Brian ein perfektes Bild von dräuenden Wolken und leuchtendem Getreide.

„Ich hatte großes Glück, dass die Wolken so wunderbar aufbrachen und ich diese Magie einfangen konnte", sagt Brian. „Als ich das Polaroid sah, flippte ich aus. Ich konnte es kaum glauben. Wir luden Daniel Miller in mein Studio ein, damit er sehen konnte, wie es geworden war. Wir saßen zusammen in einer Ecke und warteten gespannt auf seine Reaktion: ‚Mach schon, Daniel, sieh mal in den Leuchtkasten und schau's dir an.'"

Technisch gesehen war es ein großartiges Bild. In seiner Überhöhung der Arbeit hatte es beinahe sozialrealistische Züge (mit dem Cover ihres nächsten Albums sollten sie noch einen weiteren Schritt in diese Richtung tun). Für den Augenblick hatte *A Broken Frame* seine Aufgabe erfüllt. Es war zwar bei Weitem kein Klassiker, doch hatte das Album gezeigt, dass Depeche Mode als kreative Kraft noch lange nicht am Ende waren. „Ich halte das zweite Album nicht gerade für ein Meisterwerk", gestand Martin Jahre später. „Wir kamen schlicht und einfach gerade so damit durch."

„Wir alle finden, dass *A Broken Frame* rückblickend betrachtet unser schwächstes Album ist", sagte Dave 1990. „Es ist ziemlich zusammengestückelt. Zu dieser Zeit bekamen wir das Etikett, eine sehr düstere Band zu sein. Wir lernten damals noch. Das Album war ganz naiv. Es war Martins Erstlingswerk als Songwriter. Ehrlich gesagt, wurde er damit ins kalte Wasser geworfen."

Es gelang ihnen damals, das Album halbherzig zu bewerben, indem sie behaupteten, es zeige einen Reifeprozess. Dave: „Der Kram auf dem letzten Album war Euro-Macho-Tanzmusik, tanzbare Synthesizermusik, doch in unserem neuen Album steckt viel mehr, es ist viel tiefgründiger."

Das zweite Album von Depeche Mode erschien im September 1982, genau ein Jahr nach ihrem Debüt. Die Reaktionen waren im Allgemeinen sehr positiv, und es kletterte sofort auf Platz acht der Charts. Die Singles „The Meaning Of Love" und „Leave In Silence" liefen ebenfalls recht ordentlich und erreichten Rang 12 und 18, konnten sich jedoch nicht lange in den Hitlisten halten. Kurz nach der Veröffentlichung spürte die Band, dass das Interesse wieder abebbte. Tief im Herzen wussten sie, dass *A Broken Frame* kein besonders gutes Album war. Zunehmend haftete ihnen den Ruf an, „Weicheier mit Synthies" zu sein. Zumindest in Daves Fall war dies zwar sehr weit von der Wahrheit entfernt, doch etliche ihrer Fotos und Promo-Auftritte trugen nur wenig zur Aufbesserung ihrer neuen Reputation bei. Einmal ließen sie sich in voller Kricket-Montur für *Smash Hits* ablichten. Es war ein Bild, das für sie später zum Symbol ihrer missverstandenen Bereitschaft wurde, alles zu tun, was man in Sachen Promotion von ihnen verlangte.

„Als wir anfingen, waren wir äußerst naiv, doch beim Erscheinen von *A Broken Frame* begriffen wir langsam, dass das Musikgeschäft zu großen Teilen eine reine Farce ist", sagte Dave. „Auf einmal sahen wir die ganze Korruption, die Geschäftemacherei und die Marketingkampagnen."

Ihre Reaktion war typisch: Sie machten sich wieder an die Arbeit. Für eine Band, die über ihre „Faulheit" oft Witze machte (der offenkundig hart arbeitende Alan Wilder war hier allerdings nie gemeint), hatten sie in ihren Anfangsjahren eine erstaunliche Arbeitsmoral. Sie meckerten vielleicht hinterher über die Videodrehs und Fototermine, doch an Ort und Stelle waren sie der Traum eines jeden PR-Mannes. Die Musik war zwar ihre Domäne, aber alles andere überließen sie Außenstehenden. In Bereichen wie der Videoproduktion etwa hatten sie einfach nicht genügend Selbstvertrauen, um den Mund aufzumachen, wenn ihnen etwas nicht gefiel.

„The Meaning Of Love", die erste Single, die nach *A Broken Frame* erschien, war auch das erste Video, in dem Alan zu sehen war. Es war ein weiterer interessanter oder verstörender Einblick in die seltsame Welt von Depeche Mode: Julien Temple hatte beschlossen, die Suche nach „der Bedeutung der Liebe" wörtlich zu nehmen, also stellte er Dave als eine Art Wissenschaftler dar. Das Video beginnt mit einer Szene, in der er ein Buch liest. Um noch glaubhafter als Eierkopf zu sein, trägt er sogar eine Brille. Für den Fall, dass Kinder dadurch abgeschreckt werden könnten, zieht sich dazu noch ein bizarres, zusammenhangloses Kinderspielzeugmotiv durch das Video.

Die nächste Single, „Leave In Silence", hatte ein noch unpassenderes Video. Es ist eine langsame, dunkle Nummer – einer der Songs, die für die Wandlung des Rufs der Gruppe von kindlichen Popstars zu Düstermännern verantwortlich waren. Umso seltsamer erscheint es da, dass Julien Temple sich offenbar vom Kinderfernsehen und *The Generation Game* inspirieren ließ. Das Video zeigt ein Förderband mit grellbunten Objekten, auf das die sehr ernst dreinblickenden Musiker mit hölzernen Löffeln einschlagen. Dann beginnen sie, Bälle umherzuwerfen, und schließlich jagen sie einander auf Hüfpbällen nach. Das mag ihren damaligen Geisteszustand vielleicht ziemlich gut widergespiegelt haben – Depeche Mode waren eine Band, die noch lange nach Beginn ihrer Profikarriere vor Konzerten gelegentlich „Fangen“ spielte. Aber es war sicher nicht der Imagewechsel, den sie benötigten.

Die neue Ernsthaftigkeit ihres zweiten Albums wirkte bisweilen zwar noch ein wenig altklug, doch sie wurden nun sehr schnell erwachsen. Sie waren praktisch pausenlos unterwegs und nutzten eine kurze Unterbrechung, um Ende 1982 ins Studio zu gehen und eine weitere Single mit dem Titel „Get The Balance Right“ aufzunehmen. Sie waren nicht unbedingt scharf darauf, das zu tun, doch ihre amerikanische Plattenfirma Sire ließ sie wissen, dass sie einen Tanzhit bräuchten, wenn sie es in den Staaten schaffen wollten.

Das Resultat war die schwierigste Erfahrung, die sie im Rahmen ihrer Studioarbeit bis dato gemacht hatten. Die neue Technologie, die nun zur Verfügung stand, bot zwar viele Vorteile, doch brachte sie es leider mit sich, dass auch viel mehr schief gehen konnte. Besonders Dave hatte seine Schwierigkeiten damit. Er war kein Studiocrack, also saß er einen Großteil der Zeit einfach nur herum, während Martin, Alan und Daniel Miller die Knöpfe drehten.

Obwohl sie das Ergebnis in gewisser Weise als Enttäuschung empfanden, hatte die Nummer doch unüberhörbar den kräftigsten, modernsten Beat von allem, was sie bislang gemacht hatten. Erst später fanden sie heraus, dass die Maxi-Single ein heimlicher Renner in den Clubs von Detroit gewesen war und Künstler wie Derek May inspiriert hatte, der schließlich zu einem Paten des Techno wurde.

„Ich weiß nicht, was den Leuten daran gefiel“, sagte Dave Jahre später. „Wir konnten uns nie ganz damit identifizieren.“ Das ist verständlich. Als Song war „Get The Balance Right“ nicht besonders stark. Er hatte eine eher schwache Melodie, und der Gesangspart bot auch sonst nichts, wo sich Dave hätte ausleben können. Wenngleich ihnen der Titel also nicht sonderlich gefiel, so wies ihnen das Studioexperiment „Get The Balance Right“ doch den Weg in die Zukunft.

Der relative Erfolg ihrer ersten beiden Alben hatte es ihnen ermöglicht, das sündhaft teure und topmoderne Synclavier einzusetzen, das auch „bandloses Tonstudio" genannt wurde, weil man darauf einen kompletten Song programmieren konnte. Es verfügte zudem ab Werk über ein breites Spektrum vorprogrammierter Sounds. Noch wichtiger für die Entwicklung von Depeche Mode jedoch war, dass es ihnen gestattete, fremde Klänge aufzunehmen und zu verändern.

Dies bedeutete unter anderem auch, dass sie nun akzeptieren mussten, dass Alan mehr war als nur ein Tour- und Studiomusiker. Er hatte an der Studioarbeit weitaus mehr Freude als die anderen. Dave war es angesichts seiner wachsenden Bedeutung für die Band immer unangenehmer, dass sie ihm nur einen lächerlichen Wochenlohn zahlten. „Sicher habe ich sie irgendwann unter Druck gesetzt und gefordert: ‚Lasst mich mitmachen, sonst gehe ich woanders hin'", hat Alan einmal gesagt. „Ich möchte eigentlich kein Teilzeitmusiker sein." Nach der Veröffentlichung von „Get The Balance Right" verkündeten sie schließlich offiziell, dass Alan nun ein vollwertiges Bandmitglied sei. Dann ging es zurück ins Studio.

Zu Beginn des Jahres 1983 unternahmen Depeche Mode ihre erste Fernost-Tournee. Dies sollte sich als weiterer wichtiger Einfluss auf das nächste Album erweisen. Bei einem Trip nach Thailand waren sie schockiert von der Armut, die sie sahen, der Straßenprostitution und der Gier und Korruption westlicher Geschäftsleute.

„Man fliegt dorthin, und alle Hotels sind voller, na ja, Geschäftsleute, und die behandeln Menschen in der Regel so, als wären sie Dreck", sagte Martin. „Alles, was sie interessiert, sind ihre Geschäfte – das ist es, was ich an der globalen Wirtschaft so hasse: dass die Menschen gar nicht mehr zählen. Es geht nur noch ums Geld."

Es sollte das erste Album sein, das sie in der neuen Besetzung einspielten. Große Veränderungen lagen vor ihnen.

6. Neuanfang

Im Frühjahr 1983 gingen Depeche Mode in das Garden Studio des Elektronikkünstlers und ehemaligen Ultravox-Sängers John Foxx im Londoner Stadtteil Shoreditch. Jahre später wurde Shoreditch zu einem Magnet für Künstler, Musiker und Designer, doch damals war es ein Bezirk voller baufälliger Gebäude und zwielichtiger Kneipen. Außerdem gab es dort zahlreiche Baustellen, da das Gebiet nach und nach saniert wurde. Diese erwiesen sich für die Band als perfekte Orte, um neue Klänge aufzunehmen. Sie fütterten das Synclavier mit dem Klirren von Metall, dem Gurgeln von fließendem Wasser oder dem Geräusch von Brettern, die an einen Zaun genagelt werden. Für solche Experimente konnten sich alle begeistern.

Sogar Dave und Fletch, die sich normalerweise aus dem Programmieren mehr oder weniger heraushielten, konnten nun mitmachen, indem sie auf Autos einschlugen oder Backsteine an die Wand warfen. Plötzlich war die Begeisterung wieder da, die sie bei ihrem letzten Album verloren hatten. Tagelang hielten sie sich nur auf Baustellen auf. Ihr Ansatz unterschied sich jedoch grundlegend von dem der Industrial- und Avantgarde-Bands der damaligen Zeit. Sie wollten immer noch Popmusik machen. Ein Song interessierte sie nach wie vor erst dann, wenn er eine eingängige Melodie hatte.

Bezeichnenderweise begannen sie nun mit dem Tontechniker Gareth Jones zusammenzuarbeiten. Er war bekannt dafür, dass er sich bestens mit dem Sampling auskannte, und sollte während der nächsten paar Jahre eine wichtige Rolle in ihrer Musik spielen. Daniel Miller sagte später, seine Arbeit mit Depeche Mode und Gareth habe zum Aufregendsten gezählt, was er je im Studio gemacht habe. Er habe immer schon experimentelle Musik gemocht, doch wie Depeche Mode dieses Konzept aufgriffen und es in klassischen Pop umwandelten, habe ihn schlicht fasziniert.

Der neue Wunsch nach Ernsthaftigkeit hätte auch leicht zur Katastrophe ausarten können. Zahllose Pop-Gruppen sind hauptsächlich deswegen von der Bildfläche verschwunden, weil sie beschlossen, nicht mehr „Popstars", sondern ernsthafte „Künstler" zu sein. Depeche Mode hingegen hatten seit jeher großen Wert auf großartige Melodien gelegt, ganz gleich, wie experimentell oder ernsthaft sie vielleicht auch werden mochten. Rückblickend betrachtet, sahen sie *Construction Time Again* als Schritt in die richtige Richtung.

„Ein Teil des Materials war ziemlich erzwungen", sagte Dave zu Jon Wilde. „Es war ein wichtiger Wendepunkt für uns, was sowohl die Musik als auch die Texte anbelangte. Vielleicht wollten wir zu viel und probierten zu viel aus. Wir sampelten zu viel und versuchten, eine Botschaft rüberzubringen. Dabei vernachlässigten wir die Struktur und den eigentlichen Charakter der Songs."

Dies war zweifellos richtig. Mit Nummern wie „Two Minute Warning", „Shame" und Alans Öko- Pop-Song „The Landscape Is Changing" versuchten Depeche Mode allzu deutlich, ihr Pop-Image abzustreifen und der Band einen neuen, ernsten Anstrich zu verpassen. Zudem setzten sie das Sampling noch nicht so geschickt oder effektiv ein, wie es später der Fall war. Das dumpfe Schlagen und Stampfen auf „Pipeline" etwa klingt doch ein bisschen zu sehr nach Baustellengeräuschen und weniger nach einer Pop-Gruppe. Trotzdem waren sie die erste Band, die versuchte, die Elemente des so genannten „Industrial" mit zugänglicher, melodischer Popmusik zu verbinden; es war unvermeidlich, dass sie dabei erst ein experimentelles Stadium durchlaufen mussten. Einer der Hauptunterschiede zwischen dieser Schaffensphase und ihrem späteren Werk lag dennoch schlicht darin, dass Daves Stimme auf späteren Alben wesentlich selbstsicherer und überzeugender klang. Man braucht nicht viel Phantasie, um sich vorzustellen, was er heute beispielsweise aus dem sprudelnden, energetischen „More Than A Party" herausholen könnte.

Construction Time Again war vielleicht nicht perfekt, aber als sie nach Berlin flogen, um die Platte in den berühmten Hansa-Tonstudios abzumischen, markierte dies den Beginn eines wichtigen Abschnitts in der Bandgeschichte. Der Toningenieur Gareth Jones hatte ihnen geraten, dorthin zu gehen. Es war das Studio, in dem David Bowie Ende der Siebziger *Heroes* aufgenommen hatte. Ursprünglich war die Wahl zwar in erster Linie deshalb auf die Hansa-Studios gefallen, weil das starke Pfund die Arbeit dort billig machte, allerdings war allein der Ort schon eine Inspiration. Besonders Martin war begeistert. Deutschland hatte ihn seit einem Schulausflug immer fasziniert. Er liebte die Atmosphäre und genoss die Freiheit weit weg vom englischen Vorstadtmief. Die gesamte Band veränderte sich dramatisch, und bereits am ersten Produkt der Sessions ließen sich ihre neuen Arbeitsmethoden deutlich ablesen. Es war ihre erste wirklich gute Single seit dem Weggang von Vince: „Everything Counts".

Dave sagte, „Everything Counts" sei ein gezielter Versuch gewesen, etwas mit mehr Tiefgang zu schaffen. Sie versuchten, dies mit dem dazugehörigen Video zu unterstreichen. Hierzu wurde erneut Clive Richardson hinzugezogen, der bereits bei „Just Can't Get Enough" Regie geführt hatte. Sein Video zu „Everything Counts" war der Auftakt zu ihrem neuen Leben in Berlin. Die Kamera zoomte durch die Innenstadt und fuhr an der Mauer entlang. Die Single erreichte Platz sechs in den Charts.

In erster Linie war der Song ein Zeichen für Martins zunehmendes Selbstvertrauen. Er schrieb nun über Dinge, die er in Thailand gesehen hatte, über seine Abscheu und die mangelnde Menschlichkeit in der Geschäftswelt. Es sollte die erste Single sein, bei der er neben Dave auch als Sänger in Erscheinung trat. Er übernahm den klagenden Refrain, während der Frontmann die aggressiveren, selbstsicheren Strophen sang.

Es war ein ausgezeichneter Weg, um sich aus der Erstarrung von *A Broken Frame* zu lösen, doch auf die Resonanz, die *Construction Time Again* schließlich erfuhr, waren sie nicht vorbereitet. Kurz nach der Veröffentlichung im August 1983 hatte es den Anschein, als wäre es ihnen fast zu gut gelungen, ein neues Image zu schaffen. Dies lag zum Teil an dem abermals exzellenten Cover von Brian Griffin, das sich diesmal ungeniert bei der sowjetischen Helden- und Arbeiterästhetik bediente. Es zeigte einen Mann mit einem riesigen Vorschlaghammer vor dem mächtigen Matterhorn-Panorama in den Schweizer Alpen.

„Wir nahmen einen Typen, den Bruder meines Assistenten, der gerade seinen Abschied bei den Royal Marines genommen hatte, mit in die Schweizer Alpen", sagt Brian. „Wir gaben ihm einen richtigen Vorschlaghammer und brachten ihn ins Hochgebirge, wo man einen großartigen Blick auf das Matterhorn hat."

Für die Band war es nur ein schickes Foto. Wie sehr sie vielleicht auch bemüht waren, dass man sie nun für ernsthafte Künstler hielt, so waren sie doch noch ziemlich naiv. Bei den Aufnahmen zu ihrem dritten Album war Dave gerade einmal 21 Jahre alt. Dies zeigte sich in einem berüchtigten Interview mit dem *NME* vor der Veröffentlichung des Albums. X Moore, der Leadsänger der linksgerichteten Band The Redskins, der damals für die Zeitschrift schrieb, sah die Covergestaltung und hieß sie in einem internationalen sozialistischen Kollektiv willkommen. Wie vorherzusehen, stellte er schnell fest, dass sie keine Ahnung hatten, wovon er eigentlich sprach. In der Vergangenheit hatte Fletch die Band einmal als stereotype jugendliche *Sun*-Leser aus Essex charakterisiert. Dies war zwar ganz offensichtlich eine spaßhafte Überzeichnung gewesen, doch Revolutionäre waren sie nun ganz und gar nicht.

Trotzdem wurden sie diesen Ruf eine Zeitlang nicht los. In einer belgischen Pop-Sendung bat man sie, vor einem rot beflaggten Hintergrund aufzutreten, wo als Bauern kostümierte Schauspieler Hämmer und Sicheln schwenkten. „Wir sagten: ‚Das können wir nicht machen'“, erzählte Dave 1984 Don Watson. „Sie aber sagten einfach: ‚Ach, das ist schon okay, das hat hier bei uns nicht dieselbe Bedeutung.‘ Da hat man zwanzig Fuß lange rote Fahnen und diese heroischen Bauern hinter sich, und sie erwarten von einem, dass man ihnen abnimmt, all das hätte keine Bedeutung. Unglaublich.“

Trotz des Erfolges von „Everything Counts“ kam es zu ernsten Meinungsverschiedenheiten innerhalb der Band, als es darum ging, die zweite Single aus *Construction Time Again* auszukoppeln. Es gab auf der Platte schlicht und ergreifend keinen anderen Song, der auch nur annähernd so gut war. Martin war für „Love, In Itself“, aber Dave war strikt dagegen. „Das war unsere S-s-s-s-Nummer. Sie hatte einen sehr sanften Gesang mit zu vielen Zischlauten darin, es klang furchtbar. Ich war ein wenig enttäuscht darüber, denn es hätte ein toller Song werden können.“ Die Nummer beginnt sehr ansprechend, verliert jedoch auf halbem Wege ihre Richtung. Dazu kommt, dass der Gesang derart sanft ist, dass es tatsächlich klingt, als würde Dave lispeln. „Love, In Itself“ erreichte Platz 21 in den Charts, was bewies, dass die eingefleischten Fans der Band die Treue hielten. Dann verschwand der Titel rasch wieder aus den Hitlisten.

Etwa zu dieser Zeit beschloss Dave, bei der renommierten Gesangslehrerin Tona De Brett Stunden zu nehmen, die schon Größen von John Lydon bis Adam Ant Nachhilfeunterricht erteilt hatte. Nicht, dass er das Vertrauen in seine eigenen Fähigkeiten verloren gehabt hätte – er wollte vielmehr seine Atmung und Technik soweit verbessern, dass er auf der

Bühne herumrennen und trotzdem kraftvoll singen konnte. Vor ihm lag viel Arbeit: Mit dem Erscheinen von „Love, In Itself" im September 1983 ging die Band auf Tour und blieb es bis März 1984; für den Herbst war dann bereits die nächste Konzertreise geplant. Es blieb also nur eine einzige längere Pause für die Aufnahmen zum nächsten Album. Leider hatte er sich in einer „Unterrichtssituation" noch nie so recht wohl gefühlt und mochte es nicht, wenn man ihm zeigte, wie man „richtig" sang.

Martin verließ sein Schneckenhaus, und die Dynamik innerhalb von Depeche Mode begann sich zu ändern. Dave muss dies ein wenig misstrauisch beäugt haben. Nicht nur, dass sein Bandkollege sich nun verstärkt für Bücher und neue Musik interessierte, er ging auch viel mehr aus sich heraus als früher. Gelegentlich war er nun das Zentrum der Aufmerksamkeit.

Es schien damals, als entwickelten sich Dave und Martin in unterschiedliche Richtungen. Dave sehnte sich nach Sicherheit und stellte fest, dass er Joanne jedes Mal vermisste, wenn er von ihr getrennt war. Wenn er einmal zu Hause war, was selten vorkam, ging er gerne angeln. Er war nicht vollständig domestiziert und gab das Geld, das er inzwischen verdiente, auch gerne wieder aus, doch er war definitiv der Meinung, dass seine wilden Jahre nun vorüber waren.

Weit wichtiger für die Zukunft von Depeche Mode war jedoch, dass sich Martin zunehmend für die neuen Bands zu interessieren begann, die er in Deutschland entdeckt hatte. Im Januar 1984 besuchte er das legendäre *Concerto For Voice And Machinery* der Einstürzenden Neubauten am Institut für zeitgenössische Kunst in London. Sie hatten einen Zementmischer auf die Bühne gestellt und traten mit Bohrern und Kettensägen auf. Als die Behörden den Stecker zogen, hielt das Publikum den Lärmpegel aufrecht, in dem es den Saal demolierte. Es war weit von dem entfernt, wofür Depeche Mode bekannt waren, doch für Martin war es eine Inspiration. In Großbritannien verband man deutsche Musik in erster Linie immer noch mit Vokuhilas, schlechten Rock-Gruppen und dem Nena-Hit „99 Red Balloons", doch gab es offenbar eine Underground-Szene, die wesentlich cooler war.

1984 trieb Martin seine Experimente in Sachen Transvestismus und Make-up immer weiter. Anfangs trug er einen ledernen Minirock über seinen Hosen, die Hosen verschwanden jedoch ziemlich schnell. Dave fragte sich, wie die Fans das wohl aufnehmen würden. Die New-Romantics-Bewegung war längst vorbei. Zunächst aber ließ er Nachsicht walten.

„Ich persönlich glaube, dass er all das nachholt, was ich schon mit sechzehn gemacht habe", sagte er 1985 in einem Interview mit Danny Kelly. Dieses demonstrative Gelangweiltsein ist exakt die Haltung, die ich damals auch hatte. Ich ging in Clubs, wo Leute verkehrten, die viel älter als ich waren. Ich trug Tonnen von Make-up und manchmal auch Frauenkleider. Aber wenn ich heute in einen Club gehe, will ich mich einfach nur amüsieren und niemanden schockieren. Man kann sowieso nicht mehr schockieren. Es hat sich ausschockiert, es sei denn, man trennt sich öffentlich den Kopf ab oder so."

Dave war sehr glücklich mit seiner Freundin Joanne. Obwohl er gelegentlich noch trank, schlug er längst nicht mehr so über die Stränge wie noch als Teenager, bevor er sich Depeche Mode angeschlossen hatte. Er begann sogar Sport zu treiben, um die langen Tourneen durchzustehen, die Depeche Mode inzwischen unternahmen. Als sie zum ersten Mal unterwegs waren, hatte ihm seine mangelnde Fitness schwer zu denken gegeben. Nach einem Konzert in Deutschland war er derart erschöpft gewesen, als er die Bühne verließ, dass er von Roadies in die Garderobe getragen werden musste.

„Als ich jung war, trieb ich keinerlei Sport", räumte er 1984 gegenüber einem belgischen Pop-Magazin ein. „Als Depeche Mode langsam ein bisschen bekannter wurden, brach ich nach den ersten paar Konzerten regelmäßig sofort zusammen. Heute habe ich das im Griff, zum Glück. Wenn ich einen freien Tag habe, findet man mich im Fitnessraum. Dort trainiere ich bis zur Erschöpfung. Schattenboxen, Gewichtheben. Nach meinen Abenteuern in Deutschland habe ich begriffen, wie schwer das Leben als Rock-Gruppe sein kann."

Construction Time Again war lediglich der Anfang gewesen. Nächstes Mal, so dachten sie, würden sie alles richtig machen.

7. Some Great Reward

Im Januar 1984 kehrten Depeche Mode nach Berlin zurück. Die Stadt sollte für sie zu einer zweiten Heimat werden. Martin zog schließlich sogar ganz dorthin, damit er mit seiner neuen Freundin, einer Deutschen, zusammen sein konnte. Er interessierte sich zunehmend für die visuelle Ästhetik des Berliner Nachtlebens, insbesondere für das Design der Clubs und die S&M-Szene. Von allem anderen einmal abgesehen, wurden sie dadurch wenigstens ihr Image als kindliche Saubermänner des Pop endgültig los.

Alles veränderte sich. Mute war inzwischen, nicht zuletzt dank des Erfolges von Depeche Mode, ein viel größeres Unternehmen geworden, und Daniel Miller hatte Schwierigkeiten, ihnen die Zeit zu widmen, die sie benötigten. In Berlin kam es also zu neuen Spannungen, gleichzeitig aber taten sich auch neue Möglichkeiten auf.

Zu Beginn der letzten Aufnahmesession kochten diese Spannungen über, und es kam im Studio beinahe zu Tätlichkeiten innerhalb der Band. Fletch und Martin alberten neben Daniels teuren Gerätschaften herum und stellten dabei einige Kampfsportfiguren nach. Als er das sah, wurde er wütend und es entstand, wie Fletch sich ausdrückte, ein wenig „Hickhack".

Ironischerweise ereignete sich dies während der Aufnahmen zu ihrer nächsten Single, einem Song, der für mehr Liebe und Verständnis warb: „People Are People". Es war ein Song, von dem sie sich später distanzierten, weil ihnen der schlichte Text peinlich war. Mit seinem klirrenden Rhythmus und dem ernsten Dialog zwischen Dave und Martin war es trotzdem ihre bislang beste Nummer. Auch der Text ist im Grunde kein großer Schwachpunkt.

Auf dem Papier mochten die berüchtigten Reimpaare ja ein wenig unbeholfen ausgesehen haben, doch Dave hatte die bemerkenswerte Gabe, auch die holprigsten Zeilen mit solcher Überzeugung zu singen, dass dies nicht ins Gewicht zu fallen schien.

Es war dabei von großem Vorteil, dass Dave ein Verständnis für Martins besonderen Humor hatte, den nicht jedermann teilte. „Manche der Texte sind lustig, und ich muss in mich hineinlachen, wenn ich sie singe", sagte er in einem Radiointerview. Seit 1980 hatten sie zusammen Witze gerissen. Darüber hinaus verband sie, dass sie beide aus Basildon stammten. Innerhalb der Band waren die Liebe und das Verständnis, für das sie sich in „People Are People" stark machten, trotzdem häufig Mangelware.

Überraschenderweise prügelten sich Dave und Fletch nie, obwohl sie sich andauernd stritten. Vielleicht begriffen sie in all ihrer Starrköpfigkeit, dass so etwas allzu leicht aus dem Ruder geraten kann. Während Martin und Fletch seit langem die besten Freunde waren, war Dave immer noch ein Außenseiter, und Alan galt ohnehin als Neuzugang. Wenigstens waren ihre Rollen in der Band inzwischen klar definiert. Sie hatten immer noch keinen Manager, also kümmerte sich Fletch um das Tagesgeschäft, Martin schrieb die Songs, und Alan tüftelte im Studio. Daves Aufgabe war es schlicht und einfach, zu singen – obgleich er stets gute Ideen beisteuerte und bei Spannungen zwischen den anderen Bandmitgliedern jene Art wahrer Begeisterung verströmte, die man in solchen Situationen üblicherweise vermisste. Er war der Einzige, der Alans zunehmende Bedeutung für die Band voll und ganz respektierte, was ihm der Keyboarder hoch anrechnete.

Die Band nahm nun insgesamt stärker Einfluss auf ihr Schicksal, und dazu gehörten auch Dinge wie Videos. Für „People Are People" hatte Martin die Idee, dass es den Antikriegs-Unterton des Textes widerspiegeln sollte. Also drehten sie es – unter der Regie von Clive Richardson – an Bord der HMS Belfast, einem zum Museum umgewandelten Kriegsschiff, das im Herzen Londons vor Anker liegt. In der Theorie war es eine gute Idee, den schweren Stahl, der mittlerweile zu einem Bestandteil ihres Sounds geworden war, als Kulisse zu verwenden – in der Praxis hingegen sah alles ein wenig lächerlich aus.

Nichtsdestotrotz erreichte das im März 1984 veröffentlichte „People Are People" den ersten Platz der deutschen Charts und machte sie dort zu Superstars. In Großbritannien stieg die Nummer auf Platz vier ein. Außerdem fand sie in den Fernsehberichten über die Olympischen Spiele Verwendung, die in jenem Jahr abgehalten wurden. In Zeiten der Teilung von Ost und West kam die schlichte Botschaft gut an. Irgendetwas an Deutschland gefiel Depeche Mode ausgesprochen gut, und dieses Gefühl wurde erwidert.

Live spielten Depeche Mode „People Are People“ nach 1988 zwar nicht mehr, doch war die Zeit, als sie das Stück aufnahmen, für sie rückblickend eine der dankbarsten ihrer gesamten Karriere. Es war eine Zeit, als sie ihre Möglichkeiten ungemein erweiterten. „Für uns war diese Aufnahmephase eine der aufregendsten überhaupt“, sagte Alan. „Wir waren nach Berlin gegangen, und die Stimmung im Studio war sehr dynamisch. Wir waren uns der Tatsache bewusst, dass die Single ziemlich nah an eine Disco-Single herankam, und wollten nicht, dass sie klang wie die Millionen anderer, die bereits auf dem Markt waren. Wir wollten, dass sie einen harten, metallischen Sound hatte und dabei trotzdem ziemlich gefühlvoll blieb.“

Das Leben in Berlin war stets mit dem seltsamen Bewusstsein verbunden, dass man sich in einer westlichen Blase befand. Da sie im Hansa direkt an der Mauer aufnahmen, lag die sozialistische Diktatur Ostberlins buchstäblich nur einen Steinwurf entfernt, und doch hätten es genauso gut Hunderte von Kilometern sein können. Eines Tages wollte Martin den Ostteil der Stadt besuchen, wurde jedoch aufgrund seines Kleidungsstils von den Grenzbeamten zurückgewiesen.

Nicht nur Martin, sondern die gesamte Band verbrachte schließlich viel Zeit in der Stadt. Als Vince ausstieg, begründete er dies hauptsächlich damit, dass sie nicht mehr genügend Zeit hätten, um an ihrer Musik zu arbeiten. Es gab viel zu viel Ablenkung. Auch wenn es ihnen damals nicht bewusst gewesen sein mochte, so begannen sie doch alle mehr oder weniger dasselbe zu denken. In Berlin fielen viele dieser Ablenkungen weg. In der Öffentlichkeit entstand zwar der Eindruck, sie wären wegen des ausschweifenden Nachtlebens nach Berlin gekommen. In Wahrheit jedoch ging es mehr um die Studioarbeit und darum, Musik ohne einen kulturellen Klotz am Bein zu machen.

„Die Leute glauben, wir arbeiten hier, weil Berlin so ein heißes Pflaster ist“, sagte Dave. „Aber das stimmt nicht ganz. Hier geht es ziemlich ruhig zu. Berlin ist wie Brixton.“ In einem anderen Interview ergänzte er: „Ich kann in England nicht mehr arbeiten.“

Die Folge davon war, dass sie sich auch von der britischen Musikszene weit entfernten. Vielleicht war das ganz gut so. Die großen Tage der Zweiten Britischen Invasion waren vorüber, und Bands der ersten Stunde wie Duran Duran wirkten bereits wie Dinosaurier. In Berlin war ein wesentlich düsterer Stil in Mode. Dies ermutigte Martin dazu, in seiner Kleidung neue Grenzen auszuloten. Dave und die anderen

Bandmitglieder waren zugleich angewidert und belustigt. Sie baten ihn regelmäßig, nicht in diesen Kleidern auf die Bühne zu gehen. Als New Romantic hatte Dave Anfang der Achtziger selbst oft Make-up getragen, doch er betrachtete das als Phase, der er längst entwachsen war. Als man ihn fragte, ob er dieselbe Richtung wie Martin einschlagen würde, war seine Antwort eindeutig: „Du machst wohl Witze, Kumpel! Du wirst mich nie in einem beschissenen Kleid erwischen! Kommt gar nicht in die Tüte! Ich bin der Halbstarke von nebenan. Hab' in meinem ganzen Leben noch kein Kleid getragen. Und das werde ich auch nie, verdammt nochmal!" Nun stellte er fest, dass in Basildon die Leute auf der Straße über ihn lachten, weil Martin im weltoffeneren Berlin mit seinem Image herumexperimentierte. „Ich habe in Basildon ganz schön was abbekommen, da kannst du dich drauf verlassen", sagte er, als Martin zu einem weniger schrillen Kleidungsstil zurückgekehrt war. „Gott sei Dank ist das vorbei!"

Abermals beschlich ihn das unangenehme Gefühl, neben seinem schrillen Bandkollegen wie „der Sensible" zu wirken. Wenn er fünf Jahre zurückdachte und sich an den damaligen Martin Gore im Studio erinnerte, muss das schon ein wenig seltsam gewesen sein.

„Er hielt das für lustig", sagte Dave später. „Wenn die Kameras nicht liefen, konnte er sich darüber kaputtlachen. Wir alle hatten unseren Spaß daran. Dann aber begriffen wir, dass es uns alles andere als gut tat. Also sagten wir zu ihm: ‚Sieh mal, du kannst dich in der Öffentlichkeit nicht so anziehen!' Wie oft haben wir ihm das gesagt! Martin ließ sich davon jedoch nicht beirren. Diese verdammten Scheiß-Kleider! Wenn man ihn heute darauf anspricht, sagt er: ‚Was habe ich da bloß gemacht?' Das Lustige an der Sache ist, dass man uns das Ganze durchgehen ließ."

Nach außen mag er hinsichtlich des Kleidungsstils seines Bandkollegen nachsichtig und ein wenig herablassend gewirkt haben, insgeheim empfand er Martins Verhalten jedoch als Angriff auf seine angestammte Position als wildestes Bandmitglied.

Die musikalischen Resultate von Martins neuer geistiger Offenheit machten es jedoch schwer, dagegen anzukommen. Die Demos, die er für *Some Great Reward* anschleppte, waren viel besser als das Vorgängeralbum. Und da Alan Wilder nun voll in die Band integriert war, gehörten die Aufnahmesessions zu den produktivsten, die sie je hatten. Nicht zuletzt hatte Dave mit seinem Gesang einen gewaltigen Schritt nach vorn gemacht.

Die Stimmung im Hansa eignete sich ebenfalls für die Art von Musik, die sie nun machten. Die Lage des Studios direkt neben der Mauer verlieh ihm eine geheimnisvolle, schaurige Atmosphäre. Die Akustik in dem riesigen Saal zeichnete sich durch einen starken Widerhall von den Wänden aus, und unter den Angestellten ging das Gerücht, es spuke dort.

Zusammen mit den Themen der Songtexte verlieh dies den Sessions eine Atmosphäre, die zwischen düsterem germanischen Ernst und gelegentlichen Ausbrüchen ausgelassener Fröhlichkeit hin und her pendelte. Bei einem neuen Stück mit dem Titel „Master And Servant" versuchten sie beispielsweise, eine Peitsche aufzunehmen, was ihnen jedoch trotz großer Anstrengung nicht gelang. Da überredeten sie Daniel Miller, ein zischendes Geräusch zu machen, das sie später so veränderten, dass es einem Peitschenknallen recht nahe kam.

Bei einem anderen Stück, „Blasphemous Rumours", erzeugten sie einen klirrenden, metallischen Sound, indem sie mit einem Hammer auf den Betonboden des Studios schlugen. Alltagsgeräusche zu digitalisieren war inzwischen vielleicht nicht mehr gar so innovativ, aber es machte ihnen einfach Spaß, alles einzusetzen, was ihnen in die Finger kam.

Heraus kamen dabei die besten Songs, die Depeche Mode bis dahin eingespielt hatten. Mit seinem holprigen Text mochte „People Are People" dort, wo Englisch nicht die Landessprache war, vielleicht ein wenig besser gelaufen sein, aber es hatte trotzdem eine eingängige, kraftvolle Melodie. Dasselbe galt nun für das Eröffnungsstück „Something To Do", dessen pulsierende Eindringlichkeit im Widerspruch zu seinem banalen Text stand. Es klang wie ein Verkehrsstau in einer belebten Stadt, bei dem langsam Hysterie aufkommt.

Ebenso wichtig war vielleicht, dass die Band nun in der Lage war, langsamere Nummern zu produzieren, die trotzdem dieselbe Kraft und Dynamik wie ihre Pop-Songs besaßen. „Lie To Me", „It Doesn't Matter" und „Stories Of Old" klangen viel entspannter und selbstsicherer als alles, was sie zuvor gemacht hatten. Daves langsamer, sanfter Bariton verlieh den Stücken dabei eine gewisse Eleganz. Martin begann zu verstehen, welche Art von Songs für Daves Stimme am besten geeignet war.

Dies galt auch in umgekehrter Richtung. Es gab ein paar Songs, die ein wenig seltsam klangen, wenn Dave sie sang. Einer davon war „Somebody". Es war ein Song, dessen Text sozusagen Martins ganz private Wunschliste für die perfekte Freundin zum Thema hatte. Martin hatte zwar schon viele solcher persönlichen Stücke geschrieben, die Dave sang, doch dieses war besonders delikat. Als Dave sich daran versuchte, driftete es durch seine kraftvolle Stimme leicht ins Lächerliche ab. Martins doppeldeutiger Gesang passte viel besser zu der Stimmung des Songs, dessen vollkommene Ernsthaftigkeit sich hinter einem hauchdünnen Schleier aus Ironie verbarg.

Ähnlich lächerlich hätte es wohl geklungen, wenn der Songwriter „Master And Servant" gesungen hätte. Ihre Partnerschaft erreichte ein ganz neues Niveau, doch sie sprachen kaum darüber. Martin kritisierte Dave nur äußerst selten. Wenn ihm etwas nicht gefiel, verstummte er einfach. Manchmal schien es, als benötigte er ein Sprachrohr. Oft erfuhren Dave und Alan von Fletch, dass er unzufrieden war. Freilich wurde Daves Stimme zum Sprachrohr für die meisten von Martins Songs. In der sicheren Gewissheit, dass er sie nicht singen müsste, fiel es ihm leichter, ausladende, laute Nummern wie „Master And Servant" zu schreiben.

Zweifellos hatte jedoch auch Martin eine versteckte exhibitionistische Seite. Als sie „Somebody" aufnehmen sollten, bestand er – sehr zu Alans Entsetzen – darauf, es nackt zu tun. Die beiden postierten sich in dem riesigen Hauptsaal der Hansa-Studios. Alan drehte aus Gründen der Schicklichkeit noch rasch den Flügel um, dann begann Martin zu singen. Zur selben Zeit befand Dave, dass es sicher amüsant wäre, die Dame, die die Bandmaschine bediente, nach unten zu schicken, um „die Verbindungen zu überprüfen". Ein paar Minuten später hörte er sie kreischen und lachte sich ins Fäustchen. „Wenn jeder Song so schnell fertig gewesen wäre, hätten wir mit dem Album mehr Geld verdient", sagte er später.

Es war jedoch „Master And Servant", das ein für allemal mit ihrem sauberen, harmlosen Image aufräumte. Es war ein Song, an dem sie lange hatten arbeiten müssen, bis er endlich fertig war. Die Aufnahme- und Abmischtermine waren die längsten ihrer bisherigen Laufbahn, und selbst nach einer vollen Woche Arbeit schnitten sie aus dem fertigen Mix noch den letzten Schlag der Snare-Trommel heraus. Es war eine mutige Wahl für eine Single. Dave überging Martins Vorgabe, dass das sexuell interpretierbare Unterjochungsmotiv eigentlich nur eine Metapher für Ungleichheit im Alltag sei, und sang es mit einem lüsternen Unterton in der Stimme.

Als Depeche Mode beschlossen, die Nummer als zweite Single aus dem Album auszukoppeln, waren sie besorgt darum, ob sie überhaupt jemand spielen würde. Der Legende nach lief sie auf Radio One nur deshalb, weil der Vorgesetzte, der normalerweise die Entscheidungen über eine Zensur traf, im Urlaub war. „Jemand beschwerte sich bei der BBC", sagte Alan. „Doch zum Glück saß dort jemand, der intelligent genug war, sich den Text einmal durchzulesen, und ein wenig mehr darin sah. Das war recht ermutigend."

In Wahrheit scheint es weitaus wahrscheinlicher, dass der Erfolg, den Frankie Goes To Hollywood im Jahr zuvor mit „Relax" gehabt hatten, den Programmverantwortlichen gezeigt hatte, wie sinnlos es war, Platten zu boykottieren. In den Staaten bedeutete der mangelnde Radioeinsatz hingegen einen leichten Rückschritt für Depeche Mode. „People Are People" war dort ihr großer Durchbruch gewesen und hatte einen 13. Platz in den Charts erreicht; „Master And Servant" indes blieb auf Rang 87 stecken. Unter diesem Gesichtspunkt war es vielleicht sehr geschickt, dass Clive Richardsons Video auf die metaphorische Ebene des Songs abhob und nicht auf das S&M-Element. Zu sehen ist die Band, die gerade einen Mordsspaß beim Spielen hat. Dazwischen sind Szenen eingeblendet, die den stumpfen Alltagstrott normaler Menschen zeigen. Der Gedanke war, das Thema des Songs, die Dominanz im Alltag, darzustellen. Im Großen und Ganzen jedoch wurde das Video dahingehend verstanden, dass es viel mehr Spaß macht, ein Popstar zu sein, als irgendeiner Arbeit nachzugehen.

Wenn sie sich auch Sorgen wegen einer möglichen Zensur machten, so schreckte sie das doch keinesfalls ab. Die nächste Single war eine Doppel-A-Seite mit dem brillanten „Blasphemous Rumours" und „Somebody". „Blasphemous Rumours" erzählt die Geschichte eines 16-jährigen Mädchens, das sich die Pulsadern aufschneidet, überlebt und dann zwei Jahre später bei einem Autounfall ums Leben kommt. Der Song war beinahe prädestiniert dazu, in Amerika auf der schwarzen Liste zu landen. Die Unterstellung, dass Gott einen etwas abwegigen Sinn für Humor habe, wurde von der Kirche vehement abgestritten.

„Wenn wir sagen können, dass Gott die Welt so sehr liebte, dass er seinen einzigen Sohn sandte, dann kann er an solch schlechten Scherzen wohl keinen Geschmack finden", sagte ein Geistlicher aus Basildon gegenüber der Lokalzeitung von Southend.

„Blasphemous Rumours" kletterte in Großbritannien jedoch ebenso schnell in die Top 20 wie die meisten Singles von ihnen. Clive Richardsons Video lieferte außerdem einen Crashkurs dazu, wie man einen Depeche-Mode-Song macht. Alles was man benötigte, waren augenscheinlich ein Fahrrad, ein Stück Blech, ein großer Hammer, eine Schere und ein paar

Kochtöpfe. Mit diesem ganzen Kram (und, zugegeben, ein paar extrem kostspieligen Studiogeräten und ein wenig Magie) fabrizierten sie einen ihrer bekanntesten Titel.

Sie waren mittlerweile zu einer Band geworden, der man ihren gewaltigen Erfolg nicht unbedingt auf den ersten Blick ansah. Sie hatten eine loyale Fan-Gemeinde, die alles kaufte, was sie veröffentlichten, unabhängig davon, ob es nun im Radio lief oder ihre Bilder in den Zeitschriften erschienen.

Als *Some Great Reward* eine Woche nach der Single am 27. August 1984 veröffentlicht wurde, waren die Reaktionen der Presse weitaus begeisterter als auf alles, was sie seit *Speak And Spell* herausgebracht hatten. „Es war immer vollkommen okay, die Musik dieser Typen zu verreißen, weil sie ein bisschen blutleer und künstlich wirkte und nicht recht auf den Punkt kommen wollte", ließ der *Melody Maker* wissen. „*Some Great Reward* indes straft solche alten Vorurteile Lügen und lässt einen aufhorchen, damit man endlich Notiz davon nimmt, was hier direkt vor der eigenen Nase passiert."

Höchstwahrscheinlich hätten sie noch bessere Kritiken bekommen, wären da nicht Martins Texte gewesen. Manchmal schien es so, als hätte er eine großartige Melodie und ein paar interessante Paarreime geschrieben und dann alles mit spektakulär holprigen Reimen zugekleistert. Die meisten Menschen jedoch waren in der Lage, darüber hinwegzusehen.

„Okay, wie Sie vielleicht schon erraten haben, wirken die Texte banal, häufig naiv und regelmäßig klischeehaft, wenn man sie in industriellem Grau und Weiß gedruckt vor sich liegen hat", schrieb Caroline Linfield in *Sounds*. „Und doch gelingt es Depeche Mode, die richtige Balance zu finden, um dies wieder auszugleichen."

Some Great Reward erreichte in Großbritannien mühelos Platz fünf der Charts und schien ihre Entscheidung zu rechtfertigen, eine „Album-Band" zu werden, statt lediglich ein Lieferant großartiger Pop-Singles zu bleiben. Es verkaufte sich in Großbritannien nicht ganz so gut wie die vorangegangenen Alben, doch machte dies der größere Erfolg in Deutschland wieder wett.

Ein weiteres Zeichen dafür, wie weit sie sich von ihrem frühen Sound entfernt hatten, war die Veröffentlichung von *The Singles 81>85*. Die Entwicklung von „Dreaming Of Me" zu „Blasphemous Rumours" in nur vier Jahren war ziemlich beeindruckend. Ihrem typischen Humor entsprechend fand sich im Begleitheft eine Reihe von Zitaten verschiedener

Musikkritiker, darunter sowohl positive als auch negative. Am besten las sich wohl die Zeile „Tiefgründig, ernst, bedeutungsvoll und künstlerisch", die aus einer Kritik von „Dreaming Of Me" in *Sounds* stammte. In dem Artikel von Betty Page hieß es allerdings: „Erfrischend, denn hier ist zur Abwechslung mal rein gar nichts tiefgründig, ernst, bedeutungsvoll und künstlerisch."

In einer anderen Kritik erklärte Gary Bushnell: „Ob die Mitglieder von Depeche Mode nun tot oder lebendig sind, ist eine Frage, an der die Mediziner schon seit Jahren zu knabbern haben." Noch witziger äußerte sich Neil Tennant in *Smash Hits* über den Song „Blasphemous Rumours", den er für „abgedroschenen Trübsinn" hielt, „bei dem Gott kräftig eins auf die Mütze bekommt". Tennant gründete später die Pet Shop Boys, eine Synthie-Gruppe, die bisweilen ebenfalls für ihre Verdrießlichkeit gescholten wurde. Bands wie Depeche Mode hatten ihr den Weg geebnet.

Die Idee zu einem Singles-Album entstand durch die Aufnahmen einer Nummer mit dem Titel „Shake The Disease". Kurz nach der Veröffentlichung von *Some Great Reward* gingen Depeche Mode wieder ins Hansa-Studio. Es war, als hätten sie inzwischen gelernt, wie man das Beste aus dem Studio herausholen konnte, und nun nicht mehr davon loskamen. Um die gruselige Atmosphäre einzufangen, beschloss Dave, seinen Part im Dunkeln einzusingen.

„Ich hatte richtig Angst", sagte er. „Diese ganzen Geräusche auf dem Kopfhörer klangen wie Geflüster, und manchmal sah man in dem leeren Projektorraum da oben den Schatten eines Filmvorführers."

Ursprünglich hatte der Song den Titel „Understand Me", doch vielleicht dachte Martin, er habe mit dem Klassiker „Somebody" schon genug um Verständnis geworben. Die Session sollte der Beginn des Folgealbums von *Some Great Reward* sein, aber sie konnten es nicht erwarten, „Shake The Disease" zu veröffentlichen. Also beschlossen sie, ihn zusammen mit einem weiteren neuen Song namens „It's Called A Heart" auf der Singles-Platte unterzubringen. In „Shake The Disease" trifft Daves rabenschwarzer Bariton auf eine relativ leichtfüßige Melodie – ein Kontrast, der Martin auch viele Jahre danach noch gefiel, als er den Song live sang. An „It's Called A Heart" ließen Depeche Mode dagegen schon bald kein gutes Haar mehr. Sie hätten das Gefühl gehabt, dass ihnen nicht genug Zeit geblieben sei, die Nummer auszuarbeiten. „Wir versuchten, gleichzeitig zu touren und eine Platte herauszubringen", gab Dave in einem Interview zu Protokoll. „Es war die erste Single, bei der wir nichts mit dem Abmischen zu tun hatten." „It's Called A Heart" habe nach einem tollen, mitreißenden Refrain geschrien – „aber es kam keiner."

Es war der Zeitpunkt, an dem sie zu überlegen begannen, nicht nur ihr Image, sondern auch ihre Musik zu verändern. Bislang hatten sie noch kein einziges Video produziert, mit dem sie rundum zufrieden waren. Daniel schlug vor, Peter Care damit zu beauftragen, einen Regisseur, der vor allem für seine Zusammenarbeit mit den Sheffielder Industrial-Elektronik-Pionieren Cabaret Voltaire bekannt geworden war. Zu Beginn ihrer Karriere, insbesondere während der Vince-Clarke-Ära, hatten sie den künstlerischen Anspruch, für den Cabaret Voltaire stand, stets ein wenig misstrauisch beäugt. Mittlerweile jedoch waren sie zu der Ansicht gelangt, dass ein klein wenig davon auch ihrem eigenen Image gut tun könnte.

„Die Band spielte eine Weile lang mit dem Gedanken, ein bisschen wie Cabaret Voltaire zu werden", erzählte Peter Care dem Autor dieses Buches. „Cabaret Voltaire war eine Blaupause für sie, das Image, die Lederjacken, die industriellen Klänge, dieser ganze Sheffield-trifft-auf-Berlin-Look. Ich war mir der Tatsache bewusst, dass ich ebenfalls Gefahr lief, von Cabaret Voltaire abzukupfern, wenn ich nicht vorsichtig war. Wenn ich mit Depeche Mode zusammenarbeitete, musste ich also etwas ganz Anderes machen."

Daniel sagte Peter nicht explizit, dass sie einen Imagewandel anstrebten, doch er begriff, warum sie ihn engagiert hatten. Ihre Musik hatte sich verändert, ihr Image hingegen nicht. „Derjenige, der mich darin am meisten bestätigte, war Alan", meint Peter. „Er kam auf mich zu und sagte ganz leise: ‚Wir wollen nicht mehr wie die Typen aus Basildon aussehen.' Das gefiel mir."

Als er daran ging, das Video zu „Shake The Disease" zu drehen, griff Peter ganz bewusst auf seine Arbeit mit Cabaret Voltaire zurück, indem er erneut die innovative „Verkehrte-Welt"-Filmtechnik einsetzte, die er zum ersten Mal in seinem hervorragenden Video zu deren Single „Sensoria" verwendet hatte. Bei dieser von einem befreundeten Filmemacher entwickelten Technik wurde die Kamera an einem Gestell befestigt, auf dem sie einen Bogen beschrieb, sodass der Eindruck entstand, als bewegte sich die Erde. Durch diesen Trick sah es in „Shake The Disease" so aus, als fielen die Bandmitglieder um. Es war das Einzige an dem Dreh, was perfekt funktionierte. Die Band selbst wirkte immer noch gelangweilt, und Peter sagt, sie hätten es schlicht und einfach nicht hinbekommen.

„Ich kann mich daran erinnern, wie frustriert ich bei den Dreharbeiten zu ‚Shake The Disease' war, weil ich eigentlich etwas richtig Cooles machen wollte", sagt er. Die Kulisse dafür sollte ein schmuddeliges Hotel sein. „Die Idee war, dass Dave in diesem Hotelzimmer erwacht und die Wände sich drehen. Ich wollte die Kamera an ihm festbinden, damit er sich im Zimmer bewegt, das sich gleichzeitig um ihn dreht. Aber als ich am Set eintraf, hatte die Crew bereits ein Set gebaut, in dem sich die Kameras überhaupt nicht bewegen ließen, wobei das doch die halbe Miete war. Dadurch gewannen die anderen Bilder, in denen die Kamera die Illusion erzeugt, dass sich die Erde um eine Person dreht, an Bedeutung."

Die Band war von den Ergebnissen nicht gerade entzückt, insbesondere Dave nicht, dem man eine schwere Kamera an den Körper gebunden hatte. Als sie das Video zu „It's Called A Heart" produzierten, blieben sie Peter Care trotzdem treu. Genauer gesagt, blieb Daniel Miller Peter Care treu. Die Band hatte immer noch volles Vertrauen in ihn und neigte dazu, die Vorschläge der Plattenfirma anzunehmen. Bisweilen jedoch kamen ihnen Zweifel auf. Sie alle wollten, dass „Fly On The Windscreen", das wesentlich besser war als „It's Called A Heart", die nächste Single würde, doch Mute war dagegen, weil im Radio kein Song gespielt würde, der mit den Worten „überall herrscht der Tod" beginnt.

Wenigstens beim Video zu „It's Called A Heart" gelang es Peter Care, ihnen ein Image zu verpassen, das deutlich mitreißender und Energie geladener war als bisher. Er filmte sie, wie sie durch ein Kornfeld rannten. Hinter ihnen baumelten brennende Puppen, und von Bäumen hingen Fernsehschirme. Sie hatten keine Ahnung, was das bedeutete, aber sie stürzten sich mit ihrem üblichen Arbeitseifer in den Dreh.

„Ich wollte, dass es ein bisschen nach Stammesritual aussieht", sagte Peter. „Ich hatte ein Foto von einem Stamm aus Neuguinea, dem Tschad oder so gesehen. Irgendwann kam jemand und drehte für eine Nachrichtensendung etwas Filmmaterial über sie, und anschließend bauten sie sich eine Kamera aus Holz. Das wollte ich verwenden. Ich hielt das für ein ziemlich starkes Bild."

Persönlich reagierte die Band eher verdutzt. „Wie genau er ‚etwas ein Herz nennen' damit assoziierte, dass wir in einem Kornfeld irgendwo in

Reading standen, ein Kleid trugen und von Kameras umkreist wurden, werde ich wohl nie ganz verstehen", sagte Alan später auf der Website seines Soloprojekts www.recoil.co.uk. „Andererseits … ", räumte er ein, „bot sich das bei der Nummer irgendwie an. Aber was soll's?"

Es machte Depeche Mode schlicht und einfach keinen Spaß, Videos zu drehen, weshalb sie die Drehs so schnell wie möglich hinter sich bringen wollten. Zu dieser Zeit arbeiteten sie nur mit den Leuten zusammen, die Daniel vorschlug und bauten keine dauerhaften Geschäftsbeziehungen mit ihren Partnern auf.

„Ich ahnte nicht, dass sie eventuell mit mir in Kontakt bleiben wollten", sagt Peter. „Es war wie bei einem Fototermin für den *NME*. Man kommt, arbeitet vier Stunden und geht dann wieder. Ich war nicht darauf aus, neue Freundschaften zu knüpfen."

Ein Grund, warum Mute lieber auf „It's Called A Heart" setzte statt auf „Fly On The Windscreen", war wohl auch, dass der morbide Text 1985 ein wenig geschmacklos gewirkt hätte. Nachdem die Hungersnot in Äthiopien fast sämtliche Nachrichtensendungen des vergangenen Jahres beherrscht hatte, wären negative Reaktionen unvermeidlich gewesen.

Als Bob Geldof Ende 1984 die „Band Aid"-Single produzierte und 1985 *Live Aid* veranstaltete, glänzten Depeche Mode durch Abwesenheit. Allerdings konnten sie unmöglich zugeben, dass sie sich dadurch auf den Schlips getreten fühlten. Es hätte lächerlich gewirkt, sich deshalb zu beschweren, doch sie fragten sich, ob Geldof völlig entgangen war, wie viele Platten sie bis zu diesem Zeitpunkt weltweit verkauft hatten. Wie viele andere fanden sie es immer ein wenig problematisch, wenn Popstars normalen Leuten die Sammelbüchse unter die Nase hielten, doch zweifellos wären sie gerne gefragt worden.

„Man bat uns nicht, bei Band Aid mitzumachen", erzählte Dave. „Es wurde wie ein großes Treffen von Bobs besten Kumpels organisiert, und wir biedern uns eigentlich nicht gerne an. Seitdem mussten wir uns in jedem Interview rechtfertigen. Außer uns gab es noch viele andere Bands, die nicht dabei waren und sich deshalb ziemlich ärgerten."

„Weil wir bei einem Independent-Label sind, verfügen wir einfach nicht über die entsprechenden Kontakte", ergänzte Andy später. „Also bat man uns nicht, dort aufzutreten. Damals verbitterte uns das, aber das Ganze war doch sowieso von vorne bis hinten eine schäbige Angelegenheit – diese ganzen alternden Rockstars, die nur auftraten, um ihre eigene Karriere noch mal anzukurbeln. In gewisser Hinsicht sind wir froh, dass wir nicht dabei waren. Allerdings lässt sich nicht von der Hand weisen, dass bei der Veranstaltung eine Menge Geld zusammenkam."

Wie dieses Zitat zeigt, war ihnen die neue Rockstar-Aristokratie, die sich Anfang der Achtziger entwickelt hatte, zutiefst zuwider. Es war, wie Neil Tennant in *Smash Hits* schrieb, „als hätte Punk nie stattgefunden".

Besonders abfällig äußerten sie sich über Stars, die riesige Häuser in Großbritannien besaßen, aber den größten Teil des Jahres im Ausland verbrachten, um die Einkommenssteuer zu sparen. „Es ist wie in den Siebzigern, als die Bands alle in Villen lebten", sagte Dave. „Wenn wir das täten, würde die Band auseinander gehen. Und das Geld, das sie bei der Einkommenssteuer sparen, geben sie für Erste-Klasse-Flüge wieder aus. Sie kommen doch alle jedes Wochenende wieder nach Hause!" Fletch fügte scharfsinnig hinzu: „Sie haben kein Vertrauen in ihre eigene Zukunft. Es sieht so aus, als wollten sie möglichst viel zusammenraffen, solange es noch geht. Wir für unseren Teil beabsichtigen, noch eine ganze Weile weiterzumachen."

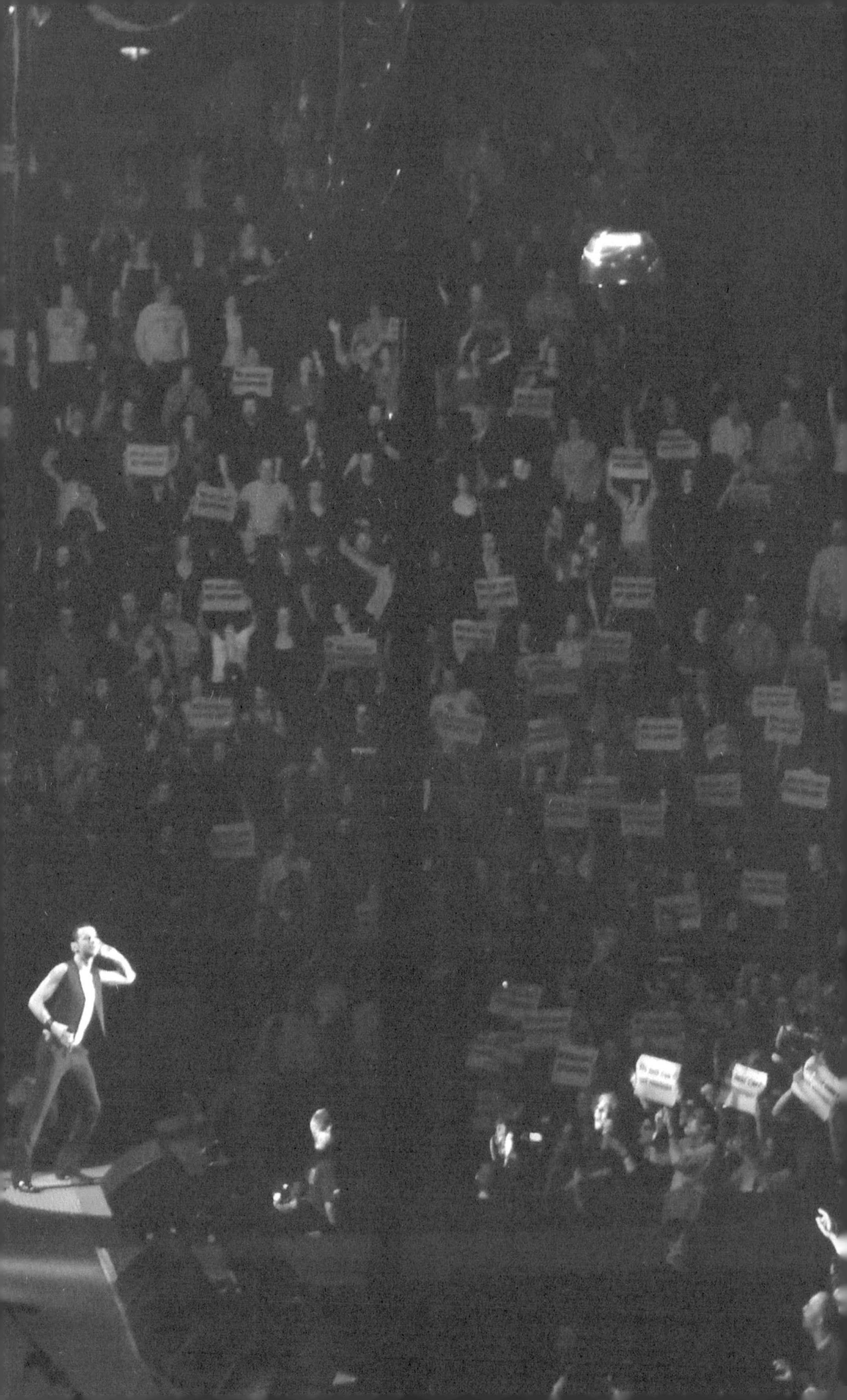

8. Konsolidierung

Nach *Some Great Reward* produzierten Depeche Mode über ein Jahr lang kein neues Album, eine lange Zeit für sie. In der Zwischenzeit überraschte Dave alle durch seine Heirat mit Joanne. Sie hatten bereits über sechs Jahre lang zusammengelebt. Er genoss die häuslichen Freuden ebenso wie die Tatsache, dass er, ein einfacher Junge aus Essex, es zu etwas gebracht hatte. Sie lebten in einem großen Haus in Basildon, und er fuhr einen höchst exklusiven Porsche 911. „Ich finde, wenn man Geld hat, soll man sich nicht scheuen, es auch wieder auszugeben", sagte er. „Ich habe mein Geld immer ausgegeben, ob es nun ein Fünfer war oder ein Fünfhunderter."

Er hatte alles, was er sich je gewünscht hatte. Seine Entscheidung, Joanne zu fragen, ob sie ihn heiraten wolle, schien er dennoch aus einer Laune heraus gefasst zu haben. Zumindest klang es so. „Eines Morgens stand ich auf und fragte sie: ‚Willst du heiraten?'", erinnerte er sich später. „Ich habe es genauso gesagt, wortwörtlich." Ein eher praktischer Grund, den er für seine Entscheidung angab, war folgender: „Wenn ich fort bin, was ja sehr häufig der Fall ist, muss Jo oft Dinge für mich erledigen. Da ist es besser, wenn sie sagen kann: ‚Ich bin Frau Gahan', als ‚Ich bin seine Freundin.'"

„Jo ist das einzige Mädchen, dem ich je begegnet bin, mit dem ich zusammenleben könnte", sagte er weiter. „Ich komme einfach gut mit ihr aus. Wie alle anderen auch streiten wir uns oft, aber irgendwie … raufen wir uns dann wieder zusammen. Unsere Beziehung ist eben etwas ganz Besonderes."

Sie heirateten standesamtlich im engsten Familien- und Freundeskreis. Fletch war der einzige Vertreter der Band, doch Martin und Alan schafften es auf die große Party danach, zu der auch Freunde wie Alison Moyet und die Kollegen von Blancmange erschienen. Nach dem großen Erfolg mit der Band schien es, dass er seine berufliche Erfüllung gefunden hatte und sich nun nach etwas anderem sehnte. Und noch etwas kam hinzu:

Er war zwar noch sehr jung, doch viele seiner Freunde aus Basildon heirateten und bekamen Kinder. Möglicherweise dachte er, er könnte etwas verpassen, und wollte jenes Familienleben schaffen, das er nicht mehr gehabt hatte, seit sein Stiefvater gestorben war.

„Ich dachte einfach, es würde dem Leben eine ganz neue Perspektive geben", sagte er über die Familiengründung. „Wenn man ein Kind großzieht, erscheint daneben alles, was einem bisher wichtig war, vollkommen unbedeutend. In einer Band mitzuspielen wäre dann zum Beispiel zweitrangig."

Dave hatte ihrem Pressebeauftragten gesagt, er solle niemandem von der Hochzeit erzählen. Es war kein Geheimnis, dass er seit Jahren mit Jo zusammen war, aber er wollte keinen großen Wind um die Angelegenheit machen. „Natürlich hätten wir das werbemäßig ausnutzen können. Ich muss aber nicht ständig in der Zeitung stehen, und außerdem: Wen interessiert das denn schon? Jeden Tag heiraten Tausende von Leuten."

Es war eindeutig ein Fall, in dem die Liebe durch Trennung gewachsen war, denn die Tournee zu *Some Great Reward* war mit 87 Konzerten die längste, die Depeche Mode je unternommen hatten, und Dave war selten zuhause gewesen. Sie spielten an mindestens vier Abenden im Hammersmith Odeon, doch die größte Überraschung war, dass sie inzwischen auch viele Fans in Amerika hatten.

„Bis etwa 1985 dachten wir tatsächlich, wir hätten in Amerika nicht den Hauch einer Chance", sagte Fletch. „Wir fanden, unsere Musik klänge viel zu europäisch, und wir sähen viel zu europäisch aus. Daher waren wir drei Jahre lang in Amerika nicht aktiv. Dann kündigten wir völlig unerwartet eine Tournee an, und sie war sofort ausverkauft."

„Als wir 1982 und 1983 in Amerika waren, bekamen wir von den Journalisten sehr schlechte Kritiken", sagte Martin. „Wir spielten jeden Abend vor etwa tausend Leuten. Damals schrieben wir Amerika sozusagen ab. Wir dachten, unsere Musik eigne sich einfach nicht für das Publikum dort. Doch als wir 1985 zurückkehrten, stellten wir fest, dass sich die Situation gewaltig verändert hatte. Alle schienen plötzlich ihre Meinung über uns geändert zu haben. Es schien, als akzeptierte man uns nun, und darauf bauten wir Stück für Stück weiter auf."

Ihre amerikanischen Fans hatten zudem eine ganz andere Einstellung als ihre Fans in Großbritannien. Sie kannten die frühe Version von Depeche Mode als Teenie-Pop-Band nicht. Sie hatten nicht die Fotos in *Smash Hits* gesehen. Ihr Bild von der Band hatten sie sich während der ausgefallenen, sexuell doppeldeutigen Berlin-Phase gemacht, sodass sie Depeche Mode für coole, düstere Untergrundtypen aus Europa hielten. Es war ein Image, das gut ankam und von der Warte eines Fans in Kansas oder Ohio äußerst exotisch erschien.

„Als wir in Texas waren, rief so ein Mädchen bei uns im Zimmer an", erzählte Fletch. „Nachdem wir ein bisschen geplaudert hatten, sagte sie: ‚Wenn ich eure Platten auflege, dann ist es so, als lauschte ich einem kleinen Stückchen Europa.' Das finde ich toll, denn unsere Musik kann man mit keinem amerikanischen Stil vergleichen."

Jene Fans, die die Band tatsächlich kennen lernten, müssen sie als weitaus bodenständiger empfunden haben, als sie es erwartet hatten. Gelegentlich kamen sie an und erwarteten, tief schürfende Gespräche über Philosophie zu führen. Schon 1982 stellte Dave bisweilen fest, dass es nicht leicht war, den Erwartungen ihrer amerikanischen Fans gerecht zu werden. „Die wirklich peinlichen Momente ereignen sich immer in Amerika, weil wir dort vor allem für Musikkenner und die Intellektuellen des Musikgeschäfts attraktiv zu sein scheinen, was ziemlich seltsam ist", sagte er. „In Großbritannien sind wir sehr bekannt und haben eine ganz normale, riesige Fangemeinde … darunter sind natürlich viele junge Mädchen. In den Staaten reagiert man hingegen völlig anders auf uns. Die Leute, die bei unseren Konzerten in die Garderobe kommen, sind meistens sehr viel gebildeter. Das ist ziemlich seltsam, und wir wissen nicht, wie wir darauf reagieren sollen."

Auf die Amerika-Tournee folgten einige Open-Air-Auftritte in Europa, und die Reaktionen dort waren sogar noch extremer. Über eine Festivalshow in jener Zeit sagte Dave später, er habe gedacht, er bekomme dabei einen Herzinfarkt. Sie spielten in einem Zelt, wo es so heiß war, dass die Bühne dampfte und es Kondensat regnete. „Ich erinnere mich, dass ich nicht atmen konnte, weil es keine Luft gab", sagte er. „Das war ein ziemlich harter Gig!"

Damals fällten sie auch die ungewöhnliche Entscheidung, Konzerte hinter dem Eisernen Vorhang in Budapest und Warschau zu geben. In diesen Ländern verkauften sie keine Platten, und da es in Polen und Ungarn illegal war, Geld außer Landes zu bringen, versprachen die Auftritte dort auch keinerlei Profit. Sie machten es einfach deshalb, weil es ihnen möglich war.

Die Reaktionen waren überwältigend. Sie konnten nicht mehr auf die Straße gehen, ohne bedrängt zu werden. In gewisser Weise begegneten sie dort der schlimmsten Sorte von Ruhm, da sie ja hinter dem Eisernen Vorhang begreiflicherweise nicht allzu viele Platten verkauften. Die meisten Fans mussten sich mit Bootlegs und Kassetten begnügen. Dennoch kannten viel mehr Menschen ihre Musik, als sie es erwartet hatten. In den Stadien und Hallen – dem Volan-Stadion in Budapest und der Torwar-Halle in Warschau – herrschte eine explosive Atmosphäre. Besonders in Ungarn legten einige Fans eine beinahe verstörende Detailverliebtheit an den Tag.

„In Ungarn gibt es tatsächlich Fans, die sich ‚Depeches' nennen!", berichtete Dave 1990 Paul Lester. „Sie sind wie die Mods und Rocker, die es bei uns in Großbritannien gibt. Sie umringten unser Hotel, und alle sahen aus wie einer von uns. Wenn wir hinausgingen, war es, als blickten wir in zahllose Spiegel. Diese ganzen Kids kopierten unser Aussehen – wobei wir ja eigentlich gar nicht so ausgefallen wirken. Es gab also lauter Martins, Alans, Daves und Andys, und wir konnten buchstäblich keinen Schritt tun, ohne dass uns diese so genannten ‚Depeches' belästigten." Es war eine aufregende Erfahrung, aber auch so etwas wie ein Kulturschock. „Sie hatten sich die Musik offensichtlich irgendwie beschafft", fuhr er fort. „Aber es war deprimierend, all diese frustrierten Leute zu sehen, die gern viel mehr Konzerte besucht hätten. Es gibt aber nicht viele Bands, die dorthin gehen."

Sie versuchten, auch in Russland und der DDR Konzerte zu geben, was sich jedoch nicht organisieren ließ. Trotzdem war dies der Beginn einer Beziehung zu ihren Fans im alten „Ostblock", die viel tiefer war, als sie es je erwartet hätten. „In den Achtzigern war Depeche für die Russen dasselbe, was Elvis in den Fünfzigern in Amerika war", sagte der Künstler Jeremy Deller, der über ihre Fans einen Film mit dem Titel *The Posters Came From The Walls* drehte. „Anfangs zirkulierten die Bänder im Geheimen. Dann entstand daraus dieser Kult."

Insbesondere für Dave mutete dies recht seltsam an. Er betrachtete sich immer noch als einen ganz normalen Jungen aus Basildon, und doch war er für viele Fans das Objekt der Verehrung. Vielen Fans in Russland war der Nationalfeiertag, der *Tag des Sieges*, später besser als „Dave Tag" bekannt, weil er zufällig auf Daves Geburtstag fiel. Jedes Jahr versammeln sich in Moskau Fans, um Depeche-Mode-Songs zu singen und ihr Idol zu feiern. „Ich glaube nicht, dass es auf der Welt noch einen anderen Leadsänger gibt, der solche Fans hat wie Dave Gahan von Depeche Mode in Russland", meinte Deller. „Es ist wie ein wohlmeinender Kult."

Die Fans in Polen und Ungarn waren begeistert, dass Depeche Mode gekommen waren, wo sich doch nur äußerst wenige Bands überhaupt für sie interessierten. Gleichzeitig hatte dies aber auch eine gewisse Frustration in den Jahren darauf zur Folge, weil sie so lange brauchten, bis sie wiederkamen. Dies lag schlicht daran, dass sie nun auf der ganzen Welt Fans hatten. Es war ihnen unmöglich, für alle zu spielen, die sie sehen wollten. 1985 unternahmen sie auch ihre erste Reise nach Griechenland, zu einem Festival in der Nähe von Athen. Dieses wurde von der Regierung veranstaltet und zog, vielleicht als Folge dieser Tatsache, die Aufmerksamkeit vieler Anarchisten auf sich, die dort Randale veranstalten wollten.

Neben The Clash, The Cure und den Headlinern Culture Club spielten sie vor einer aufgeheizten Menge von 80 000 Zuschauern. Ihr Auftritt verlief sehr reibungslos und wesentlich besser als der von Culture Club. Draußen auf der Straße aber forderten die Anarchisten freien Eintritt. Als Dave am nächsten Tag bummeln ging, schlug ihm jemand mit der Faust ins Gesicht.

Bezeichnenderweise kam Jo Mitte der Achtziger meist nicht mit auf Tournee, wie sie es zu Anfang noch getan hatte. In einem frühen Frage-Antwort-Interview hatte David gesagt, sie sei „meistens" mit ihnen mitgereist, und fügte hinzu: „Wir von Depeche Mode halten nichts von der alten Binsenweisheit, dass Frauen in einer Band immer nur Ärger verursachen. Andrews Freundin Grainne kommt ebenfalls oft mit auf Tournee, und meistens funktioniert das auch ziemlich gut."

1985 hatte er seine Meinung geändert. „Sie darf mit, aber es funktioniert nicht. Es ist sehr schwierig. Auf Tournee bin ich ein vollkommen anderer Mensch. Ich mag es, wenn Jo dabei ist. Aber wenn sie jeden Tag da ist und ich einmal schlechte Laune habe, dann lasse ich es an ihr aus. Ein paar Mal haben wir uns sogar ganz schön angeschrieen."

In den Anfangstagen von Depeche Mode hatten die Freundinnen von Dave, Martin und Fletch sie nach Kräften unterstützt. Joanne hatte den Fanclub geleitet, doch schließlich bat Dave sie, damit aufzuhören. „Es wurde alles einfach eine Nummer zu groß. Ich kam nach Hause, und dort war alles voller Plakate und Platten – alles, was ich wollte, war meine Ruhe! Ich konnte nicht damit umgehen. Ich kam von Depeche Mode einfach nicht mehr los. Es ging soweit, dass wir uns gar nicht mehr unterhielten. Sie stellte mir nur Fragen wie: ‚Welche Farbe hatten deine Socken an jenem Abend in Berlin?'"

Als sie im November 1985 wieder ins Hansa-Studio gingen, hatte der häusliche Dave Gahan bereits erste Schlachten gegen den Hedonisten in seinem Innern verloren. Er war schon immer gerne mittendrin im Geschehen gewesen. Zuzuschauen, wie andere Leute feierten, lag ihm gar nicht. Jahre später sagte er, er habe sich damals gefühlt, als lebte er eine Lüge. Alle Leute dachten, er wäre ein rechtschaffener Ehemann, doch in Wahrheit ließ er keine Party aus: „In den Achtzigern gingen wir saufen und ließen es krachen, wie alle anderen auch."

Gleichzeitig wurden sie aber auch erwachsener und verlangten mehr Kontrolle über die Dinge, die sie betrafen. Zum ersten Mal baten sie Daniel, einen Vertrag aufzusetzen, der die Beziehungen zwischen Depeche Mode und dem Plattenlabel festlegte. Ein anderer Grund dafür, dass sie nach so langer Zeit doch unterschrieben, war vielleicht, dass die Beziehungen innerhalb der Band problematisch waren.

„Wenn wir je davor standen, die Band aufzulösen, dann war das Ende 1985, sagte Dave 1990. „Bei uns herrschte damals großer Aufruhr. Wir stritten uns andauernd, und das ziemlich heftig. Wir wussten nicht genau, welche Richtung wir nach *Some Great Reward* einschlagen sollten, also beschlossen wir, alles ein wenig ruhiger anzugehen. Dadurch hatten wir plötzlich viel zu viel Zeit. Den größten Teil davon verbrachten wir mit Streiten. Manchmal scheint es fast unglaublich, dass wir diese Phase hinter uns ließen, ohne dass die Band oder unsere geistige Gesundheit Schaden nahmen."

Die Struktur der Band verursachte Schwierigkeiten. Da sie keinen Manager oder ein leitendes Mitglied hatten, musste alles, was sie taten, vier separate Vetos überwinden – oder fünf, wenn man Daniel Miller mitzählt. „Wir müssen uns um jede kleine Entscheidung zanken", gestand Fletch forsch-fröhlich in einem Fernsehinterview. Depeche Mode waren insofern ungewöhnlich, dass Dave und Martin fast wie zwei Hälften des üblichen Frontmannes waren. In den meisten Bands hat derjenige, der schreibt und singt, in aller Regel auch das letzte Wort, aber Depeche Mode basierten auf gegenseitiger Abhängigkeit. Als sie immer bekannter wurden, wurde es zunehmend schwieriger, jene Art von Kontrolle zu erlangen, die sie nun forderten.

Eine Veränderung, die in der Zukunft von großer Bedeutung sein sollte, war die Einstellung von Jonathan Kessler, der ursprünglich als Tourneebuchhalter fungiert hatte. Er war damals gerade 22 Jahre alt. Sie stellten ihn deshalb ein, weil es mit zunehmender Größe des Unternehmens Depeche Mode für Fletch unmöglich wurde, sich um alles zu kümmern. Mit der Zeit wurde Jonathan zu einem engen Freund und Ratgeber der Band, insbesondere für Dave. Er war derjenige, mit dem man reden konnte, und das war nicht unwichtig in einer Band, wo eine solche Person oft schwer zu finden war. Dass er ein in wirtschaftlichen und rechtlichen Fragen äußerst fähiger Mann war, stellte darüber hinaus einen großen Bonus dar. Er hat sich als einer der verlässlichsten Verbündeten der Band erwiesen.

Als sie im November 1985 zurück ins Hansa gingen, waren sie eine ganz andere Einheit als die milchgesichtigen Pop-Kids, die sie noch vier Jahre zuvor gewesen waren. Sie hatten die Sicherheit einer eingefleischten Fangemeinde im Rücken, die darauf wartete, was ihnen wohl als nächstes einfallen würde. Sie mussten keine Ohrwürmer schreiben, um die Aufmerksamkeit des Publikums auf sich zu lenken. Sie konnten jene Art langsam brennender Musik machen, die ihnen seit dem Weggang von Vince vorgeschwebt war. Dies war die Phase, die Depeche Mode endgültig definierte und sie zu Megastars machte.

Damals war jedoch alles nicht so leicht ... Sie hatten beschlossen, eine neue Richtung einzuschlagen. Innerhalb der Band entbrannte nun ein Machtkampf. Eine Ära endete, und eine neue begann, als Alan Wilder sich zunehmend für die Produktion interessierte. Dies geschah zu einer Zeit, als die Produktion, die Textur von Platten, immer wichtiger wurde. Das erste Resultat der neuen Hansa-Sessions war die Single „Stripped", deren Sampling zum Innovativsten gehörte, was die Band je abgeliefert hatte. Am 5. November beispielsweise begingen sie den Guy-Fawkes-Tag, indem sie draußen auf dem Parkplatz Feuerwerkskörper abfeuerten und die Geräusche der an ihnen vorbeizischenden Raketen aufnahmen. Oft musste die Band in Deckung gehen. „Das war wahrscheinlich das gefährlichste Sampling, das wir je gemacht haben", sagte Daniel später.

Dann reicherten sie den Rhythmus mit einem verzerrten Motorrad-Motorengeräusch an und ließen am Anfang des Stücks Daves Porsche aufheulen. Es war beinahe eine archetypische Depeche-Mode-Nummer. Sie hatte alles, was man damals mit der Band assoziierte. Wie zuvor „Master And Servant" bediente sich auch „Stripped"einer sexuellen Bildsprache, um auf gesellschaftliche Phänomene hinzuweisen.

„Es geht um zwei Menschen, die versuchen, ein einfaches Leben im Einklang mit Mutter Natur zu führen, um sich selbst zu finden", sagte David nach der Veröffentlichung in einem Fernsehinterview. „Es heißt nicht: ‚Los, zieh dich aus' – wenn auch viele Leute dies so interpretiert haben." Fletch ergänzte: „Natürlich kann man es so verstehen, wenn man will."

Das Video war das letzte, bei dem Peter Care Regie führte. Er vermied diese Interpretation ganz bewusst und zeigte die Musiker, wie sie mit Hämmern Autos zertrümmerten und dann riesige Fernsehbildschirme über die Straße trugen. Es war mit Abstand die beste Arbeit, die er für Depeche Mode gemacht hatte.

Der Dreh fand unter den neugierigen Augen ostdeutscher Grenzposten in der Nähe der Hansa-Studios an der Berliner Mauer statt. Dennoch war Peter nicht ganz sicher, ob die Band von dieser Aktion wirklich überzeugt war. Er hatte den Eindruck, dass insbesondere Dave an seiner Arbeit zweifelte. Der Sänger, der im College das Fach Modedesign belegt hatte, hatte eine recht klare Vorstellung von seinem eigenen Image.

„Als wir ‚Stripped' machten, kam es mir vor, als würde nur Alan gerne mit mir zusammenarbeiten. Bei den anderen war ich mir nicht so sicher", sagt Peter. „Ich glaube, Dave hat es keinen besonderen Spaß gemacht. Alles, was man als Leadsänger, als heterosexueller, sexy Bandleader ausstrahlen musste, ging ihm völlig ab. Er zeigte keinerlei Spannung, keinerlei Einfühlungsvermögen."

Stattdessen bemerkte er, dass zwischen Daves Vorstellungen und denen von Martin und Fletch eine gewisse Spannung entstanden war. „Es fiel mir auf, als ich an ‚Stripped' arbeitete", sagt er. „Sie hatten gerade ein ungeheuer erfolgreiches Konzert absolviert, von dem es Bilder gab, wie Tausende von Menschen brennende Feuerzeuge über ihren Köpfen schwenken. Dave wollte das im Video verwenden. Für ihn war es vermutlich eine schöne Erinnerung, aber ich sah nicht, wie es zum Inhalt des Videos passen sollte, und dachte einfach: ‚Aha, jetzt werden sie also zu Stadion-Rockstars.' Ich könnte mir vorstellen, dass das innerhalb der Band zu einigen Spannungen geführt hat, weil ich den Eindruck hatte, dass das nicht der Weg war, den Andy und Martin einschlagen wollten. Mir kam es so vor, als gefiele ihnen ein cooles Underground-Image viel besser."

„Stripped" kam am 10. Februar 1986 in die Plattenläden. Die Erfolgskurve ähnelte den meisten ihrer Singles Mitte der Achtziger: Der Titel schoss in Großbritannien schnurstracks in die Top 20, weil die begeisterte Fangemeinde die Platte sofort kaufte; dann verschwand er wieder aus den Hitlisten. In Deutschland freilich konnte er sich in den Top 5 platzieren. Trotzdem war Daniel Miller besorgt, sie könnten mit zunehmender Reife vielleicht nicht mehr jene eingängigen Pop-Hits schreiben, für die sie bekannt geworden waren. Mute war zwar ein Label, das seinen Künstlern genügend Freiraum für alle möglichen Experimente ließ, doch hing dies unter anderem davon ab, dass die poppigeren Bands weiterhin kommerzielle Erfolge einfuhren. Als er die restlichen Songs hörte, die sie für ihr nächstes Album *Black Celebration* aufnehmen wollten, wurde er noch besorgter.

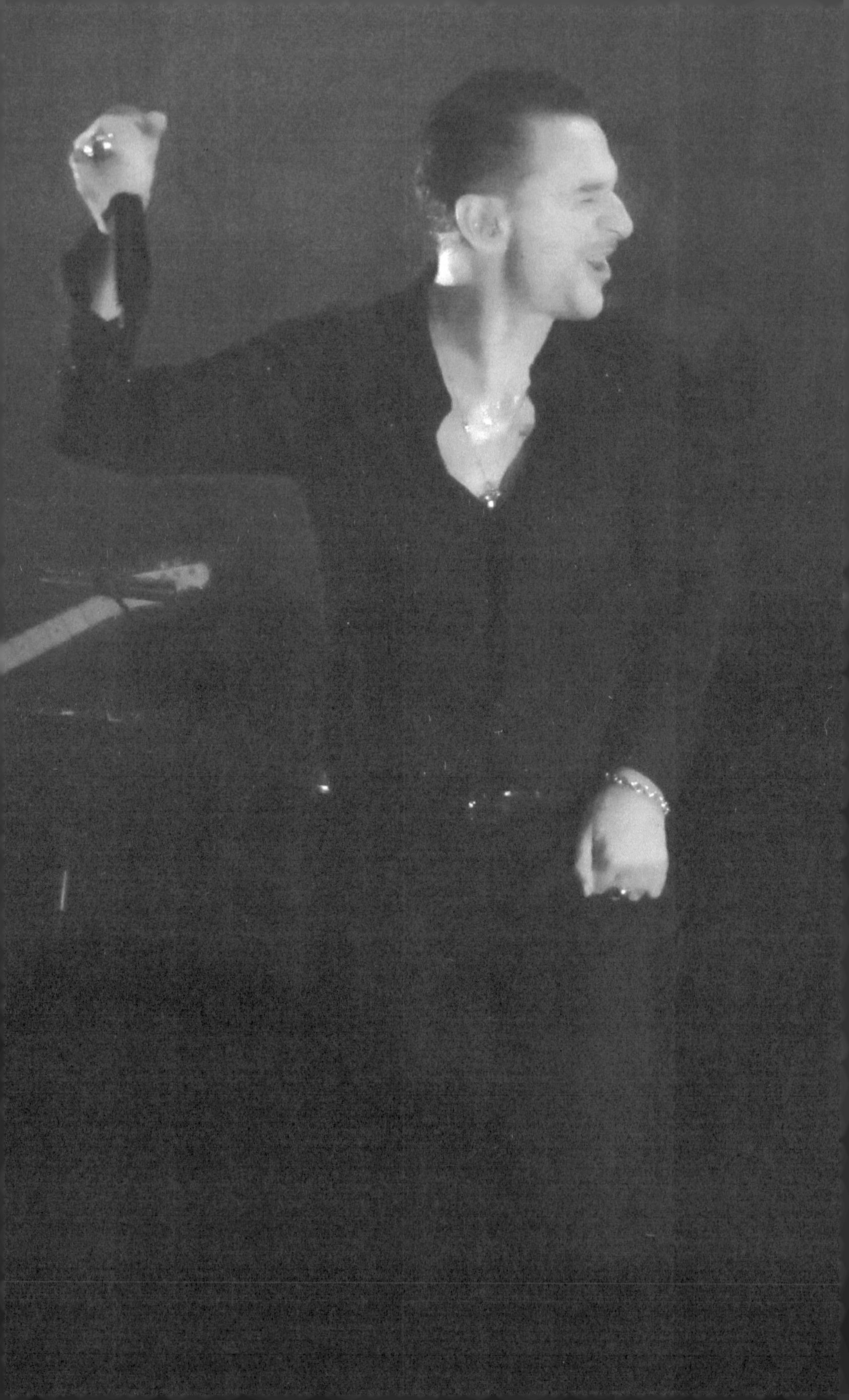

9. Black Celebration

Daniel Miller verglich die in Berlin entstandenen Alben von Depeche Mode einmal mit dem Arbeitsstil des berühmt-berüchtigten deutschen Filmemachers und Regisseurs Werner Herzog, der Schauspieler und Crew stets an ihre äußersten Grenzen gehen ließ. In der Vergangenheit hatte er das aus voller Überzeugung gutgeheißen, doch waren die Probleme, die sich während der Produktion von *Some Great Reward* aufgetan hatten, inzwischen nicht kleiner geworden. Mit jeder Platte fiel es ihm schwerer, seine Zeit wochenlang in Depeche Modes Berliner Blase zu verbringen. Ein Wesensmerkmal der Band, das ihren Erfolg begründet hatte – ihre vollkommen unterschiedlichen Charaktere – sorgte nun für Unstimmigkeiten. Bei späteren Album-Produktionen waren ihre Rollen klar definiert, doch bei *Black Celebration* war alles noch im Fluss. Manchmal herrschte eine recht angespannte Atmosphäre. Sie stritten sich und wussten nicht genau, was als nächstes geschehen würde.

Trotz solcher Schwierigkeiten bot die Arbeit im Hansa-Studio auch eine gewisse Freiheit. Das große, bedrückende Gebäude passte vermutlich gut zu Martins großartigen, bedrückenden Songs. Auf der anderen Seite führten sie in Berlin ein Leben wie in Basildon. Weder stritten sie sich die ganze Zeit, noch machten sie dauernd nur Musik. Regelmäßig wurde Billard, Fußball und sogar Kricket gespielt. Band und Crew liefen dabei bisweilen zu einer überraschenden Hochform auf. Die Prog-Rocker von Marillion erinnerten sich, wie sie von Depeche Mode einmal bei einem Billardturnier geschlagen wurden. Ein Fußballspiel gegen ihre deutsche Plattenfirma hatte für die Verlierer noch weit schmerzhaftere Konsequenzen. Nicht nur, dass Depeche Mode mit Leichtigkeit gewannen – einer ihrer Gegner brach sich bei dem Spiel gar das Bein. Ihre „Genesungsglückwünsche“ endeten Alan Wilder zufolge mit den Daten von Englands Siegen über Deutschland: „'45, '66 … '85“.

Die frühen Stadien der Aufnahmen machten oft ebenfalls großen Spaß, insbesondere Dave, dessen Gesang ein ganz neues Niveau erreichte. Er nahm häufig draußen im Flur vor dem Hauptstudio auf, wo seine Stimme von den Wänden widerhallte. Im weiteren Verlauf der Aufnahmen hatten sie das erhebende Gefühl, dass sie musikalisch nun alles tun konnten, was sie wollten. Sie waren nicht an irgendein Pop-Muster gebunden und scherten sich nicht um die möglichen Reaktionen auf die Inhalte ihrer Songs. Hatte „Fly On The Windscreen“ die Leute schockiert, so war das nichts im Vergleich zu „A Question Of Time“, das in die dunkelsten Ecken männlicher Libido vordrang.

Der Text des Songs wurde von den Medien – darunter auch dem *Record Mirror* – häufig dahingehend interpretiert, als handele er, zumindest oberflächlich betrachtet, vom Beschützerinstinkt einem minderjährigen Mädchen gegenüber. Die Worte wirken dabei hinsichtlich der Gefühle des Protagonisten entsetzlich offen. Die meisten Menschen und vielleicht sogar Martin selbst hätten das Stück zögerlich oder sogar verschämt gesungen. Dave hingegen stürzte sich mit einer schauspielerischen Freude darauf, die das Motiv männlicher sexueller Begierde in den Vordergrund stellte und jede feinsinnigere Interpretation im Keim erstickte. Diese Fähigkeit, sich selbst auszuklammern, machte ihn zu einem großartigen Interpreten von Martins Texten. Damit bewies er sein schauspielerisches Talent. Ob man ihn nun bat, einen unbeholfenen Paarreim zu singen oder einen hochkomplexen, düsteren Song wie „A Question Of Time“ – er war stets in der Lage, dies ganz direkt und ohne den geringsten Selbstzweifel auszuführen.

Ein weiteres Beispiel war „Dressed In Black“, ein Song, der einen Bogen zurück zur Prä-Pop-Ära spannte. Er hätte auch aus dem Soundtrack von *Cabaret* stammen können. Seit Martin in Deutschland lebte, inspirierten ihn Komponisten wie der düster-romantische Kurt Weill. „Dressed In Black“ hatte mit The Damned oder The Clash nicht mehr viel gemein, und doch singt es Dave Gahan, als wäre er dazu geboren worden.

Black Celebration ist mehr Martins Album als jede andere Platte von Depeche Mode, vielleicht mit Ausnahme von *Exciter*. Bei vieren der Stücke, deren Texte besonders persönlich sind, übernimmt er selbst den Hauptgesang. Die Demos, die er 1985 produziert hatte, hievten die Band auf eine ganz neue Stufe. Daneben nahmen sie auch „Fly On The Windscreen“ neu auf und fügten unter anderem ein Sample des Mute-Chefs ein, wie er sehr schnell „Horse“ sagt.

Für Daniel Miller waren die Aufnahmen zu *Black Celebration* indes eine Zeit großer Zweifel. Er fand, dass sie keine Hit-Single hätten, durch die sich die Platte gut verkaufen würde, und war von dem andauernden Gezanke frustriert. „Damals stritten wir uns ganz schön oft“, gab Martin zu. „Wir hatten die Zusammenarbeit von Daniel Miller und Gareth Jones ausgereizt. Es war das dritte Album, das wir zusammen machten, und ich glaube, dass alle sehr faul geworden waren und sich auf bewährte Muster verließen.“

Martin deutete in verschiedenen Interviews an, dass er die Musik der Band gern zugunsten eines dunkleren, schwereren Sounds verändert hätte, die anderen ihn jedoch davon abgehalten hätten. Wenngleich er mit dem demokratischen Grundverständnis weitaus besser zurechtkam als Vince, war es für ihn doch schwer zu akzeptieren. Er gab ihnen seine Demos und war nicht immer ganz überzeugt davon, dass daraus auch das wurde, was er sich vorgestellt hatte.

„Ich habe versucht, von der Weichspülerei der aktuellen Popmusik wegzukommen“, sagte er zu Max Bell. „Ich weiß aber, dass wir uns nie weit genug davon entfernen werden. Depeche Mode ist eine Demokratie, die mich davon abhält, das zu schreiben, was ich wirklich schreiben will.“

Trotzdem hielt er sich gegenüber Dave oder Alan sehr bedeckt. „Im Studio haben wir ein Mitspracherecht“, sagte Dave. „Manchmal ist Martin nicht ganz glücklich damit, was aus seinen Demos geworden ist, aber er ist der Typ, der erst dann den Mund aufmacht, wenn das Zeug veröffentlicht ist.“

Der Titel der Platte fängt die seltsame Stimmung dieser Phase ein, diese Mischung aus Frustration und Freude. Sie hatten das Album im Berliner Hochwinter aufgenommen, in einer Atmosphäre, die zwischen Kreativität und Misstrauen ständig hin und her schwankte. Und doch war *Black Celebration* die bis dato deutlichste Manifestierung ihres Ethos. Es ging alles darum, wie man auch den dunkelsten Seiten des Lebens Daseinsfreude und Gemeinschaftsgefühl abgewinnen konnte. Als die Platte veröffentlicht wurde, sprach dies vielen Fans aus der Seele. Dave formulierte es einmal so: „Am Ende eines langen Arbeitstages geht man aus und ertränkt seine Sorgen, egal, wie beschissen man sich fühlt oder wie trostlos die Zukunft auch aussieht.“

Gegen Ende der Aufnahmen zu *Black Celebration* sah auch die Zukunft der Band ziemlich trostlos aus. Nach einer Reihe von Streitereien war Martin während des Abmischens verschwunden, um sich mit einem Freund in Norddeutschland zu treffen, den er seit einem Schüleraustausch kannte. Manchmal fragte sich Alan, wie die Band überhaupt so weit gekommen war.

Ihr offensichtlicher Mangel an Selbstvertrauen hatte ihn schockiert, als er sie zum ersten Mal getroffen hatte. Die treibenden Kräfte seien oft Vince und Daniel gewesen. Seitdem waren sie viel erwachsener geworden, doch hatten sie sich auch bis 1985 noch nicht abschließend entscheiden können, was für eine Band sie eigentlich sein wollten. Sie führten immer noch Diskussionen, wie sie viele junge Bands in Garagen und Proberäumen führen, lange bevor irgendjemand von ihnen Notiz nimmt. Trotzdem konsolidierte *Black Celebration* ihr Image und zeigte der Band unmissverständlich, was für eine Band sie waren. Das Plattencover trug den Untertitel: „Das Leben im so genannten Weltraumzeitalter". Es war ein Kommentar, dessen trockener Zynismus überdeutlich zeigte, wie wichtig es Martin war, fest im Alltag verwurzelte Musik zu schreiben.

Es war ein Album, das bis heute oft als Lieblingsplatte der „echten" Fans betrachtet wird. Dies liegt zum Teil daran, dass ihr anderer Karrierehöhepunkt – *Violator* – sie einem Massenpublikum nahe brachte, wohingegen *Black Celebration* all das zusammenfasste, was sie damals ausmachte. Mag sein, dass die Hit-Singles tatsächlich fehlen, doch verbindet das Album trotzdem großartige Melodien mit einem zutiefst eigenwilligen Weltbild. Es kombiniert Experimentierfreude mit einem Gespür für Popmusik, das sie auch diesmal nicht verbergen konnten. Wenn So*me Great Reward* das Album war, bei dem sie entdeckten, worum es bei Depeche Mode ging, und sich das spätere *Music For The Masses* als Platte erwies, deren Präzision auf einen breiten Geschmack zugeschnitten war, dann klang *Black Celebration* immer noch wie das rohe Produkt ihrer ganz speziellen Chemie. Bei aller verwendeten Technologie tönte es wie von einer Band im Studio eingespielt. Selbst die Momente, die ein wenig daneben gingen, etwa das plumpe „New Dress", verliehen dem Album einen menschlichen Touch. Es ist blanke Ironie, dass man Synthie-Bands damals gerne für die angebliche Kälte ihrer Musik kritisierte — Depeche Mode klangen immer viel wärmer als ihre Zeitgenossen, die Rock-Gruppen der Achtziger. Eine weitere Stärke war, dass sie mit allem anderen, was in der Welt des Pop passierte, rein gar nichts am Hut hatten. Als *Black Celebration* einen Monat nach „Stripped" erschien, bedeutete das für sie keinen neuen kommerziellen Durchbruch, aber sie stiegen dadurch in der Gunst ihrer treuen Fans. Durch Mund-zu-Mund-Propaganda wurden sie immer bekannter und beliebter.

Die erste Single-Veröffentlichung nach *Black Celebration* war das exzellente „A Question Of Lust“ im April 1986. Wie vorherzusehen war, folgte es dem gängigen Depeche-Mode-Muster: Es wurde ein großer Hit in Deutschland und einigen anderen europäischen Ländern, dann gelangte es in die Top 20 in Großbritannien. Die nächste Single, „A Question Of Time“, wurde nicht ganz so kontrovers diskutiert, wie man es vielleicht erwartet hatte. Das brisante Thema hätte in der Boulevardpresse leicht für einen Skandal sorgen können. Depeche Mode ärgerte es oft, dass sie von den großen Blättern mehr oder weniger ignoriert wurden, aber in diesem Falle hatten sie vermutlich Glück. Es ist schwer vorstellbar, dass eine Band wie Pulp, die weit weniger Platten verkaufte, einige Jahre später mit einem solchen Song durchgekommen wäre, ohne von der Boulevardpresse verrissen zu werden.

Glücklicherweise hatten sie ein neues Ass im Ärmel: Anton Corbijn. Noch vor Kurzem war Anton vorrangig für seine Fotografien bekannt gewesen. Er hatte lange Zeit für den *NME* gearbeitet und das berühmte Titelbild geschossen, auf dem Dave Gahan nur verschwommen zu sehen war. In den letzten paar Jahren hatte er allerdings zunehmend auch als Videoregisseur von sich reden gemacht, also fragten sie ihn, ob er Interesse habe, „A Question Of Time“ mit ihnen zu drehen. Anfangs war er sich nicht ganz sicher. Er hatte sie in der Vergangenheit bereits zweimal abgewiesen und sei auch diesmal, wie er sagte, nur deshalb dazu bereit, weil sie in Amerika filmen wollten und er noch nie dort gewesen sei.

Es war eine rundum richtige Entscheidung. Mit seinem typisch holländischen Sinn für Humor arbeitet Anton in dem Video sowohl die düstere Seite als auch die freche Doppeldeutigkeit des Songs perfekt heraus. In grobkörnigem Schwarzweiß zeigt es einen Motorradkurier, der einen amerikanischen Bilderbuch-Highway entlangfährt, um an die verwirrt wirkende Band Babys auszuliefern. Bei allem gebotenen Respekt vor Clive Richardson und Peter Care war es das mit Abstand beste Video, das die Band je gedreht hatte.

Hinterher meinte Anton jedoch, dass es eine schwierige Erfahrung gewesen sei. Depeche Mode hassten es, Videos zu drehen, was ihm die Arbeit nicht unbedingt erleichterte. „Es war das erste Mal, dass ich selbst die Kamera bediente. Für nichts war Geld da, und mit Ausnahme von Alan nahm sich die Band gerade mal drei Stunden Zeit für die Produktion.“

Als er fertig war, hörte er monatelang nichts von ihnen und fragte sich, ob ihnen das Video wohl gefiel. Tatsächlich waren sie hochzufrieden mit dem Ergebnis. Es war der Beginn einer Partnerschaft, die ihr Image mehr verändern sollte als alles andere zuvor. Peter Care sagt, er verstehe, warum diese Zusammenarbeit so erfolgreich gewesen sei. Videodrehs sind für Bands oft außerordentlich langweilig, also halten sie sich an jeden, der sie erträglich und sogar interessant gestalten kann.

„Die Bands haben mir immer schon leid getan“, sagt Corbijn. „Ich dachte immer, Mann, all diese Videoregisseure und Produzenten und Firmen, das sind doch alles Söhne aus gutem Hause. Die Bands hingegen stammten meistens aus der Arbeiterschicht. Es bestand dort ein seltsames Ungleichgewicht. Ich habe daher stets versucht, den Dreh auch für die Band interessant zu machen und sie nicht allzu lange am Set warten zu lassen. In den Achtzigern dachten viele Bands, dass sie keine Kontrolle über die Dinge hätten, weil nichts richtig ausdiskutiert wurde. Sie mussten mit Regisseuren zusammenarbeiten, die sie nicht mochten, weil die Plattenfirma oder die BBC oder sonst jemand es so wollte und Bedingungen stellte. Der Grund, warum Depeche Mode schließlich so lange und so hervorragend mit Anton zusammenarbeiteten, war, dass sie ihn als einen von ihnen akzeptierten. Er arbeitete nicht für die BBC.“

Insbesondere für Dave Gahan bedeutete die Arbeit mit Anton einen gewaltigen Unterschied. Er war am Image der Band oft verzweifelt. Von den billigen Anzügen der Anfangstage bis zu Martins ledernen Miniröcken im Jahr zuvor hatte er nur selten den Eindruck gehabt, dass sie tatsächlich auf dem richtigen Weg seien. Als ehemaliger Modeschüler war er sich ihres Äußeren stets sehr bewusst gewesen. Nach all diesen verschiedenen Stilen, die sie ausprobiert hatten, verfielen sie nun wieder auf den schwarzen Lederlook, den sie ganz am Anfang getragen hatten. Es war ein Image, das sehr nach Berlin aussah.

„Wir hatten einmal eine Phase, in der wir zu Songs wie ‚See You‘ Anzüge trugen“, sagte Dave. „Das war unsere schlimmste Zeit. Zuvor aber, als wir anfingen, trugen wir Leder, im Großen und Ganzen einen schwulen Lederlook. Das sagten jedenfalls die meisten unserer Freunde. Es war unser bester Look.“

Damals, im November 1980, versah das *Basildon Echo* einen frühen Artikel über die Band mit der Überschrift „Schicke Klamotten könnten für Depeche Mode entscheidend sein“. Die Zeile gelangte als Beispiel für jene Art dümmlicher Presse, die sie am Anfang bekamen, ins Beiheft zu ihrer ersten Singles-Kollektion. Auf seltsame Weise jedoch griff die Überschrift den Tatsachen voraus. Die Imageprobleme der Band richteten in Deutschland und bestimmten anderen europäischen Ländern keinen Schaden an, in Großbritannien aber waren sie wie ein Klotz am Bein.

Anton Corbijn bildete in seinen Videos und Fotografien häufig ihren düsteren, fetischistischen Look ab, trotzdem war stets ein gewisser Sinn für Humor mit im Spiel. Er verfügte über eine besondere Bildästhetik, die man sofort erkannte. Bestimmt gefiel es Dave, dass ihn der Regisseur wesentlich öfter als Star der Depeche-Mode-Videos einsetzte, als es ihre bisherigen Regisseure getan hatten. Wenn es etwas zu „schauspielern" gab, dann war er derjenige, der das übernahm, und er machte seine Sache viel besser als früher. Im Großen und Ganzen ließ Anton einfach dem natürlichen Charisma des Frontmannes freien Lauf, anstatt etwas von ihm zu verlangen, das hinterher unbeholfen gewirkt hätte.

„Ich habe mich bei der Arbeit mit Anton sehr wohl gefühlt", sagte Dave 2001. „Er gab sein Bestes, uns in einem guten Licht darzustellen. Für ihn war das mehr als nur ein schneller Job. Er wollte definitiv langfristig mit uns zusammenarbeiten."

Ihre gesamte bisherige Karriere hatte eindeutig bewiesen, dass es besser war, langfristig zu denken. Statt Abkürzungen zu nehmen und dem schnellen Geld hinterher zu jagen, hatten sie alles ganz langsam aufgebaut. *Black Celebration* war ein weiteres Beispiel dafür. Gemessen an den Standards der meisten Achtzigerjahre-Pop-Bands schien die Platte beinahe ein Flop zu sein. Weder in den USA noch in Großbritannien landeten sie damit einen Top-10-Hit, und im Radio lief das Material auch nicht gerade häufig. Als die Kartenverkäufe für die *Black Celebration Tour* anliefen, stellten sie jedoch fest, dass sie besser als je zuvor waren. Auf der Tournee spielten sie in einigen Städten in Amerika vor mehr als 10 000 Zuschauern, obwohl sich dort kein einziges ihrer Alben in den Top 100 hatte platzieren können.

In England gastierten sie zwei Abende hintereinander in der Wembley Arena, was sich für eine inzwischen als „alternative" geltende Band eigentlich nicht schickte. „Ich kann mir vorstellen, dass ein paar unserer Fans ein bisschen verärgert darüber sind, dass wir in Wembley auftreten", sagte Martin. „Aber wir müssen mit diesem Glaubwürdigkeitsspielchen endlich aufhören. Ich fand The Cure ausgezeichnet in Wembley, und ich weiß, dass ich heute größere Menschenmengen brauche, damit ich das Ganze noch aufregend finde."

Depeche Mode waren in der glücklichen Lage, jedermanns heimliche Lieblingsband zu sein. Sie bewegten sich fernab des Mainstreams und hatten trotzdem genügend Fans, um vor einem riesigen Publikum zu spielen. Als sie in die Staaten gingen, warnte man sie oft, „die Top 40 zu vermeiden". Viele dachten, es wäre das Ende ihrer Glaubwürdigkeit, wenn sie einen großen Hit in den Charts landeten. Als „Everything Counts" in die Top 40 gelangte, waren sie daher ein wenig besorgt.

Wie sollten sie verhindern, dass sie in die Charts kamen, wenn das Radio ihre Singles spielte und die Leute sie kauften? Songs wie „Blasphemous Rumours" und „Stripped" hatten sie jedoch – geplant oder durch Zufall – zu einer Kultband gemacht. Andererseits war es auch eine Zeit, in der Kultbands zu Superstars werden konnten. Gruppen wie The Cure verkauften trotz ihres „alternativen" Status' immer mehr Platten.

„Wir befinden uns in einer seltsamen Position", sagte Dave. „In Großbritannien sind wir mehr oder weniger allein auf weiter Flur, wohingegen wir in Deutschland, Frankreich oder Italien mehr oder weniger dieselben Fans haben wie The Cure und andere New Wave-Bands. In Großbritannien gibt es nicht viele Leute, die sowohl Platten von The Cure als auch von Depeche Mode kaufen. Das liegt alles an unserem Pop-Etikett und unserer Herkunft."

In gewisser Hinsicht ähnelten sie mehr den großen britischen Metal-Bands wie Iron Maiden oder Judas Priest als ihren damaligen Popmusik-Kollegen. Diese Bands wurden in Großbritannien ebenfalls nicht ganz ernst genommen, verkauften aber anderswo riesige Mengen an Schallplatten. Auch sie hatten in jeder Stadt treue Fans, die man sofort an ihren schwarzen T-Shirts erkannte.

Depeche Mode bemerkten diese Ähnlichkeit. In einem Interview in Dänemark bezeichneten sie ihre Musik scherzhaft als „elektronischen Metal", und Martin witzelte: „Heavy Metal ist momentan in. Auch unsere Musik ist im Grunde ‚heavy'. Es gibt zwar langsame Balladen, aber die sind trotzdem hart."

Gareth Jones hatte diese Verbindung bereits einige Jahre zuvor mit dem lautstarken „Metal-Mix" ihres Songs „Something To Do" hergestellt, der auf der B-Seite von „Shake The Disease" erschien und die chaotische Energie des Titels voll zur Geltung brachte. Dave, der mit der verzerrten Rock-Energie von The Damned und The Clash groß geworden war, hatte daran seine helle Freude. Obgleich er auch ein großer Soul-Fan war, bevorzugte er bei Live-Konzerten doch Nummern, zu denen er ein bisschen abrocken konnte. Damals wurde sein Bühnenauftreten zunehmend energetischer, und 1986 fragte er sich bereits, ob sie nicht zu oft auftraten, um diese Intensität aufrecht erhalten zu können.

„Je weniger Konzerte man auf einer Tour gibt, desto mehr Spaß hat man selbst daran“, sagte er. „Ich liebe den Publikumskontakt, das gibt mir immer einen Kick, den man im Studio oder im Fernsehen nicht bekommt. Wenn es mir gelingt, dass sechstausend Menschen tun, was ich will, gibt mir das ein gewisses Gefühl der Macht.“

Dazu kam, dass sich die Empfindungen auf der Bühne außerhalb der Konzertsituation nicht wiederholen ließen. Entsprechend schwierig war daher die Rückkehr zur Normalität nach einer Tournee. „Wenn man neuntausend Menschen kommandiert, fühlt man sich wie auf einem anderen Planeten“, sagte Dave. Doch war diese Grenzerfahrung körperlich wie geistig oft sehr ungesund. Die gesamte Band empfand die Konzerte bisweilen als Stress. Für Dave aber, der jeden Abend auf der Bühne herumrannte, während die anderen hinter ihren Synthesizern standen, war es am härtesten.

„Ich verliere auf jeder Tournee gut zehn Kilo“, sagte er gegenüber *No. 1*. „Ich reise mit einem kompletten Arzneikoffer, Vitaminen, Blut bildenden Mittelchen, Glycerin und Antibiotika. Auf Tournee werde ich in der Regel ziemlich krank. Und wenn ich dann wieder zu Hause bin, brauche ich Monate, um mich wieder im Alltag einzufinden. Dinge wie Rechnungen bezahlen oder der Gang zum Waschsalon fallen mir dann sehr schwer.“

Auch für Joanne war es nicht leicht. Seit ihrer Hochzeit war Dave einen Großteil der Zeit nicht daheim gewesen. Der Erfolg der Band war zum Teil der Bereitschaft der Musiker geschuldet, endlose Tourneen zu unternehmen, doch das verlangte ihnen persönlich eine Menge ab. Die Konzerte selbst beeindruckten allerdings selbst ihre zynischen britischen Kritiker, die erst jetzt langsam begriffen, was für ein Phänomen sie waren. Ihr Auftritt in Wembley wurde besonders von John Peel hoch gelobt, der zu Beginn ihrer Karriere als Erster „Photographic“ gespielt hatte.

„Wenn Bands die Stadien dieser Welt füllen, dann hoffe ich, dass sie alle wie Depeche Mode sein mögen“, meinte er. Die Tatsache, dass sie als Live-Band so viel erfolgreicher waren als mit ihren Studioproduktionen, war etwas, dass Dave am Anfang nicht hatte vorhersehen können. In einem frühen Interview hatte er einmal gesagt, er glaube, dass die meisten ihrer Fans keine typischen Konzertbesucher seien, sondern einfach nur Platten kauften.“

Der wachsende Erfolg der Band brachte seine eigenen Probleme mit sich. Fans hatten Daves Adresse in Basildon ausfindig gemacht, und er war schließlich gezwungen, umzuziehen. Wenn er morgens aufwachte, warteten vor seinem Fenster schon die Fans auf ihn. „Es kommen Kids aus der ganzen Welt hierher", sagte er 1990, „aus Deutschland, Frankreich, Amerika. Sie lungern einfach vor meiner Einfahrt rum. Es ging soweit, dass ich sie mit meinem Hund die Straße hinunter jagte, weil sie um zwei Uhr morgens vor meinem Haus unsere Lieder sangen."

Als Joanne Anfang 1987 feststellte, dass sie schwanger war, schienen solcherlei Dinge noch bedrohlicher. Zwischen dem Ende der *Black Celebration*-Tour im August 1986 und dem nächsten Studiotermin im Februar 1987 hatten sie endlich ein wenig Zeit füreinander gehabt, und es schien, als wäre Dave doch ein häuslicher Typ, ein „guter Essex-Bürger", wie es Freunde nannten.

Es sollte jedoch nicht lange dauern, bis ihn Depeche Mode wieder abberief, ob er nun mochte oder nicht.

10. Musik für die Massen

Der Titel ihres nächsten Albums, *Music For The Masses,* war eigentlich etwas ironisch gemeint. Sie hielen sich selbst nicht für eine große Band. Sie standen bei einem kleinen Indie-Label unter Vertrag und hatten bisher erst eine einzige Single in den britischen Top 5 platzieren können. Ihre Songs handelten von Tod, religiöser Schuld und abartigem Sex, also waren sie nicht unbedingt für das Massenradio prädestiniert. Die Begeisterung ihrer treuen Fangemeinde geriet ihnen nun beinahe zum Nachteil. Jedes Mal, wenn sie eine Single herausbrachten, wurde sie von den Fans gleich in der ersten Woche gekauft, danach verschwand sie wieder.

„Wir hielten das für einen Teil des Problems", erzählte David 1990. „Andere Leute bekamen so keine Gelegenheit, etwas von Depeche Mode zu hören. Sie konnten sich gar nicht erst entscheiden, ob sie unsere Musik mochten oder nicht, weil die Single nach drei Wochen wieder in der Versenkung verschwand. In der Vergangenheit liefen die Singles acht oder zehn Wochen lang, aber heut zu Tage lässt sich das nicht mehr kontrollieren. Man hat es einfach nicht in der Hand, wie viele Menschen eine Platte in der ersten Woche kaufen." Sie schienen am Ende der Fahnenstange angekommen zu sein. Dieses befand sich zwar in luftiger Höhe, aber nichtsdestoweniger war es ein Ende. Das gab den Anstoß für den Plattentitel.

„Die Leute nahmen an, der Titel wäre irgendwie arrogant von uns gemeint", sagte Dave. „Aber es war einfach nur ein Witz. Damals dachten wir, unsere Musik würde niemals den Geschmack der breiten Masse treffen. Wir dachten, wir befänden uns an der Grenze zwischen kommerzieller und nichtkommerzieller Musik, und das sollte auch so bleiben."

Sie beschlossen, einige Veränderungen vorzunehmen, arbeiteten etwa mit dem neuen Produzenten Dave Bascombe zusammen und nahmen zum ersten Mal seit 1983 nicht in den Hansa Studios auf. Dennoch sollte *Music For The Masses* in vielerlei Hinsicht eine nahtlose Fortsetzung von

Black Celebration sein. Diesmal gingen sie allerdings nach Paris, in das Studio Guillaume Tell in Pigalle, dem Rotlichtviertel.

Obwohl es ganz anders war als in Berlin, besaß es eine ähnlich verruchte Aura. Sie hatten schon seit Jahren in Paris arbeiten wollen, doch Guillaume Tell war die erste Adresse, die ihrer Ansicht nach nicht nur über die notwenigen technischen Einrichtungen verfügte, sondern auch eine inspirierende Atmosphäre bot. Es war nicht unbedingt, was sie gewohnt waren, doch Paris an sich hatte natürlich seinen ganz eigenen Reiz.

„Wir sagten immer, es wäre wie in einem Videospiel", meinte Martin. „Auf der einen Straßenseite versuchte man, den Besoffenen auszuweichen, auf der anderen Seite grabschten die Koberer nach einem, damit man hineinging und sich die Stripperinnen ansah. Außerdem waren die Straßen aus irgendeinem Grund ständig voller Hundehaufen."

Daneben überraschte sie das Verhalten der französischen Fans. Sie hatten das Land nie als richtiges Depeche-Mode-Territorium betrachtet, trotz oder gerade wegen ihres französischen Namens. Sie verkauften dort auch nicht so viele Platten wie in Deutschland und spielten in kleineren Hallen. Die Fans indes waren genauso anstrengend wie anderswo auch.

„Die französischen Fans sind unglaublich", fand Dave. „Sie sitzen vor dem Tonstudio, und wenn einer von uns herauskommt, springen sie alle auf und fragen: ‚Warrös dass? Warrdass di Siengöl, wass wirr da gerade ge'ört 'aben? Warrös di Siengöl?"

Die Sessions trugen erste Früchte in Gestalt der Single „Strangelove", die Anfang April 1987 auf den Markt kam. Es war ein viel versprechendes Zeichen. Sie nahm einerseits die Themen von *Black Celebration* wieder auf, war darüber hinaus aber der größte Ohrwurm seit „Master And Servant". Sie veröffentlichten die Nummer, während sie noch an dem Album arbeiteten, und sie wurde zur ersten Single seit „Everything Counts", die es in Amerika in die Charts schaffte.

In typisch holländischer Direktheit versuchte Anton Corbijn in dem Video gar nicht erst, so zu tun, als ginge es in dem Song um Wirtschaftsbeziehungen und den Kalten Krieg. Es ist vielmehr eine recht französische Angelegenheit: Einige attraktive Mannequins schmachten mit Schmollmund die Band an, daneben ist das neue Logo zu sehen, ein Megaphon, das wie ein Phallussymbol wirkt. Gegen Ende des Videos brechen Mannequins und Band gemeinsam in Gelächter aus, eine sehr nette Szene. Es war vermutlich ein Bild, das Corbijns neuen ästhetischen Ansatz auf den Punkt brachte.

In Großbritannien und dem übrigen Europa folgte „Strangelove“ demselben Muster wie ihre bisherigen Singles. Inzwischen schien es fast so, als gäbe es einen bestimmten Teil der Gesellschaft, der immer Depeche-Mode-Singles kaufen würde, während der Rest des Landes ihnen kaum Beachtung schenkte. Vielleicht war es unklug, dass sie versuchten, dieses Problem mit einer Party für ein Feature in *Smash Hits* anzugehen. Der Gedanke war dabei offenbar, dass man dem neuen Image der ernsten, düsteren Band etwas entgegensetzen wollte, indem man sie als die Partylöwen zeigte, die sie tatsächlich waren. Bis zu einem gewissen Grad funktionierte das auch. Die Journalistin Sylvia Patterson berichtete in dem für *Smash Hits* charakteristischen fröhlich-lustigen Ton, dass sie im Grunde richtig nette Kerle seien.

„Depeche Mode sind die freundlichsten und fröhlichsten Popstars, die es je gegeben hat“, berichtete sie pflichtschuldig. Erwartungsgemäß ließen sie sich bei der Party alle ein wenig gehen. Pattersons Artikel zufolge sagte ein ziemlich angetrunkener Andy gegen Ende des Abends: „Ganz ehrlich, ich mache das hier doch nur wegen des Geldes. Für das Geld und die Erinnerungen, das Geld und die Erinnerungen.“ Derweil ließ Alan wissen: „Sie glauben, dass wir richtig gut miteinander auskommen und es bei uns immer so zugeht – dem ist aber nicht so!“

Selbst, wenn man bedenkt, dass es sich hierbei nur um Kommentare im Suff handelte, entsprach es trotzdem nicht ganz dem Bild, das die Band eigentlich hatte abgeben wollen. Genau genommen war es wesentlich viel sagender als die meisten „ernsthaften“ Interviews. Sie präsentierten sich als Band, die durchaus zu feiern wusste, aber gelegentlich auch Zweifel daran hatte, was sie tat. Später war dieser Zeitschriftenartikel einer von vielen, die sie bereuten – besonders Alan.

Trotz der Tatsache, dass es innerhalb der Band ganz offensichtlich Probleme gab, wurde nach dem Tiefpunkt von *Black Celebration* zunächst einmal alles wieder etwas besser. Nach dem Erscheinen von „Strangelove“ blieben sie weitere vier Monate im Studio. Die Atmosphäre war wesentlich besser als bei ihren letzten Aufnahmen im Hansa. Martin sagte, sie seien wieder eine „Clique“. Das Album, das dabei herauskam, sollte das letzte sein, auf dem der klirrende, industrielle Sound ihrer Berlin-Phase zu hören war. Es war ein definitiver Schlusspunkt. Nach *Music For The Masses* stieg ihr Produktionsbudget drastisch, doch machte es die Gruppe sympathisch, dass sie immer noch Ecken und Kanten hatte. Zum Beispiel arbeiteten sie immer noch mit ihren eigenen, selbst erstellten Samples. In „I Want You Now“ etwa ist zu hören, wie sich ein Akkordeonbalg mit Luft füllt, diese dann wieder abgibt und so einen schaurigen, atmenden Sound erzeugt. Mit von der Partie sind auch zwei Mädchen, die sich zufällig im Studio aufhielten und Seufzer und Kichern beisteuerten.

Wenn es *Black Celebration* an Singles gemangelt hatte, dann machte *Music For The Masses* dieses vermeintliche Manko wieder wett. Es gab zahlreiche Nummern, die sich als Auskopplungen anboten. „Never Let Me Down Again“ etwa war ein Pop-Song, dem man die Industrial-Elemente noch deutlich anmerkte, „Strangelove“ war von vornherein ein Pop-Klassiker, und bei „Behind The Wheel“ sinnierte Martin ungemein feinsinnig über eines seiner Lieblingsthemen. Bei „Never Let Me Down Again“ baute er sogar einen seiner berüchtigten Schüttelreime ein („houses“ und „trousers“), um die Kritiker zu amüsieren und Daves Fähigkeiten auf die Probe zu stellen, trotzdem ein ernstes Gesicht aufzusetzen.

Music For The Masses war ein Album mit einem schärferen, klarer definierten Sound als all ihre bisherigen Aufnahmen. Man spürte, dass sie genau wussten, was sie taten und dem Album eine bestimmte Richtung geben wollten. Später befanden sie es zwar für nötig, sich von diesem Muster zu lösen, um nicht langweilig zu werden, doch erst einmal waren sie auf der Höhe ihres Schaffens. Die Platte machte das Synthesizer-Etikett irrelevant, da sie alles besaß, was am Rock'n'Roll gut war: gigantische Refrains zum Mitsingen und einen kolossalen Backbeat. Ihre Musik war kein Stadion-Rock, doch waren die Konzerte in den Stadien keinesfalls spurlos an ihnen vorübergegangen. Sie hatten gelernt, was vor Tausenden von Zuschauern funktionierte und was nicht. Zunehmend schnitten sie alles heraus, was man in der hintersten Reihe einer Riesenhalle nicht mehr hörte. Viele Leute, nicht zuletzt die Band selbst, waren der Ansicht, dass sie mit *Music For The Masses* ihren Höhepunkt erreicht hätten. Es war schwer vorstellbar, was nun noch kommen sollte.

Es war das Album, bei dem den Kritikern in Großbritannien erstmals der Gedanke kam, dass es sich bei Depeche Mode vielleicht doch um eine Band mit Substanz handeln könnte. Im *NME* schrieb Jane Solanas: „Wenn ihr immer noch glaubt, Depeche Mode seien unter der Würde erwachsener Hörer, dann bedenkt folgendes: Ihre Musik ist von sowjetischen Underground-Gruppen als Tape-Loop verwendet und von den House-Produzenten Chicagos als Playback-Spur missbraucht worden."

Im *Record Mirror* wiederum bemerkte Eleanor Levy, dass der relative Flop von „Behind The Wheel" ein Zeichen dafür sein könnte, dass sie mit ihrem Schwenk in Richtung eines dunkleren Sounds ihre alten Pop-Fans verloren haben. „Alle – außer den Plattenkäufern – sind sich einig, dass diese letzte D-Mode-Single vielleicht das Beste ist, was sie je gemacht haben", schrieb sie. „Tatsache ist aber, dass diese düstere, eindringliche Nummer für die Rick-Astley-Fans unter uns viel zu verstörend ist. Sie darf als Hinweis verstanden werden, dass Depeche Mode einen Reifeprozess hinter sich haben, und könnte der Anfang vom Ende der weit verbreiteten Fehleinschätzung sein, sie wären eine Synthie-Gruppe für kleine Mädchen. Berichte in ‚ernsthaften' Musikzeitschriften mag es durchaus gegeben haben, doch nur ein gewaltiger Misserfolg in den Charts wird einer der beständigsten Bands der letzten paar Jahre endgültig einen Platz in den heiligen Hallen der Glaubwürdigkeit sichern."

Das stimmte zwar nicht ganz, doch gewannen Depeche Mode mit *Music For The Masses* nicht gerade viele neue Fans, obwohl das Album auch keinesfalls ein Misserfolg war. Jahre später fand sich auf der Website www.depechemode.tv jedoch ein Feature, in dem behauptet wurde, die Kombination von „Behind The Wheel" mit einer Coverversion von „Route 66" auf der B-Seite sei der Grund für ihren Erfolg in Kalifornien gewesen.

„Beide sprachen die automobile Kultur Südkaliforniens an", hieß es. „Hatten die letzten zwei Veröffentlichungen schon großen Anklang bei ihrer begeisterten Fangemeinde in L.A. gefunden, so setzte diese Veröffentlichung noch eins obendrauf. In den Jahren zuvor hatten sie bereits die Region stets im Auge gehabt, doch nun haben sie scheinbar ihr neues Quartier irgendwo im Valley aufgeschlagen."

Music For The Masses erschien Ende September 1987. Nicht einmal einen Monat später wurde Daves Sohn Jack Gahan geboren – ein perfektes Timing! Weitere acht Tage später waren Depeche Mode wieder unterwegs auf Tournee. *Music For The Masses* machte seinem Titel inzwischen alle Ehre. Es war eine Phase, die für Dave mit großen Schuldgefühlen verbunden blieb. Die Tournee dauerte neun Monate, und er hatte längst aufgegeben, sich vorzumachen, dass er sich als zufriedener Ehemann beim Fischen ausleben konnte. „Ich fühlte mich scheiße, weil ich meine Frau andauernd betrog", gab er 2005 zu. „Ich ging nach Hause und log sie an. Dabei hätte ich dringend meine Seele reinigen müssen."

Wenn er mit einem Groupie schlief, fühlte er sich dadurch auch nicht unbedingt besser. Natürlich war es reizvoll, so begehrt zu sein, doch er begriff schnell, dass er von Groupies ebenso benutzt wurde, wie er sie benutzte. Dies konnte bisweilen eine recht ernüchternde Erfahrung sein. In Japan hatte er einige besonders erniedrigende Erlebnisse.

„Man denkt, man sei ihr Lieblingsstar", sagte er Jahre später. „Aber wenn man es mit ihnen, na ja, getrieben hat, ziehen sie plötzlich Fotoalben mit ihren ganzen anderen Eroberungen heraus. Und auf einmal sieht man zu seinem Schrecken Bilder von sämtlichen anderen Bands, die in den letzten zehn Jahren nach Japan gegangen sind ... jede Band, die man sich nur vorstellen kann. Da denkt man: ‚Oha! So besonders bin ich wohl doch nicht.'"

Obwohl sie von ihren Platten immer noch keine Millionenauflagen verkauften, waren Depeche Mode plötzlich größer als je zuvor. Die Tournee zu *Music For The Masses* stellte alle bisherigen in den Schatten. Die Hälfte des Jahres 1988 waren sie unterwegs. Dabei traten sie zum ersten Mal auch auf der anderen Seite der Berliner Mauer vor 6000 Ostberlinern auf. Hätten sie ein wenig mehr darüber gewusst, wer das Konzert organisierte, wären sie vielleicht nicht hingegangen, aber in politischer Hinsicht waren Depeche Mode immer noch reichlich naiv. Sie wollten einfach vor Leuten spielen, die sie auf der Bühne sehen wollten. Offiziell war die Veranstaltung eine Geburtstagsparty für die Freie Deutsche Jugend, kurz: FDJ, eine Organisation zur Verbreitung marxistisch-leninistischer Werte unter den jungen Leuten Ostdeutschlands. Eintrittskarten waren daher nur für solche Jugendliche erhältlich, die als „linientreu" galten, ganz gleich, ob sie nun Fans der Band waren oder nicht. Dies bedeutete, dass viele echte Fans am Ende eine Menge Geld hinblättern mussten, um den „linientreuen" Jugendlichen ihre Tickets zu völlig überteuerten Preisen wieder abzukaufen.

Später hatte die Band gemischte Erinnerungen an diesen Auftritt. „Sogar beim Soundcheck waren schon achthundert Polizisten im Saal", erinnerte sich Fletch 2008 auf einer Pressekonferenz. „Hinterher fanden wir außerdem heraus, dass das Publikum zum größten Teil aus Mitgliedern der Sicherheitskräfte bestand. Die echten Fans hielt man in einem Abstand von acht bis zehn Kilometern von dem Konzert fern."

Ebenfalls 1988 beschlossen sie, einer Band, die insbesondere für Martin von Anfang an ein großer Einfluss gewesen war, etwas zurückzuzahlen – Orchestral Manoeuvres In The Dark. Für OMD selbst war es ein eher zweifelhaftes Vergnügen. Sie konnten zwar Abend für Abend vor großem Publikum spielen, mussten aber zusehen, wie die Band, die sie beeinflusst hatten, im Geld schwamm, während sie selbst nur in ihrem Kielwasser folgten. Dass das Verhältnis zwischen den Bands bisweilen recht angespannt war, kam noch hinzu. Alan Wilder konnte den OMD-Frontmann Andy McCluskey nicht ausstehen und hatte später seine helle Freude daran, die Geschichte zu erzählen, wie er ihn bei einem Kricket-Match zwischen den beiden Bands besiegt hatte. OMD knirschten vermutlich mit den Zähnen.

Der unbestrittene Höhepunkt der Tour wurde bei ihrem 101. Auftritt vor beinahe 70 000 Menschen in der Rose Bowl erreicht, einem gigantischen amerikanischen Football-Stadion in Pasadena. Niemand von ihnen wusste, ob sie jemals wieder vor einer solchen Menschenmasse spielen würden, also beschlossen sie, das Konzert mitzuschneiden. Es muss ihnen wohl außergewöhnlich wichtig gewesen sein, denn sie kontaktierten D.A. Pennebaker, jenen Regisseur, der den legendären Dokumentarfilm *Don't Look Back* über Bob Dylan gedreht hatte.

Sie hatten keine konkrete Vorstellung davon, was genau sie eigentlich wollten. Bei ihren regelmäßigen Tourneen durch Amerika hatte sie das Land fasziniert, und irgendwer machte den Vorschlag, ein Road Movie zu drehen. Das einzige Problem an dieser Idee war, dass sie mittlerweile kaum noch Zeit auf der Straße verbrachten. In aller Regel flogen sie von Stadt zu Stadt. Ein Film darüber, wie sie mit Jets starteten und landeten, schien nicht besonders aufregend, trotzdem schwebte ihnen mehr als nur ein simpler Konzertmitschnitt vor.

„Wir wussten weniger, was wir wollten, als vielmehr, was wir vermeiden wollten", sagte Alan. Ihre nächste Idee war es, die Fans zu zeigen, wie sie mit dem Bus zur Rose Bowl gelangten. Mit diesem Gedanken im Kopf luden sie sie ein, in einem New Yorker Club für eine Rolle in dem Film vorzusprechen. Tausende kamen, doch D.A. Pennebaker war anfangs nicht überzeugt, dass es funktionieren würde.

Als sie ihn anriefen, hatte er zunächst keine Ahnung, wer sie waren. Auch interessierte er sich nicht allzu sehr für ihre Musik. Er sagte später einmal, er sei auch kein Fan von Dylans Musik gewesen, bevor er *Don't Look Back* gedreht habe. Die Fans der Musik fand er allerdings faszinierend: „Ich stellte fest, dass es hier etwas gab, aus dem man einen Film machen konnte. Und zwar war das die außerordentliche Beziehung zwischen einem Haufen gut gestellter amerikanischer Jugendlicher aus bürgerlichem Hause und einer Gruppe Briten aus der Arbeiterschicht, mit der sie so gut wie gar nichts gemeinsam hatten. Es war eine ganz abstrakte Form der Verehrung."

Während Pennebaker sich auf die Dreharbeiten vorbereitete, hatte die Band doppeltes Lampenfieber. Zum einen bereiteten sie sich auf den größten Auftritt ihrer Karriere vor, zum anderen wussten sie, dass er für die Nachwelt auf Zelluloid gebannt wurde. Anfangs galt ihre Hauptsorge der Frage, ob sie überhaupt in der Lage wären, 70 000 Tickets zu verkaufen.

Es wäre ziemlich peinlich gewesen, vor einem halbleeren Stadion die Bühne zu betreten. Ihre Agenten hätten die Rose Bowl jedoch nicht vorgeschlagen, wären sie nicht zuversichtlich gewesen, dass Depeche Mode sie auch füllen könnten – oder wenigstens fast. Letzte Zweifel blieben allerdings bestehen. Insbesondere bereitete ihnen Sorgen, dass der Termin auf ein langes Wochenende fiel, an dem viele Leute wegfuhren. Der Film enthält auch eine Szene, in der ihr Agent fragt, ob es vielleicht möglich sei, die Bühne nach vorn zu verschieben, falls nicht genügend Tickets verkauft würden.

Diese Sorgen verflogen rasch, als sich die Tickets für die gesamte Tour wie geschnitten Brot verkauften. Sie gaben für den Auftritt in der Rose Bowl extra eine Pressekonferenz auf dem Spielfeld. Es war eine ziemlich steife Angelegenheit. Sie trafen in einem Cadillac mit aufklappbarem Verdeck ein, und Dave gelang es sogar, ein wenig zu stolzieren, als sie nach vorn gingen, um ihre vorbereitete Ansprache zu halten. Als sie den Mund aufmachten, wirkten sie trotzdem wie die höflichen Jugendlichen aus der Provinz, die sie im Grunde ihres Herzens waren. Alan sah ziemlich müde aus, Martin drückte sich im Hintergrund herum, und Dave strahlte hinter seiner Sonnenbrille. Er gab wahrlich sein Bestes, um den Charme-Quotienten der gesamten Band ein wenig zu heben. Sie wirkten ganz anders als die meisten Bands, die einen Veranstaltungsort dieser Größe füllen konnten.

Leider wussten die anwesenden Journalisten offenbar nicht, dass die Band hinterher noch Rede und Antwort stehen sollte, also gab es ein betretenes Schweigen, als der Moderator dazu aufrief, Fragen zu stellen. Alle schienen durch den zurückhaltenden Ton der Veranstaltung ein wenig verwirrt. Pennebaker und seine Mannschaft waren sich daher entsprechend unsicher, was genau sie da eigentlich filmten. Wenigstens hatten sie sich mit der Band inzwischen angefreundet. Das hatte eine Weile gedauert, weil Depeche Mode Leuten gegenüber, die sie nicht kannten, zunächst immer ein wenig reserviert waren.

Ein Arbeitstitel des Films lautete *Mass (*deutsch: *Masse* oder *Messe).* Es war offensichtlich eine Anspielung auf *Music For The Masses*, doch bezog er sich auch auf die fast religiösen Gefühle, die ihre treuesten Fans empfanden. Ein anderer Aspekt, den der Filmemacher aufgriff, war der von „Master And Servant" – Herr und Diener. Der Text dieses Songs war bereits von vielen Leuten auf vielerlei Weise interpretiert worden, doch Pennebaker sah darin interessanterweise eine Anspielung auf die Beziehungen zwischen Band und Fans sowie zwischen Band und Label. Abgesehen davon, „dass die Rollen ständig wechseln", wie er sagte.

Der Filmcrew war es zwar gestattet, im Backstage-Bereich und unterwegs zu filmen, doch war die Band sorgsam darauf bedacht, ihnen nicht allzu viel zu zeigen. Tourneen von Depeche Mode konnten damals bisweilen ziemlich dekadente Veranstaltungen sein. „Wir hielten die Schattenseite des Tourneelebens vor Pennebaker mehr oder weniger verborgen", sagte Alan später.

Was Pennebaker indes hervorragend einfing, war die schiere Energie der Show. Der Auftritt war ein einziger Triumph. Er wies den Weg für künftige Stadion-Konzerte der Band, nicht zuletzt, weil viele Leute den Film sahen und das Verhalten des Publikums nachahmten. Das Winken mit den Armen, das Dave gerne einsetzte, um die Stimmung anzuheizen, wurde zu einer Art Markenzeichen. Selbst diejenigen, die die Gruppe mochten, erschraken bisweilen angesichts der Macht, die er über diese Tausenden von Menschen hatte.

Einige ungnädige Kritiker aus den Medien zogen sogar falsche, beängstigende, unerwünschte und nicht haltbare Parallelen zu den Nürnberger Parteitagen in Nazideutschland. Die Band fand solche Vergleiche geschmacklos, die offenbar teilweise in Martins Faible für Berlin wurzelten. Solche Unterstellungen liefen der Überzeugung der Band vollkommen zuwider. Depeche Mode freuten sich, wenn ihre Fans bei ihren Konzerten einen schönen Abend hatten, und forderten sie nicht auf, die Weltherrschaft an sich zu reißen.

Als Dave das Menschenmeer vor sich sah, war dies ein bewegender Augenblick. Die Menge sang den Refrain von „Everything Counts". Er musste blinzelnd die Tränen unterdrücken. In Pennebakers später mit *101* betiteltem Film gab er zu, geweint zu haben.

Depeche Mode gaben schließlich vielleicht mehr Konzerte, als sie physisch, emotional und mental verkraften konnten. Das 101. Konzert war eines jener Erlebnisse, für das es sich lohnte, ein Mitglied von Depeche Mode zu sein, aber es vergrößerte auch die unüberbrückbare Kluft zwischen ihrem Leben auf und abseits der Bühne. Als Zentrum der Aufmerksamkeit spürte Dave dies noch stärker als die anderen. In einem Interview fragte man ihn später, wie er mit diesem Bruch zurechtkomme. Seine ausweichende Antwort wirkt rückblickend sehr traurig: „Das würden Sie gerne wissen, nicht wahr?" Dann lachte er.

Im selben Interview räumte er ein, dass die gesamte Band mit ihren Gefühlen zu kämpfen hatte. Auf der Bühne staute sich Energie an, die sie, jeder nach seinem persönlichen Geschmack, durch Alkohol- und Drogenkonsum wieder abbauten. Andernfalls hätte sie sich ein anderes Ventil gesucht, das möglicherweise nicht weniger gefährlich gewesen wäre. In dem Film *101* diskutiert Dave das Problem während jener Tournee in einer berühmten Szene mit einem Taxifahrer. Offenbar war dieser mit überhöhter Geschwindigkeit gefahren und hatte sich geweigert, vom Gas zu gehen, was Dave geängstigt hatte. Es ist eine lustige Geschichte, die darin gipfelt, dass die offenbar sehr weiten Hosen des Fahrers zu Boden fallen, doch hatte das Ganze auch eine ernstere Seite. Dave gab zu, dass er zu diesem Zeitpunkt schon seit Tagen nach einem Anlass für eine Prügelei gesucht habe. Solche aufgepeitschten Emotionen sind innerhalb einer Band gefährlicher Sprengstoff – eine Tatsache, die Dave damals in Interviews selbst anerkannte.

Leider war nicht immer ein Taxifahrer zur Stelle, bei dem man seine Frustrationen abladen konnte. Wenn es auf Tournee zu Streitigkeiten kam, dann entstanden diese meist innerhalb der Band, da die Musiker über eine lange Zeitspanne in extremer Nähe zueinander lebten.

„Wenn man von der Bühne kommt, ist man zum Zerreißen gespannt", sagte Dave in einem anderen Fernsehinterview. „Man hat einen emotionalen Höhenflug, aber es kann auch geschehen, dass man aufeinander losgeht. Einige Mitglieder der Band sind sogar handgreiflich geworden, einfach, weil irgendjemand seine Rolle nicht richtig gespielt hat. Alles ist so extrem, man ist total aufgepeitscht, und dann kommt man von der Bühne. Da kann es praktisch jeden treffen, der einem über den Weg läuft. Ein paar Mal ist es zu regelrechten Schlägereien gekommen. Jemand musste einschreiten, weil wir zur Zugabe wieder zurück auf die Bühne mussten." Auf der *Music For The Masses* Tour spielten sich solche Szenen tatsächlich ab. In Salt Lake City gerieten Fletch und Alan aneinander und mussten danach zurück auf die Bühne, um gemeinsam das zuckersüße „Just Can't Get Enough" zu spielen.

Peter Care, der Mitte der Achtziger bei drei Depeche-Mode-Videos Regie führte, sagt, er verstehe, was in Dave vorgegangen sei, als dessen Drogenkonsum zunahm, und dass dies für einen Musiker seines Status' sicher nicht untypisch sei. Es war eine Methode, mit den außergewöhnlichen Emotionen umzugehen, ohne dabei wahnsinnig zu werden. „Sänger wie er haben mir schon immer leid getan", sagt er. „Ich weiß nicht, wie man sich wieder normalisieren soll, wenn man gerade vor 50 000 Menschen gesungen hat oder so. Wie erträgt man die Langeweile, wenn man auf das nächste Konzert wartet? Es ist mir ein Rätsel, warum nicht alle Sänger drogenabhängig werden! Es verblüfft mich, dass sie geistig einigermaßen gesund bleiben!"

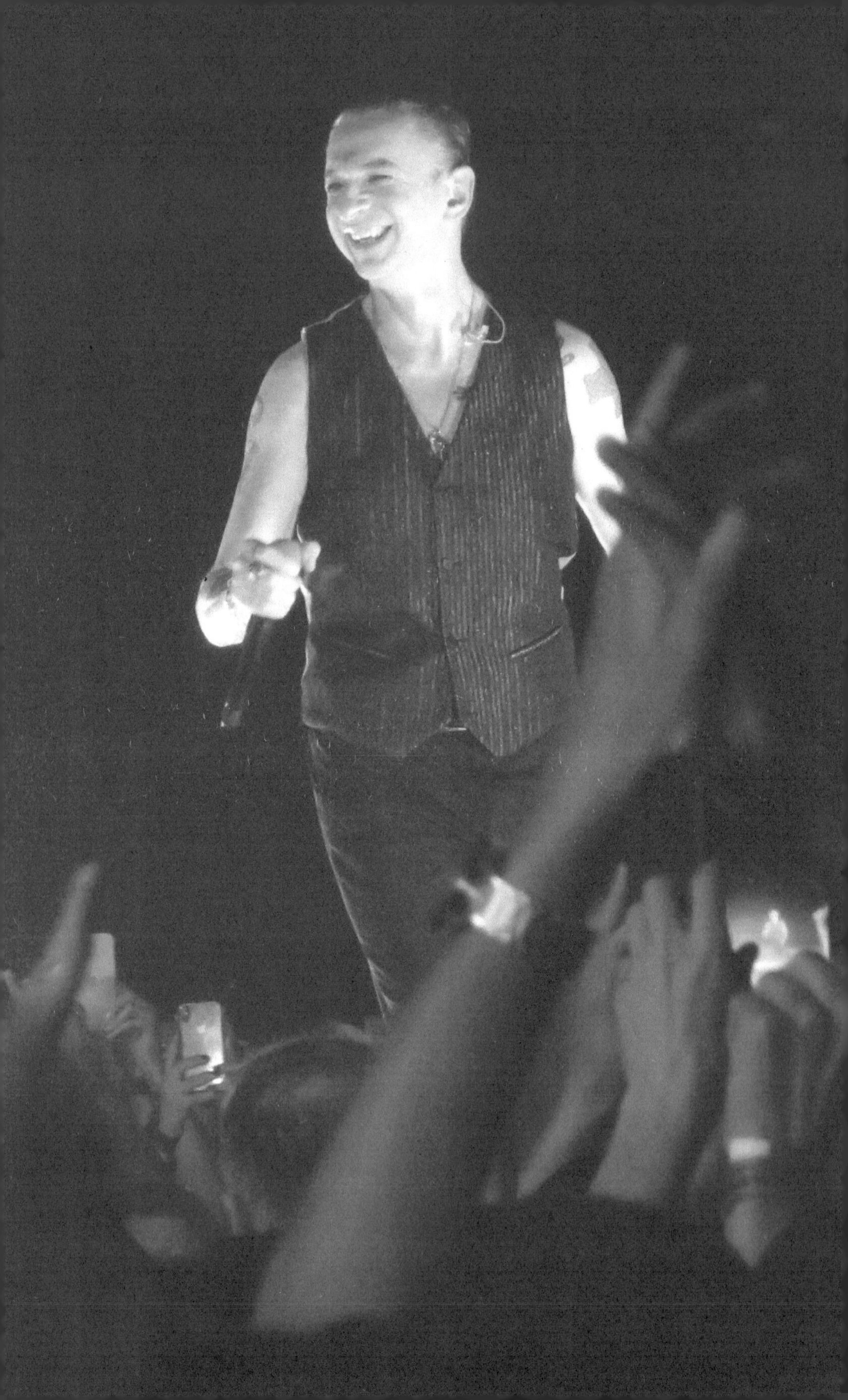

11. Violator

Nach Pasadena entstand vielerorts der Eindruck, dass Depeche Mode den Höhepunkt ihrer Karriere nunmehr erreicht hätten. Selbst Leute, die sie in der Vergangenheit kritisiert hatten, fanden nun, dass sie wohl irgendetwas richtig machen mussten, wenn sie mit elektronischer Musik in derart großen Stadien auftraten. Es gab außer ihnen keine andere Synth-Band, die auch nur annähernd ein solches Niveau erreicht hatte. Die meisten ihrer Zeitgenossen waren längst von der Bildfläche verschwunden.

„Entgegen allen Erwartungen ist etwas schrecklich Charmantes an Depeche Modes Hang zu zweifelhafter Bildsprache, gleichermaßen zweifelhafter Lederbekleidung und einer Reihe von Songs, die den Sex in all seinen wundervollen Schattierungen preisen“, schrieb der *Record Mirror* 1988 über ihr Konzert in Wembley. Allein in jenem Jahr spielten sie in Amerika vor fast einer halben Million Menschen. Ohne wesentlich mehr Platten zu verkaufen, wurden sie wesentlich beliebter.

Wenn Dave nach Basildon zurückkehrte, hatte er unvermeidliche Anpassungsschwierigkeiten. Darüber hinaus hatten sich die Probleme mit fanatischen Fans verschlimmert. Einer heuerte sogar einen Privatdetektiv an, der ihm vom Studio nach Hause folgte, um herauszufinden, wo er wohnte.

Dave verlor völlig die Fassung und schrie ihn an: „Ich sagte ihm, er solle sich zum Teufel scheren. Später schickte ich dem Typ einen Brief, in dem es hieß: ‚Verzeihen Sie mein Benehmen, aber Sie müssen meine Privatsphäre respektieren. Ich möchte ein wenig Zeit für meine Frau und meinen Sohn haben.‘ Er schickte mir einen Brief zurück mit den Worten: ‚Es tut mir leid, wenn ich Sie belästigt habe, ich werde es nie wieder tun.‘ Dann, ganz am Schluss des Briefes, fragte er: ‚Übrigens, wäre es möglich, dass ich Sie nächstes Wochenende einmal besuchen komme?‘ Ich dachte nur: ‚Gut, das war’s. Es ist Zeit, umzuziehen.‘“

Ein Grund für ihren Erfolg war, dass elektronische Musik auf einmal wieder im Trend lag. Depeche Mode mussten von ihrer eigenen Richtung keinen Fingerbreit abweichen; vielmehr schien es nun, als würden auf einmal alle anderen dieselbe Richtung einschlagen. Das Jahr 1988 wurde auch als „Zweiter Summer of Love“ bezeichnet, weil damals Acid House aufkam und überall im Land so genannte „Raves“ wie halluzinogene Pilze aus dem Boden schossen.

Depeche Mode interessierten sich für dieses Phänomen kaum, da sie im Laufe ihrer Karriere schon viele andere Szenen und Bewegungen hatten kommen und gehen sehen. Ende 1988 jedoch, nachdem drei weitere Singles aus *Music For The Masses* ausgekoppelt worden waren („Never Let Me Down Again“, „Behind The Wheel“ und „Little 15“), gestatteten sie dem ultra-hippen Bomb-The-Bass-Musiker und Produzenten Tim Simenon, einen Remix von „Strangelove“ zu erstellen. Sie waren mit der ursprünglichen Single-Version nicht ganz glücklich gewesen und hatten den Titel für das Album noch einmal neu aufgenommen, doch gerade der Remix passte perfekt zu der neuen Dance-Szene, die nun begann, ihren Einfluss anzuerkennen.

Im Februar 1989 setzte sie die Zeitschrift *The Face* aufs Titelblatt und stellte die Frage, ob sie die Paten der House-Musik seien. Es war ein dramatischer Wandel in ihrer Wahrnehmung, wenn man an die vergangenen acht oder neun Jahre dachte. Die Band zeigte sich über diese neue Aufmerksamkeit amüsiert, hatte jedoch keinerlei Interesse an der aktuellen Club-Musik. Als die Zeitschrift sie zu einer Reise nach Detroit einlud, um dort Leute wie den legendären Techno-Pionier Derrick May zu treffen, fühlten sie sich durch so viel Anerkennung trotzdem geehrt. Derek nahm sie mit zum berühmten Music Institute, einem Club, der damals das Herz der Detroiter Techno-Szene bildete. Sie waren verblüfft, dass die Leute dort wussten, wer sie waren. „Zuhause schenkte man uns nicht sonderlich viel Beachtung, also ist es schon etwas Besonderes, wenn man von schwarzen Jugendlichen in Detroit belästigt wird“, sagte Fletch. „Wir dachten, dass wir offenbar etwas richtig gemacht haben mussten.“

Trotz des Erfolges von *Music For The Masses* dachten sie, es sei an der Zeit, etwas zu verändern. Insbesondere Martin beschäftigte das drastische Missverhältnis zwischen der Größe ihrer Konzerte und der Zahl derjenigen, die ihre Platten kauften. Sie spielten in denselben Stadien wie Fleetwood Mac oder Bon Jovi, doch diese Bands verkauften 20 Mal so viele Platten.

Außerdem waren sie gelangweilt. Die früheren Alben hatten eine intensive Vorproduktion und Planung erfordert. Mittlerweile hatten sie eine Formel, die sich extrem bewährt hatte. Es war eine Arbeitsweise, die ihnen zunehmend festgefahren vorkam. „Wir wollten, dass die Songs noch direkter rüberkamen und wollten nicht so pingelig und kritisch mit allem sein", sagte Dave in einem TV-Interview. „Wir wollten versuchen, bei den Aufnahmen eine Menge Energie aufs Band zu bringen, anstatt so lange an einzelnen Sounds herumzubasteln, dass man bis zur Aufnahme den Charakter des Songs vergessen hat."

Es war eine unverblümte Kritik an ihrer bisherigen Arbeitsweise. Viel später sprach Dave davon, dass er frustriert gewesen sei und sich im Studio ausgeschlossen gefühlt habe, weil sein Beitrag häufig auf den Gesang beschränkt geblieben sei. 1989 hingegen wollten sie mit Blick auf das kommende Jahrzehnt etwas vollkommen Neues machen. „Wir beschlossen, dass unsere erste Platte in den Neunzigern ganz anders sein sollte", sagte Martin. „Wir wussten aber auch, dass es ohnehin nach Depeche Mode klingen würde, weil mein Stil charakteristisch ist und sich wie ein roter Faden durch die Songs zieht."

Um die gewünschte Veränderung herbeizuführen, wechselte man als erstes den Produzenten. Zunächst fiel die Wahl auf Brian Eno. Das ehemalige Roxy-Music-Mitglied war bekannt als einer der innovativsten und ungewöhnlichsten Musiker der Welt, der gleichzeitig Bestselleralben wie *The Joshua Tree* von U2 co-produzierte. Depeche Mode entschieden sich jedoch anders und engagierten jemanden, der sehr viel mit Eno zusammengearbeitet hatte: Flood, der bei der Produktion von *The Joshua Tree* als Tontechniker fungiert hatte. Flood hatte sich Anfang der Achtziger durch seine Arbeit mit den coolsten Bands der Elektronik-Avantgarde einen Namen gemacht, darunter Cabaret Voltaire, Soft Cell und Psychic TV. Es war für ihn eine 180-Grad-Wende, mit Depeche Mode zu arbeiten, die früher als linkische Pop-Püppchen und Abfallprodukt der Elektro-Szene betrachtet wurden.

Kommerziell gesehen spielten sie immer noch nicht in derselben Liga wie U2, aber sie waren die größte Band, die er je unter eigenem Namen produziert hatte. Das brachte eine große Verantwortung mit sich, weil sie immer noch eine Führungsfigur suchten, jemanden, der eine bindende Entscheidung fällen konnte, wenn die Demokratie innerhalb der Band versagte. Flood war jemand, der genau das ausgezeichnet beherrschte. Er konnte äußerst taktvoll einen Richtungswechsel vorschlagen, ohne andere gegen sich aufzubringen. Er besaß nicht das Ego einiger so genannter „Superproduzenten", aber er hatte die Gabe, das Beste aus einer Band herauszuholen, ohne der Produktion seinen eigenen Stempel aufzudrücken. Es gab keinen bestimmten „Flood-Sound", und doch war er in der Lage, weitaus mehr zu tun, als nur am Mischpult zu sitzen und Knöpfe zu drehen.

Im Mai 1989 gingen Depeche Mode mit ihm ins Logic Studio in Mailand. Anfangs brachten sie nicht sonderlich viel zustande, allerdings nur auf Grund der neuen Beschränkungen, die sie sich selbst auferlegt hatten. Sie hatten sich vorgenommen, viel spontaner zu sein, was jedoch auch bedeutete, viel auszuprobieren und anschließend wieder zu verwerfen.

Es war eine Phase, in der sie viel Spaß zusammen hatten und wieder alles möglich schien. Sie gaben ihre bisherige Arbeitsweise teilweise auf, Gitarren traten stärker in den Vordergrund, und sie jammten in einer Weise, wie sie es noch nie zuvor getan hatten. Dave war wesentlich öfter anwesend als bei früheren Studioterminen. In der Vergangenheit hatte er sich häufig nur bei den Gesangsaufnahmen als vollwertiger Teil der Band gefühlt. Diesmal gab ihm die Produktion das Zusammengehörigkeitsgefühl, das er suchte.

„Früher habe ich immer zuhause meine Songs als Demos vorproduziert und sie der Band dann mehr oder weniger fix und fertig vorgelegt", sagte Martin gegenüber *Select*. „In diesem Stadium sind meine Ideen bereits ziemlich gefestigt, also bemühten wir uns nur, die Demos neu einzuspielen und nach Möglichkeit noch etwas zu verbessern. Diesmal jedoch bat mich die Band, die Songs so roh zu belassen wie möglich."

Dies bedeutete, dass sie im Studio noch daran feilen, neue Dinge ausprobieren und dieselben Titel wieder und wieder aufnehmen mussten. Zu Beginn ihrer Karriere wäre dies in ein finanzielles Fiasko gemündet. Sie konnten es sich einfach nicht leisten, teure Studiozeit darauf zu verwenden, mit Ideen herumzuspielen. Sie mussten im Voraus erarbeiten, was sie tun wollten. Der kommerzielle Erfolg der *Music For The Masses*-Tournee hatte ihnen jedoch neue Freiheiten eröffnet. Ein Beispiel dafür war „Enjoy The Silence". Anfangs war es noch eine von Martins langsamen Balladen, bis Alan vorschlug, das Tempo ein wenig anzuziehen. Als sie das Gitarrenriff hinzufügten, entwickelte sich das Stück ganz anders, als sie ursprünglich beabsichtigt hatten. „Es ist das erste Mal überhaupt in unserer gesamten Karriere, dass wir tatsächlich glaubten, wir hätten eine Hit-Single", sagt Fletch. „Wir wussten es einfach sofort."

Bei anderen Stücken hatte der neue Ansatz eine gegenteilige Wirkung. Von „Policy Of Truth" spielten sie zahlreiche Versionen ein, einigten sich dann aber schließlich auf eine, die von der ursprünglichen Idee nicht weit entfernt war. Überraschenderweise fand Martin, sie klinge zu sehr nach den Vorgängeralben.

„‚Policy Of Truth‘ nahmen wir mehrmals auf. Es klang jedes Mal anders, aber es funktionierte einfach nicht“. sagte Martin. „Das war bei vielen Songs so. Dadurch, dass wir eigentlich spontaner sein wollten, verbrachten wir am Ende nur mehr Zeit im Studio.“

Nach ihrem Italien-Aufenthalt reisten sie nach Puk in Dänemark, wo sie sich nach den spielerisch intensiven Mailänder Sessions ganz in ihre Arbeit versenkten. Sie wählten Puk auch deshalb aus, weil es ganz isoliert auf dem Lande lag. Die nächste Stadt war 15 Minuten entfernt, es gab also keinerlei Ablenkung. Man konnte nichts tun, außer zu arbeiten. Es war nicht einfach, aber es kristallisierte sich nun rasch heraus, dass dies ihr bislang bestes Album werden würde. Daves Stimme war viel kontrollierter und gereifter als früher, dazu kam, dass sich auch Martins Texte drastisch verbessert hatten. Er schrieb immer noch über dieselben Themen: Religion, Sex, Schuld – aber es fanden sich nun weniger erzwungene Reime und dafür eine größere Feinsinnigkeit.

Es gab auch erste Warnhinweise auf die Schattenseiten ihrer „Partylaune“: „Sweetest Perfection“ etwa bezieht sich auf die negativen Auswirkungen des Drogenmissbrauchs auf die Psyche. In „Clean“, einem anderen Stück mit ähnlichem Thema, klingt in Daves Gesang beißender Sarkasmus durch, wenn er behauptet, seinen Tagesablauf geändert zu haben. Tatsächlich war er erst kurz davor in einen Trott verfallen, der alles andere als „clean“ war und noch eine ganze Weile andauernd sollte.

Damals jedoch gab Fletch größeren Anlass zur Sorge, sodass sie ihm schließlich vorschlugen, nach London zurückzukehren, wo er sich brav in eine Spezialklinik für Stressleiden begab. In der Zwischenzeit stellte die Band das Album mit Flood und dem Mixer François Kevorkian fertig.

François war vor allem für seine Arbeit mit Kraftwerk bekannt. Er kam aus einer Dance-Szene, die Dave, Martin und Alan sehr fremd war. Obwohl er in Frankreich geboren war, hatte er sich in den Siebzigern in der pulsierenden Disco-Szene New Yorks einen Namen als DJ gemacht. Er war laut und extrovertiert. Sie wussten nie ganz genau, welche Reaktion sie von ihm zu erwarten hatten. Manchmal arbeitete er bis spät in die Nacht und feilte wie besessen an den Sounds, bis sie ihm gefielen.

Mit Kevorkian als Mischer an Bord wäre es vielleicht logisch gewesen, ihren neuen Status als Überväter der Dance-Musik auszuschlachten, aber die Songs, die Martin geschrieben hatte, waren keine simplen Dancefloor-Tracks. Die erste Nummer, die François mischen sollte, war „Personal Jesus", die zwar immer noch elektronisch war, aber ein rauchiges Blues-Feeling hatte. Darin war – ach du Schreck! – eine Gitarre zu hören. Es war nicht das erste Mal, dass sie Gitarren einsetzten. So gab es zum Beispiel schon auf *A Broken Frame* einen verzerrten Gitarrensound, aber nie war er so hervorstechend gewesen wie jetzt. Natürlich fragten sie sich, wie ihre Fans dies wohl aufnehmen würden.

„Wir dachten, dass der Titel es besonders im amerikanischen Radio schwer haben könnte", sagte Martin. „Aber das erwies sich als Irrtum. Das Gegenteil war der Fall."

Es war zudem der letzte in einer Reihe von Songs, bei denen sie sich die Tauglichkeit ihrer Instrumentenkoffer als Perkussionsinstrumente zunutze machten. Sie nahmen auf, wie zwei oder drei Leute auf ihnen herum sprangen, sampelten es und verwendeten den Sound als Loop. Das Stück bekam dadurch einen stampfenden, organischen Charakter, der anders war als alles, was sie bisher aufgenommen hatten – und doch war es ein nachvollziehbarer nächster Schritt in ihrem experimentellen Umgang mit Klängen.

„Personal Jesus" erschien, während sie noch im Studio an dem Album *Violator* arbeiteten, und wenn sich das amerikanische Radio auch nicht sofort dafür erwärmte, so wurde es doch in den Clubs gespielt und zu einem Mund-zu-Mund-Phänomen. Der Titel brauchte sechs Monate, um in die amerikanischen Top 30 zu gelangen.

„Es wurden über eine halbe Million Platten davon verkauft, bevor die großen Radiosender anfingen, es zu spielen", sagte Martin damals. „Es wurde immer beliebter in den Clubs, aber das Radio ignorierte es. Die meisten Sender spielen es immer noch nicht. Zu hart, Mann! Scheiße, Mann! Sie kapieren es einfach nicht."

Der Song hielt sich so lange, dass viele alternative Radiostationen in den Staaten begannen, auch die B-Seite „Dangerous" zu spielen, die schließlich allein durch diesen Radioeinsatz ebenfalls in die Charts gelangte. Sie hatten befürchtet, dass religiöse Gruppen „Blasphemie" schreien könnten, tatsächlich aber sahen viele Christen darin einen aufrichtigen Lobgesang auf Jesus. Als Johnny Cash Jahre später „Personal Jesus" coverte, arbeitete er dieses Element heraus. Die Werbeanzeigen für die Single, eine Telefonnummer mit dem simplen Hinweis „Ihr ganz persönlicher Jesus", sorgten für weit größeren Aufruhr. Einige Regionalzeitungen lehnten sie entrüstet ab, und beim *Evening Standard* in London meldete man ebenfalls erst Bedenken an, bevor man schließlich doch zustimmte. Später räumte Martin ein, sie hätten vielleicht zum Teil Recht gehabt. Tatsächlich stammte die Idee zu dem Song aber aus einem Buch, das Priscilla Presley über Elvis geschrieben hatte, wie Martin noch später offenbarte.

In Amerika wurde die Single durch ein Video von Anton Corbijn auf den Weg gebracht, dessen Cowboy-Ästhetik sie von ihrem europäischen Image scharf abgrenzte. Es zeigte sie in einem Bordell im Western-Stil, ein augenzwinkernder Hinweis darauf, dass sie damals eine der wenigen britischen Bands waren, die es in den Staaten geschafft hatten. Für die Dreharbeiten flogen sie in eine Wüste im Süden Spaniens, wo viele klassische Spaghettiwestern gefilmt worden waren. Dave machte sich einen Riesenspaß daraus, Andy damit aufzuziehen, dass sie auf Pferden reiten müssten. In Wahrheit war es dann ein Schaukelpferd. „Es hat mir den ganzen Tag versaut, weil ich ständig daran denken musste", beschwerte sich Andy später.

Selbst ohne das Video hätte „Personal Jesus" Millionen von Menschen angesprochen. Die scheppernde Gitarre und der eindringliche Gesang waren gleichermaßen klangvoll und intim. Es war vermutlich erst der zweite Depeche-Mode-Song seit „Just Can't Get Enough", der sich nicht nur an die üblichen Plattenkäufer richtete, sondern zu einem Teil der Kultur wurde. Er wurde schließlich weltweit zu einem Riesenhit und obendrein zur bestverkauften Maxi-Single, die Warner Brothers je veröffentlicht hatte.

Als sie beschlossen, das Stück auszukoppeln, beschrieb Flood es als „die perfekte Nummer, um zu sagen: Hier kommen Depeche Mode, aber anders, als Sie sie vielleicht kennen". Glücklicherweise hatten sie nicht zuletzt durch Daves Stimme einen so eigenständigen Sound, dass sie ihre Richtung dramatisch ändern und immer noch wie Depeche Mode klingen konnten. Die Band hatte sich zweifellos verändert, aber nicht nur musikalisch.

Daves Jahre des heilen Familienlebens und der Stabilität waren vorüber. Der Erfolg der *Music For The Masses*-Tournee hatte ihn verändert, und der Rest der Band bemerkte, wie sich der Druck bemerkbar machte. Sein Partyhunger wurde zu einem Problem, und manchmal äußerte er gegenüber der Presse, er fühle sich jedes Mal unwohl, wenn er wieder nach Hause zu seiner Frau und seinem Sohn gehe.

„Während der Produktion von *Violator* fing es an“, erinnerte er sich. „Ich begann daran zu zweifeln, dass die Ehe etwas für mich ist. Dieses große Haus auf dem Lande mit ein paar Autos in der Einfahrt und einem Hund, der herumrennt. Die heile Familie spielen, dazwischen dann diese Geschichte hier … diese Depeche-Mode-Geschichte. Ich betrog mich zunehmend selbst. Ich hatte Angst, und mir fiel nichts besseres ein, als davonzulaufen.“

Martin und Fletch hatten nicht immer Mitleid. Fletch sagte, er versuche, dem Sänger aus dem Weg zu gehen, so gut es nur ging. Als Musiker näherten sie sich gemeinsam einem beeindruckenden Höhepunkt, aber menschlich entfernten sie sich voneinander. Wenigstens konnte die Platte ein wenig darüber hinweg trösten.

Dave wusste, dass sie etwas Außergewöhnliches geschaffen hatten. Als die Werbung für *Violator* anlief, gab Martin vorsichtig zu bedenken, dass die meisten Bands jeglichen Blick für ihr Album verloren hätten, wenn sie mit der Produktion fertig seien. „Man ist viel zu nahe dran, bis die Platte dann tatsächlich auf den Markt kommt“, sagte er 1993. „Ich war mir nicht einmal sicher, ob ich sie ein Jahr nach Erscheinen noch mögen würde.“ Der Sänger indes war erwartungsgemäß überzeugter. Er konnte freimütig sagen, dass es die beste Platte sei, die sie jemals gemacht hatten. Es gibt nicht viele Bands, deren meistgelobtes Album ihr siebtes ist.

12. World Violation – Die Tournee

Als das neue Album am 20. März 1990 erschien, erhielt es mit die besten Kritiken in der gesamten Karriere der Band. Wie Dave später sagte, variierten viele nur die Aussage: „Ich hasse diese Band, aber die Platte ist toll.“ Allein der *Rolling Stone*, in deren Redaktion sie noch nie Fans gehabt hatten, schloss sich diesem Konsens nicht an und hielt dagegen: „Es wird zunehmend klarer, dass die Gruppe nie wieder eine derart fesselnde Nummer schreiben wird wie das 1981 erschienene, frisch-fröhliche Disco-Liedchen ‚Just Can't Get Enough‘.“

Viele halten Violator heute für das beste Album von Depeche Mode. Für eine Platte, deren Produktion sich bisweilen so schwierig gestaltete, klingt sie bemerkenswert ungezwungen. Sie hat einen sanften, runden Sound ohne den einschüchternden Charakter einiger ihrer frühen Nummern. Stattdessen reitet Daves Stimme fast lakonisch auf den Wellen der Musik. Verglichen mit der anderen alternativen Dance-Musik, die damals auf dem Markt war, ist das Album deutlich beherrschter und reifer. Depeche Mode klangen wie die grauen Eminenzen des Pop, die sie damals bereits waren, und doch hatte Martin nichts von seiner Fähigkeit eingebüßt, großartige Melodien zu schreiben. Sie waren eingängig und hielten doch stets etwas zurück, sodass daraus ein Album wurde, das nie langweilig wird – im Gegensatz zu vielen Pop-Platten. Es wurde zu einem großen Einfluss für Bands wie den Pet Shop Boys (die angaben, es habe ihnen die Augen geöffnet), später aber auch für Industrial-Gruppen wie Nine Inch Nails.

Als Dave zur *World* Violation-Tour aufbrach, hatte er das Gefühl, wieder ganz in seinem Element zu sein. Zuhause fühlte er sich manchmal nicht mehr recht wohl, aber auf der Bühne war er der unbestrittene Herr über alles, was er sah. Der Rest der Band überließ ihm gern das Feld, und zwar in einem Ausmaß, der im Studio undenkbar gewesen wäre. Sie begriffen, dass dies sein Lebensinhalt war. Auf der Bühne fühlten sie sich alle unverwundbar, doch förderte dies auch den Hang zu Exzessen.

Sie wussten, dass sie nun alles tun konnten. Sie waren, beinahe still und heimlich, zu einer der größten Bands der Welt geworden.

Bevor sie noch das erste Konzert der Tournee gaben, wurde dies durch ein Ereignis drastisch verdeutlicht. Bei einem Radiointerview mit dem in L.A. ansässigen Sender KROQ im Jahr zuvor hatte der DJ, ein gebürtiger Engländer namens Richard Blade, ihnen das Versprechen abgenommen, bei ihrer nächsten USA-Reise wieder vorbeizukommen und eine Autogrammstunde zu geben. Sie sagten bereitwillig zu, doch als er auf die mindestens 60 000 Fans bei ihrem Konzert in der Rose Bowl zu sprechen kam, wiesen sie ihn scherzhaft darauf hin, dass sie keinesfalls 60 000 Plattenhüllen signieren würden. Es war ein Witz, der der Wahrheit gefährlich nahe kam.

In Zusammenarbeit mit KROQ arrangierten sie eine Autogrammstunde im Wherehouse Record Store in Beverly, Los Angeles. Sie hatten keine Ahnung, wie viele Leute kommen würden, aber es bestand bei solchen Veranstaltungen generell die Gefahr, dass sie zur Peinlichkeit gerieten. Ein paar Hundert Fans wären in Ordnung. Bei weniger wären sie sich ein bisschen dämlich vorgekommen, bei mehr wäre das Ganze in harte Arbeit ausgeartet.

Als sie eintrafen, hörten sie, dass die Leute bereits draußen um den Block Schlange standen. Dann hörten sie während eines Radiointerviews mit KROQ, dass 10 000 Menschen draußen warteten, dann 15 000. Schließlich musste die Polizei gerufen werden, weil die Sicherheitsbediensteten des Plattenladens die Situation nicht mehr unter Kontrolle hatten. Es war eine fantastische Publicity, aber eine Zeitlang fürchteten sie, es könnte in eine regelrechte Katastrophe ausarten. Einmal wölbten sich sogar die Schaufenster nach innen, weil die Menschen dagegen drückten. Schließlich verkündete die Polizei, dass die Signierstunde abgesagt werden müsse. Die Band ging zurück ins Hotel, schaltete die Nachrichten ein und sah, dass sie eines der Hauptthemen war, da einige Fans angeblich randaliert hätten, als sie von der Absage erfuhren.

„Das Ganze nahm beängstigende Formen an", sagte Dave. „Die Sache geriet ein wenig außer Kontrolle. Wir konnten ja nicht wissen, dass derart viele Menschen aufkreuzen würden … Man konnte förmlich spüren, wie sich die Atmosphäre aufheizte. Wir sahen einander an und sagten: ‚Wir müssen hier raus!'"

Eine Frau, die im Gedränge verletzt worden war, musste zwar ins Krankenhaus eingeliefert werden, aber sie waren erleichtert zu hören, dass niemand ernstlich zu Schaden gekommen war. Trotzdem beriefen Depeche Mode danach eine Pressekonferenz ein, um sich zu entschuldigen und die Geschehnisse vorsichtig herunterzuspielen. Als ein Reporter fragte, wie sie über die „Randale" dachten, beugte sich Dave zu Alan hinüber und flüsterte: „Das war keine Randale. Chelsea an einem Samstagnachmittag, das ist Randale."

Violator verkaufte sich schließlich sieben Millionen Mal, also weitaus besser als all ihre bisherigen Alben. Sie hatten gedacht, sie hätten mit *Music For The Masses* ihren kommerziellen Höhepunkt erreicht, und waren deshalb vielleicht auf den Schwindel erregenden Höhenflug, der ihnen nun bevorstand, nicht vorbereitet. „Bis zu diesem Zeitpunkt werkelten wir zufrieden vor uns hin, verkauften gut, und niemand schenkte uns übermäßig viel Beachtung", sagte Martin 2005. „Dann plötzlich schlug *Violator* voll ein. In Amerika überschlugen sich die Ereignisse. Auf einmal erhöhte sich der Druck auf uns um das Doppelte oder Dreifache."

All das bewirkte, dass die Erwartungen an die *World Violation* Tour extrem hoch waren. Es war eine viel größere Tournee als alle, die sie bisher absolviert hatten. Das neue, von Anton geschaffene visuelle Element erforderte zudem eine viel größere Mannschaft. Schließlich wuchs der Tross auf elf Sattelschlepper und beinahe 100 Roadies, Techniker und sonstige technische Mitarbeiter an.

Sie begannen in der Hitze von Pensacola. Die Stadt lag in einem Teil von Florida, der unfairerweise als „Proleten-Riviera" bezeichnet wurde, also nicht gerade klassisches Depeche-Mode-Territorium war. Sie hatten zuvor noch nie in Florida gespielt, und als sie eintrafen, waren die Erwartungen nicht allzu hoch. Als sie vor das Civic Center traten, wo sie am Abend spielen sollten, wurden sie von Lastwagenfahrern begrüßt, die sich aus dem Fenster lehnten und sie als Schwule beschimpften.

„Die Leute hier sind etwas rückständig, oder?", beschwerte sich Alan Wilder. Trotzdem war das Civic Center ausverkauft. In Texas – einem weiteren Staat, in dem sie nicht oft im Radio liefen – verkauften sie bei Konzerten in Amphitheatern 18 000 Karten und mehr. In New York setzten sie an einem einzigen Tag 42 000 Tickets für das Giants-Stadion ab. Mittlerweile waren von *Violator* in den USA über eine Million Exemplare verkauft worden. Es war jene Art von Erfolg, aus der ständig neuer Erfolg entsteht. Je größer sie wurden, desto wahrscheinlicher war es, dass sie im Radio liefen. Dadurch wiederum wurden sie noch bekannter …

Dave sollte sich später an die Tournee als die letzte erinnern, auf der das „Party machen" noch Spaß machte. Sein Drogenkonsum eskalierte. Auf Grund ihres neuen Status' als wirklich große Band wurden sie in jeder Stadt, in die sie kamen, wie Könige empfangen. Sie gingen praktisch nach jedem Konzert in der jeweiligen Stadt noch aus, und die Clubbesitzer überschlugen sich, ihnen die bestmögliche Gastfreundschaft zu bieten.

„Auf der *Violator*-Tour gerieten wir an einen Punkt, wo alles einfach nur noch toll war", sagte Dave 2001 zu Dorian Lynskey. „Ich glaube aber, ich habe es schon damals völlig übertrieben. Jeden Abend gingen wir nach dem Auftritt noch zusammen aus … Sie müssen sich einmal vorstellen, wie das ist, wenn man anderthalb Jahre auf Tournee ist, in diesem Wanderzirkus lebt und dann plötzlich alles vorbei ist und man in die Realität des Alltags zurückkehrt. Je länger die Tourneen wurden, desto unzufriedener wurde ich mit meinem normalen Leben."

Zwar wurde später vor allem ihre Tournee zum Album *Songs Of Faith And Devotion* wegen ihrer Ausschweifungen legendär, aber die *World Violation*-Tour war nicht viel besser. Es war der Beginn von Daves dunkelster Phase. Sein Drogenmissbrauch erreichte ein neues Level, und er begann sogar wieder Heroin zu nehmen, das er seit seinen Teenagerjahren nicht mehr angerührt hatte. „Es war ein Fluchtverhalten", räumte er ein. „Heroin bedeutete, dass mich das Gefühl, ein Außenseiter, ein komischer Kauz zu sein, nicht belastete. Auf Heroin kümmerte mich überhaupt gar nichts." Verheerenderweise glaubte er offenbar, er könne vor seinem normalen Leben davonlaufen und dauerhaft in einer Welt von Sex, Drogen und Rock'n'Roll untertauchen.

Zudem hatte er eine neue Flamme, eine Dame, die als Musik-Promoterin arbeitete. „Ich war scharf auf sie", sagte er über Teresa in einem Interview mit *FHM*. „Ich brach den Kontakt zu allen ab, mit denen ich bisher in meinem Leben zu tun gehabt hatte. Ich fing komplett von vorne an." Während der *World Violation*-Tour gab es erste Anzeichen dafür, dass sich der Raubbau an seiner Gesundheit eines Tages rächen würde, doch war es damals noch keinesfalls zu spät. Die Tour war um etliches kürzer als die vorangegangene, und oberflächlich sah es außerdem immer noch so aus, als hätte die Band eine Menge Spaß.

„Es war ganz schön viel Ecstasy unterwegs, aber ich würde nicht sagen, dass dies eine nachteilige Wirkung auf irgendjemanden gehabt hätte", sagte Alan Wilder zu Stephen Dalton. „Dave nahm offenbar wieder

Heroin, aber seinen Auftritten war das nicht anzumerken. Daneben gab es natürlich noch die übliche Sauferei und Frivolität. Es war eine lange Tournee, und es kam zu einer verzögerten Reaktion. Die Folgen wurden erst später sichtbar."

Bereits die Geschehnisse des ersten Abends verhießen jedoch kaum Gutes. Im Vorprogramm spielten Electronic, jene „Supergroup", die Bernard Sumner von New Order und Johnny Marr von den Smiths gemeinsam gegründet hatten. Ihr Debütalbum war in jenem Jahr erschienen, und sie gaben ein großartiges Konzert. Bei der Party danach kotzte Bernard aber schließlich die Dusche voll, weil er zuviel flüssiges Ecstasy erwischt hatte.

Die Tournee war zwar ein wenig kürzer als der Straßenfeger *Music For The Masses* mit seinen 101 Konzerten, doch blieben immerhin noch 75 Termine übrig, davon manche in Stadien für 30 000 oder mehr Zuschauer. Doch sollte sich irgendwer damals um die Band gesorgt haben, so räumte die Qualität der Auftritte jeden Zweifel rasch wieder aus. Vom ersten Konzert in Florida an war es die beeindruckendste Bühnenshow, die sie je auf einer Tour gehabt hatten. Sie standen vor einem riesigen „DM", erleuchtet von unzähligen Strahlern. Sie begannen mit dem Instrumentalstück „Kaleid", dann rannte Dave vor zum Bühnenrand, während die anderen auf dem höheren Podest stehen blieben. Die Songs von *Violator*, die auf der Platte relativ zurückhaltend und leise klangen, entfalteten live eine enorme Energie.

Mittlerweile wusste Dave ganz genau, was er zu tun hatte, um seine Zuschauer in den Griff zu bekommen. Die anderen Bandmitglieder bildeten hinter ihm ein „V" (wie *Violator*) und ließen ihn einfach machen. Alan wusste jeden Abend ganz genau, wo Dave an einem bestimmten Punkt sein würde, weil Dave seinen Auftritt inzwischen minutiös ausgearbeitet hatte. Ein Konzert war eine große körperliche Belastung für ihn. Neben den Vitaminen und anderen Arzneimitteln, die sie auf ihren bisherigen Tourneen stets im Gepäck gehabt hatten, schluckte Dave nun regelmäßig Schmerztabletten, weil er sich häufig Knieverletzungen oder Bänderdehnungen zuzog. „Mir taten andauernd die Beine weh", klagte er. „Ich hatte ständig Schmerzen. Also tauchte vor einem Konzert ein Arzt auf und verschrieb Mittel gegen Rückenschmerzen und alle möglichen anderen Schmerzen. Später bekam ich Steroide für meinen Hals. Wenn ich diesem Mix dann noch Alkohol beifügte, war ich völlig im Eimer."

Die Konzerte wurden zusätzlich durch zwei gigantische Leinwände optisch aufgepeppt, auf die von Anton Corbijn ausgewählte Bilder projiziert wurden. Diese korrespondierten häufig mit dem regelmäßig missverstandenen Humor der Band. So war etwa zu sehen, wie Martin mit einem Flügelpaar auf dem Rücken in die Höhe schwebte. Anton bezeichnete ihn als „Engel der Hörigkeit".

Das Programm verschob den musikalischen Schwerpunkt dezent in Richtung Tanzbarkeit, ohne jedoch aus dem Auge zu verlieren, dass der Song an sich oberste Priorität hatte. „Behind The Wheel" bekam ein wesentlich rhythmischeres Korsett verpasst, und „Everything Counts" wurde ebenfalls in eine düstere Techno-Nummer verwandelt.

Daves Auftreten hingegen orientierte sich ganz an der traditionellen Rock-Show. Selbst bei den schwermütigsten Songs buhlte der Frontmann um die Aufmerksamkeit der Menge, nutzte jede Gelegenheit für Zwischenrufe, vollführte seine zum Markenzeichen gewordene Kreiseldrehung und lehnte sich in einer Christuspose mit ausgebreiteten Armen zurück. Die Fusion der verschiedenen Stile zeigt sich am besten in ihrer Coverversion des prototypischen Rock-Klassikers „Route 66". Es war eine stampfende Dance-Version, die trotzdem pures Rock'n'Roll-Feeling verströmte. Abend für Abend beendeten sie ihre Konzerte mit diesem Song.

Danach suchte Dave abseits der Bühne dieselben Hochgefühle. In seinem Leben herrschte ein massives Ungleichgewicht zwischen den ein oder zwei Stunden am Abend und der übrigen Zeit. „Er dachte wohl, dass Live-Auftritte das Einzige wären, was er wirklich gut konnte", sagte Fletch später. „Er verhielt sich uns gegenüber sehr emotional. Ich persönlich ging ihm lieber aus dem Weg." In verschiedener Hinsicht wurde Dave zu einem klischeehaften „Rockstar". Es war, als lebte er nun seine Rockstar-Fantasien aus, die er als Kind in Basildon gehabt hatte. Es war ein scharfer Kontrast zu der zurückhaltend-coolen Musik auf *Violator*.

„Wir machten gern Witze über *Spinal Tap*", sagte er später. „Im Tourbus schauten wir uns das Video oft an oder zitierten daraus. Irgendwann aber war es gar nicht mehr komisch, weil wir genau dieses Leben führten. Meinen Sinn für Humor zu verlieren brachte mich fast um."

Noch vor ihrer Reise um die Welt waren mit „Enjoy The Silence" und „Policy Of Truth" zwei weitere Singleauskopplungen aus dem Album erschienen; später auf Tour veröffentlichten sie dann noch eine vierte, „World In My Eyes". „Enjoy The Silence" war ein noch größerer Hit als

„Personal Jesus“, erreichte in Großbritannien und den USA die Top 10 und gelangte in Deutschland sogar auf Platz eins der Charts.

Zum ersten Mal in ihrer Karriere schien ihnen alles auf Anhieb zu glücken. Wieder einmal half ihnen dabei ein großartiges Video von Anton Corbijn, doch als er ihnen das Konzept erläuterte, war Dave zunächst alles andere als überzeugt. „Dave ist als König verkleidet und läuft mit einem Liegestuhl herum“, sagte Anton.

„Fletch, Mart und Al bogen sich vor Lachen“, sagte Dave später in einem Fernsehinterview. „Sie mussten ja selbst nichts tun, was ihnen besonders gut gefällt. Die Idee war damals allerdings noch ziemlich vage. Ich kapierte das nicht so ganz.“

Dave bat Anton, noch einen anderen Vorschlag zu machen, doch dem war, wie er später sagte, einfach nichts mehr eingefallen, nachdem sich diese Idee erst einmal in seinem Kopf festgesetzt hatte. Sie standen also vor der Wahl, zu tun, was er wollte, oder sich einen neuen Regisseur zu suchen. Sie entschieden sich für Anton und waren am Ende sehr froh, dass sie das getan hatten. Wie Dave gesagt hatte, gefiel es den restlichen Bandmitgliedern, dass sie kaum etwas zu tun hatten. Sie gingen bloß ins Studio, hielten sich dort etwa eine Stunde lang auf und wurden dabei gefilmt, während ihr Sänger, Anton und der Produzent Richard Bell sechs Tage an verschiedenen eisigen Orten in den Alpen und in Schottland zubrachten. „Es war ziemlich harte Arbeit, aber es machte auch viel Spaß“, sagte Dave danach. „Und ich konnte mich als König verkleiden, mit Krone und allem drum und dran.“

Es ist ein ziemlich ausgefallenes Video. Es gibt keine Spezialeffekte. Man sieht nur Dave Gahan, wie er mit einem Liegestuhl unter dem Arm durch verschiedene Postkartenmotive schreitet. Das Geniale daran ist, dass dies gleichzeitig lustig und seltsam traurig wirkt. Anton sagte, es gehe um jemanden, der alles besitzt und seinen Frieden in einfachen Dingen findet. Dave hingegen wirkt auf seiner Wanderschaft von Schottland in die Alpen und zurück alles andere als friedlich. Das Video schien eine gewisse Einsamkeit einzufangen, die hinter der impulsiven Bühnenpersönlichkeit und dem scharfen Wortwitz normalerweise verborgen blieb.

Am Ende der Produktion jedoch hatte er die Nase voll. Als sie die letzte Szene drehten, in der der König in der Ferne verschwindet, verließ ihn endgültig die Lust. Anton wollte, dass er über den frischen Schnee ging, damit sie seine Fußspuren verfolgen könnten, doch der Gedanke gefiel ihm nicht. Sie befanden sich hoch oben in den Alpen, die Luft war dünn, es war eisig kalt, und sie arbeiteten bereits seit Wochen an dem Video. Dave gab Corbijn zu verstehen, dass er keine Lust mehr habe: „‚Weißt du was, Richard?‘ Ich nahm die Krone ab, setzte sie ihm auf, nahm den Mantel ab und legte ihn um seine Schultern. ‚Mach diese Scheiße doch selbst.‘ Dann stieg ich in den Helikopter, flog ins Tal und trank im Hotel eine heiße Schokolade!“

Das Video zeigte indes erneut, wie gut Anton Corbijn ihre Musik verstand. „Es war eines von diesen Videos, die den Song perfekt darstellen“, sagte Dave. „Anton schaut durch seine Linse und kann mit der Kamera dasselbe ausdrücken wie wir mit unserer Musik. Er kapiert, was wir machen.“

Die Konzerte, die sie in Europa gaben, waren sogar noch größer als die in Amerika. Bei einer Show in Deutschland staunten sie nicht schlecht, dass ein echter deutscher Megastar schüchtern neben der Bühne tanzte: die Tennisspielerin Steffi Graf. Am Ende jeder langen Tour gerieten die Dinge jedoch regelmäßig ein wenig aus den Fugen. Es war ein sehr surrealer Lebensstil. Sie hatten Leute, die ihnen sagten, was sie zu tun hatten. Es schien auch ganz egal zu sein, wie viel Alkohol und Drogen konsumiert wurden, und doch waren sie nominell die Verantwortlichen. Sie waren sowohl die Zirkusdirektoren als auch die Clowns. Anton Corbijn fing diesen Aspekt ihres Lebens in einem Video zu „Halo“ ganz bewusst ein, als er sie als Mitglieder eines Zirkus' darstellte. Obwohl „Halo“ keine offizielle Single war, gelangte der Titel in den USA durch den Radioeinsatz in die Charts. Das Video war eines der besten, die Anton je gemacht hatte. Es zeigt Dave als „starken Mann“, der mit einem Clown verheiratet ist, den Martin spielt. Waren ihre schauspielerischen Fähigkeiten bei ihren ersten Videos noch arg begrenzt, so schien sich dies zwischenzeitlich deutlich verbessert zu haben. Wie „Personal Jesus“ war auch dieses Video gleichzeitig lustig und traurig.

Die britische Musikindustrie hatte sie in der Vergangenheit zwar großteils ignoriert, doch in jenem Jahr gelang es ihnen endlich, einen Brit Award für die „Beste Single“ einzuheimsen. Abgestimmt hatten Hörer von Radio One und Zuschauer der samstagmorgens ausgestrahlten Jugendsendung *Going Live*. Erwartungsgemäß setzte der Depeche-Mode-Fanclub alle Hebel in Bewegung, damit „Enjoy The Silence“ die begehrte Auszeichnung erhielt. Zu Tausenden machten sie sich für die Band stark, was *News Of The World* dazu veranlasste, einen erzürnten Artikel abzudrucken, in dem der Autor erklärte: „Depeche-Mode-Fans werden dazu gedrängt, ein Vermögen dafür auszugeben, dass ihre Lieblingsgruppe einen der prestigeträchtigen Brit Awards gewinnt." Heut zu Tage verfügt freilich die Mehrheit der Bands über so genannte „Straßenteams" aus treuen Fans, die an jeder Abstimmung teilnehmen, die sie ausfindig machen können.

Nach zehn Jahren war Depeche Mode plötzlich ein weiterer Durchbruch gelungen. Sie waren nun eine jener Bands, die Musik an Leute verkauften, denen die Musik bisweilen gar nicht einmal so gut gefiel. *Violator* war eine Lieblingsplatte der Fans, doch sie wurde gleichermaßen von Menschen gekauft, die nur eine oder zwei Platten pro Jahr kaufen. Bis zu Dave Gahans Zusammenbruch sollte es noch sechs weitere Jahre dauern.

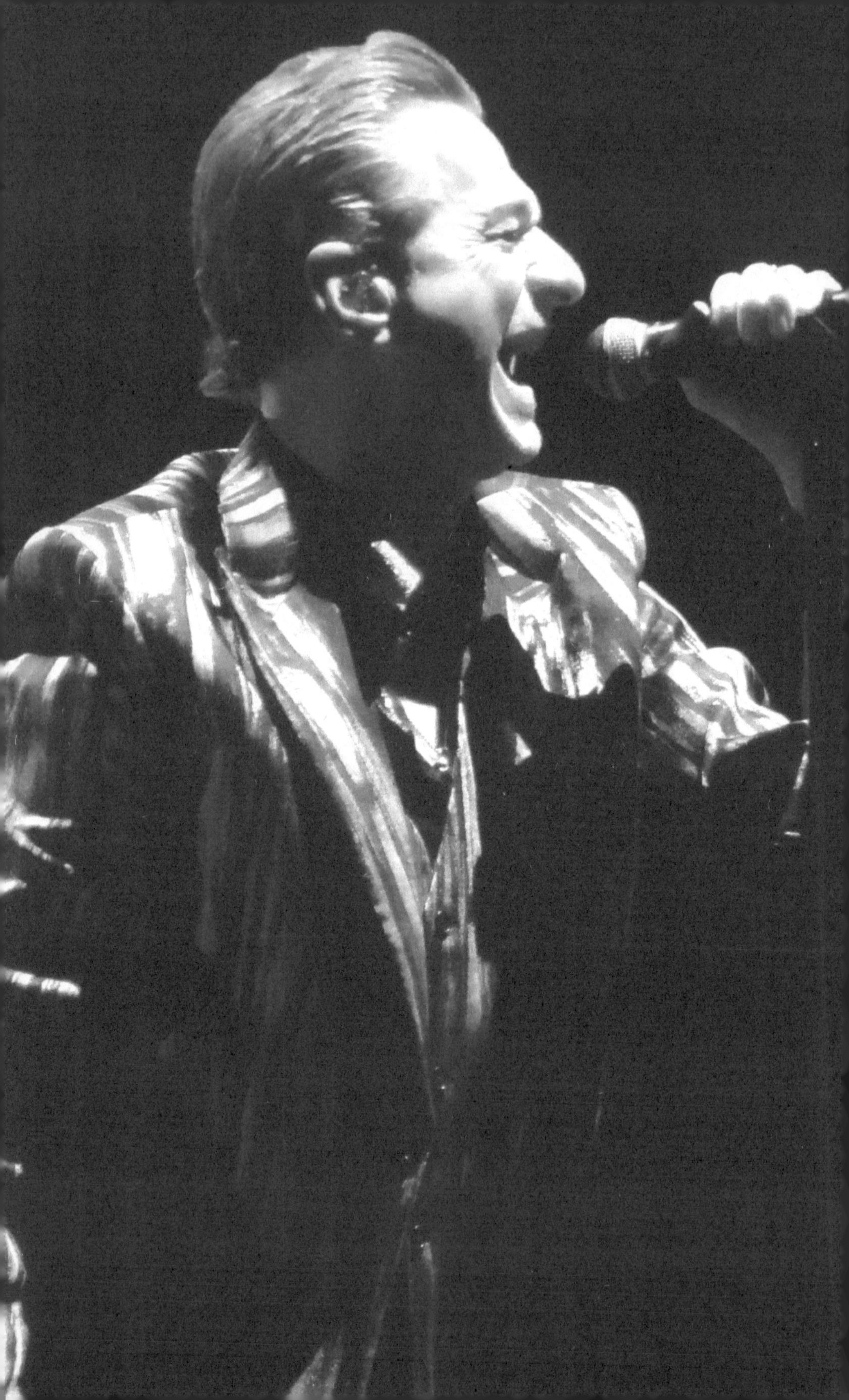

13. Isolation

Das Timing war bei *Violator* ausgezeichnet gewesen. Das Album erschien zu einem Zeitpunkt, als Tausende Teenager in den USA und der ganzen Welt der zur Routine verkommenen Rock-Szene überdrüssig wurden. Der Rock'n'Roll wirkte altersmüde, und die Jungs aus Basildon schienen etwas Neues zu repräsentieren, das weitaus cooler und moderner war. Als sie die *World Violation*-Tour beendet hatten, verjüngte sich der Rock wieder selbst. Grunge erschien auf dem Radarschirm. Es war damals noch eine Untergrundbewegung, deren Anhänger dachten, sie wäre eine Alternative zum Mainstream-Rock und kein Ersatz dafür, wie sich bald herausstellen sollte. Es schien, als läge in Amerika etwas vollkommen Neues in der Luft.

Für Dave war es keine Option, in sein altes Leben nach England zurückzukehren. „Ich fühlte mich dort sehr geborgen und langweilte mich zu Tode", stellte er kategorisch fest. „Mein Leben in England gab mir in vielerlei Hinsicht Sicherheit, aber das gefiel mir nicht. Da saß ich nun mit einer liebenden Ehefrau, einem kleinen Baby, einem großen Haus auf dem Land, ein paar Autos in der Einfahrt, und irgendwie passte das alles nicht. Ich wollte nach Kalifornien ziehen, aber Joanne wollte nicht."

L.A. faszinierte Dave, aber ebenso faszinierte ihn Teresa, was vermutlich noch wichtiger war. Nach der *World Violation*-Tournee entschied er sich endgültig, Joanne und Jack zu verlassen und nach Los Angeles zu ziehen. „Man blickt eines Morgens in den Spiegel, und plötzlich ist alles ganz anders", erkannte er. „Meine gesamte Perspektive hatte sich verschoben. Letzte Nacht ging es nicht nur um schnellen Sex – ich wollte einfach nicht länger diese Person sein. Teresa hat Gefühle in mir geweckt, die ich noch gar nicht entdeckt hatte. Liebe zum Beispiel."

Natürlich war er sich der Gefahr bewusst, Jack etwas Ähnliches anzutun, was sein eigener Vater ihm selbst angetan hatte. „Mein Vater ließ mich und meine Schwester zurück, als wir noch sehr klein und hilflos waren, und ich habe dasselbe mit meinem Sohn gemacht", gestand er im Musikmagazin *Vox*. „Andererseits stimmt das doch nicht ganz, weil ich fest entschlossen bin, dass es funktioniert." Er wusste, dass er Joanne in den letzten Jahren nicht besonders gut behandelt hatte, und nun tat er, wenigstens nach eigenem Dafürhalten, endlich das einzig Richtige. „In den letzten Jahren war ich ein ziemlicher Scheißkerl", fuhr er fort. „Mir gefiel nicht, was ich sah und was ich aus meinem eigenen Leben machte." Im Interview mit dem Musikmagazin *Vox* war es ihm sehr wichtig, darauf zu verweisen, dass Joanne „mich versteht und weiß, wie wichtig es ist, dass Jack und ich uns sehen können. Sie ist verständnisvoll, was das angeht."

Damals erschien ihm sein neues Leben in Los Angeles wie ein Neubeginn, eine neue Chance, er selbst zu sein. Leider wusste er nicht ganz genau, wer das eigentlich war. „Eines meiner größten Probleme ist, dass ich es allen recht machen will", hat er einmal gesagt. „Ich will, dass die ganze Welt mich liebt. Wenn ich den Eindruck hatte, dass sich die Leute nicht ordentlich vergnügten, versuchte ich, ihre Aufmerksamkeit auf mich zu lenken."

Sein Leben verlief emotional sehr extrem, und diesen Extremen war er auf der Bühne oft wochenlang ausgesetzt, sodass er sich fragte, ob er wirklich der Mensch werden wollte, den die Fans in ihm sahen. Als er 1991 Teresa auf der *Lollapalooza*-Tour begleitete, die der Sänger von Janes Addiction, Perry Farrell, organisiert hatte, hatte er so etwas wie eine Erleuchtung. „Jane's Addiction waren die unglaublichste Band, die ich seit langer Zeit gesehen hatte", sagte Dave. „Manchmal sind sie richtig scheiße, und dann wieder sind sie gigantisch und phantastisch."

Jane's Addiction erreichten nie den kommerziellen Erfolg, den man ihnen anfangs prophezeit hatte. Unglücklicherweise wurden sie in erster Linie nur wegen ihres großen Einflusses auf die erblühende Grunge-Szene bekannt, und weil Perry mit *Lollapalooza* die „alternative Nation" ausgerufen hatte, wie er es nannte. Für eine andere Band, die Amerika auf den Kopf stellen sollte, wurden sie zu einer Art Johannes dem Täufer: Nirvana. Verglichen mit der Indie- und Dance-Szene Großbritanniens schien dies alles unglaublich interessant.

Für jemanden, der sich künstlerisch vorrangig auf der Bühne auslebte, hatte die neue Riege von Rock-Gruppen weit mehr zu bieten als statische Elektro-Bands, die steif hinter ihren Keyboards standen. Anfangs genoss es Dave, einfach nur ein Fan zu sein, sich im Backstage-Bereich aufzuhalten und eine ganz andere Musik zu hören, als die, die zuhause gerade angesagt war. Da er den größten Teil seiner Karriere entweder in Basildon oder in der Berliner Isolation verbracht hatte, war dies das erste Mal, dass er sich am Puls einer lebendigen Szene befand.

Nach und nach begann er jedoch davon zu träumen, was wohl geschehen würde, wenn Depeche Mode ein Stück dieser neuen Energie einfangen könnten, die von Bands wie Jane's Addiction ausging. Er erinnerte sich daran, was er damals am Punk so geliebt hatte, als ihn das Erlebnis der Live-Musik gepackt und nicht mehr losgelassen hatte.

„Was mich damals so begeistert hatte, waren diese vier unterschiedlichen Tornados, die da zusammenkamen", sagte er in einem Radiointerview. „So etwas hatte ich noch nie gesehen, bis ich mit 15 ein Konzert von The Clash besuchte." Seine Entscheidung, den Rockstar-Mythos selbst zu leben, war kein reiner Zufall. Er hatte die Rolling-Stones-Biografie von Philip Norman gelesen und liebte Keith Richards' ikonenhaftes Image des kaputten Rockstars.

„Ich dachte tatsächlich, es gebe keine richtigen Rockstars mehr", sagte er zu Keith Cameron. „Niemand will die Sache mehr konsequent durchziehen. Woran liegt das, was fehlt den Leuten? Was fehlt mir? Songs zu singen ist gut und schön, aber meint irgendjemand auch, was er da singt? Also schuf ich ein Monster. Dabei beging ich den Fehler, zu denken, man müsste sich in den Abgrund der Hölle stürzen, wenn man es richtig ernst meint. Also behandelte ich meinen Körper wie Dreck, um zu zeigen, dass ich es konnte."

Ende 1991 starb Dave Gahans Vater Len. Sie hatten sich seit Jahren nicht gesehen, und er hatte in seinem Leben auch nie eine große Rolle gespielt, trotzdem war es ein harter Schlag. Er zog damals in Teresas Apartment in L.A. und besuchte unzählige Konzerte. Einen Monat vor seinem 30. Geburtstag, im April 1992, heirateten sie in Las Vegas in einer Kapelle, die ganz auf Elvis getrimmt war. Die Hochzeit verlief ganz anders als seine letzte. Er trug ein durchsichtiges T-Shirt, damit man seine neue Tätowierung sah. Als sie sich das Jawort geben wollten, mussten sie jedoch warten, bis der Elvis-Imitator seinen Auftritt beendet hatte.

„Am Schluss musste ich sagen: ‚Kann jemand endlich diesen Kerl hier rausschmeißen? Ich will verdammt noch mal heiraten!'", erzählte Dave Jennifer Nine. „Also sagte Teresas Mutter Diane ganz höflich: ‚Äh, entschuldigen Sie, Herr Elvis, meinen Sie, Sie könnten jetzt aufhören? Ich glaube, die beiden wollen heiraten.'"

Die US-amerikanische Rock-Szene war damals nicht gerade ein Hort der Enthaltsamkeit. Heroin war wie ein Virus, das die gesamte Alternative-Rock-Szene der frühen Neunziger verseucht hatte. Eine ganze Reihe von Stars war süchtig nach der Droge, darunter Kurt Cobain, Layne Staley von Alice in Chains und Scott Weiland von den Stone Temple Pilots. Sie hatten zwar unter dem Alternative-Banner begonnen, endeten in einigen Fällen jedoch als Abziehbilder jener viel bespöttelten Achtziger-Rockstars, die ihnen vorangegangen waren. Über Teresa hatte Dave Kontakt zu Jane's Addiction. Ironischerweise war er sich dadurch sehr wohl bewusst, welch verheerende Wirkung Drogen auf die Kreativität haben konnten, wenngleich sie diese bisweilen auch förderten. „Ich habe großen Respekt vor Jane's Addiction, weil ich finde, dass sie locker die größte Band der Welt hätten werden können", sagte er. „Aber sie haben es durch ihren Drogenkonsum oder sonst irgendwas verdorben, was wirklich traurig ist."

Am Tag nach der Hochzeit ließ er sich in dem Hautbereich hinter seinen Hoden ein so genanntes Guiche-Piercing stechen. Er sagte, er habe eigentlich vorgehabt, sich einen Ring zu besorgen, habe dann aber doch etwas „ein wenig Ausgefalleneres" gewollt. Es war die Rockstar-Version jener Angeberei, mit der er vielleicht schon als Teenager in Basildon seine Freundin zu beeindrucken versucht hatte.

„Angeblich wirkt es Lust steigernd", sagte er 2003. „Aber es war das Schmerzhafteste, was ich je getan habe. Als es gemacht wurde, saß ich eine halbe Stunde lang in einer Art Steigbügel. Ein Mädchen starrte auf meinen Arsch und fädelte eine Nadel ein. Ich habe meinen Schwanz danach ewig nicht angefasst. Ich konnte sechs Monate lang nicht mal auf einem harten Stuhl sitzen."

„Das Ding tröstet einen irgendwie", sinnierte er später. „Es ist wie bei einem kleinen Kind – man hat etwas, das man mit sich herumträgt, ein kleines Stückchen Stoff, einen Schnuller oder so was. Nun, ich habe mein Guiche."

Begreiflicherweise bekam er seine Ex-Frau und seinen Sohn nicht aus dem Kopf. „Das belastete mich unaufhörlich", beichtete er Stephen Dalton. „Es war, als liefe ich vor etwas davon, das ein Teil von mir gewesen war, etwas, das mir einmal sehr viel bedeutet hatte. Eine Zeitlang habe ich mich ziemlich beschissen gefühlt und versucht, meine Gefühle zu ertränken. Ich habe mehr Zeit damit verbracht, meine Gefühle zu ertränken, als meinen Arsch hochzubekommen und etwas zu tun, was das einzig Richtige gewesen wäre."

Nach der *World Violation*-Tournee war ihm klar, dass er mit Depeche Mode nicht im selben Stil weitermachen wollte wie in den vergangenen zehn Jahren. Sie hatten alles erreicht, was sie sich jemals erträumt hatten. Mittlerweile fand er Rock viel erfrischender als elektronische Musik. Einige seiner Drogenkumpels in L.A. rieten ihm, er solle eine eigene Band zusammenstellen. Keine Chance. „Nicht eine Sekunde lang habe ich daran gedacht", sagte er. „Ich war zufrieden mit Depeche. Ich wollte nur, dass wir ein bisschen härter rockten."

Als er 1992 ein Band mit Demoaufnahmen von Martins neuen Songs erhielt, war er sofort begeistert. Wenngleich Martin in keiner Weise von der neuen Rock-Szene beeinflusst war, so hatte er doch jenen Blues-Stil weiterentwickelt, der bereits auf „Personal Jesus" zu erkennen gewesen war. Das erste Stück, das Dave hörte, war „Condemnation", und es passte zu seiner neuen Geisteshaltung wie die Faust aufs Auge. Sie hatten sich 1991 zwar kein einziges Mal getroffen, doch wie es früher schon oft der Fall gewesen war, fühlte sich Dave mit Martin trotzdem eng verbunden. Es war allerdings eine Verbindung, die sich seltsamerweise fast ausschließlich in der Musik ausdrückte.

Dave kam das 1993 „wirklich komisch" vor: „Wenn ich die Songs singe, habe ich das Gefühl, es wären meine eigenen. Ich versenke mich richtig in den Text. Martin schreibt über seine eigenen Erlebnisse, insbesondere seine Erlebnisse mit der Band. Und weil wir viel Zeit miteinander verbringen, machen wir auch dieselben Erfahrungen. Deshalb sprechen mich Martins Texte oft sehr persönlich an. Das gilt ganz besonders für die letzten beiden Alben."

Er konnte sich kaum vorstellen, dass der Songwriter ihn nicht bis zu einem gewissen Grade im Sinn hatte, wenn er seine Texte schrieb. Später sagte er, dass ihm diese Texte, insbesondere „Condemnation", sehr dabei geholfen hätten, mit seinen persönlichen Problemen fertig zu werden. Als er das Band bekam, beschloss er, wieder ein Album mit Depeche Mode zu machen – mit jener Leidenschaft, die er bei Bands wie Jane's Addiction beobachtet hatte.

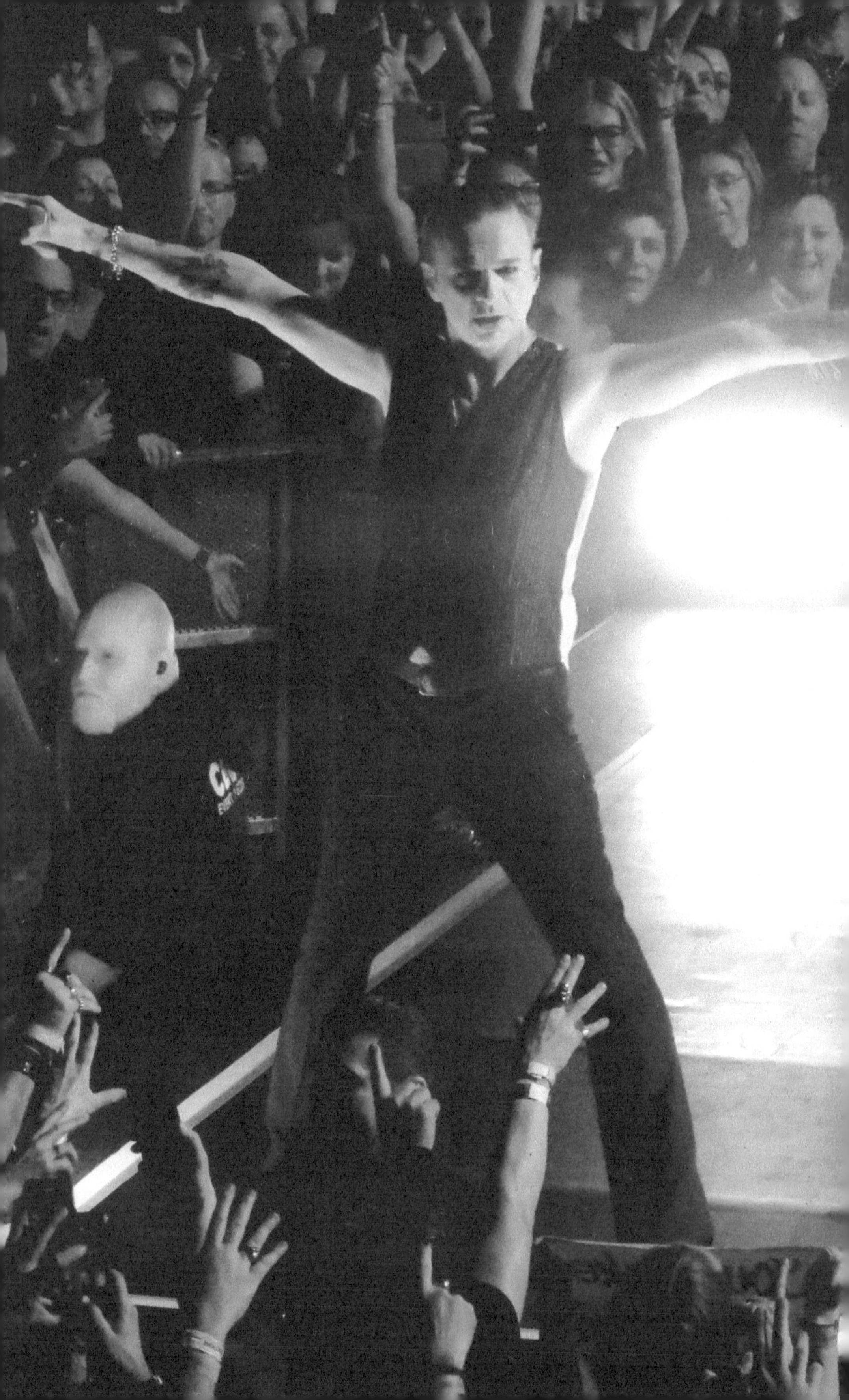

14. Hingabe

Innerhalb der Gruppe herrschte Einigkeit darüber, dass sie für das nächste Album jene Nähe wieder finden müssten, die ihnen in den vergangenen Jahren abhanden gekommen war. Es war nicht mehr dasselbe wie früher, als alle Bandmitglieder außer Alan Wilder in Basildon wohnten. Mittlerweile lebten sie sehr weit auseinander. Nach dem Ende der *World Violation*-Tour hatten sie mehrere Monate lang keinen Kontakt zueinander gehabt. Als sie Flood fragten, ob er wieder mit ihnen zusammenarbeiten wolle, schlug er vor, dass sie für die Dauer der Produktion zusammen wohnten, um eine intensivere Arbeitsatmosphäre zu schaffen. Nach einigem Zögern willigten sie ein.

Mittlerweile hatten sie in vielen europäischen Metropolen gearbeitet und wollten etwas Neues. Insbesondere Martin und Fletch hatte immer der Gedanke gefallen, die Aufnahmen zu einem neuen Album mit einem Aufenthalt in einer neuen Stadt zu verbinden. Diesmal liebäugelten sie mit Madrid, aber dort gab es keine geeigneten Studios. Also buchten sie stattdessen eine Villa, die eine halbe Autostunde von der Hauptstadt entfernt lag, und brachten ihr eigenes Equipment mit. 1992 war diese Arbeitsweise noch nicht so weit verbreitet wie heute. Mobile Tonstudios waren noch brandneu, ermöglicht durch neueste technologische Entwicklungen. Sie stellten sich also vor, dass sie zusammenwohnen könnten und dadurch viel mehr Spaß hätten als in einer sterilen Studioumgebung.

Es war etwas, das Dave eigentlich hätte gefallen müssen. Er war am geselligsten von allen und derjenige, der noch am meisten der Vorstellung nachhing, dass Bands mehr als die Summe ihrer Teile seien. Ihm gefiel die Idee der Rock'n'Roll-Band als letzte Straßengang der Stadt, die zusammen auf den Putz haute und dabei tolle Musik machte. Für ihn waren es zwei Seiten derselben Medaille. Die Wirklichkeit sah freilich anders aus.

„Theoretisch war das Ganze eine tolle Idee", sagte Dave später gegenüber der Zeitschrift *Future Music*. „Wir stellten jedoch fest, dass unsere unterschiedlichen Persönlichkeiten unglaublich aneinander gerieten, wenn wir sieben Tage die Woche vierundzwanzig Stunden am Tag zusammen lebten. Mir machte es weniger aus, aber Alan hasste es, und auch Fletch hatte Probleme damit. Ich glaube, Fletch hat es überall schwer, wo er nicht zu Hause ist, wenn er nicht in seiner gewohnten Umgebung mit seinen Sachen, seinen Freunden, seiner Familie und seinem Restaurant ist."

In dem Augenblick, als Dave durch die Tür trat, erkannte der Rest der Band, wie sehr er sich verändert hatte. Körperlich war er ein vollkommen anderer Mensch. Sein Gesicht war dünn und ausgemergelt, er hatte langes, strähniges Haar und eine ganze Palette neuer Tätowierungen. „Ich hatte mich verändert", räumte er Jahre später ein. „Aber es war mir nicht so richtig klar gewesen, bis ich Al, Mart und Fletch gegenüberstand. Ihre Blicke setzten mir ganz schön zu."

Martin zeigte sich gegenüber Dorian Lynskey schockiert: „Wir hatten vorher keine Bilder von ihm gesehen. Es war ein richtiger Schock, ihn mit langen Haaren, übersät mit Tätowierungen und in ganz anderen Klamotten zu sehen. Als wir uns in Madrid wiedersahen, wurde offensichtlich, dass innerhalb der Band kein Gefühl der Einheit mehr bestand. Dave war hellauf begeistert von seiner Vision für die neue Platte. Daher kam es ihm gar nicht erst in den Sinn, dass der Rest der Band vielleicht gar keine „rockigere" Richtung einschlagen wollte. In einem Radiointerview sagte er: „Ich ging mit der Haltung dorthin: ‚Jawoll! Offensichtlich denken die anderen genauso wie ich!' Und wissen Sie was? Das taten sie eben nicht. Sie waren ganz zufrieden damit, wie es war, nur ich wollte alles auf den Kopf stellen und etwas daraus machen, das es nicht war."

Obwohl er musikalisch nicht die treibende Kraft in der Band war, gelang es ihm allein durch seine starke Persönlichkeit, die anderen zu überreden, viele seiner Ideen anzunehmen. Einer seiner Teilsiege bestand darin, dass er die anderen davon überzeugte, ein echtes Schlagzeug aufzunehmen. Nach ein paar Tagen Überzeugungsarbeit erklärte sich Alan schließlich dazu bereit, es einmal zu versuchen. Er hatte noch nie Schlagzeug in einer Band gespielt, aber als von Natur aus begabter Musiker hatte er keine größeren Schwierigkeiten damit und fand sich schnell zurecht.

Wenigstens konnte sich Dave im Studio ein Ventil für seine überschüssigen Energien schaffen. Sie hatten nicht mehr denselben Dampf und die Entschlossenheit wie früher, sodass sie, gelinde gesagt, anfangs ein wenig verunsichert waren. „Ich war vom Rest der Band vollkommen entfremdet, ich wollte eigentlich gar nicht dort sein“, sagte Dave. „Bis dahin hatten wir uns immer als Clique betrachtet, und nun verstanden wir uns zum ersten Mal überhaupt nicht.“

Die anderen Bandmitglieder wiederum fanden es bisweilen schwierig, sich im selben Zimmer wie Dave aufzuhalten. Seine Launen und die Sturheit, mit der er geflissentlich übersah, dass sie die neue Rockmusik vielleicht nicht ganz so prickelnd fanden wie er, sorgten für Spannungen. Es kam zu Streitereien, aber meistens herrschte nur betretene Stille. Ein Teil von Daves Problem bestand darin, dass er hinsichtlich seiner kreativen Ausdrucksmöglichkeiten häufig frustriert war – er sang zwar gerne, aber das genügte ihm nicht. Zum Ausgleich verbrachte er viel Zeit damit, zu malen. Einige in der Band überraschte das, und er musste sie daran erinnern, dass er schließlich drei Jahre lang eine Kunstschule besucht hatte. Zu diesem Zeitpunkt hatte er seit Jahren nicht gemalt, doch seine neuen Werke gefielen ihm so sehr, dass er sie Teresa gab. Damals sagte er, er wolle in Zukunft mehr malen.

„Zeitweise war es ein sehr schwieriges Album, daran gibt es gar keinen Zweifel“, sagte er unmittelbar nach der Veröffentlichung zu Martin Townshend. „Wir haben uns eine Weile lang nicht gesehen, sind unserer Wege gegangen und haben unser eigenes Leben gelebt. Wir haben Kinder bekommen und wohnen inzwischen in verschiedenen Teilen der Welt. Dadurch hat jeder von uns eine andere Auffassung davon, was die Gruppe war und ist, und was sie uns bedeutet. Als wir uns wieder trafen, brauchten wir eine ganze Weile, um uns wieder aneinander zu gewöhnen.“

Vielleicht war es eine gute Idee gewesen, dass sie alle zusammenlebten, aber nicht auf diese Weise. Ihre Zimmer lagen in einer Reihe und grenzten direkt aneinander, trotzdem sahen sie Dave oft tagelang nicht. Jeder von ihnen hatte seine eigene Vorstellung davon, wie die Songs zu klingen hätten, und besonders Martin war nicht zufrieden damit, wie das Ganze ablief. Anstatt dies offen anzusprechen, schwieg er lieber. Alan war unglücklich darüber, dass sie ziellos vor sich hin werkelten, Fletch war krankheitshalber stark eingeschränkt, und Dave lebte in seiner eigenen kleinen Welt.

Keiner von ihnen bemerkte, dass er Heroin nahm.

„Bei den Aufnahmen zu *Songs Of Faith And Devotion* kam es mir nicht einmal in den Sinn, dass er überhaupt Drogen nahm“, sagte Martin hinterher zu Danny Eccleston. „Ich wusste nur, dass wir ihn oft tagelang nicht zu Gesicht bekamen. Ich hätte eins und eins zusammenzählen sollen … wir waren alle ständig weg und amüsierten uns. Morgens um acht kamen wir zurück und standen um zwölf oder eins auf, um wieder an die Arbeit zu gehen. Wir wussten nicht, welcher Wochentag war, geschweige denn, wo Dave war."

Für Martin wurde der Alkohol zu einem Problem. „Ich trank einfach zu viel", gestand er Dorian Lynskey. „Ich hatte ein paar Krampfanfälle, und die Ärzte sagten, dies geschehe, wenn der Körper unter Entzug leide. Manchmal erwachte ich nach einer heftigen Nacht und bekam beinahe eine Panikattacke, dann aber dachte ich wieder: ‚Wenn ich schnell in die Kneipe gehe und einen hebe, wird's mir schon wieder gut gehen.'"

Als Daniel Miller eintraf, um zu sehen, wie sie vorankamen, war er erschreckt darüber, in welchem Zustand sie sich befanden. Alan belegte ganz alleine einen Raum und übte Schlagzeug, Fletch las, und Flood versuchte fieberhaft, neue Sounds für sie auszuknobeln. Das war nicht die personelle Einheit der vorangegangenen Alben. Es war auch nicht gerade förderlich, dass Alan das vergangene Jahr hauptsächlich der Arbeit an seinem viel beachteten Soloprojekt Recoil gewidmet hatte, während die anderen beinahe ein Jahr Urlaub hinter sich hatten. Er war also fast ununterbrochen im Studio gewesen, und obwohl er sich dort vermutlich lieber aufhielt als alle anderen, fühlte er sich oft unterbewertet.

Das einzig Positive und Aufbauende, das sie zustande brachten, waren die Songs. Natürlich hatten sie unterschiedliche Vorstellungen davon, wie sie klingen sollten, aber viele von Martins Themen sprachen Dave an. Seine Inspiration hatte Martin seit jeher aus den Bereichen Sex, Liebe und Religion bezogen, und diesmal schien die Religion im Vordergrund zu stehen.

„Ich habe so ein inneres Verlangen, an etwas zu glauben", sagte Martin zu Chris Willman. „Und wenn man mich direkt fragte, würde ich sagen, ich glaube an Gott. Als ‚Blasphemous Rumours' erschien, tat ich das vielleicht nicht. Jetzt dringt das alles aber in den neuen Songs durch."

Dave war ebenfalls auf der Suche nach Spiritualität. „Wir versuchen, die Leute in andere Sphären zu befördern, sie irgendwohin mitzunehmen, wo sie eine spirituelle Erfahrung machen können, oder wie auch immer man das nennen mag", sagte er. „Eine der großen Neuerungen an diesem Album ist, dass wir bis zum Schluss zusammen daran gearbeitet haben, und zwar auch an den Strukturen, Arrangements und sonstigen Ideen. Zum ersten Mal habe ich das Gefühl, dass ich mit Depeche Mode ganz groß rauskommen könnte."

Bis zu einem gewissen Grad waren die anderen Bandmitglieder in der Lage, Daves Probleme zu ignorieren, denn wenn es darauf ankam, bei der Aufnahme des Gesangs, brachte er es immer noch. Seine Stimme war zwar viel rauer und strapazierter als früher, aber damit kamen sie zurecht. Anstatt dem Diktat einer technisch möglichst perfekten Aufnahme zu folgen, versuchten sie, die Emotionen in seiner Stimme einzufangen. Das bedeutete, dass sie manchmal einen der ersten Takes verwendeten, auch wenn dieser an manchen Stellen nicht ganz perfekt war. Dafür klang er umso lebendiger und gefühlvoller. Später betrachtete er diese Gesangsaufnahmen rückblickend als einige der besten, die er je gemacht hatte. Mit dieser Meinung stand er nicht allein da. Viele Kritiker waren derselben Ansicht.

Mit „Condemnation" war er besonders zufrieden. Martins ursprüngliche Demoaufnahme war eine Gospel-Nummer gewesen, und sie wollten genau dieses ungeschliffene, einfache Element beibehalten. Außerdem wollten sie dieses organische Band-Feeling haben, das man in der Vergangenheit meistens bei ihnen vermisst hatte.

„Der Gedanke bei dieser Aufnahme war, das ursprüngliche Gospel-Feeling des Songs zu verstärken, ohne dass das Ganze zur Persiflage gerät", sagte Alan. „Außerdem wollten wir einen sehr räumlichen Klangeffekt erzeugen. Wir fingen also damit an, dass jeder von uns vieren an derselben Stelle des Studios etwas tat. Fletcher schlug mit einer Stange auf einen Instrumentenkoffer ein, Flood und Dave klatschten in die Hände, ich spielte auf einer Trommel, und Martin spielte Orgel. Es war sehr primitiv und rudimentär, aber wir wussten nun in etwa, wohin die Reise ging."

Als Dave den Gesang aufnahm, erwies sich das resultierende Geklapper durchaus als inspirierend. Hinter dem Studio in Madrid war eine Garage mit einem gefliesten Nebenraum, der eine stark hallende Akustik besaß, die perfekt für den Song war. Als Dave nach der Aufnahme wieder in den Regieraum kam, wusste er, dass er hervorragend gesungen hatte. Floods Gesichtsausdruck habe seinen Eindruck bestätigt, sagte er.

„Nach ‚Condemnation' unterhielt ich mich ein wenig mit ihm, und er sagte, es sei der beste Titel, den er in seinem ganzen Leben eingesungen habe", berichtete der Studioassistent Shaun de Feo dem Autor.

„Für einen Großteil seiner Gesangsaufnahmen verwendete er ein billiges Mikrofon. Im Regieraum drehten sie voll auf, und er gab einfach sein Bestes. Die Gesangsaufnahmen wurden nicht technisch überarbeitet, es ging allein um die Stimmung. Es war eine Live-Darbietung, wie viele dieser Gesangsaufnahmen. Das soll heißen, dass zwei oder drei Takes gemacht wurden. Damals gab es noch keine automatische Tonhöhenkorrektur, keine Pro-Tools. Das war eine Band. Diese Typen waren eine Band. Darum ging es ihnen, und ich glaube, das kam auf dem Album auch rüber."

„Das war der Song, den ich wirklich aus vollem Herzen gesungen habe", sagte Dave. „Ich konnte mich ganz mit dem Song identifizieren. Selbst heute noch bewegt er mich sehr." Flood meinte dazu: „Er war zwar auf Heroin und die meiste Zeit gar nicht anwesend, doch jedes Mal, wenn er ins Studio ging und einen Gesang aufnahm, war es einfach klasse!"

Obwohl er beim Gesang alles gegeben hatte, sei sein Beitrag zu der Produktion im weiteren Sinne doch relativ beschränkt gewesen, gestand Dave später. „Ich kam mit ein paar ungeordneten Ideen und Emotionen daher", sagte er. „Aber ich blieb nie bis zum Schluss. Es waren Alan und Flood, die am Mischpult saßen und das Ganze fertig stellten."

Schließlich mussten sie sich eingestehen, dass das Experiment, in Spanien zusammenzuleben, fehlgeschlagen war. Daher beschlossen sie, in ihre geistige Heimat, nach Deutschland, zurückzukehren. Nach einer kurzen Pause gingen sie in das in einem Hamburger Wohnviertel gelegene Studio Chateau Du Pape. Dort fiel ihnen alles ein bisschen leichter. Die Vorarbeit war erledigt, sodass Alan, Martin und Flood rasch vorankamen und Dave sich ganz auf seine Gesangsaufnahmen konzentrieren konnte. Das Chateau Du Pape entsprach weitaus mehr ihren Bedürfnissen. Sie brauchten eine professionelle Umgebung, die sie daran erinnerte, warum sie hier waren. Auch für Flood war dies viel besser. Er hatte bereits bei *Violator* mit den bizarren Arbeitsmethoden von Depeche Mode Bekanntschaft gemacht, aber bei diesem Album schien alles noch viel chaotischer. Häufig sprachen sie einfach nicht miteinander. Anton Corbijn sagte einmal, wenn von allen Bands, mit denen er je zusammengearbeitet habe, U2 die meisten Besprechungen gehabt hätte, dann sei Depeche Mode die Band mit den wenigsten gewesen.

„Den härtesten Job von allen hatte wahrscheinlich Flood, weil er alles zusammenfügen musste", sagte Dave zu Stephen Dalton. „Auch ihn hat dieses Album regelrecht kaputtgemacht. Er hat mit Nick Cave und U2 gearbeitet, aber hinterher sagte er mir, das düsterste Album, an dem er je gearbeitet habe, sei *Songs Of Faith And Devotion* gewesen."

In Hamburg entdeckte die Band schließlich, dass Dave Heroin nahm, als Alan die Insignien der Sucht in seinem Zimmer fand. Sie waren wütend — nicht nur auf ihn, sondern auch auf sich selbst. Plötzlich ergab sein Verhalten einen Sinn, und sie fragten sich, warum sie nicht schon früher darauf gekommen waren. Sie sagten ihm, er solle sich zusammenreißen, und eine Weile lang ging alles gut. Freilich konnten sie auch nichts anderes tun. Er war noch in dem euphorischen frühen Stadium des Drogenmissbrauchs und hatte das volle Ausmaß der Gefahr noch gar nicht erkannt.

„Viele Leute sagten mir, dass ich Hilfe benötigte", erzählte er Barry Walters. „Aber ich wollte nicht auf sie hören. Bis zu einem gewissen Grad wollten auch alle nichts sehen. Ehrlich gesagt, waren Martin, Fletch und Alan ziemlich naiv. Sie dachten, ich hätte mich bewusst ein wenig zurückgezogen und wäre eben so ein seltsamer Rockstar geworden."

Sein Erfolg in der Gesangskabine bestätigte ihn leider in dem Irrglauben, dass er leiden musste, um etwas Brauchbares zu schaffen. Er hatte sich den Gesang zu „Condemnation" in einer Weise abgerungen, die im scharfen Gegensatz zu den beinahe ironischen Darbietungen von *Violator* stand. Offenbar glaubte er, dass „echt" gleichzeitig auch „roh" bedeutete. Dies war seit jeher das Credo jener altehrwürdigen Blues-Bands und abgehalfterten Rocker gewesen, die Depeche Mode zu Beginn ihrer Karriere verspottet hatten. Als Vince Clarke die Band gründete, sollte sie einen Gegenpol zu dieser Denkweise bilden. Allerdings fällt es schwer, Dave angesichts seiner beeindruckenden Gesangsleistung nicht Recht zu geben – zumindest lässt sich seine Denkweise nachvollziehen.

Bizarrerweise tauchte ihr früherer Songwriter in Hamburg auf. Seine neue Band Erasure, inzwischen selbst ziemlich erfolgreich, hatte dort einen Auftritt. Depeche Mode waren überrascht zu sehen, dass auch er sich verändert hatte. Martin berichtete später, sie seien an einem Abend sogar gemeinsam ausgegangen, etwas, wozu sich Vince nur selten bewegen ließ, als er noch Mitglied der Gruppe war.

Depeche Mode wechselten vor der Fertigstellung des Albums noch einmal das Tonstudio. In den Olympic Studios im Westen Londons nahm die Musik nun vollends Gestalt an, und auch die Atmosphäre verbesserte sich deutlich. Auf einem Stück namens „Judas" spielt Steafan Hannigan den irischen Dudelsack. Es war eine ungewöhnliche Entscheidung, noch einen weiteren Musiker ins Studio zu bitten, und ihr bislang weitester Blick über den Tellerrand der elektronischen Musik.

„Sie wollten einen sehr experimentellen Sound erzielen, aber mit echten Instrumenten", erklärte Steafan dem Autor dieses Buches. „Sie wollten es keinesfalls einfach auf dem Synthesizer spielen. Sie wollten richtige Instrumente und ein richtiges Feeling, und ich sollte ganz besonders auf den Text achten. Also sprachen sie den Text mit mir durch, sagten, was sie erreichen wollten, und wo der Dudelsack hineinpassen würde. Sie hatten eine sehr genaue Vorstellung davon, wo in der Nummer etwas passieren sollte."

Steafan bestätigt, dass Dave bei den Aufnahmen die dominante Persönlichkeit gewesen sei, obwohl er nicht direkt am Mischpult saß: „Sie trugen beide zu den Aufnahmen bei, aber er schien der wichtigere Mann zu sein. Sehr zugänglich, sehr pragmatisch und freundlich."

Technisch gesehen hatte Dave vielleicht nicht unbedingt das Recht dazu, derart in den Prozess einzugreifen, weil er die Songs nicht geschrieben hatte und nicht der Produzent war, doch war er derjenige, der sich am meisten darum bemühte, mehr „menschliche" Elemente einzubringen. Ein Grund dafür war, dass die Aufnahmen so viel mehr Spaß machten, was keinesfalls zu unterschätzen war, denn immerhin arbeiteten sie mittlerweile an ihrem achten Album.

Es ist interessant festzustellen, dass außer dem engsten Kreis niemand im Umfeld des Sängers auch nur eine Ahnung davon hatte, dass er harte Drogen nahm. Sollte er zu diesem Zeitpunkt also noch Heroin genommen haben, hatte er seine Sucht sehr gut unter Kontrolle. Der Studioassistent Shaun De Feo sagt, es habe keinerlei Anzeichen gegeben, dass irgendetwas in dieser Richtung vor sich ging.

„Hinterher hörte ich diese ganzen Geschichten über Heroin, und wahrscheinlich war er damals auch auf Heroin, aber ich muss sagen, dass ich davon nicht das Geringste ahnte", sagt er. „Ich erfuhr es erst später und war schockiert. Während der Studioarbeit war ihm jedenfalls nichts anzumerken."

Entsprechend überrascht war Steafan, als später die Wahrheit ans Licht kam. „Ich habe schon unter ganz anderen Bedingungen gearbeitet, wo es gang und gäbe war, dass die Leute mal kurz rausgehen und nicht wiederkommen", sagt er. „Ich selbst habe nie Drogen genommen, aber ich weiß, dass sie weit verbreitet sind. Ich war schockiert, als ich davon erfuhr. Ich nahm es beinahe persönlich, weil es einen wirklich überrascht, wenn man diese Leute trifft und weiß, wie nett sie sind, und mit welchem Eifer sie an die Arbeit gehen. Es war ein cleanes Studio, das will ich damit sagen."

Im Olympic ging es insgesamt viel harmonischer zu. Mittlerweile hatten sie einen Kompromiss zwischen den unterschiedlichen Visionen der einzelnen Bandmitglieder gefunden und zogen nun alle am selben Strang. Nachdem das Album erschienen war, sagte Alan, sie hätten gegen Ende der Aufnahmen trotz allem endlich ihre Kommunikationsschwierigkeiten überwunden. „Die Einheit der Gruppe ist wahrscheinlich erst jetzt, also innerhalb der letzten zwei, drei Monate, wieder voll hergestellt worden", sagte er. „In diesem Jahr bestanden über einen langen Zeitraum etliche Meinungsverschiedenheiten zwischen den einzelnen Gruppenmitgliedern."

Steafan stimmt zu: „Sie arbeiteten sehr kooperativ zusammen. Alles war sehr positiv. Sie waren richtig begeistert von dem, was sie taten. Die ganze Angelegenheit brummte. Es war eine sehr kreative Erfahrung."

Es wirkte sich durchaus positiv aus, dass sie voll hinter ihrem jeweiligen Beitrag standen. Dies gilt vor allem für Dave, den der Gospel-artige Gesang auf *Songs Of Faith And Devotion* viel mehr bewegte als die noch wesentlich zurückhaltenderen Töne von *Violator*.

Bei allem, was seitdem über *Songs Of Faith And Devotion* und insbesondere die nachfolgende, berüchtigte Tournee gesagt worden ist, bleibt eines doch unstrittig: Denjenigen, die damals mit der Band zusammenarbeiteten, ist ihre Hingabe zur Musik weit besser im Gedächtnis geblieben als sämtliche angeblichen Ausschweifungen.

„Ich habe mit einigen dieser Rockstar-Typen zusammengearbeitet, aber Depeche Mode waren ganz anders", sagt Steafan. „Sie kamen mir ein wenig so vor wie eine Band, die ihr erstes Album hinter sich hatte und nun ihr zweites aufnahm, das noch besser als das erste werden sollte. Sie waren nicht davon überzeugt, dass sie das beste Album aller Zeiten abliefern würden, aber sie wussten, dass sie damit ein künstlerisches Statement abgeben wollten. Ich habe schon mit Leuten zu tun gehabt, die sich den Mitarbeitern im Studio gegenüber extrem unfreundlich verhalten haben, aber bei Depeche Mode gab es so etwas nie. Sie waren stets höflich, was äußerst angenehm war. Sie vertrauten auf die Fähigkeiten von Leuten wie Flood, dem Toningenieur oder meiner Wenigkeit."

Unter der Oberfläche herrschte indes ein unvermeidlicher Druck, die Aufnahmen von *Songs Of Faith And Devotion* verschlangen Unsummen. Nach Spanien und Deutschland hatten sie die extrem teuren Studios Nummer zwei und drei im Olympic über Wochen ausgebucht. „Mein Gott, sie müssen ein horrendes Budget bei diesem Album gehabt haben", sagt Shaun De Feo. „Diese Typen arbeiteten sich im großen Stil den Hintern wund. Martin war morgens vor Ort. Dave traf dann um die Mittagszeit ein, ebenso Alan Wilder. Dann gingen Martin, Dave und Fletch wieder, und wir blieben bis fünf Uhr in der Frühe dort. Flood, der Toningenieur Chris Dickie, Alan Wilder und ich. Wir programmierten und machten den ganzen übrigen Kram. Wir blieben also bis fünf und kamen dann um elf wieder. Es war ein harter Arbeitstakt. Wir mussten ziemlich früh wieder da sein, weil Dave um die Mittagszeit singen wollte und wir alles dafür vorbereiten mussten. Oft waren wir schon um halb zehn wieder da, und wenn alles fertig war, machten wir danach irgendetwas anderes. Ab Mitternacht bastelten dann Alan und Flood wie verrückt an den Sounds und diesem ganzen Kram."

Das Resultat war ein Album, das nach dem glatten *Violator* verblüffend aggressiv war. Mit dem Kreischen am Anfang von „I Feel You" verkündete es fast streitlustig den Richtungswechsel, den Dave gefordert hatte. Auch das Riff war mit Abstand das rockigste, das sie je abgeliefert hatten. Das Album ist indes weit mehr als eine Grunge-Version von Depeche Mode, die Dave im Sinn gehabt hatte. Nicht weniger bemerkenswert sind die deutlichen Soul- und Gospel-Einflüsse. „Condemnation", „Mercy In You" und „Judas" waren in ihrer Thematik unverhohlen spirituelle Songs. „Get Right With Me" erinnert an einen Gospel-Song. Und selbst in dem romantischen „In Your Room" findet sich eine Art Kirchenchor, der die melancholischen Gedanken des Sängers über die Lust klanglich untermalt.

Bei „One Caress" kam obendrein zum ersten Mal ein Streicher-Ensemble zum Einsatz. Wie viele andere Bands in den Neunzigern engagierten sie dafür Will Malone, der schon die Streichersätze für „Unfinished Sympathy" von Massive Attack arrangiert hatte. Er dirigierte in den Olympic Studios ein 28 Musiker starkes Ensemble. Martin sang live dazu. Alan sagte später, es sei nach „Somebody" die zweitschnellste Aufnahme gewesen, die sie je gemacht hätten.

Doch selbst in ihren rockigsten Stücken waren sie immer noch unverkennbar eine elektronische Band. Das drogengeschwängerte „Rush" ist zwar härter und schwerer als alles auf ihren vorangegangenen Alben, aber es wird immer noch von einem synthetischen Rhythmus getragen. Es klingt fast wie eine langsamere Version dessen, was The Prodigy zwei oder drei Jahre später machen sollten. Daniel Miller hat einmal betont, dass sich die Depeche-Mode-Version von Rock von denen der meisten Gitarrenbands stark unterscheide.

Depeche Mode hatten bei der Album-Produktion schlicht die effektivsten Werkzeuge verwendet, die ihnen zur Verfügung standen. Verglichen mit der brillanten Einfachheit von *Violator* wirkte die neue Platte mitunter konfus und überladen. Die zahlreichen Studios und endlosen Klangexperimente sind deutlich herauszuhören, doch daneben umfasste das Album auch einige Sternstunden der Band.

Daves Stimme hört sich ganz anders an als auf *Violator*. Der zurückhaltende Schmelz ist dahin, stattdessen klingt er, als sänge er zum letzten Mal in seinem Leben. Er beweist weitaus besser als auf der vorangegangenen Platte, wozu er gesanglich in der Lage ist – sowohl technisch als auch emotional. Vom zarten und doch eindringlichen „One Caress" bis zum tiefen, grobkörnigen „Condemnation" ist es ein gewaltiger Sprung. Kaum zu glauben, dass dies derselbe Mann ist, der auf der Bühne gerne wie ein Kind herumwirbelt. Dafür ist umso leichter erkennbar, warum es zu diesem Zeitpunkt sein Lieblingsalbum war.

Hinterher fragte sich Martin, ob sie mit ihrem Richtungswechsel zugunsten rockigerer Töne das Richtige getan hatten. Es war das erste Mal, dass sie ganz bewusst Elemente eines allgemeinen, größeren Trends in ihre Musik einfließen ließen, wenn auch nur indirekt. Ihre bisherigen Alben waren allesamt in der kreativen Blase von Depeche Mode entstanden. „Ich finde, es hat immer viel Spaß gemacht, sich abzuschotten und es auf diese Weise zu machen", sagte er. „In gewisser Weise sind wir vielleicht zu einer jener Bands geworden, gegen die wir rebellierten, als wir mit elektronischer Musik anfingen."

Dies war gewiss auch die Ansicht einiger Fans. Der frühe Mentor Rusty Egan erinnert sich, wie angewidert er war, als er sah, dass sie auf der Bühne mit einem Schlagzeuger spielten. „Ich regte mich maßlos auf!", sagt er. „Warum habt ihr einen Schlagzeuger? Macht, dass ihr von dieser scheiß Bühne runterkommt!" Ihre Entwicklung zur Rock-Band, sollte diese denn überhaupt stattfinden, vollzog sich indes eher auf spiritueller denn auf klanglicher Ebene.

Sie hatten die ironische Distanz verloren, die für englische Bands so charakteristisch ist, und waren durch Daves Erlebnisse in L.A. unweigerlich ein bisschen amerikanisiert worden. Er war nun viel ernster und gefühlsbetonter als damals in Basildon. Es war eine Veränderung, die sowohl Gutes als auch Schlechtes mit sich brachte, doch die anderen Bandmitglieder vermissten zuweilen den alten, lustigen Typen, den sie von früher kannten.

„Dave ist der geborene Schauspieler“, sagte Daniel Miller zu Danny Eccleston. „Er spielte uns immer so einen Junkie-Rockstar vor, eine Art Mick Jagger auf Drogen. Diesmal begriff ich jedoch, dass es ernst war. Seine Körpersprache, seine Art zu reden – er war einfach ein ganz anderer Mensch geworden.“

Der Erfolg der ersten Single-Auskopplung „I Feel You“ half der Band auch nicht gerade, sich neu zu orientieren und eine neue Perspektive zu gewinnen. Antons Video verkündete ihre neue Richtung mit donnernder Direktheit. Es zeigte Dave mit Sonnenbrille und Gangster-Anzug, wie er seine besten Rock-Posen vorführte. Martin spielte Gitarre und Alan saß am Schlagzeug. Wie um zu unterstreichen, dass Depeche Mode hier die draufgängerische Rock-Band gaben, wurden sie obendrein von halbbekleideten Mädchen umgarnt. Wenn man ihnen zusah, wie sie auf traditionellen Instrumenten spielten, und dabei der Musik lauschte, wurde allerdings deutlich, wie viel von dieser Musik immer noch rein elektronisch war. Es kam einem so vor, als würden 90 Prozent des Songs von Fletch an den Keyboards gespielt, der nur gelegentlich im Hintergrund zu sehen war. Die letzte Einstellung, in der Dave sein Hemd aufknöpft und seine Tätowierungen zeigt, war wie eine Kriegserklärung an alle, die in ihnen immer noch einen Gegenpol zur Alternative-Rock-Szene sahen.

Vor dem Erscheinen des Albums hatte die Band Anton Corbijn damit beauftragt, ein so genanntes EPK (electronic press kit = elektronische Presseunterlagen) zu filmen, das die Entstehung der Platte dokumentieren sollte. Es begann mit einer harmlosen Karikatur der Band, die der Wahrheit vielleicht sehr nahe kam. Zu sehen ist der DJ und Journalist Paul Gambaccini, der einen nach dem anderen von ihnen besucht. Fletch ist in seinem Büro, Alan sitzt am Flügel und spielt einen Teil von „One Caress“, Dave sieht aus wie ein Hippie und hat es sich, umgeben von Kerzen, auf ein paar Kissen bequem gemacht. Martin schließlich verkriecht sich in einem Hotelzimmer und lässt sich durch den Empfangschef bei seinem Besucher entschuldigen. Auf humorvolle Weise verdeutlicht dieser Film, wie unterschiedlich – und wie weit auseinander – sich die Persönlichkeiten der Bandmitglieder entwickelt hatten.

Viel sagend die Szene, in der ein ziemlich müde wirkender Dave nach seinem Verhältnis zu Martin gefragt wird. „In den letzten Jahren bin ich Martin ein gutes Stück näher gekommen", sagt er. „Ich habe ihn viel besser kennen gelernt und mag ihn heute viel mehr als früher. Ich wünschte mir, dass er mir gegenüber dasselbe empfindet." Ein Großteil des Films ist ein Paradestück in der Kunst, nicht allzu viel preiszugeben. Vorsichtig formuliert Alan, jedes Bandmitglied habe sich seit ihrem letzten Album „verändert". Dave wiederum redet darüber, was er, Alan und Fletch aus Martins Demos machen.

Als „I Feel You" am 15. Februar 1993 erschien, wurde es zur erfolgreichsten Single, die sie je veröffentlicht hatten. Der neue, rockigere Sound kam besonders in Amerika gut an, abgesehen von dem lang gezogenen Kreischen am Anfang des Stücks. Als sie es fürs Radio herausschnitten, wurde der Titel rasch zum festen Programmbestandteil „moderner" Rock-Sender.

Nach dem ermüdend langen Aufnahmeprozess geriet das Album zwar musikalisch zum Triumph, aber menschlich hatte die Gruppe gelitten. Sie brauchten eine lange Pause. Sie hatten, mit kleinen Unterbrechungen, von Februar 1992 bis Januar 1993 an der Platte gearbeitet, länger als an jedem anderen Album zuvor. Unglücklicherweise war die Tournee bereits gebucht. Damals waren Depeche Mode ein solches Pop-Monster, dass alles lange im Voraus organisiert werden musste. Da sich die Aufnahmen so lange hingezogen hatten, hatten sie kaum Gelegenheit, sich auszuruhen. Insbesondere Alan blieb fast keine Freizeit. Seine Aufgabe war es, sich zurückzuziehen und die Songs so zu arrangieren, dass man sie live spielen konnte. Dave kehrte derweil in seinen „Rockstar"-Kokon zurück und bereitete sich auf jenen Teil des Jobs vor, der ihm am meisten Spaß machte: die rund zwei Stunden auf der Bühne. In der übrigen Zeit sollte die 14 Monate dauernde, berüchtigte *Devotional*-Tour jedoch eine selbstzerstörerische Wirkung für ihn entfalten.

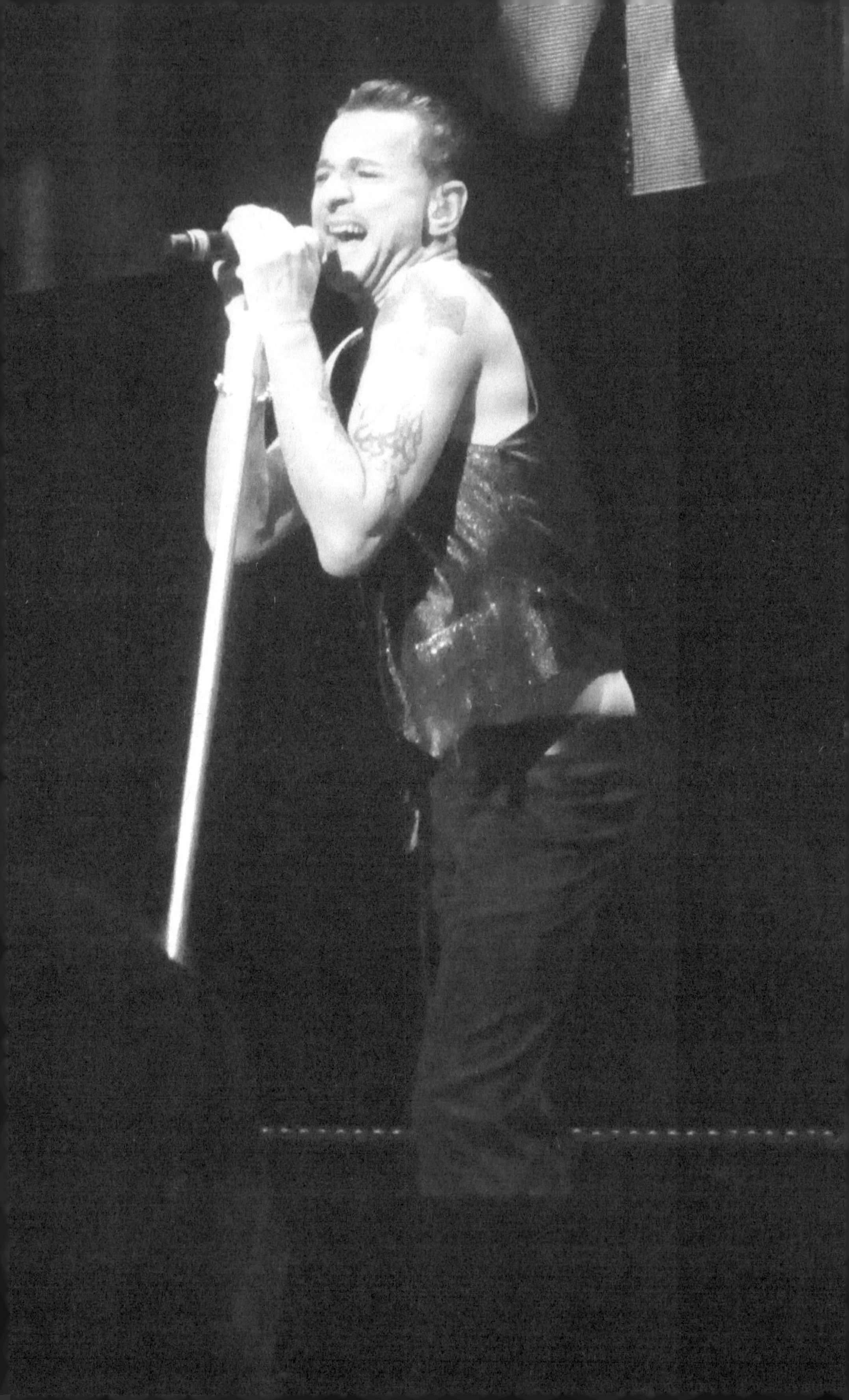

15. Zerstörung

Als *Songs Of Faith And Devotion* endlich erschien, war es, als hätte man von Depeche Mode seit Ewigkeiten nichts gehört. Alles hatte sich vollkommen verändert. Grunge war zum Schema F geworden, und sein bedeutendster Protagonist Kurt Cobain versank immer tiefer in Drogenmissbrauch und Depressionen. In Großbritannien begann den Fans der Ernst der amerikanischen Rockmusik auf die Nerven zu gehen, und es gab bereits erste Anzeichen des aufkeimenden Britpop. Wie üblich klangen Depeche Mode – trotz ihrer Anleihen an den amerikanischen Rock – anders als alles, was zu jener Zeit sonst noch auf dem Markt war.

Von dem neuen Album wurden zwar nicht so gewaltige Mengen verkauft wie von *Violator*, aber es bewies, dass Depeche Mode immer noch in der obersten Liga spielten. Die Zeitschrift *Billboard* stellte später fest, dass *Songs Of Faith And Devotion* das erste Alternative-Album gewesen sei, dass es auf Anhieb an die Spitze ihrer Charts geschafft habe. Inzwischen hatte die Band außerdem in jedem Winkel der Erde Fans. Sie waren sich der Gefahr zu langer Tourneen wohl bewusst, doch standen sie andererseits auch unter dem Druck, für alle zu spielen, die sie hören wollten. Dave wusste, dass eine lange Tournee körperlich sehr auszehrend wirken konnte, und begann sich darauf vorzubereiten. Er konsumierte zwar weiterhin Drogen, begann aber mit einem Fitnessprogramm und ging jeden Tag zum Training. Drei Stunden lang schwitzte er auf dem Rundparcours, dann strampelte er sich auf dem Fahrradtrainer ab und betrieb Kampfsportarten. Außerdem stählte er sich für die Tournee mit seiner bisher ehrgeizigsten Tätowierung. In zwei Sitzungen von jeweils fünf Stunden ließ er sich ein Paar Flügel auf den Rücken stechen. Es war ein keltisches Symbol, das seinen Träger vor allem Bösen bewahren solle: „Sie waren wie meine eigenen Flügel. Das war meine Geheimwaffe für die Tournee – wenn man das schafft, bekommt man alles hin. Wenn man zehn Stunden unter der Nadel aushält, kann man alles schaffen."

Zwei Wochen lang konnte er sich kaum strecken, und bei den Proben für die Tournee hatte er jedes Mal Schmerzen, wenn er sich bewegte. Es schien, als verspüre er das Bedürfnis, sich selbst zu bestrafen. Trotzdem war die Tournee genau das, worauf er gewartet hatte. Im Studio empfand er sich vielleicht nicht immer als wichtigstes Bandmitglied von Depeche Mode, doch auf der Bühne stand er zweifellos im Zentrum der Aufmerksamkeit. Obendrein war *Songs Of Faith And Devotion* ein Album, das für die Bühne konzipiert worden war. Dave wollte rocken und die Resonanz des Publikums spüren, was ihm immer noch einen größeren Kick verschaffte als alle Drogen, die im Grunde nur eine Ersatzbefriedigung darstellten.

Logistisch war die Tour eine ganz große Sache. Der Tross umfasste 152 Personen — wenn man den Drogendealer mitrechnet. Außerdem reiste noch ein Therapeut mit. Es war die Idee von Alan Wilder gewesen. Sie zahlten ihm 4000 Dollar die Woche, damit er sich ihre „Sorgen" anhörte, wie er es nannte.

„Wir dachten, dass er denjenigen Unterstützung bieten könnte, die Hilfe benötigten", sagte Alan zu Stephen Dalton. „Der wahre Grund war jedoch der, dass Dave auf diese Weise von seiner Drogensucht kuriert werden sollte, weil wir nicht ganz sicher waren, ob er bis zum Ende der Tournee durchhalten würde. Ironischerweise ging jeder irgendwann mal zu diesem Seelenklempner – nur nicht Dave, der den Plan längst durchschaut hatte."

Bevor die Tournee begann, führte die Band ein ernstes Gespräch mit ihrem Sänger. Wenn er nicht vom Heroin loskäme und den Drogen entsagte, würde er kaum bis zum Schluss durchhalten, warnten sie ihn. Er willigte ein, allerdings war das alles nicht so einfach. Zu dieser Zeit hatte die Presse Wind davon bekommen, dass irgendetwas nicht ganz in Ordnung war, und befasste sich zunehmend mit diesem Thema, besonders in Deutschland. Depeche Mode versuchten, dies als Gerüchte abzutun. „Momentan schreiben sie in Deutschland lauter Geschichten, dass Dave Aids hätte oder bald sterben müsste oder schwer drogenabhängig wäre", sagte Martin. „Das ist lustig, weil es uns nicht schadet, sondern die Plattenverkäufe noch weiter ankurbelt. Jeder, der das liest, muss doch denken: ‚Das klingt aber interessant. Ich muss mir schnell das Album besorgen!'"

Die Tournee begann am 19. Mai 1993 im französischen Lille. Bis Ende Juli traten sie mindestens jeden zweiten Tag auf. Im August legten sie eine Tourpause ein – nur, um mit Anton Corbijn in Ungarn ein Video zu „Condemnation“ zu drehen.

Die Vorgruppen hatten es nicht leicht. Die Depeche-Mode-Fans waren extrem eingefahren, und man musste schon etwas ganz Außergewöhnliches bieten, wenn man in einem Stadion zu 30 000 oder mehr Menschen durchdringen wollte, die die Musik höchstwahrscheinlich noch nie gehört hatten. Als erste warfen Spiritualized das Handtuch. Die verträumten, gospelartigen Rock-Klänge verhallten in der kalten Atmosphäre der Sportarenen. Tausende von Fans schrieen während des gesamten Auftritts „Depeche Mode“, sodass sich die Musiker kaum konzentrieren konnten. Die Ersatzband Miranda Sex Garden wurde einmal sogar mit vergammeltem Fleisch und Plastiktüten voller Hundescheiße beworfen.

Eine schützende Mauer aus Angestellten, Bodyguards und sonstigem Gefolge umgab Depeche Mode auf Tour wie ein Kokon. Sie hatten das Gefühl, dem Alltag vollkommen entrückt zu sein, und verloren sich in einer Welt aus nahezu identischen Stadien, Flughäfen, Flugzeugen und Hotels. Auf dem Weg zu Konzerten fuhr Dave in einer Limousine, Alan in einer anderen und Fletch und Martin in einer dritten. Manchmal schien es fast, als liefen verschiedene Tourneen parallel.

Häufig entstand der Eindruck, als hätte Dave alles nur Erdenkliche versucht, um sich selbst abzuschotten. Er hatte seine eigene Garderobe, die er als Hommage an Keith Richards mit Vorhängen und Kerzen dekorierte. Dort blieb er, so lange er konnte. Die Kluft zwischen ihm und den übrigen Bandmitgliedern war so groß wie nie zuvor. Fletch ertrug es nicht, sich im selben Zimmer wie er aufzuhalten. Martin tolerierte ihn gerade so eben, und Alan hatte Schwierigkeiten im Umgang mit ihm. „Nicht nur, dass sie Probleme mit mir hatten“, sagte Dave einige Jahre später im EPK zu *Ultra*, „ich konnte mich selbst kaum ertragen.“

Wenn ein Konzert gut lief, waren Depeche Mode immer noch beeindruckend. Die Verehrung durch die Fans wurde zunehmend wichtiger, da ihre Hingabe und Begeisterung Dave nach wie vor verblüffte und inspirierte. Bei einer Show in Mannheim geriet er ein wenig zu nahe an den Bühnenrand. Er wusste, dass er gleich in die erste Reihe fallen würde. Hinterher sagte er, er habe versucht, sich vorzustellen, wie er als Kind in Basildon vom hohen Sprungbrett ins Schwimmbecken gesprungen war. Er machte das Beste aus der Situation, ließ sich nach vorn fallen und wurde von einem Meer Hände aufgefangen, die an seiner Haut und an seinen Kleidern zerrten, bis ihn die Sicherheitsleute wieder außer Reichweite bringen konnten. Es war eine gleichermaßen erschreckende wie erhebende Erfahrung, so begehrt zu sein.

Es war vielleicht wenig überraschend, dass sich Dave ganz offensichtlich unverwundbar fühlte, doch im weiteren Verlauf der Tournee wurde es zusehends schwieriger, dieses Gefühl aufrechtzuerhalten. In Ungarn entsprach sein Auftritt nicht seinem gewohnten Standard, und er gab zu, er habe sich „scheiße" gefühlt. Seine Stimme verzieh ihm die Strapazen, denen er sie unterzog, erstaunlich lange, doch gelegentlich hatte er Probleme. Entgegen aller Vernunft machte er jedoch weiter wie bisher.

Beim ersten Konzert in London, im Crystal Palace Athletics Stadion, war die Stimmung aufgeheizt und ein wenig seltsam. Diesmal hatten sie die Goth-Rocker von Sisters Of Mercy im Vorprogramm, und obgleich es gewisse Ähnlichkeiten zwischen den beiden Bands gab, waren die Sisters-Fans in der Regel extrem parteiisch, und die beiden Lager vertrugen sich nicht. Außerdem war es das einzige Konzert der Goth-Band in jenem Jahr, so dass viele Fans nur gekommen waren, um sie zu sehen. Einige Fans verließen sogar den Saal, bevor Depeche Mode noch die Bühne betreten hatten.

Dave war mittlerweile arg mitgenommen. Der *NME*-Journalist Gavin Martin interviewte ihn im Crystal Palace und war angesichts seines Zustandes entsetzt. „Er wirkt krank, hat fahle Haut, die Augen sind in bläulichen Höhlen versunken", berichtete er. „Die Innenseiten seiner langen, dünnen Arme sind mit Schürfwunden und Kratzern übersät." Dave behauptete zwar, dies stamme noch von dem Ereignis in Mannheim, aber ein Teil von ihm wollte, dass ihn die Menschen nun als drogensüchtigen Rockstar sahen. „Ich könnte Ihnen jetzt voller Stolz sagen, dass ich mir gerade einen Schuss Heroin gesetzt habe", sagte er zu Chris Roberts. „Irgendwie würde es für mich bedeuten, dass ich ehrlich bin, wenn ich Ihnen das erzählte. Aber genau das macht die Droge mit einem – sie gaukelt einem Mut und Stärke vor. Man denkt: ‚Ich brauche niemanden, leckt mich alle am Arsch!'"

In London war es jedoch viel schwieriger, sich so zu benehmen. Seine gesamte Familie war anwesend, darunter auch sein Sohn. Damals sagte er, er sei froh gewesen, dass Jack wenigstens einmal habe sehen können, womit er sein Geld verdiente. „Er begriff plötzlich, was Papa so macht, und dass ich kein Totalversager bin", sagte er 1994 in einem Radiointerview. „Er kennt alle meine Bewegungen und hat es wirklich genossen, dabei zu sein. Das hat mir ein echt gutes Gefühl gegeben."

Hinter der Fassade waren die familiären Beziehungen jedoch weitaus komplizierter. Jahre später sagte er in einem Gespräch mit dem *Guardian*, seine Familie habe sich fürchterliche Sorgen um ihn gemacht. „Schließlich zog mein Bruder meinen Ärmel hoch und fragte: ‚Was zum Teufel tust du dir da an?'", erzählte er dem Journalisten Dave Simpson. „Ich log ihn an. Ich erinnere mich, dass ich sagte: ‚Das kommt davon, dass ich ins Publikum springe – dabei verletze ich mich eben.'"

Eines Morgens erwachte er bis zur Hüfte aus einem Hotelzimmerfenster hängend. Von unten starrten ihn die Menschen an. Offensichtlich hatte er den Kopf hinaus gestreckt, um etwas frische Luft zu schnappen, und war dabei ohnmächtig geworden. Wenn das Fenster nicht zugefallen und er nicht in dieser Position stecken geblieben wäre, hätte er leicht in den Tod stürzen können. „Ich war sprachlos", sagte er. „Besonders, als ich auf die Uhr sah – ich musste dort stundenlang so gehangen haben."

Sein damaliger Zustand ist in dem Video zu „Condemnation" deutlich zu erkennen. Anton Corbijn stellte ihn als gescheiterten Messias dar. In seiner weißen Weste wirkte er hager und benommen. Eine Gruppe Frauen mit Kapuzen geleitete ihn einen schmalen Pfad entlang zu einer weiß gekleideten Braut, die aussah, als wäre sie einer Shampoo-Werbung entsprungen. Die Sorge in den Gesichtern der anderen Bandmitglieder, die als Mönche verkleidet waren, mag echt gewesen sein. Es war Daves Lieblingssong, also war er bitter enttäuscht, als das amerikanische Label sagte, dass sie ihn nicht in den Staaten veröffentlichen wollten. Stattdessen mussten sie ein weiteres Video zu „One Caress" drehen, was die Band als sehr frustrierend empfand.

Die Pause nach der Hälfte der Tournee schien auch nicht viel zu helfen. Als sie wieder unterwegs waren, verschlechterte sich Daves Gesundheitszustand weiter. Bei einem Konzert in New Orleans Ende 1993 schien es, als fordere sein Drogenkonsum nun endlich seinen Tribut. „Während des letzten Songs konnte ich auf einmal nichts mehr hören, aber alles sehen, und ich wusste, dass ich immer noch sang", erzählte er. „Es war, als schwebte ich über die Bühne. Ich ging runter und sagte: ‚Ich kann nicht weitermachen.' Ich wurde ohnmächtig." Dave hatte einen schwachen Herzinfarkt erlitten. Es hätte ihm eine Warnung sein müssen, nicht in diesem Stil weiterzumachen.

Sein Arzt sagte, wenn er schon die Tournee fortsetzen müsse, dann solle er doch wenigstens auf einem Stuhl sitzen. Dave weigerte sich strikt, das zu tun. Sein allabendlicher Auftritt war alles, wofür er lebte. Stattdessen sagten sie den nächsten Termin ab. Er bekam einen Tag frei und machte dann weiter wie zuvor.

Gegen Jahresende hatten sie eine weitere Tourneeunterbrechung, bevor Anfang 1994 der nächste Abschnitt folgte, die *Exotic Tour*. Sie waren inzwischen so populär, dass sie überall in Asien und sogar in Afrika spielen konnten, wo sie noch nie zuvor gewesen waren. In gewisser Hinsicht war es ein riskantes Unterfangen. So traten sie zum Beispiel in Singapur auf, einem Land, in dem auf Heroinbesitz die Todesstrafe stand.

Zuvor spielten sie in Südafrika, mitten in der unruhigsten Phase seiner jüngeren Geschichte. Der Wind der Veränderung hatte auch Pretoria erreicht, und der rechtsgerichteten National Party war die Kontrolle über das Land entglitten. Die ersten freien Wahlen standen bevor. Einige Monate später wurde Nelson Mandela zum Präsidenten gewählt. „Es war wunderschön dort“, sagte Dave. „Aber die Stimmung war genauso wie vor den Unruhen in Los Angeles. Wir verließen das Land, und den Rest kennen Sie ja. Da wurde Geschichte geschrieben.“

In Südafrika reihte sich auch Alan in den Zug der „gehfähigen Verwundeten“ ein, nachdem er mit äußerst schmerzhaften Nierensteinen ins Krankenhaus eingeliefert worden war. Er wurde unverzüglich in eine Klinik gebracht. Das nächste Konzert in Durban musste abgesagt werden. Dave und Martin, wenngleich enttäuscht, dass sie eine Show auslassen mussten, hatten wenigstens einen freien Tag am Meer und fuhren hinaus, um mit den Delphinen zu schwimmen. Alan hatte auf dieser Tournee kein Glück. Abgesehen von seinen gesundheitlichen Problemen wurden ihm bei einem Einbruch Klamotten im Wert von 10 000 Pfund gestohlen.

Fletch war ebenfalls krank und betonte immer wieder, dass die wackelige Situation nicht allein Dave angelastet werden könne: „Der Eindruck, dass ein einziger Typ einen Sack voller Probleme hat und damit das ganze Schiff zum Kentern bringt, ist falsch. Die Bordwände hatten viele Löcher.“ Damals teilten sie der Presse lediglich mit, dass Fletch nach Hause reisen müsse. Alan brauchte eine Woche, um Daryl Bamonte seine Parts beizubringen.

„Er fühlt sich nicht besonders gut“, sagte Dave in einem Radiointerview. „Zudem bekommt seine Frau demnächst das zweite Kind, und er muss ein paar Sachen erledigen, also hat er keine Zeit. Er muss sich um andere Dinge kümmern, die dringender sind."

Als Daniel Miller zu ihnen stieß, missfiel ihm schwer, was er sah. Ursprünglich waren sie einmal die echte, lebende Version seiner unschuldigen Silicon Teens gewesen, doch der Erfolg, zu dem er ihnen verholfen hatte, schien ihnen alles andere als gut getan zu haben. „Ich besuchte sie auf Tour und fand es entsetzlich", sagte er. „Ich erinnere mich, dass man mich dem offiziellen Drogendealer vorstellte. Da dachte ich: ‚Scheiß drauf, ich habe hier nichts mehr verloren.'"

Mitte der Neunziger war die Selbstzerstörung für viele Rock-Gruppen ein Problem, in erster Linie wegen des Heroins, wenn auch nicht ausschließlich. Während ihres Tourneeabschnitts in Südamerika erfuhren sie vom Selbstmord Kurt Cobains. Auch Dave legte inzwischen eine ausgeprägte Obsession für den Tod an den Tag. Daheim in Los Angeles hatte er ein Bett in der Form eines Sarges, und auf Long Island biss er einmal sogar den Journalisten Andrew Perry in den Hals und verfluchte ihn. „Ich erinnere mich, dass ich hinterher darüber las, aber ich erinnere mich nicht daran, es tatsächlich getan zu haben", sagte er später. „Ich war damals irgendwie auf dem Vampir-Trip. Ehrlich gesagt, bewegte ich mich langsam auf ein Stadium zu, in dem ich wirklich glaubte, was ich mir alles vorstellte. In meiner Phantasie könnte ich also durchaus auch ein Vampir gewesen sein."

Trotz alledem ging Dave an jenem Abend auf die Bühne und legte zu Andrew Perrys Erstaunen einen makellosen Auftritt hin. Darin lag zum Teil das Problem. Egal, wie schlecht es ihm auch ging, schien Dave stets in der Lage zu sein, eine brillante Show abzuziehen. Das täuschte darüber hinweg, wie ernst seine Probleme wirklich waren.

Als man ihnen anbot, einen weiteren Tourneeabschnitt in den Staaten zu absolvieren, war Fletch entsetzt. Er war zwar immer noch zu Hause in England, aber er glaubte nicht, dass die anderen noch mehr aushalten könnten. Wider besseres Wissen brachen sie erneut auf. Mittlerweile wussten sie ohnehin nicht mehr, was sie mit sich anfangen sollten, wenn sie nach Hause kämen.

Dave Gahan war sich der Tatsache wohl bewusst, dass er niemanden mehr hatte, mit dem er sich unterhalten oder – harmlos ausgedrückt – „feiern" konnte, weil zwischen den Mitgliedern von Depeche Mode eine große Kluft bestand. Deshalb machte er sich dafür stark, dass die berüchtigt hedonistischen Primal Scream sie als Vorgruppe begleiten sollten. Primal Scream ihrerseits meinten, sie hätten es als wenig erbaulich empfunden, vor Tausenden desinteressierter Fans zu spielen, die auf eine andere Band warteten. Außerdem sagten sie, dass Depeche Mode durch ihren Einfluss wieder ein wenig näher zusammengerückt seien. Zu diesem Zeitpunkt sprachen sie kaum noch ein Wort miteinander.

Dave verbrachte mit Primal Scream bewusst viel mehr Zeit als mit seiner eigenen Band. An den meisten Abenden sah er ihnen von der Seite der Bühne aus zu und – so sagte er zumindest 1997 im *NME* – half ihnen aus, wenn sie Drogen brauchten.

Daneben bemerkte er auch, dass Primal Scream trotz ihres Rufs als eine der partygeilsten Bands der Welt durchaus wussten, wann es Zeit war, aufzuhören. Sie lebten nicht ganz so, wie es der Mythos glauben machen wollte. Niemand tat das. Das war eine wichtige Lektion für ihn, doch steckte er zu diesem Zeitpunkt bereits viel zu tief im Sumpf. In den Hotels, in denen sie abstiegen, bestanden sie nicht nur darauf, auf unterschiedlichen Stockwerken untergebracht zu werden, sondern verlangten darüber hinaus ein Zickzackmuster, damit ihre Zimmer nicht übereinander lagen. Nur für den Fall, dass einer von ihnen beschloss, eine stürmische Party zu feiern. Bei einer solchen Party in Berlin wurde die Polizei gerufen, und eine bekannte Luxushotelkette erteilte der Band Hausverbot. Bei einer anderen im kanadischen Quebec verbrachte Dave die Nacht hinter schwedischen Gardinen, nachdem er sich mit einem Angestellten in die Wolle gekriegt hatte. Es wurde allerdings keine Klage erhoben.

Es begann damit, dass sie eine Nachricht auf Französisch erhielten, in der ihnen mitgeteilt wurde, dass aufgrund von Reparaturarbeiten zwischen Mitternacht und fünf Uhr morgens kein Strom in den Zimmern sei. In Anbetracht der hohen Zimmerpreise, die sie bezahlten, waren sie verständlicherweise verärgert, dass man sie nicht vor der Buchung darüber informiert hatte. Dieser Ärger verstärkte sich, als man sie in vollkommener Dunkelheit auf ihre Zimmer führte.

Das Depeche-Mode-Gefolge fand, dass die Hotelangestellten unter den gegebenen Umständen äußerst unfreundlich und wenig hilfreich seien, und es kam zum Streit. Als Dave „sich mit einem von ihnen in die Haare kriegte", wurde die Polizei gerufen, und er verbrachte die Nacht vor ihrem Auftritt im Gefängnis. Am nächsten Morgen musste Jonathan Kessler ihn und einen Angehörigen des Sicherheitspersonals gegen Kaution freikaufen.

Was die Tournee neben dem ungesunden Alkohol- und Drogenkonsum jedoch so anstrengend machte, war das Reisen selbst. So luxuriös die Hotels auch sein mochten, es war einfach nicht wie zu Hause, und auch die Flüge, die sie nahmen, waren bisweilen regelrecht gruselig. Nach einem Auftritt in New York gerieten sie auf dem Weg nach Hampton im Bundesstaat Virginia in einen Hurrikan.

Anfangs versuchten sie noch, dies auf die leichte Schulter zu nehmen. Martin und Daryl fingen an, Songs von Buddy Holly und Patsy Cline zu singen (beide Künstler waren bekanntlich bei einem Flugzeugunglück ums Leben gekommen). Doch als alles um sie herum still wurde, und sie ins Auge des Sturms flogen, dachten sie tatsächlich, sie müssten sterben.

„Dann: PENG!", berichtete Daryl Bamonte dem Fan-Magazin *Bong*. „Die Turbulenzen begannen erneut, die Gebete ebenfalls (Dave umklammerte ein Kruzifix!), und unsere Piloten schafften es, uns wieder heil zurück auf die Erde zu bringen. Nachdem wir eine Nacht in einem Hotel in Hampton zugebracht hatten, war uns jedoch klar, dass das Flugzeug abgestürzt sein musste, wir alle tot waren und uns nun in der Hölle wieder gefunden hatten."

Die Tour wurde abermals unterbrochen, aber gerade lange genug, damit sie das Video zu „In Your Room" fertig stellen konnten, der letzten Single-Auskopplung aus *Songs Of Faith And Devotion*. Es war ein Erlebnis, auf das sie rückblickend lieber verzichtet hätten. Wieder konnten sie Anton Corbijn als Regisseur verpflichten. Als er sah, in welchem Zustand sich Dave Gahan befand, hatte er das entsetzliche Gefühl, dass dies das letzte Video sein würde, das er je mit ihnen machen würde. Folglich geriet es zu einer Art Retrospektive oder Elegie auf die Band. Es enthielt Szenen, die an viele ihrer früheren Videos erinnerten, etwa „I Feel You", „Walking In My Shoes", „Halo", „Enjoy The Silence", „Personal Jesus" und „Condemnation".

Am düstersten war, dass es nacheinander die einzelnen Bandmitglieder an einen Stuhl gekettet zeigte. Sie hatten stets auf Antons Fähigkeit vertraut, die Stimmung innerhalb der Band abzubilden. Es hätte ihnen daher eine Warnung sein müssen, dass ein Außenstehender offenbar den Eindruck gewann, dass die Dinge nicht gerade zum Besten standen. Am Tag des Drehs war es indes überraschenderweise Martin, um den man sich Sorgen machen musste. Er verbrachte den ganzen Tag im Studio und vergaß dabei zu essen – bis auf ein belegtes Brot. Sofort nach Drehende gingen sie aus und tranken, was sich mit einer Party in seinem Zimmer im Sunset Marquis bis weit in die Nacht fortsetzte. Am nächsten Tag erinnerte er sich daran, dass eine ihrer seltenen „Bandbesprechungen" anstand. Er schaffte es pünktlich hinunter, bekam aber mittendrin einen Anfall. Er wälzte sich auf dem Fußboden und gab seltsame Laute von sich. Es war ein entsetzliches Erlebnis – nicht nur für ihn, sondern auch für alle Anwesenden.

„Immer, wenn ich dieses Video sehe", sagte er später, „kommen schreckliche Erinnerungen in mir hoch."

Ironischerweise erwies sich Antons Intuition als zutreffend, wenngleich nicht ganz so, wie er angenommen hatte. „In Your Room" sollte das letzte Video in dieser Besetzung sein, denn es war das letzte Video, in dem Alan Wilder zu sehen war.

In einem anderen Hotel in Denver wurde Martin nach einer Party verhaftet und wegen Ruhestörung zu einer Geldstrafe verdonnert. Dabei hatten sie es eigentlich recht ruhig angehen lassen – Ironie des Schicksals. Er hatte zwar am Abend zuvor eine laute Party geschmissen, aber zu diesem Zeitpunkt waren nur ein paar Gäste anwesend.

„Sie riefen mich an und baten mich, die Musik leiser zu stellen", sagte er. „Also tat ich das. Dann riefen sie wieder an und sagten, ich solle die Musik leiser stellen, also schaltete ich sie aus. Es herrschte also vollkommene Stille, da klopfte plötzlich die Polizei an die Tür. Ich war so blöd, ihnen zu öffnen. Sie stürmten herein, warfen mich aufs Bett und legten mir Handschellen an. Es lief keine Musik, nichts dergleichen. Ich dachte, sie wären gekommen, um mich für den Abend davor einzubuchten." Es schien, als wollten sie einander mit ihrem Benehmen übertreffen. Die Klage gegen Dave Gahan wurde schließlich fallengelassen, und Martin musste 50 Dollar Strafe bezahlen.

Der letzte Auftritt der Tournee im Deer Creek Music Center in Indianapolis endete mit einem Ereignis, das als Metapher für die gesamten 14 Monate stehen könnte. Am Ende der Show nahm Dave Anlauf und sprang vier Meter weit in die Menge. Er landete äußerst unsanft auf den Stuhlreihen. Das Sicherheitspersonal musste eingreifen, damit seine Verletzungen nicht durch die aufgeregten Fans verschlimmert wurden. Er wurde auf einer Bahre ins Krankenhaus gebracht, aber erst über einen Tag später, auf dem Flug nach Hause, spürte er den Schmerz in seinen Rippen. Später stellte er fest, dass er sich zwei davon gebrochen hatte. Er musste sich dringend erholen, also ging er zusammen mit Teresa auf eine Ranch in den Bergen der Sierra Nevada, ganz in der Nähe des Lake Tahoe. Während die anderen Mitglieder von Depeche Mode neue Kräfte sammeln konnten, war seine Sucht bereits so weit fortgeschritten, dass er nicht zur Ruhe kam. Die Band war inzwischen so lange zusammen, dass alle einfach nur froh waren, wenn sie die anderen eine Zeitlang nicht sehen mussten. Sie telefonierten nicht einmal miteinander und traten drei Jahre lang nicht live auf.

Einige Bandmitglieder haben gesagt, die Legende von der *Songs Of Faith And Devotion*-Tour als dekadenteste Tournee aller Zeiten sei eine Übertreibung. Martin hat gemeint, sein eigener Hang zum Exzess sei auf der *World Violation* Tour viel stärker ausgeprägt gewesen. Fletch hatte seine eigenen Probleme ganz ohne Alkohol und Drogen, und Dave nahm damals schon seit geraumer Zeit Heroin. Alan sagte, der Ruf der Tour rühre schlicht daher, dass sie länger gewesen und besser dokumentiert worden sei als sämtliche anderen Tourneen zuvor. Der gewaltige Erfolg von *Violator* hatte bewirkt, dass man jede ihrer Handlungen wie unter einem Mikroskop verfolgte.

Was immer davon stimmte oder nicht, Depeche Mode beendeten die Tournee jedenfalls in einem erbärmlichen Zustand. Dave war sogar noch dünner als zu Beginn und wog nur noch 50 Kilo. Sie mussten sich dringend zurückziehen und erholen, was den anderen Bandmitgliedern teilweise auch gelang. Alan machte mit seiner neuen Freundin Hepzibah Sessa von Miranda Sex Garden Urlaub im schottischen Hochland, Martin heiratete seine texanische Freundin Suzanne Boisvert.

Dave traf gegen Ende des Hochzeitsempfangs mit einigen Mitgliedern von Primal Scream ein. Für ihn schien die Tournee noch nicht zu Ende zu sein.

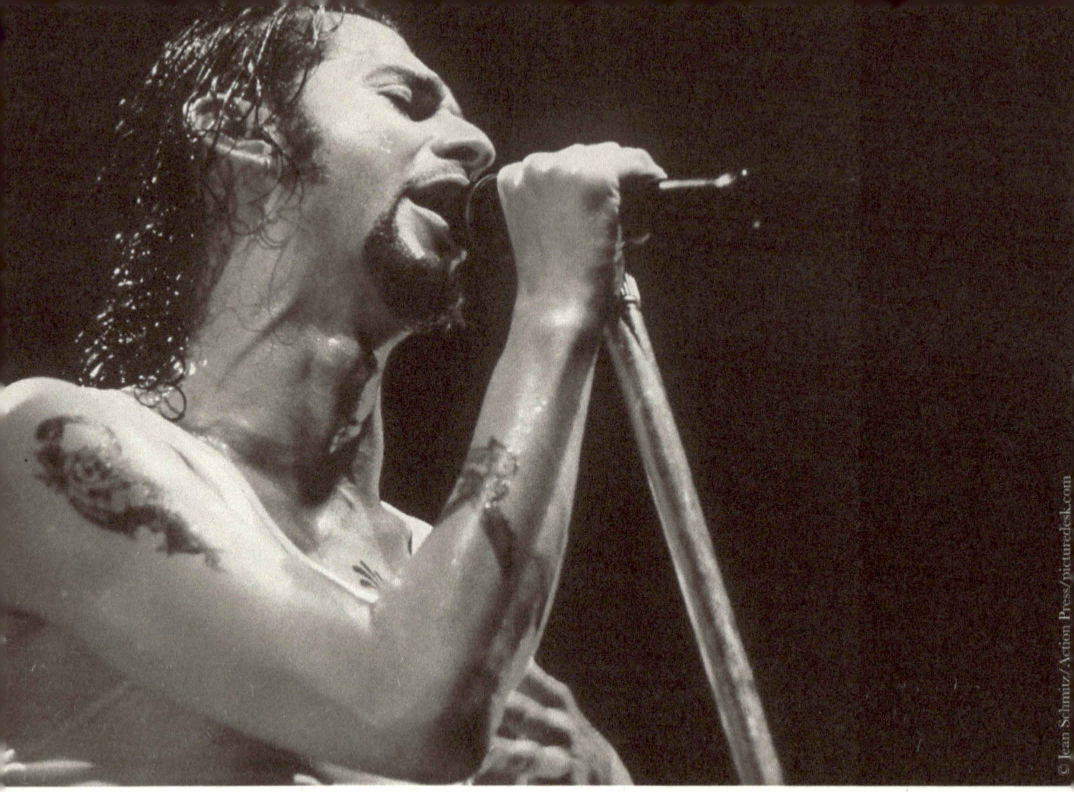

Dave Gahan, 21. Juli 1993, Festhalle Frankfurt

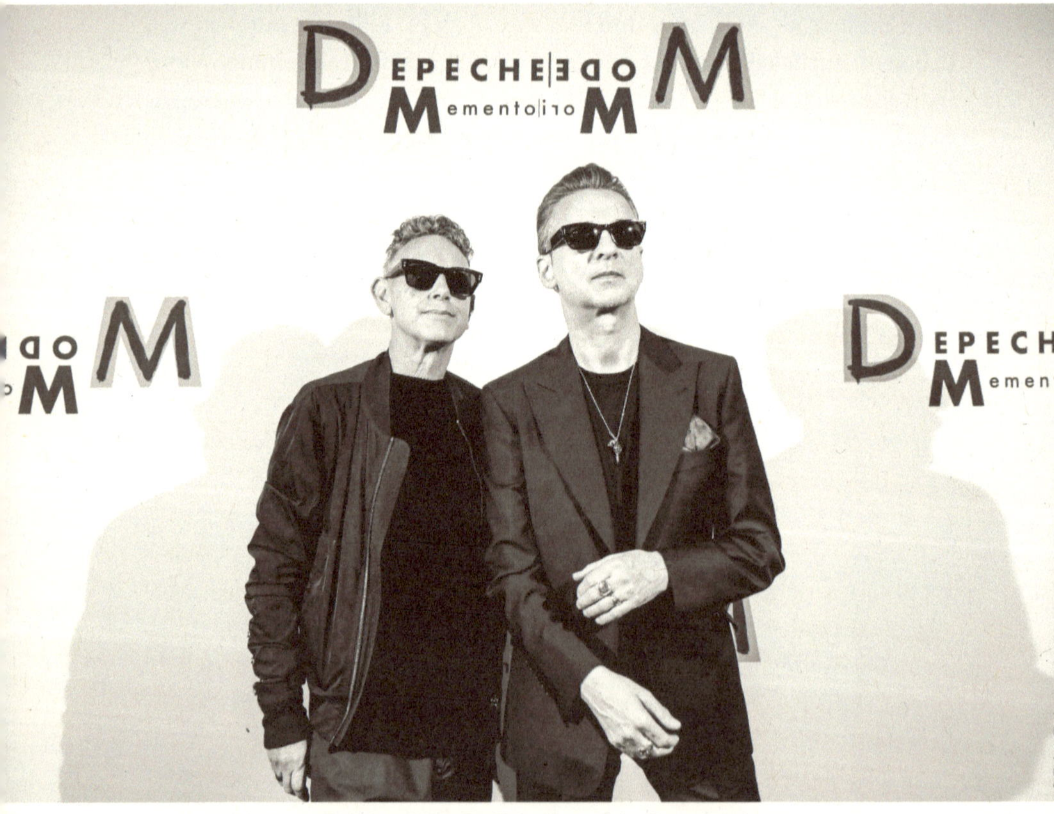

Depeche Mode, 4. Oktober 2022, Berliner Ensemble (Pressekonferenz).
V.l.n.r.: Martin Gore, Dave Gahan

16. Trostlosigkeit

„So lange ich denken kann, habe ich immer ein Schutzschild zwischen mir und dem Leben gehabt", erzählte Dave 2005 Danny Eccleston. „Als Teenager war es die Musik, dann war es Depeche Mode, das war meine Identität. Dann funktionierte diese Identität nicht mehr, und die Drogen und die Sauferei traten als neue Identität an ihre Stelle. Ich verlor mich so vollständig, dass ich nicht mehr wusste, ob ich aus der Sache wieder herauskommen würde."

Es klingt heute seltsam, dass er damals gedacht haben soll, Depeche Mode funktioniere nicht mehr als Identität. Sie waren die gesamten Achtziger hindurch extrem erfolgreich gewesen und hatten diesen Erfolg in den Neunzigern sogar noch ausgebaut. Es gibt nur sehr wenige Bands, denen dieses Kunststück gelungen ist.

Die Antwort könnte darin liegen, dass Dave in der Band nicht nur Musik, sondern auch eine Clique suchte, was ihm mindestens ebenso wichtig war. Nun, da sie sich derart voneinander entfremdet hatten, vermisste er das alte Gemeinschaftsgefühl. Obwohl er mit den anderen nicht so dick befreundet war wie Martin und Fletch, hatte er früher immer das Gefühl gehabt, dass sie eine Einheit waren. 1993 jedoch war diese Einheit längst zerbrochen.

Alan Wilder wollte eigentlich schon am Ende der *Devotional*-Tour die Band verlassen, sah aber keine Notwendigkeit, dies unverzüglich kundzutun. Es ist hinreichend dokumentiert, wie unermüdlich Alan im Studio arbeitete; ebenso gut dokumentiert sind die Spannungen, die daraus resultierten.

Alan hat gesagt, das eigentliche Problem sei die kreative Zusammenarbeit mit Martin gewesen. Wie Dave fand er es schwierig, zu erraten, was der Songwriter dachte. Er wusste nicht, ob Martin mit seiner Arbeit zufrieden war oder nicht. Sechs Monate nach der Tour versuchte er, wie Vince vor ihm, alle einzeln aufzusuchen und ihnen mitzuteilen, dass er aussteigen werde. Typischerweise war Fletch beleidigt, Martin hingegen wirkte ungerührt, schüttelte ihm die Hand und wünschte ihm alles Gute. Dave jedoch, mit dem er immer am allerbesten ausgekommen war, konnte er nicht einmal ausfindig machen.

Nach seinem Urlaub war Dave ein paar Monate in London geblieben. Ohne die Verpflichtung, jeden Abend singen zu müssen, erreichte sein Heroinkonsum eine neue Stufe. Er dachte daran, eine Familie zu gründen, aber „wenn man ein Junkie ist, kann man weder scheißen, noch pissen, kommen oder sonst was. Diese Körperfunktionen verlassen einen. Man ist in einer seelenlosen Hülle gefangen."

Er hatte nun endlich ein gewisses Problembewusstsein entwickelt, doch es war zu spät. Als sie zurück nach Los Angeles gingen, versuchte er mehrfach, den Drogen zu entsagen. Doch so sehr er sich auch bemühte, es schien vergeblich. Er unterzog sich mehreren Entgiftungskuren, doch wenn er zurückkehrte, fand er seinen immer noch abhängigen Freundeskreis vor und verfiel schnell wieder in seine alten Gewohnheiten. Einen Großteil seiner Zeit brachte er allein in einer Kammer zu, die er das „blaue Zimmer" nannte, und interessierte sich für nichts anderes mehr als für die Drogen.

Mit Rock'n'Roll hatte das alles längst nichts mehr zu tun. Es ging auch nicht mehr ums „Feiern". Er konnte einfach nicht mehr ohne Heroin leben. Nach ein paar Monaten verließ ihn Teresa. Im August 1995 beschloss er, dass es nun genug sei. Er lieferte sich selbst in eine Entziehungsanstalt in Arizona ein und versuchte, clean zu werden.

Als er wieder nach Hause kam, musste er feststellen, dass sein Haus systematisch geplündert worden war. Man hatte seine Harley Davidsons gestohlen und sogar sein Besteck. Es war nicht das erste Mal, dass ihm etwas gestohlen worden war. Viele Außenstehende wussten, dass sie seinen Zustand leicht ausnutzen konnten. „Er erzählte mir einmal, dass Leute in sein Haus gekommen und mit Fernsehgeräten und DVDs beladen wieder gegangen seien", sagt Rusty Egan. „Er konnte sie nicht daran hindern."

Los Angeles war alles, wovon er immer geträumt hatte, doch die Stadt fraß ihn bei lebendigem Leibe auf. Wenn er die Beachtung der Fans in Basildon schon als extrem empfunden hatte, dann war es hier noch viel schlimmer. Gegen einen Fan musste er sogar eine einstweilige Verfügung erwirken, weil dieser vor seinem Haus ein Lager aufgeschlagen hatte.

All das half ihm jedoch nicht aus seinem immer stärker werdenden Gefühl der Isolation heraus. Er konnte seinen Drogenkonsum nicht zügeln. In seiner Verzweiflung checkte er im Sunset Marquis Hotel ein. Dort trank er eine Flasche Wein, schluckte Valium und rief seine Mutter an. Dann ging er ins Badezimmer und schnitt sich mit einem Rasiermesser die Pulsadern auf.

„Ich glaube nicht, dass ich tatsächlich versucht habe, mich umzubringen", sagte er später. „Es war ein erneuter Versuch, Beachtung zu finden, wenn auch auf sehr seltsame Weise, es war ein Fehler. Ich wollte dieses Verlangen loswerden – immer noch da sein, aber mich einfach treiben lassen."

Die Verletzungen waren nicht so schwer, dass er gleich daran verblutete, doch hatte er Glück, dass eine Freundin zur Stelle war und den Notarzt rief.

Das war das Einzige, was ihn noch mit der Welt versöhnen konnte. Später betonte er immer wieder, dass immer Freunde um ihn gewesen seien und er nie beabsichtigt habe, sich das Leben zu nehmen. Es sei vielmehr ein Hilferuf gewesen, um der Welt zu zeigen, wie verzweifelt er war, und um sich selbst zu beweisen, dass es immer noch Menschen gab, die ihn auffingen, wenn er den Halt verlor. „Ich habe großes Glück gehabt", sagte er später. „Ich fühle mich privilegiert und bin sehr dankbar, dass ich das in meinem Leben gehabt habe."

Natürlich hätte er ebenso gut sterben können. Als der Krankenwagen an jenem Abend eintraf, hatte er eine so große Menge Blut verloren, dass ihm die Sanitäter an Ort und Stelle eine Bluttransfusion verpassen mussten, ohne ihn vorher zu betäuben. Er verlor das Bewusstsein und erwachte erst am nächsten Morgen im Krankenhaus. Nachdem man ihn untersucht hatte, teilte man ihm mit, dass er nach kalifornischem Recht ein Verbrechen begangen habe, weil er versucht habe, sich umzubringen.

Doch nicht einmal das konnte ihn wachrütteln. Als er aus dem Krankenhaus entlassen wurde, mietete er ein neues Apartment in Santa Monica und nahm weiterhin Drogen. Alles, was mit den Drogen zusammenging, sogar deren oft problematische Beschaffung, verschaffte ihm einen Kick. Er war gezwungen, sich seinen Stoff an immer gefährlicheren Orten zu besorgen. Das wurde zu einem Teil des Kitzels. Obwohl er im harten englischen Arbeitermilieu aufgewachsen war, hatte er noch nie etwas Vergleichbares wie den Bodensatz der Drogenkultur von L.A. gesehen: „Man hat mir des Öfteren eine Knarre unter die Nase gehalten und so eine Scheiße."

Für jeden war klar ersichtlich, dass er sich in einer Abwärtsspirale befand, aber es schien keinerlei Möglichkeit zu geben, ihn aufzuhalten. Durch das Heroin war es ihm inzwischen beinahe unmöglich geworden, ein normales Leben zu führen. Er wollte unbedingt seinen Sohn Jack sehen, wusste aber auch, dass er nicht in der Lage war, ein Kind zu beaufsichtigen, also bat er seine Mutter, mitzukommen.

Nach einem sinnlosen Versuch, ihr vorzugaukeln, er nähme Steroide für seinen Hals, sah er sich gezwungen, einzugestehen, dass er süchtig war. „Ich sah in die Augen meiner Mutter und beichtete ihr: ‚Mama, ich bin ein Junkie, ein Heroinabhängiger.‘ Sie meinte: ‚Ich weiß, mein Lieber.‘ Jack nahm mich bei der Hand und führte mich in sein Zimmer. Er kniete auf dem Fußboden und sagte zu mir: ‚Papa, ich will nicht, dass es dir noch länger so schlecht geht.‘“

Über die Weihnachtsfeiertage 1994 versuchte er, aus eigener Kraft von der Droge loszukommen. Tief in seinem Innern hatte er zwar den Willen dazu, aber er wusste, dass er so kaum etwas erreichen würde. Zum ersten Mal begann er, Treffen von Selbsthilfegruppen zu besuchen. „Wenn ich zu diesen Treffen ging, war ich bis oben hin voll auf Droge, aber die anderen Leute waren total nüchtern“, erzählte er Keith Cameron. „Man kann sich keinen schlechteren Ort vorstellen, wenn man zugedröhnt ist.“

Später, als er über die Single „Dirty Sticky Floors“ für sein erstes Soloalbum sprach, zeichnete er ein fast tragikomisches Bild von seiner Zeit als Junkie. Außer zur Drogenbeschaffung verließ er das Apartment kaum noch. Dort verbrachte er seine Zeit in Gesellschaft zweier großer Figuren aus *Der Zauberer von Oz* – dem Blechmann und dem feigen Löwen.

Er sprach mit ihnen und bildete sich ein, sie sprächen auch mit ihm und sagten ihm, was für „ein Stück Scheiße“ er doch sei. In einem Zustand fürchterlicher Paranoia zerstörte er schließlich den Blechmann. Er war so paranoid, dass er sogar Angst davor hatte, vor die Tür zu gehen und seine Post zu holen. Spät nachts schlich er sich nach draußen, schnappte sie und hastete wieder hinein.

Einen Großteil der Zeit war er zu nichts zu gebrauchen, saß oft stundenlang vor dem Fernseher und schaute die Sendungen im Wetterkanal an. Mit einer guten Portion schwarzen Humors sagte er später, er habe Glück gehabt, dass er damals in L.A. gewohnt habe, wo das Leben keine größeren Anforderungen an ihn gestellt habe und die Nachrichten alltäglich verkündet hätten, dass wieder einmal die Sonne schien.

1996 raffte er sich schließlich dazu auf, nach New York umzuziehen. Er versprach sich davon einen Wendepunkt in seinem Leben. Martin hatte mittlerweile genügend Songs für ein neues Album geschrieben. Nach einigem Zögern rief er Dave an und schlug vor, wieder gemeinsam ins Studio zu gehen. Er war erleichtert, als er von dem Sänger hörte, er sei wieder clean. Trotzdem standen sie noch vor der schwierigen Frage, wie sie Alan Wilder ersetzen sollten. Es gereicht dem ausgeschiedenen Keyboarder zur Ehre, dass Martin beschloss, an seiner Stelle nicht nur einen einzelnen Musiker, sondern gleich eine ganze Band zu engagieren: Bomb The Bass.

Bomb The Bass waren eine elektronische Band um den Produzenten und DJ Tim Simenon. Ende der Achtziger hatten sie dazu beigetragen, dass Acid House ins öffentliche Bewusstsein gerückt war, und Tim war seitdem eine hochgeschätzte Persönlichkeit in der Dance-Szene. Außerdem war er Daniel Miller als Depeche-Mode-Fan der ersten Stunde gut bekannt. Auch in seiner Zeit als DJ traf man ihn oft im Mute-Büro an. Als er die Single „Strangelove" remixte, hatte er den neuen Status der Gruppe als unfreiwillige Paten der House-Musik vorhergesehen. Beim ersten Treffen der beiden Teams in Fletchs Restaurant im Londoner Stadtteil Maida Vale waren beide Seiten trotzdem ein bisschen nervös. Dave war durch seine Probleme nicht mehr der alte, offenherzige Kerl von einst, und Martin war noch nie sonderlich extrovertiert gewesen. Es blieb also an Fletch hängen, für Tim Simenon, dessen Keyboarder Dave Clayton, den Tontechniker Q und den Programmierer Kerry den Gastgeber zu spielen.

„Sie waren echt nett", sagt Dave Clayton heute. „Ich hatte nicht erwartet, dass sie so unkompliziert wären. Dave ist eigentlich ein ziemlich kommunikativer Typ, aber bei unserem ersten Treffen wirkte er eher introvertiert, weil es ihm ganz offensichtlich nicht gut ging. Martin war ziemlich schüchtern, und Fletch nannten sie ‚Papa' – das war seine Rolle in der Band."

Die Bedeutung von Fletch an diesem Punkt der Bandgeschichte wird möglicherweise unterschätzt. Jenes erste gemeinsame Abendessen verlief extrem gut, und nicht lange danach gingen sie in die Londoner Eastcote Studios und begannen an ersten Ideen zu arbeiten. Es war eine äußerst produktive Phase. Als sie „Barrel Of A Gun" skizzierten, wussten sie, dass das Ganze funktionieren würde. Als Dave nach der ersten Woche wiederkam, nahmen die Dinge jedoch eine andere Wendung. Es war klar, dass er immer noch nicht ganz auf dem Damm war.

„Es war eine höchst seltsame Arbeitsweise“, sagt Dave Clayton. „Es gab immer eine gewisse Spannung, insbesondere zwischen ihm und Fletch. Oder zwischen Fletch, Dave und Martin. Fletch versuchte, alles zusammenzuhalten. Er war der Band-Papa. Er gab sich redlich Mühe, alle bei Laune und bei der Stange zu halten. Fletch war in dieser Zeit einfach phantastisch. Er sprach auch mit der Presse … so funktioniert ihre Teamarbeit, schätze ich.“

Doch auch Martin machte eine schwere Phase durch. Sein Vater war in jenem Jahr gestorben, und er trank immer noch zuviel. So erhielt Dave Clayton ein nach eigenem Befinden überraschendes Maß an Selbstständigkeit und Unabhängigkeit. „Es war ziemlich schwierig, aber da wir ja zu viert waren, gewöhnten wir uns daran und kamen uns nicht mehr komisch vor“, sagt er. „Es war ziemlich gut. Wenn nichts mehr funktionierte oder sie auf Sauftour gingen, hatten wir immer etwas zu tun. Tim, Kerry, Q und ich konnten weitermachen, weiterarbeiten. Es gab immer etwas, womit wir uns beschäftigen konnten. Wir probierten verschiedene abgefahrene Sounds aus, experimentierten herum. Und irgendwie war Martin immer noch erstaunlich kreativ. Ich bin noch niemanden begegnet, der ihm auch nur das Wasser reichen könnte.“

Im Eastcote Studio gewannen sie schließlich die Überzeugung, dass sie das Grundgerüst für ein neues Album beisammen hatten. „Die meiste Arbeit wurde im Eastcote erledigt“, sagt Dave Clayton. „Sämtliche Gastmusiker haben ihre Parts dort eingespielt, Martin nahm die Gitarren auf, und ich arrangierte die Streicher für ‚Home‘. Es war allerdings noch nicht ganz klar, ob Dave fit genug wäre, den Gesang aufzunehmen. Sie stellten ein Mikrofon vor ihn hin und hofften, dass er es schaffen würde, aber ein Großteil der Aufnahmen war unbrauchbar. Das einzige Problem waren Dave und seine Stimme, weil er nicht besonders gut sang. Er war krank. Es funktionierte nicht, also gingen wir zu Plan B über: Wir konzentrierten uns ganz auf die Instrumentalspuren und nahmen insgesamt sechzehn Nummern dort auf.“

Sie beschlossen, Dave Gahan eine zweite Chance zu geben. Schließlich wollten sie das Album abschließen. Martin und Fletch kamen überein, im April nach New York zu reisen, um dort im berühmten Electric Lady Studio den Gesang aufzunehmen. Sie dachten, es könnte Dave vielleicht helfen, wenn sie in seiner neuen Wahlheimat New York und obendrein in einem Kult-Studio der Rock-Geschichte arbeiteten.

„Die Aufnahmen im Electric Lady waren wie ein sechswöchiges Abenteuer, das ausschließlich dazu diente, die Gesangsaufnahmen fertig zu stellen und darauf zu achten, dass Dave sich wohl fühlte", sagt Dave Clayton. „Los, gehen wir nach New York, probieren wir's! Es war kein besonders gutes Studio. Viele Erinnerungen und Legenden sind mit ihm verbunden, aber so toll war es nun wirklich nicht."

Doch selbst dieser Plan schlug fehl. Nach frustrierenden vier Wochen, in denen sie kaum Fortschritte erzielten, hatte Dave unterm Strich eine einzige brauchbare Gesangsspur aufgenommen: „Sister Of Night". Selbst diese war aber unter dem Einfluss von Heroin entstanden und musste nachträglich aus verschiedenen Takes zusammengestückelt werden. Die Aufnahme war meilenweit von den beeindruckenden Gesangsleistungen entfernt, die er für *Songs Of Faith And Devotion* abgeliefert hatte. Schließlich musste Martin ihn nach Hause schicken. Sie wollten ohne ihn weitermachen und hofften, er wäre später vielleicht in der Lage, seine Gesangsaufnahmen zu beenden. „Wir sagten ihm, dass er alles andere in seinem Leben bereits verloren habe und nun auch noch Depeche Mode verlieren würde", erinnerte sich Fletch.

Vielleicht noch bitterer war, dass sie ihm vorschlugen, sich einen Gesangslehrer zu suchen. Er tat ihnen zwar leid, aber sie waren auch ungemein aufgebracht darüber, was er der Band antat – und sich selbst natürlich. „Jedes Mal, wenn das Telefon klingelte und jemand sagte: ‚Es geht um Dave', war mein erster Gedanke stets: ‚Das war's, jetzt ist er tot'", sagte Martin. „Das war nicht besonders schön."

Es hatte keinen Sinn, mit ihnen zu streiten. Dave wusste selbst, dass er mit seinem Gesang längst nicht das Niveau früherer Aufnahmen erreicht hatte. Also ging er zurück nach L.A. und nahm Kontakt zu der Gesangslehrerin Evelyn Halus auf.

Technisch gesehen war seine Stimme in Ordnung, doch fehlte es ihr momentan an Tiefe. „Es war nicht so, dass ich nicht in der Lage gewesen wäre, zu singen", sagte er später in einem Radiointerview. „Aber ich konnte es nicht in meiner Seele finden, es nicht in meinem Herzen spüren. Ich erledigte einfach meinen Job, und das war sehr unbefriedigend."

Martin und Fletch hatten Dave zwar ins Gewissen geredet, doch auch dies zeigte keinerlei Wirkung. Im Gegenteil: Zurück in L.A., begann er wieder im großen Stil Drogen zu konsumieren. In den frühen Morgenstunden des 28. Mai rief er einen Dealer zu sich ins Hotel Sunset

Marquis und bat ihn, ihm einen Speedball zu mixen, einen Cocktail aus Kokain und Heroin.

Das Heroin, so hatte man ihm gesagt, hieß „Red Rum". Er dachte, es sei nach dem gleichnamigen berühmten Rennpferd benannt. Er bemerkte nicht, dass es rückwärts gelesen das Wort „murder" (Mord) ergab. Später sagte er, er habe bei der Droge von Anfang an ein schlechtes Gefühl gehabt und den Dealer gebeten, die Spritze nicht ganz aufzufüllen. Trotzdem spritzte er sich die Substanz, wie er es so viele Male zuvor getan hatte, und begann sofort das Bewusstsein zu verlieren. „Ich sah mich selbst am Boden liegen", sagte er später. „Menschen rannten um mich herum. Dann erinnere ich mich nur noch an eine vollkommene Dunkelheit und immense Angstzustände."

Bis der Notarzt eintraf, hatte Dave bereits eine heftige Herzattacke. Im Krankenwagen hörte sein Herz für zwei Minuten ganz auf zu schlagen. Sie versuchten verzweifelt, ihn mit Adrenalinspritzen direkt in die Brust wieder zu beleben.

Als er erwachte, fand er sich in einem Rollbett im Krankenhaus wieder, mit Handschellen an einen Beamten der Polizei von Los Angeles gefesselt. „Habe ich wieder eine Überdosis erwischt", fragte er benommen. „Nein, Dave", lautete die Antwort. „Du bist gestorben."

„Ich starb nicht nur, ich wanderte auch ins Gefängnis", kommentierte er das Ganze später in einem Fernsehinterview. „Das war kein Spaß in Los Angeles, glauben Sie mir. Allerdings begriff ich damals, dass ich leben wollte."

Martin und Fletch erhielten den gefürchteten Anruf also nicht. Tatsächlich rief man sie überhaupt nicht an. Die Nachricht verbreitete sich so schnell, dass sie wie alle anderen auch aus dem Radio von seinen jüngsten Eskapaden erfuhren. Dave war noch am Leben, aber sie fragten sich, wie lange noch. Sie wussten, dass Süchtige oft erst ganz tief sinken müssen, bevor sie sich langsam wieder erholen können, doch hatte es den Anschein, als wäre er bereits mehrfach ganz unten gewesen. Man konnte also nicht sagen, ob er es diesmal schaffen würde.

Der Manager Jonathan Kessler, der inzwischen zu Daves besten und zuverlässigsten Freunden zählte, hinterlegte die Kaution und holte Dave aus dem Knast. Draußen gab es einen Medienauflauf. Dave versuchte, eine improvisierte Pressekonferenz zu geben, doch Jonathan zerrte ihn in das wartende Auto. Wie zu erwarten, sah Dave halbtot aus, mit zerkratztem Gesicht und verstörtem Blick. Er teilte den versammelten Medienvertretern mit, er wolle nicht wie Kurt Cobain enden. Zudem versuchte er, sich bei seiner Mutter zu entschuldigen. „Meine neun Katzenleben sind aufgebraucht“, gestand er. „Es ist überhaupt nicht cool, drogenabhängig zu sein.“

Als Martin und Fletch davon erfuhren, nahmen sie zunächst an, dass die Band nun mehr oder weniger Geschichte wäre. Zu Recht vermuteten sie, dass Dave auch aus diesem Vorfall keine Konsequenzen ziehen würde: Er ging zurück ins Sunset Marquis und begann bald erneut zu fixen. Es schien, als existierte das mythische, finale „Ganz unten“ der normalen Drogenkarriere für ihn nicht. Er war durch seinen eigenen Reichtum und Ruhm zu gut gepolstert.

„Ich war ein sehr schlauer Junkie“, sagte er 1997 im EPK zu *Ultra*. „Lange Zeit gelang es mir, zu verbergen, wie tief ich drin steckte. Ganz nach unten zu kommen, ist schwierig. Finanziell gelangen viele Junkies dorthin, wenn ihnen absolut nichts mehr bleibt. Wenn man nur noch eine Matratze zum Schlafen besitzt, muss man jemanden um Hilfe bitten, muss man etwas tun. Mein Problem war, dass ich unbegrenzt viel Geld zur Verfügung hatte.“

Das Letzte, woran er dachte, war die Band. Als Martin anrief, um vorzuschlagen, das Projekt ein für allemal zu beenden, registrierte er es kaum. Neben seinem gigantischen Suchtproblem waren auch alle anderen Probleme aus seinem Leben verschwunden. Am Ende sei es die Reaktion seines Freundes und Vertrauten Jonathan Kessler gewesen, die die größte Wirkung auf ihn gehabt habe. Er hatte ihn stets gegen Kaution aus der Haft geholt, doch diesmal gestand er, dass er nicht wisse, wie er ihm noch helfen sollte.

„Wenn unser Manager Jonathan Kessler nicht gewesen wäre, hätte ich es vielleicht nicht geschafft“, sagte Dave. „Er sah, dass ich wieder einmal in der Scheiße saß, und sagte: ‚Ich komme damit nicht mehr klar. Ich kann so nicht weitermachen und werde auch nicht zusehen, wie du dich langsam umbringst.‘“

Jonathan lud ihn zu einer „Besprechung“ ein. Als Dave dort eintraf, stellte er fest, dass es sich um eine „Intervention“ handelte, wie es die Psychotherapeuten nennen.

Jonathan hatte den Spezialisten Bob Timmon engagiert, der schon mit vielen Süchtigen in Hollywood gearbeitet hatte. Sie beharrten darauf, dass er keine andere Wahl habe, als in eine Klinik zu gehen – die Exodus Recovery Clinic in Marina Del Rey. Seine spontane Reaktion war: „Kommt gar nicht in Frage." Dann bat er um mehr Zeit, in der Hoffnung, zuvor noch einmal Heroin besorgen zu können. Schließlich willigte er ein, später am selben Nachmittag in die Klinik zu gehen. „Ich ging nach Hause, kaufte mir zum letzten Mal etwas, feierte meine letzte kleine Party und lieferte mich dann in die Entziehungsklinik ein", sagte er gegenüber *Bong*.

Ein angeordneter Entzug ist oft keine geeignete Methode zur Bekämpfung einer Sucht. Nur sehr wenige Abhängige hören auf, weil man es ihnen sagt. Neben den vielen Erfolgsgeschichten des weltbekannten Unternehmens gehörte auch Kurt Cobain zu den ehemaligen Patienten der Exodus Recovery Clinic. Ein anderer war der Blind-Melon-Sänger Shannon Hoon, der den Entzug ebenfalls vorzeitig abbrach und bald darauf an einer Überdosis starb.

Dave begriff jedoch endlich, dass er das Ganze nur auf die harte Tour hinter sich bringen konnte. Daniel Miller sagte einmal, dass für Dave letztlich das amerikanische Rechtssystem den Anstoß gegeben habe, der Droge zu entsagen. Man teilte ihm mit, dass er seine Aufenthaltserlaubnis verwirken würde, wenn er nicht in eine Klinik ginge und sich anschließend zwei Jahre lang regelmäßig testen ließe.

Die ersten fünf Tage der Behandlung waren schlicht und ergreifend knallharter, kalter Entzug. Er war ans Bett gefesselt und hatte entsetzliche Anfälle. Dann besuchte er dieselben Sitzungen wie zuvor auch, doch diesmal war er endlich bereit, sich und anderen einzugestehen, was das Heroin mit ihm gemacht hatte. Noch wichtiger war, dass er zuhörte, was die anderen Süchtigen zu berichten hatten, und was ihm seine Berater rieten. Es hatte lange gedauert, aber er begriff, dass er tatsächlich ganz am Boden angelangt war und nicht weiter sinken konnte, wenn er überleben wollte. Die Exodus-Therapie schlug schließlich bei ihm an. Dave Gahan war auf dem Weg zurück ins Leben.

Als er das Zentrum wieder verließ, gehörte es zu seinen Bewährungsauflagen, dass er in L.A. in einem „cleanen Haus" mit anderen Ex-Abhängigen zusammenlebte. Es war eine recht ernüchternde Erfahrung, Menschen kennen zu lernen, die ähnliches durchgemacht hatten – nur eben ohne finanzielles Polster und in einigen Fällen sogar ohne Freunde und Familie.

Als er vom Tode Jonathan Melvoins hörte, des Tournee-Keyboarders der Smashing Pumpkins, der sich am 12. Juli eine Überdosis Heroin gespritzt hatte, ging ihm wieder einmal auf, wie viel Glück er gehabt hatte. Noch während der Behandlung versuchte er, im *Melody Maker* davor zu warnen, wie gefährlich Drogen sein können.

„Man muss nicht sein ganzes Leben lang Drogen nehmen“, sagte er. „Einmal reicht. Die Leute scheinen immer noch an diesen Mythos zu glauben, dass einmal keinmal ist. Heutzutage fangen viele sofort mit Heroin an, lassen Haschisch und all das vollkommen aus und gehen gleich direkt in die Hölle. Das ist richtig beängstigend.“

Wenngleich er hinsichtlich der Drogen sein Leben nun wieder im Griff hatte, schien er zu diesem Zeitpunkt doch alles andere verloren zu haben. Teresa strengte die Scheidung an. Zudem musste er in den nächsten zwei Jahren zweimal wöchentlich eine Urinprobe abgeben.

Trotz allem begann er zu spüren, dass es wieder bergauf ging. Wenn er diesmal nur clean bliebe, würde sich alles zum Guten wenden.

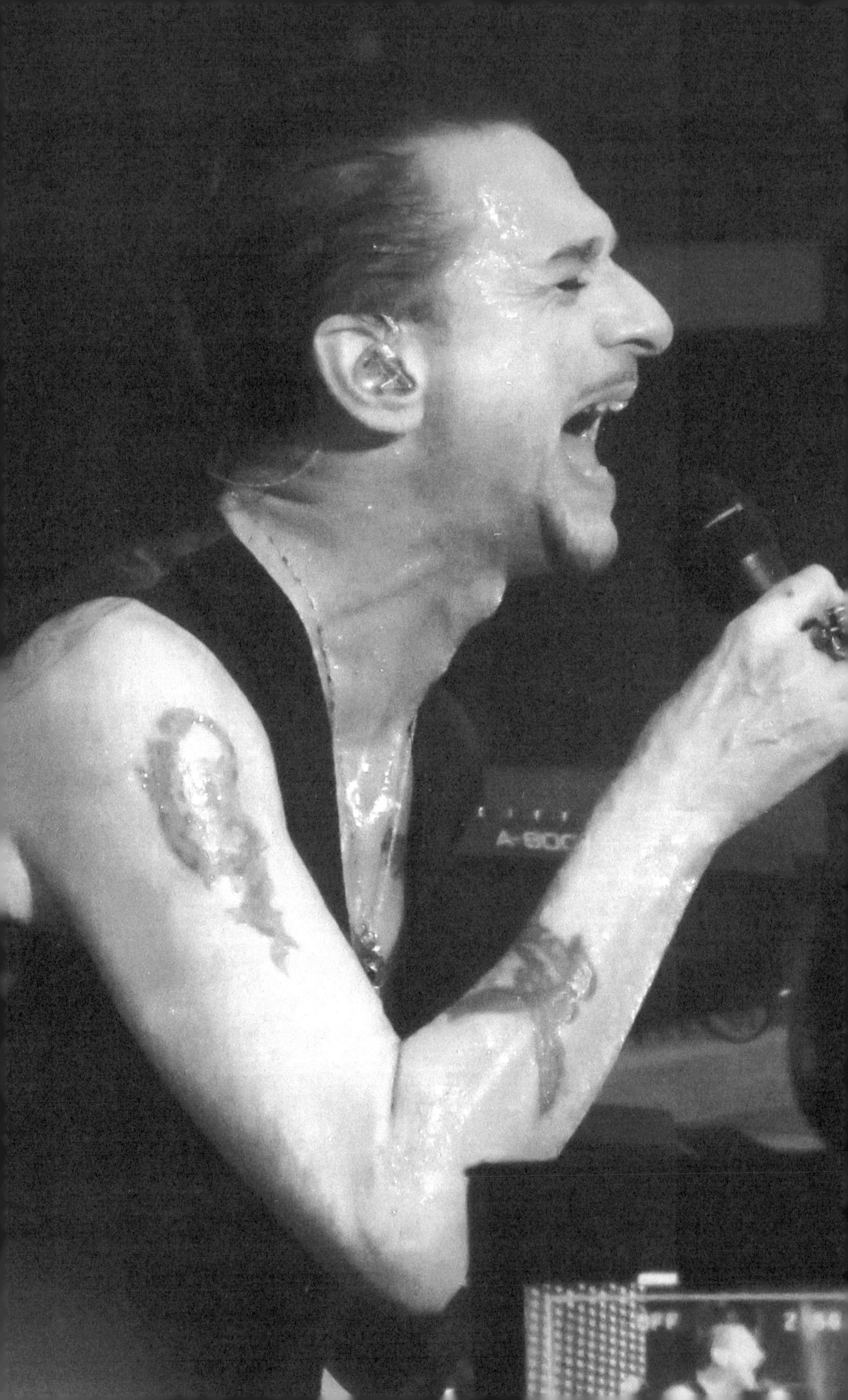

17. Rehabilitation

Während sich Dave Gahan langsam an den eigenen Haaren aus dem Sumpf zog, arbeitete Martin mit Tim und den anderen Mitgliedern von Bomb The Bass an dem neuen Album von Depeche Mode, ohne zu wissen, ob die Gesangsaufnahmen jemals fertig gestellt würden. „Als wir mit dem Album begannen, war ich neunzig Prozent der Zeit auf Droge, und die restliche Zeit war mir elend davon", erinnerte sich Dave. „Es wurde offenkundig, dass ich körperlich nicht in der Verfassung war, länger als eine Stunde vor einem Mikrofon zu stehen, ohne dass ich mich hinlegen und sterben wollte."

Als er aus der Entziehungskur kam, machten sich die Gesangsstunden bei Evelyn Halus glücklicherweise rasch bezahlt. Er musste zugeben, dass es an der Zeit war, noch einmal ganz von vorn anzufangen. „Anfangs hatte ich keinen Bock auf das Ganze, weil ich mich dazu verdonnert fühlte", sagte er in einem Radiointerview. „Ich dachte: ‚Moment mal! Ich kann singen! Man braucht mir nichts beizubringen, ich weiß schon alles!' Aber wissen Sie was? Das stimmt nicht, denn man hört in seinem Leben nie auf zu lernen. Man lernt immer weiter."

Mit der gesundheitlichen Erholung kehrte auch sein Selbstvertrauen wieder zurück, und so stieß er in London zu den anderen Bandmitgliedern. Sie arbeiteten abwechselnd in den berühmten Abbey Road Studios und einem anderen Studio, RAK, wo Dave innerhalb eines Monats seinen Gesang aufnahm. Er hatte sich sicht- und hörbar verändert.

„Ich war sprachlos, als ich ihn zum ersten Mal wieder sah, nachdem er eine Zeitlang in der Klinik gewesen war", sagt Dave Clayton. „Er sah phantastisch aus. Es war schlichtweg beeindruckend."

Die Atmosphäre war nun weitaus entspannter. Er war clean, und die Bandmitglieder gingen behutsamer miteinander um als je zuvor. Die Erfahrungen der letzten Monate hatten zwar für einigen Unmut gesorgt, doch sie hatten dadurch auch begriffen, wie wichtig Depeche Mode ihnen allen war.

„Wir drei vertragen uns wieder ziemlich gut", sagte Dave hinterher: „Die Spannungen bei der letzten Albumproduktion hinterließen eine so tiefe Narbe, dass wir nicht wussten, ob wir noch miteinander auskämen. Unterm Strich aber wissen Martin und ich, dass wir beide gemeinsam etwas machen können, das funktioniert. Wir haben versucht, unsere Differenzen beiseite zu legen, nach vorn zu schauen und etwas Positives zu machen."

Wie zu erwarten, waren die meisten Songs auf der Platte düstere, ernste Angelegenheiten. Die herausragende Nummer war „It's No Good". Sie wussten alle, dass sie mit ihrem kraftvollen Refrain und den ultra-modernen Beats das Zeug zu einem großen Hit hatte. Als Martin sie schrieb, rief er Fletch aufgeregt an und sagte: „Ich glaube, ich habe einen Nummer-eins-Hit geschrieben."

„Ich dachte sofort: ‚Ja, das klingt wieder wie Depeche Mode'", sagte Dave. „Aber ich finde, der größte Erfolg von *Ultra* war die Tatsache, dass wir das Album überhaupt aufnahmen. Zudem gelang es uns, ein Album abzuliefern, mit dem wir alle zufrieden waren. Wenn man dann obendrein noch einen Hit hat, ist das natürlich sehr schön."

Sie waren unglaublich erleichtert, dass sie es geschafft hatten, und das allein bedeutete, dass die Stimmung besser war als bei *Songs Of Faith And Devotion*. „Es ist fast wie eine Wiedergeburt", sagte Andy. „Es ist wieder wie vor 15 Jahren, so entspannt ist die Platte, verstehen Sie?" Dave Clayton meint: „In den Abbey Road Studios sahen wir endlich wieder Land. Unser Optimismus wuchs und wuchs und wuchs. Die Presse kam vorbei, und wir spielten ihnen ein paar Nummern vor. Man konnte sehen, wie die internationale Maschinerie anlief."

Zu diesem Zeitpunkt bezeichnete Martin das Vorgängeralbum als „seltsamen Ausrutscher" in ihrer Reihe elektronischer Alben. Er war zurück in seiner vertrauten Welt der Synthesizer und Computerklänge, wo er sich eindeutig wesentlich wohler fühlte. Dave sah sich damals zwar nicht in der Position, Kritik zu äußern, doch er war nicht ganz so überzeugt. Er hatte – womöglich zu Recht – den Eindruck, dass die Musik durch das Ausscheiden von Alan Wilder einen Teil ihres Charakters eingebüßt hatte. Die Produktion von Tim Simenon mochte ausgezeichnet sein, doch war sie nicht unbedingt typisch für Depeche Mode.

„Ich fand, dass uns vieles fehlte, was uns ausgemacht hatte", sagte er. „Zum Beispiel ein musikalischer Bandleader, und für mich war Alan das. Die Anderen halten ihn vielleicht für einen Kontrollfreak, aber er hat sich schlicht und ergreifend den Arsch abgearbeitet, weil er an die Band und an seine eigene musikalische Entwicklung glaubte, was man auf seinen eigenen Platten deutlich hören kann. Ich finde das sehr inspirierend. Ich vermisse ihn."

Als Alan ausstieg, war Dave in seiner eigenen Welt gefangen. Er hatte nicht einmal seine Telefonanrufe entgegengenommen. Nun fragte er sich, ob sie ihn zum Bleiben hätten überreden können, wenn sie sich ein wenig mehr angestrengt hätten. „Ich habe auf seinen Ausstieg nicht so reagiert, wie ich es eigentlich wollte", sagte er 2003. „Das wird mir jetzt klar. Ich vermisse Alans musikalischen Beitrag bei allem, was wir tun, aber ich vermisse ihn auch als Freund. Er war vielleicht derjenige in der Band, von dem ich mich am meisten verstanden fühlte, und ich wünschte, ich hätte mehr darum gekämpft, dass er bei uns bleibt."

Als nahe liegende Lösung der Probleme, die durch Alans Ausstieg entstanden waren, erschien damals unter anderem die Rückkehr von Vince. „Vince sagte einmal im Scherz, dass er gerne zurückkommen und Alan ersetzen würde", meinte Martin. „Beim ersten Mal war das noch ziemlich lustig, aber als er es zum fünften Mal sagte, wussten wir nicht so recht, ob er sich nun einen Spaß erlaubte oder nicht. Er sagte es buchstäblich so oft zu mir, dass ich schließlich dachte: ‚Ich glaube, er meint es todernst.' Doch unsere Musik ist inzwischen ganz anders, so dass ich mir nicht vorstellen konnte, wie er sich in die heutigen Depeche Mode hätte einfügen sollen."

Als *Ultra* erschien, wurde die Musik allerdings von Daves Problemen überschattet, die ein gefundenes Fressen für die Medien waren. Bei den Interviews, die er damals gab, befand er sich immer noch in einem Schockzustand. Er war fest entschlossen, vollkommen ehrlich zu antworten. Später befürchtete er jedoch, er hätte es so dargestellt, als wäre er der Erste gewesen, der Abhängigkeit und Überdosen am eigenen Leib erfahren hatte. Dies war bestimmt nicht seine Absicht – im Gegenteil. Doch die in leuchtenden Farben erzählten Details, in Verbindung mit seiner natürlichen Begabung als Geschichtenerzähler, schlugen Journalisten und Leser in ihren Bann.

Der Band war es unangenehm bewusst, dass ihnen seine Überdosis allein mehr Presse verschaffte als sämtliche ihrer bisherigen Plattenveröffentlichungen zusammen. „Wir haben eine Doppelseite im *Sunday Times Magazine*!", freute sich Fletch. „Allein mit unserer Musik hätten wir das nie geschafft."

Das war gegenüber *Ultra* möglicherweise ein bisschen unfair, denn bei allen Mängeln gab es auf der Platte doch ein paar großartige Songs. Daniel Miller sollte sie später einmal als „traditionelle Platte“ bezeichnen. Es war das erste Album ohne Alan Wilder seit *A Broken Frame*, und sie wussten nicht genau, in welche Richtung sie sich nun wenden sollten. Trotz alledem harmonierten die von Tim Simenon eingebrachten TripHop-Strukturen gut mit Martins Texten.

Allerdings fehlte den Stücken die Großartigkeit und Frivolität von Nummern wie „Master And Servant“ oder „Behind The Wheel“. Vielmehr klangen sie resigniert und lebensmüde. Wie immer schien sich das mit Daves Gemütszustand zu decken, ob Martin nun bewusst unter diesem Eindruck schrieb oder nicht. Zum Teil lag es aber auch daran, dass Martin selbst weitaus größere Probleme hatte, als beide sich damals eingestehen wollten.

„Es täte mir leid, wenn ich zusehen müsste, wie er alles verliert, bevor es ihm noch recht klar wird“, sagte Dave zu Keith Cameron. „So, wie es mir ergangen ist. Ich glaube, wenn Martin diese Songs schreibt, muss er unwillkürlich daran denken, wie es mir ergangen ist, und anschließend schaut er vielleicht in den Spiegel. So funktioniert das.“

Dave konnte sich bisweilen nur schwer mit der Tatsache abfinden, dass Martin und Fletch immer noch einen trinken gehen konnten, er hingegen nicht. „Ich fühle mich wie das fünfte Rad am Wagen“, sagte er. Für ihn hatten Alkohol und Drogen seit jeher in erster Linie eine soziale Funktion gehabt. Erst ganz am Ende seiner Heroinabhängigkeit war er zum süchtigen Einzelgänger geworden.

„Als wir mit Depeche Mode angefangen haben, waren Fletch und Martin bereits dick befreundet gewesen“, sagte er 2001. „Sie gingen zusammen in die Schule, und ich war der Neue, und das blieb ich auch in der gesamten Geschichte der Band. Wir sind sehr unterschiedliche Charaktere. Ich weiß, dass Fletch und Martin oft zusammen ausgehen, aber ich glaube nicht, dass wir jemals als Band richtig einen draufmachen werden. Gelegentlich gehen wir in eine Kneipe und trinken etwas gemeinsam, aber das ist es dann eigentlich auch. Aber das passt schon. Inzwischen komme ich damit klar.“

In der Vergangenheit waren Alkohol und Drogen für Dave jedoch manchmal ein Weg gewesen, sich mit der Band zu verbrüdern. Er hat eine besonders schöne Erinnerung daran, wie Martin einmal seine Gefühle ihm gegenüber ausdrückte. Es war nach einem Auftritt in Chile.

Vor kurzem hatten sie vom Tode Kurt Cobains gehört und waren, wie Dave es nannte, in ihrem „Ich-liebe-euch-alle-Modus".

„Wissen Sie, Martin sagte eines Abends auf der letzten Tour etwas wirklich Wundervolles zu mir", berichtete er. „Wir waren zwar schon ein bisschen dicht, aber es blieb mir im Gedächtnis. Ob er es nun meinte oder nicht, es war einfach wunderschön. Er sagte, seine Songs kämen von Gott zu ihm, aber er müsse sie durch mich kanalisieren. Das sei die Botschaft, die er bekommen habe. Das gab mir ein unglaublich gutes Gefühl, also versuche ich, mich immer daran zu erinnern. So funktioniert das Ganze."

Sie waren in der Tat sehr unterschiedliche Charaktere, doch hatte das Leben, das sie die letzten paar Jahre gemeinsam gelebt hatten, an sich schon einen Bund zwischen ihnen geschmiedet. Niemand außer den vier Bandmitgliedern wusste, wie es war, ein Teil von Depeche Mode zu sein. Die komplexe Beziehung zwischen Dave und Martin machte stets den Kern der Gruppe aus. Über die Jahre war es unmöglich geworden, zu sagen, wann Martins Kompositionen von Dave inspiriert wurden und wann er nur einfach dasselbe empfand.

„Depeche Mode lebt von Martins Songs und meiner Stimme", sagte Dave. „Die Musik ist ziemliche Kopfmusik, und ich bringe dann das Herz hinein."

Die erste Hälfte von *Ultra* war eine Kreuzung von *Violator* und *Songs Of Faith And Devotion*. Sie weist die glatte Produktion des ersten Albums auf, doch in Stücken wie „Barrel Of A Gun" und besonders „It's No Good" zeigt sich der aggressive Unterton des Letzteren. Daves Stimme hört sich aber ganz anders an. Sie klingt wesentlich verträumter und resignierter. Er ist nicht selbstzufrieden und zuversichtlich wie auf *Violator* oder leidenschaftlich und getrieben wie auf *Songs Of Faith And Devotion*. Es ist die Stimme eines Mannes, der gerade wieder nach Luft schnappt.

In der zweiten Albumhälfte breitet sich die Musik aus und wird noch indirekter. Sie besitzt immer noch diesen Blues-Touch der vorangegangenen zwei Alben, doch ist sie dem Blues von Tricky oder Massive Attack diesmal näher verwandt. Ein paar Pop-Melodien gibt es auch. Im Video *101* sah man Martin, wie er in Nashville in einen Plattenladen ging und stapelweise Country-Musik einkaufte. Das Resultat dieses Einkaufs schien nun in „The Bottom Line" hörbar geworden zu sein. Sie engagierten den renommierten Sessionmusiker BJ Cole an der Slide-Gitarre, und obwohl die Nummer nicht unbedingt reiner Country ist, so kommt sie dem Stil doch verhältnismäßig nahe.

„Als ich während der Aufnahmen mit Martin sprach, schwärmte er von dem Steel-Guitar-Spiel auf den Platten von Ray Price, dem legendären Songwriter aus Nashville", sagt JB heute. „Das war es, was sie dazu brachte, mich für das Album zu engagieren. ‚Night Life' gefiel ihm besonders gut, so weit ich mich erinnere. Es ist auch eine von meinen Lieblingsplatten."

Vielleicht war es nicht unbedingt Country-Musik, doch dafür war *Ultra* ein Album, das, metaphorisch gesprochen, auf einer Veranda saß und sich Gedanken zur Sterblichkeit machte. Sie hatten immer noch nicht ganz begriffen, was in den letzten paar Jahren mit ihnen geschehen war, aber sie hatten es geschafft, ein weiteres großartiges Album herauszubringen. Für den Augenblick war das genug. Der Titel des Albums entsprang beinahe einem Gefühl des Trotzes. Sein glatter, positiver Tenor passte kaum zur Musik auf der Platte oder dem Leben der Musiker in den vergangenen Jahren, doch sie waren alle fest entschlossen, dem Ganzen eine positive Seite abzugewinnen. „Der Titel passt perfekt zu unserer neuen Besetzung", sagte Martin. „Wir haben unterwegs ein Bandmitglied verloren, und das ist nun die neue, verbesserte, abgespeckte Version. Ich finde, es ist ein toller, positiver Titel."

Einige Kritiker waren enttäuscht, dass *Ultra* – mehr oder weniger – wie gewohnt klang. Vielleicht hatten sie eine musikalische Version von Daves Interviews erwartet. „Themen werden umkreist, Poesie bleibt im Versuchsstadium hängen, und was bleibt, ist eine weitere Ausgabe bedrohlicher Stadion-Musik, wo wir doch eigentlich nachdenkliche Intimität erwartet hatten", hieß es im *NME*.

Nach dem zufälligen Zusammenfallen des Erscheinens von *Violator* mit dem Boom elektronischer Musik schien es nun, als wären sie zu ihrem bisherigen Weg zurückgekehrt, hatten sie doch schon immer ein klein wenig unzeitgemäß gewirkt. 1997 gelangten The Prodigy mit *The Fat Of The Land* in den Staaten auf Platz eins der Charts. Es wurde viel über eine neue „Elektronische Invasion" gesprochen, die sich aber nie ganz einstellen wollte. Depeche Mode hätten eigentlich als Vorreiter dieser Szene gelten müssen, doch *Ultra* war langsamer und bedächtiger. Obwohl nicht alle Kritiker überzeugt waren, so freuten sich doch viele Fans nach den Rock-Klängen von *Songs Of Faith And Devotion* über die Rückkehr zu ihren Wurzeln. *Ultra* verkaufte sich zwar nicht so gut wie seine beiden Vorgänger, doch wenn man bedenkt, dass sie im Gefolge der Veröffentlichung keine Tournee unternahmen, lief die Platte alles andere als schlecht.

Zumindest begannen sie wieder Spaß zu haben, und dies hörte man auch den ersten Singles an, die aus dem Album ausgekoppelt wurden. „Barrel Of A Gun" war Ausdruck einer aggressiven Trotzhaltung. Es war viel direkter und schnörkelloser als der Großteil ihres Materials aus den letzten Jahren. Außerdem konnte man erkennen, dass Martin zum ersten Mal zögerlich versuchte, aus Daves Perspektive heraus zu schreiben. Angesichts der kraftvollen Metapher des bevorstehenden Todes war dies kaum zu übersehen. Er wies jedoch darauf hin, dass das Stück auch von seinem eigenen Leben handele und den Problemen, mit denen er selbst zu kämpfen gehabt hatte.

Im Begleitvideo konzentrierte sich Anton direkt auf die Figur des „verlorenen" Dave, der in seinen damaligen Interviews so bilderbuchartig wiederauferstanden war. Es beginnt mit einer Szene, in der offenbar der kalte Entzug dargestellt wird. Der Sänger wälzt sich auf seinem Bett herum und kann keine Ruhe finden. Auf seine Augenlider sind Augen aufgemalt, um den Eindruck zu erwecken, er sei wach. Er stolpert durch die Straßen, und scheint ausdruckslos an die Decke zu starren, während Fletch und Martin an seiner Schulter einschlafen. Es war eines von Antons düstersten Videos, enthielt jedoch – wie gewöhnlich – eine Prise pechschwarzen Humor.

Für das Video zu „It's No Good" beschritt Anton hingegen einen ganz anderen Weg und machte sich über Daves Rockstar-Persönlichkeit lustig. „Das war vermutlich eines der Videos, das mir am meisten Spaß gemacht hat", sagte Dave hinterher. Er war als gealterter Rocker verkleidet, mit einer Fünfzigerjahre-Tolle und goldenem Lamé, ein vergessener Star, der nicht begreift, dass sich die Zeiten geändert haben. Mit seinem schmalzigen Zwinkern und übertriebenem Rockstar-Gehabe konnte Dave nun beweisen, dass er etwas zurück gewonnen hatte, was ihm durch das Heroin abhanden gekommen war: seinen Sinn für Humor. Inzwischen hatte er wieder leicht lachen, denn *Ultra* hatte gezeigt, dass sie als Band fast so groß wie immer waren, selbst wenn sie nach eigener Meinung nur mit halber Kraft fuhren. Das Album hätte noch mehr einschlagen können, doch damals waren sie sich einig, dass es Wahnsinn gewesen wäre, wieder auf Tournee zu gehen. Zum ersten Mal stellten sie ihre Gesundheit und ihr persönliches Wohlbefinden über die Forderungen nach einer Tournee.

„Es liegt nicht nur an David, sondern an uns allen", fand Fletch. „Dave hat sich immer noch nicht vollständig wieder erholt. Also wollen wir ihn nicht zu sehr unter Druck setzen. Eine Tournee bedeutet einen enormen Druck für ihn und benötigt eine Menge Zeit. Wir wollen dieses Jahr einfach genießen, die Platte promoten, ein erfolgreiches Album feiern und sagen, dass wir viel Spaß miteinander hatten."

Nach „It's No Good" veröffentlichten sie noch zwei weitere Singles, „Home" und „Useless". Letztere war insofern von Bedeutung, als dass sie für die nächsten acht Jahre das letzte Video war, das sie mit Anton Corbijn drehten. Es war nicht das Beste, was sie je zusammen gemacht hatten. Hauptsächlich sah man Dave, der in einer Schottergrube sang, während Martin und Fletch hinter ihm auf einem Auto herumlümmelten. Die Überraschung am Schluss, als klar wird, dass sie die ganze Zeit über tatsächlich für jemanden gesungen haben, vermag über das insgesamt ein wenig langweilige Bildmaterial nicht ganz hinwegzutrösten.

Es gab trotzdem keinerlei Anzeichen dafür, dass sie mit Antons Arbeit in irgendeiner Weise unzufrieden gewesen wären. Sie verdankten ihre Langlebigkeit vielmehr schlicht und einfach der Tatsache, dass sie ab und zu einen Tapetenwechsel vornahmen. Bemerkenswert an „Useless" war, dass Dave nach seinen Entzugsauftritten in „Barrel Of A Gun" und „It's No Good" mittlerweile wieder etwas gesünder aussah. Es lag jedoch noch ein weiter Weg vor ihm.

18. Clean

Als er begonnen hatte, sich wieder zu erholen, wurde Dave auf einmal religiös. Er beschloss, in New York zu bleiben, wo seine neue Freundin Jennifer lebte. Nach und nach fand er zu seinem alten Selbst zurück. Er betrachtete Los Angeles nun zunehmend als eine Art Monster und empfand es als Erleichterung, an einem Ort ohne die ständigen Versuchungen des Rock'n'Roll zu leben.

„Los Angeles kann einen bei lebendigem Leib auffressen", erkannte er 1997. „Man kann sich dort leichter zurückziehen, doch wenn man das einmal getan hat, ist es sehr schwer, auszugehen und unter Menschen zu sein. Hier kann ich 24 Stunden am Tag aus dem Fenster schauen und sehe, wie das Leben um mich herum pulsiert."

Weitaus wichtiger war, dass er in New York auch selbst wieder ein eigenes Leben führte. Er hatte eine Wohnung in der Nähe des Central Park und erfreute sich einer neuen Freiheit. Nachdem er das Rockstar-Leben eine Zeitlang gelebt hatte, war ihm die Häuslichkeit, die er in Essex als beengend empfunden hatte, nun äußerst willkommen. Jennifer hatte einen Sohn, und als sich ihre Beziehung festigte, war dies eine neue Version des Familienlebens, das er in England zurückgelassen hatte. Er spürte, dass sie ihn um seiner selbst willen liebte und nicht nur den Rockstar in ihm sah: „Es war ihr scheißegal, in welcher Band ich spielte. Ihr ging es ausschließlich um mich, und das konnte ich von Anfang an sehen."

Das ganz normale Leben war eine reine Freude für ihn. Nun, da er seit etwa einem Jahr clean war, begann er aber auch daran zu zweifeln, ob es richtig gewesen war, in Interviews derart offen über seinen Drogenmissbrauch zu reden. Er sorgte sich, dass diese als Warnung gedachten Offenbarungen schlicht als weitere Sensationsgeschichten über den so genannten Rock'n'Roll-Lebensstil missverstanden werden könnten. Außerdem war er sich bewusst, dass sein Sohn Jack nun ein Alter erreichte, in dem er die Zeitschriftenartikel selbst lesen konnte.

„Heute finde ich, dass es für die Leute, die sich wirklich um mich sorgen, eine große Belastung ist, etwa für meine Familie oder meinen Sohn“, sagte er in der amerikanischen *Tonight Show*. „Er ist alt genug, um sich selbst eine Zeitschrift zu kaufen und sie zu lesen. Manchmal wird solches Zeug irgendwie beschönigt oder ganz falsch dargestellt, und deshalb versuchte ich, auf eine möglichst drastische Weise zu erklären, dass es nicht cool ist und keinen Spaß macht, so zu leben. Mitglied einer Band zu sein, ist ein totales Klischee. Aber das lässt sich natürlich alles umkehren und verdrehen.“

Trotzdem war der innere Kampf zwischen seiner häuslichen Seite und seiner Bühnenpersönlichkeit noch nicht vorüber. Es hing alles davon ab, die richtige Balance zu finden. Im Rahmen der Promotion für *Ultra* traten sie in einigen Fernsehsendungen auf. Dabei entdeckte er, wie sehr er die gigantischen Live-Konzerte vermisste, die sie die ganzen Neunziger hindurch gegeben hatten. Außerdem verspürte er das Bedürfnis nach einem kreativen Ventil, wie er noch nie eines gehabt hatte. Es hatte ihm stets genügt, Martins Songs zu interpretieren, doch nun, da er soviel durchgemacht hatte, wollte er sich selbst ausdrücken. Zudem würde es diesmal lange dauern, bis Martin den nächsten Schwung neuen Materials liefern würde. Nach den bewegten neunziger Jahren brauchten sie alle dringend eine Pause. 1998 waren sie in der Stimmung, darauf zurückzublicken, was sie erreicht hatten. Dave fühlte sich inzwischen wieder fit genug, um auf Tournee zu gehen, also veröffentlichten sie eine zweite Singles-Kollektion: *Singles 1986>98*.

Wie sie es bei ihrem ersten Singles-Album auch getan hatten, fügten sie noch einen neuen Song hinzu: „Only When I Lose Myself“. Es war eine langsame, beinahe etwas statische Nummer mit einer gewissen Würde, von der sie glaubten, dass sie die bei all der schlechten Presse der vergangenen Jahre verloren hatten. Sie klang fast ein bisschen nach ihrem alten *Violator*-Sound. Als kleine Verbeugung vor der eigenen Geschichte engagierten sie für die Gestaltung und das Video diesmal Brian Griffin. Der war angenehm überrascht, als er feststellte, dass sie eine ganz andere Band waren als die Jugendlichen, mit denen er vor so vielen Jahren zusammengearbeitet hatte.

„Als David Gahan seine Drogenphase überwunden hatte, war ich schwer beeindruckt von ihm“, sagt Brian. „Ich fand, dass er sehr klar dachte, sehr klug handelte und im persönlichen Umgang einfach ein netter Kerl war. Für mich war er der Mittelpunkt der Band. Er war ein sehr vorbildlicher Mensch. Ich mochte ihn sehr. Ich kann mich nicht erinnern, dass er schon damals so zielstrebig wie Fletch und Martin war, als ich Anfang der Achtziger zum ersten Mal mit ihnen zusammenarbeitete. Ich meine mich entsinnen zu können, dass sie wesentlich fokussierter waren als David, zumindest oberflächlich betrachtet. Als wir uns hingegen im Jahr 2000 bei diesem Promo-Ding wieder sahen, war er derjenige, der wusste, was er wollte."

Die *Singles*-Tournee unterschied sich gravierend von *World Violation* oder *Devotional*. Der Backstage-Bereich war nahezu drogenfrei, nur Bier und Wein waren erlaubt. Verglichen mit den turbulent-exzessiven Tagen von *Songs Of Faith And Devotion* erschienen sie wie gezähmte Partylöwen. Ihre Entscheidung, nicht mehr 100 Konzerte zu geben, wie bei den bisherigen Tourneen üblich, war ebenfalls klug. Trotzdem waren es immer noch 60 ausverkaufte Shows. Es baute sie auf, die alten Singles zu spielen und selbst zu hören, welche musikalische Entwicklung sie in den vergangenen zwölf Jahren durchgemacht hatten. Die Konzerte selbst waren auch nicht die opulenten Großveranstaltungen vorangegangener Tourneen. Sie speckten alles ein bisschen ab und warfen das gesamte Rockstar-Gehabe über Bord.

Manchmal muss das nicht leicht gewesen sein. Insbesondere, da einige ihrer Fans offenbar extrem hohe Erwartungen an sie hatten. Diesmal begann die Konzertreise im ehemaligen Ostblock, und die Reaktionen waren umwerfend. Sie spielten in Estland, Litauen und zum ersten Mal in Russland, nachdem sie so lange davon gesprochen hatten. Es war ein Land, in dem sie seit 15 Jahren eine treue Fan-Gemeinde besaßen, deren Appetit durch die lange Wartezeit noch gesteigert worden war. Wie in Ungarn gaben sich die Fans alle nur erdenkliche Mühe, um wie ihre Idole auszusehen. Nur war es für die Band diesmal noch bizarrer, denn die Kostüme spiegelten nicht wider, wie sie jetzt aussahen, sondern wie sie einmal ausgesehen hatten.

„Als wir in Russland waren, wartete ein Fan während der gesamten Dauer unseres Aufenthalts vor dem Hotel", berichtete Martin in einem Fernsehinterview. „Er sah genauso aus, wie ich in den Achtzigern ausgesehen hatte, dieselbe Frisur, dieselben Klamotten. Das Lustige war aber, dass es eine Frau war. Wir fingen an, sie Martina zu nennen, wenn wir sie sahen."

Solche Art von Verehrung war nicht unbedingt das, was Dave gerade brauchte. Die Suchtberater hatten ihm unmissverständlich klargemacht, dass es notwendig war, seinem alten Lebensstil und seinen alten, drogenabhängigen Freunden den Rücken zu kehren. Bislang war dies insofern relativ einfach gewesen, als er von L.A. nach New York umgezogen war und seine ehemaligen Drogenkumpels das Interesse an ihm verloren hatten, seit er nichts mehr konsumierte. Die erneute Tournee mit Depeche Mode muss allerdings alte Erinnerungen an die *Devotional*-Tour wachgerufen haben. Obwohl der Backstage-Bereich nun „clean" war, so fühlte er sich doch beileibe nicht so wohl wie daheim, wo sein Umfeld systematisch kontrolliert wurde.

Die Tour erinnerte sie aber auch alle miteinander daran, wie gerne sie auf der Bühne standen. Seit ihrer letzten richtigen Tournee war eine lange Zeit vergangen. Abgesehen von ein paar rasch absolvierten Promo-Auftritten für *Ultra* waren sie nicht mehr gemeinsam unterwegs gewesen, seit Dave vor beinahe vier Jahren in Indianapolis von der Bühne gesprungen und in die Absperrung gekracht war. „Es war toll", sagte Fletch. „Wir hatten richtig Spaß und fühlten uns endlich wieder als Band. Keine dummen Streitereien, kein egozentrischer Müll. Wir konnten es kaum erwarten, wieder ins Studio zu gehen."

Weiteren Auftrieb verschaffte ihnen die Veröffentlichung des Tribute-Albums *For The Masses*. Waren sie schon überrascht gewesen, dass die Pioniere des Techno ihre Musik als Einfluss nannten, so war dies ebenso unerwartet. Eine ganze Liga neuer Rock-Gruppen wie Rammstein, Deftones und Monster Magnet hatten Cover-Versionen ihrer Songs aufgenommen. Sie sahen in der Musik beinahe das exakte Gegenteil dessen, was Derrick May und die anderen Produzenten herausgearbeitet hatten. Sie interessierte die Dunkelheit, die schwere, industrielle Seite.

Rammsteins Version von „Stripped" wurde unter den Fans besonders beliebt, und Marilyn Manson, der zu *For The Masses* nichts beitragen konnte, nahm später eine eigene Version von „Personal Jesus" auf. Das vielleicht schönste Cover lieferten The Cure mit „World In My Eyes" ab. Als Depeche Mode angefangen hatten, war es eines ihrer Hauptziele gewesen, so gute Platten zu machen wie The Cure. Sie hatten vergleichbare Wurzeln im England der Vorstädte, und trotz vieler Unterschiede hatten sie doch eine gewisse gemeinsame Ästhetik und viele gemeinsame Fans.

1999 heiratete Dave Jennifer und adoptierte ihren Sohn Jimmy. Er trat sogar der Griechisch-Orthodoxen Kirche bei, der sie angehörte, um kirchlich heiraten zu können. Es war der Beginn eines der glücklichsten

Abschnitte seines Lebens. Er wurde wieder Vater und bekam eine kleine Tochter namens Stella Rose. Er war nun in der Lage, sich zu entspannen und sowohl den materiellen Erfolg zu genießen, den ihm Depeche Mode eingebracht hatte, als auch, dass er es geschafft hatte, sich von seiner Sucht zu befreien. Sie bewohnten ein hübsches Apartment im zehnten Stock, von dem aus man den Hudson River überblickte. Er fühlte sich endlich zuhause.

„Ich bin sehr stolz auf meinen Sohn Jack, und wenn ich nach Hause komme, nimmt mich mein Stiefsohn in die Arme, und meine kleine Tochter sieht mich aus ihren Babyaugen an – das ist es, was zählt", beschrieb er sein Familienleben. „Es klingt schmalzig, aber ich fühle mich wirklich geliebt. Ich arbeite an mir selbst. Ich bin immer noch sehr misstrauisch, aber es gibt jetzt in meinem Leben wieder Momente reinen Glücks."

Viele seiner neuen Freunde in New York hatten ähnliche Suchterfahrungen, was ihm sehr half. Anfang 2000 traf er sich zudem wieder mit Alan Wilder, zum ersten Mal, seit der bei Depeche Mode ausgestiegen war. Es war für beide ein fröhliches Wiedersehen. Nach dem ersten Schock, den sein Weggang ausgelöst hatte, hatte Dave in der Presse stets nur gut über Alan geredet, was ihm der Keyboarder, der inzwischen an seinem Soloprojekt Recoil arbeitete, hoch anrechnete. Als er in New York war, um für das Recoil-Debütalbum *Liquid* Werbung zu machen, statteten er und Hepzibah Dave, Jennifer und ihrem neugeborenen Baby einen Besuch ab.

1999 hatte Martin Mühe, Songs für das nächste Album zu schreiben. Zum ersten Mal hatte er so etwas wie eine Schreibhemmung. Bis dahin hatten Depeche Mode an die 50 Millionen Schallplatten verkauft, und alle Bandmitglieder gingen mittlerweile auf die 40 zu. Vielleicht verspürte er nicht mehr denselben künstlerischen Drang wie noch in ihren Jugendjahren: „Ich begann vor etwa anderthalb Jahren, an neuen Songs zu arbeiten, und kam einfach nicht weiter. In den ersten sechs Monaten tat ich überhaupt nichts. Ich konnte mich nicht aufraffen. Mir fiel nichts ein, das mich motivierte, zu arbeiten. Das war ziemlich beängstigend."

Schließlich holte sich Martin Hilfe. Er bat den Tontechniker Gareth Jones und den Keyboarder Paul Freeguard, zu ihm ins Studio zu kommen und mit ihm zu arbeiten. Dass nun andere mit anwesend waren und seine spontanen Ideen direkt umsetzten, erwies sich als weit geringeres Hemmnis, als er gedacht hatte. Es war ein gewisser Druck, und genau den brauchte er nun. Wenn Leute nur herumsaßen und darauf warteten, was ihm wohl einfallen würde, konnte er sich nicht entspannen. Nach einem Einbruch in sein Haus in Hertfordshire übersiedelte der Songwriter mit seiner Frau kurz darauf in das südkalifornische Santa Barbara. Die drei Mitglieder von Depeche Mode waren nun tausende Kilometer voneinander getrennt. Trotzdem bereitete sich jeder auf seine Weise auf das nächste Album vor. Dave machte immer noch regelmäßig die Übungen, die ihm Evelyn Halus gezeigt hatte, und als Martin endlich fertig war, lief alles wesentlich reibungsloser als bei den beiden Platten zuvor.

Als sie sich trafen, um die Produktion ihres nächsten Albums zu planen, war das wie eine Offenbarung. Sie konnten gemeinsam in einem Zimmer sitzen und offen über ihre Vorstellungen reden, ohne dass sie dabei jemanden als Schlichter benötigten. Martin: „Früher kam unser Manager oft zu jedem Einzelnen von uns, wenn es etwas zu besprechen gab. Es liefen alle möglichen seltsamen Sachen ab. Jetzt aber sind wir in der Lage, uns zusammenzusetzen und zu reden. Das ist wichtig – Kommunikation ist in jeder Gruppe von Menschen wichtig."

Um sich weiter von den Rockstar-Attitüden von *Songs Of Faith And Devotion* abzugrenzen, wandten sie sich für die Produktion an Mark Bell von der Techno-Gruppe LFO. Dieser hatte erst vor Kurzem reichlich Lorbeeren für seine Arbeit an Björks Album *Homogenic* geerntet und war wie Tim Simenon als Jugendlicher von dem Frühwerk Depeche Modes beeinflusst worden. Bald schon nahmen einige Songs Gestalt an, und sie bereiteten sich auf den Aufnahmebeginn vor. Es sollte ein bedeutender Meilenstein werden, ihr erstes Post-Heroin-Album. Für Dave war es außerdem eine Chance, die Welt daran zu erinnern, dass er ein großartiger Sänger war und nicht nur ein von Drogen dahingeraffter Rockstar.

„Seien wir doch ehrlich", sagte er. „Wenn man einmal so weit gekommen ist, dass man seinem Leben beinahe selbst ein Ende gesetzt und die Welt die ganze Zeit über zugesehen hat, dann verspürt man ein gewisses Bedürfnis, jemandem zu beweisen, dass man den Job immer noch beherrscht, und sei es auch nur sich selbst."

Depeche Mode waren eine Band mit einer bewundernswerten Arbeitsmoral, und dies war ihr größter Abstand zwischen zwei Studioalben gewesen. Die Songs, die Martin geschrieben hatte, waren in ihrer Bedeutung wie immer sehr indirekt, doch manche bezogen sich konkret auf die Erfahrungen der jüngeren Vergangenheit. Bei „The Dead Of Night" etwa ließ er Dave vom „zombie room" singen, womit er jene VIP-Räumlichkeiten meinte, in denen die Leute Drogen nehmen und sich dabei selbst verlieren. „Solange man dort ist, sind alle Menschen in diesem Zimmer die besten Kumpels, die du auf der Welt hast“, sagte Martin. „Aber wenn man am nächsten Tag einem davon auf der Straße über den Weg läuft, kennt man nicht mal seinen Namen.“

Mark Bell ermunterte Dave, seinen Gesang ganz allein im Studio aufzunehmen, um ihm eine noch intimere Atmosphäre zu verleihen. Es passte zum Sound des Albums, das streckenweise wie eine Ambient-Produktion klang. Manchmal hörte sich Dave fast wie ein sentimentaler Schnulzensänger aus den Vierzigern oder Fünfzigern an. Dies war seit jeher ein Teil von Martins Ästhetik. Eine Nummer mit dem Titel „When The Body Speaks“ beschrieb er so: „Die Righteous Brothers spielen Tür an Tür mit einem Rave.“

Das neue Album mit dem Titel *Exciter* klang, noch stärker als *Ultra*, müde, vielleicht sogar erschöpft, aber nicht in einem schlechten Sinne. Wenn die Vorgängeralben von Partys gehandelt hatten, dann war dies sozusagen das Chillout-Zimmer. Dave sagte, er sehe sich nun in der Lage, einen größeren Beitrag zu leisten als früher. Er brachte seine eigenen Ideen ein, ohne sich dabei gehemmt zu fühlen. Das Wort, mit dem sie all diese Aufnahmen später beschrieben, war „gemütlich“. Rückblickend schien der Sänger allerdings zu glauben, sie wären ein wenig zu weit in diese Richtung gegangen. Während der Arbeit an den Demos veranstaltete Martin manchmal Gruppenmeditationen mit Gareth Jones und Paul Freeguard. Insgesamt versuchten sie, alles so entspannt wie möglich anzugehen. „When The Body Speaks“ versuchte Dave eigenen Worten zufolge so zu singen, als hielte er seine kleine Tochter in den Armen.

Das Bandgefühl war längst nicht so deutlich zu spüren wie auf *Violator* oder *Songs Of Faith And Devotion*. Stattdessen arbeitete Martin eng mit Mark Bell und seinem Team zusammen, während Dave eigene Ideen einbringen durfte und sang. „Einer der Hauptunterschiede ist, dass viel weniger tatsächlich gespielt wird“, sagte Martin. „Aber das erfordern wahrscheinlich auch die Songs.“ Eine gemütlichere Stimmung war damals vielleicht genau das, was sie brauchten. Es fanden sich trotzdem noch Nummern wie das mahlende „The Dead Of Night“, das dem Album einen etwas aggressiveren Gesamtcharakter verlieh. „Dream On“ wiederum war eine weitere großartige Pop-Single mit einem von Martins besten Texten. Insgesamt jedoch zeichnet sich das Album durch seine sanfte, fließende Atmosphäre aus. Es besitzt wenig von jener Schärfe, für die sie bekannt waren.

Streckenweise war es fast eine Schmuseplatte. Sie hatten sich aneinander gewöhnt, hatten auch die schlechtesten Seiten der Anderen kennen gelernt und akzeptierten sie. Das hört man auch der Musik an.

„Es ist eigentlich wie in einer Familie", sagte Fletch. „Wir verbringen nicht jede Sekunde unseres Lebens miteinander, weil wir unsere eigenen Familien und Freunde haben. Wir respektieren inzwischen auch die Eigenheiten der Anderen. Wir kennen uns in dieser Hinsicht sehr gut, und das ist gut so."

Fletch verwies außerdem darauf, dass es eine Platte sei, auf der das Wort „Liebe" in vier verschiedenen Songtiteln vorkomme. Es war kein totaler Bruch mit dem Typus von Beziehungen, die Martin in „Behind The Wheel" und „Master And Servant" beschrieben hatte, aber es ging sicher nicht ganz so extrem zu. Nicht allen Medienschaffenden gefiel das, aber am Stück gehört besitzt *Exciter* eine wunderbar warme, traumartige Atmosphäre. Das Album ist weit entfernt von dem acht Jahre zuvor erschienenen *Songs Of Faith And Devotion*, was sich am besten am letzten Stück „Goodnight Lovers" zeigen lässt: Es weist Spuren des Gospel-Einflusses auf, der auf jenem Album zum ersten Mal zu hören war, und doch ist es viel sanfter. Es klingt nicht wie ein Lobgesang, sondern mehr wie ein Wiegenlied.

Mit der zweiten Single stellten sie indes einen eindeutigen Bezug zu jenem Aspekt ihrer Musik her, der verloren gegangen war. Auf der B-Seite fand sich eine Coverversion von „Dirt", einem Titel der Proto-Punks The Stooges. Diese Musik hatte David einst dazu bewegt, sich einer Band anzuschließen, und doch waren sie mit *Exciter* sehr weit vom Punk entfernt.

Der Albumtitel selbst erscheint vermutlich höchst ironisch. Es war weder ihre aufregendste Platte noch ein kompletter Flop. Es dauerte einfach eine Weile, bis die Leute sich an eine Inkarnation von Depeche Mode gewöhnt hatten, die beinahe zufrieden klang. „Bei jeder Platte, die wir aufnahmen, hatte ich das Gefühl, dass sie ein bisschen optimistischer klang als die davor", sagte Dave.

Der archetypische Showman muss sich allerdings darüber im Klaren gewesen sein, dass man mit diesen neuen Songs die Stadien und Hallen auf einer Tournee nicht so leicht zum Kochen bringen konnte wie mit den alten.

Alexis Petridis beschrieb das Problem in einer Kritik im *Guardian* über ein Konzert in der Wembley Arena: „Heute Abend sind Depeche Mode immer dann am besten, wenn sie alle Sanftheit über Bord werfen und Songs spielen, die so dick auftragen wie Gahans überzeichnete Posen. Zu zäh fließenden, mahlenden Stücken wie ‚I Feel You' oder ‚Personal Jesus' passt sein großspuriges Gehabe perfekt. Ebenso wird klar, warum Marylin Manson so für Depeche Mode schwärmt."

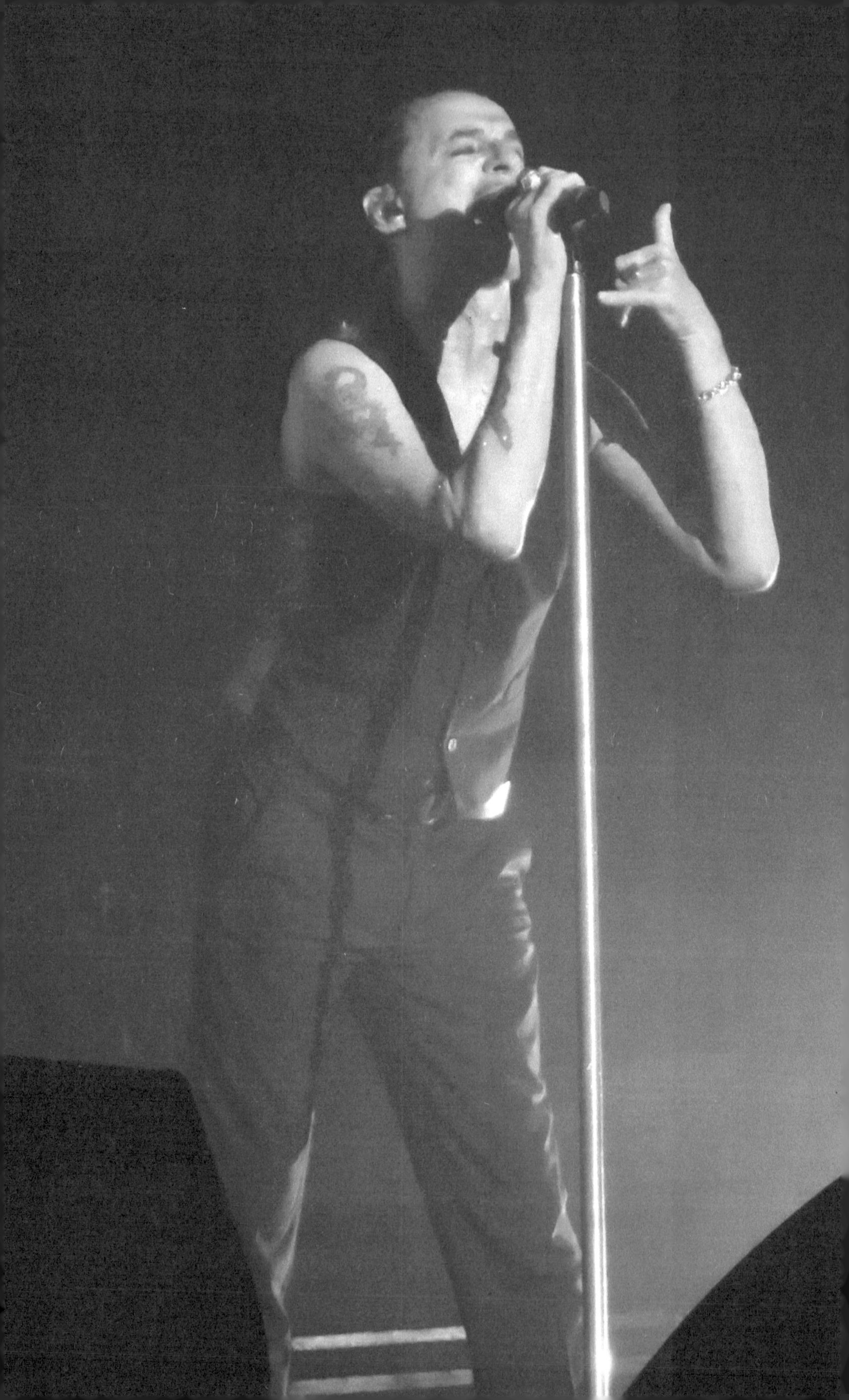

19. Paper Monsters

Daves ein wenig gespaltenes Verhältnis zu *Exciter* mochte unter anderem dadurch bedingt gewesen sein, dass er in den Pausen zwischen den Aufnahmeterminen bereits an seinen eigenen Songs zu arbeiten begonnen hatte. Tief im Innern war er irgendwie unzufrieden. Die Arbeitsweise von Depeche Mode – das Aufnehmen, Digitalisieren und Verändern von Klängen – brachte es mit sich, dass er nach wie vor kaum Gelegenheit hatte, sich in den Aufnahmeprozess einzubringen.

Ganz vorsichtig deutete er an, dass einer seiner Songs vielleicht auf einem Depeche-Mode-Album Platz finden könnte. Wie immer ging man mit dieser Frage jedoch nicht wirklich offen um. Er wartete darauf, bis Martin eines Abends zuviel getrunken hatte, und spielte ihm dann einige seiner Stücke vor. „Martin gab ein paar Kommentare ab", sagte Fletch. „Aber als er wieder nüchtern war, konnte er sich nicht mehr erinnern, was er gesagt hatte." Dave wollte nichts übers Knie brechen. In der starren Welt von Depeche Mode war der Gedanke, dass Martin nicht mehr der alleinige Songwriter sein könnte, ein mittelschweres Erdbeben. Sie hatten derart großen Erfolg gehabt, dass eine solch dramatische Veränderung schwer vorstellbar war.

Außerdem war sich Dave selbst auch gar nicht sicher, ob er überhaupt Depeche-Mode-Songs schreiben wollte. Ihm schwebte vor, etwas wesentlich Raueres zu machen, eine Garagenband, deren Musik vornehmlich in einer Live-Umgebung entstehen könnte. 2001 gelang Bands wie den Strokes der Durchbruch, und simpler Drei-Akkorde-Rock war wieder einmal die modischste Musik der Welt. Es war die Musik, die er als Teenager gemocht hatte, doch hatte er nie ernsthaft in Erwägung gezogen, mit Depeche Mode etwas in dieser Richtung zu machen. Auch über ein Soloalbum hatte er praktisch nicht nachgedacht, seit er in der Band war. 1990 hatte er sich in einem Interview im dänischen Fernsehen sogar über das Soloalben-Syndrom lustig gemacht: „Einer der Hauptgründe, warum Bands auseinander gehen, sind die immer stärker werdenden

Egos. Irgendwann denken sie, sie können es viel besser als ihre Kollegen und machen eine eigene Platte. Danach kommen sie meist wieder angekrochen und sagen: ‚Lasst uns eine neue Platte zusammen machen.'"

Als er schließlich selbst ein Soloalbum aufnahm, dachte er allerdings nicht, er könnte es „viel besser" als Martin. Es war einfach nur so, dass er persönlich den Zweck des Musizierens – sich selbst auszudrücken – durch Depeche Mode immer weniger erfüllt sah. Früher hatte ihm die Verehrung der Fans, die ihm bei Konzerten entgegen brandete, genügt. Seit der *Devotional*-Tour jedoch wusste er, dass er noch etwas Anderes brauchte.

Als er noch in L.A. lebte, erzählte er den Leuten immer, er wolle einmal etwas ganz Anderes als Depeche Mode machen, doch konnten diese Gedanken in seinem damaligen Zustand keine Früchte tragen. Noch während der Aufnahmen zu *Ultra* versuchte er, sich innerhalb der Band mehr Raum zu verschaffen.

Er hatte ein Lied mit dem Titel „The Ocean Song" geschrieben, aber Martin sagte diplomatisch, dass er nicht zu den anderen Nummern des Albums passe, wenngleich er ihm gut gefalle. Nach dem Ende der *Singles 86>98* -Tournee hatte Dave erneut davon gesprochen, ein Soloalbum einzuspielen, doch dann waren die Aufnahmen zu *Exciter* dazwischengekommen.

Mit Victor Endrizzio, einem befreundeten Schlagzeuger, hatte Dave schon oft über eine Zusammenarbeit gesprochen. Victor riet Dave, auch noch Knox Chandler anzusprechen, der wiederum ein Freund von ihm war. Der in New York wohnhafte Knox war Dave durchaus ein Begriff, und er engagierte ihn zunächst für *Exciter*, wo er die Streicher arrangierte und selbst Cello spielte. Knox war ein äußerst erfolgreicher Studiomusiker, der unter anderem bereits mit den Psychedelic Furs und Siouxsie And The Banshees zusammengearbeitet hatte. Ihre erste Begegnung war indes reiner Zufall.

„Ich ging zufällig irgendwohin, und da war er", sagte Dave gegenüber einem Webzine. „Irgendetwas muss mich damals wohl geritten haben. Es war richtig nervenaufreibend, aber ich ging auf ihn zu und sagte: ‚Ich bin Dave Gahan. Wie ich höre, spielst du Gitarre und auch ein bisschen Cello. Ich habe ein paar Song-Ideen und brauche jemanden, der mir hilft, sie auszuarbeiten.' Er war sofort Feuer und Flamme und sagte: ‚Ich habe einen kleinen Arbeitsraum in meinem Haus, komm doch nächste Woche mal vorbei.'"

Als Dave begann, mit Knox zusammenzuarbeiten, änderte sich seine Ansicht darüber, wie Musik klingen sollte. Er hörte sich alle möglichen neuen Platten an, darunter auch die Blues-Alben, die ihm Daniel Miller gab. „Er sagte zu mir: ‚Wenn dir das hier gefällt, musst du auch das hier anhören!'", erzählte Dave auf VH1. „So lernte ich die Musik von John Lee Hooker, Muddy Waters und Howlin' Wolf kennen. Muddy Waters war der absolute Hammer! Das finde ich heute noch. Ich kann selbst Gitarre dazu spielen. Es ist alles auf dem zwölftaktigen Schema aufgebaut, und das macht eine Menge Spaß. Zu dem Kram von Howlin' Wolf spiele ich gern Mundharmonika. Für mich ist das wie eine Zeitreise. Ich finde das klasse, denn auf einmal stellt man fest: Aha, dieser Zeppelin-Song ist also eigentlich von Willie Dixon!"

Eine weitere Erfahrung, die für ihn entweder zur Offenbarung oder zur Demütigung hätte werden können, war es, als Johnny Cash „Personal Jesus" für sein Album *American IV: The Man Comes Around* coverte. Johnny Cash hatte die Angewohnheit, sich fremde Songs unter den Nagel zu reißen und ihnen ihre definitive Version zu verpassen. Auch Trent Reznor von Nine Inch Nails hatte dies schon erfahren, als Cashs Version von „Hurt" vielerorts mehr gelobt wurde als das Original. Dave indes war schlicht starr vor Ehrfurcht.

Er war ein großer Fan von Johnny Cash und empfand die Cover-Version als Ehre für die Band, insbesondere für Martin. „Martin meinte nur: ‚Ach ja, es ist ganz nett.' Woraufhin ich entgegnete: ‚Martin, das ist so, als würde Elvis einen deiner Songs covern!'"

Es war eine harte Konkurrenz für Daves Version, aber vielleicht war es von Vorteil, dass sich beide stark unterschieden. Nichtsdestoweniger war es ein interessanter Einblick in eine vollkommen andere Arbeitsweise. Der emotionale, grobkörnige Charakter von Cashs Musik war etwas, wovon Dave seit Jahren geträumt hatte.

Dave sang Knox also die Texte und Melodien vor, die ihm eingefallen waren. Wenn er bei den Aufnahmen zu *Exciter* gerade nicht singen musste, arbeitete er weiter an seinen eigenen Songs. Diese schickte er dann Knox, der seine eigenen Elemente hinzufügte und sie dann wieder zurückschickte.

Oft waren Knox Chandlers Vorschläge, wie ein Song klingen könnte, viel opulenter und dynamischer, als Dave erwartet hatte. Eine Nummer mit dem Titel „Black And Blue Again" erlangte durch Chandlers Cello schließlich eine fast epische Größe. Das Stück war ganz direkt an seine

Frau Jennifer gerichtet, bei der er sich für einen Streit entschuldigte. Er schrieb den Text auf dem Rücksitz eines Taxis, während er quer durch New York fuhr. „Wir hatten einen Riesenkrach, und ich verließ einfach die Wohnung", sagte er. „Ich war unterwegs zum Studio, als mir plötzlich dämmerte, dass ich derjenige war, der Unrecht hatte. In diesem Song geht es mehr oder weniger darum, dass ich nicht immer ein netter Mensch bin. Ich begriff, dass Beziehungen nicht einfach waren und ich mich ändern musste."

Nach den Erfahrungen in der Suchttherapie, in der es teilweise auch darum ging, zu erkennen, dass er sich selbst belog, war Ehrlichkeit ungeheuer wichtig. „Es gab Zeiten, als ich mich bei Depeche Mode wie ein Betrüger fühlte", reflektierte er sein Verhalten. „Ich identifizierte mich zwar mit Martins Songs, aber ich interpretierte stets die Gefühle von jemand Anderem." Dies kam in einem anderen Song mit dem Titel „Dirty Sticky Floors" zur Sprache, der mit viel schwarzem Humor seine dunkelsten Momente ansprach. „‚Dirty Sticky Floors' bezieht sich auf den gesamten Lebensstil, den ich mir angewöhnt hatte", sagte er in einem Interview für die Website *Home Taping Is Killing Music*. „Dieses ganze Rockstar-Klischee … eine Zeitlang war das alles ja ganz lustig, aber dann nicht mehr. Aus den Trümmern dieser Existenz entstand dann der Song ‚Dirty Sticky Floors', bei dem ich mit mir selbst hart ins Gericht gehe und mit dieser ganzen glamourösen Seite des Rock'n'Roll – na ja, sie ist eigentlich gar nicht so glamourös – also dieser ganzen Rock'n'Roll-Kultur des Rockstars, der sich betrinkt, Drogen nimmt, irgendwann umfällt und normalerweise auf irgendeinem dreckigen, klebrigen Fußboden liegen bleibt."

In dieser Nummer fanden außerdem der Blechmann und der feige Löwe Erwähnung, die einzige lustige Geschichte aus seinem langen Alptraum in Los Angeles. „Ich wollte mich von der Negativität befreien, die mich umgab", sagte er. „Das Einzige, das mich am Leben erhielt, war mein Sinn für Humor – das wollte ich vermitteln." Doch nicht nur die Ereignisse von vor sechs Jahren inspirierten ihn. Ein anderer Song, das wundervoll-sanfte „Stay", handelte von der Geburt seiner Tochter. Die Idee zu „Hidden Houses" wiederum entstand, als er mit seinem Stiefsohn Jimmy einen Spaziergang durch den alten Fleischereidistrikt in der Nähe seines Apartments machte. Er sah diese ganzen kleinen Gassen und fragte sich, wohin sie wohl führten. Wieder einen anderen Song, „A Little Piece", schrieb er buchstäblich auf der Straße, indem er ihn in mit einem Diktiergerät aufnahm. Unter den leicht verwirrten Blicken der Passanten sang er den kompletten Song. Dann ging er nach Hause und spielte Knox das Band übers Telefon vor.

Mit der aufregenden Atmosphäre in New York konnte er viel besser umgehen als mit dem eher gemächlichen Tempo von Los Angeles. In L.A. gab es nicht genügend Hintergrundgeräusche. Er sagte, er habe immer nur das „Komitee in meinem Kopf" gehört. Eine der wenigen Möglichkeiten, hier Abhilfe zu schaffen, war die Musik von Sigur Rós. Er war dem zweiten Album der isländischen Band, *Ágætis byrjun*, verfallen, das er eigenen Angaben zufolge „wie eine Bibel" bei sich getragen habe, als er die Songs schrieb. Als es Zeit war, ins Studio zu gehen, beschloss er daher, sich an ihren englischen Produzenten Ken Thomas zu wenden. Ken hatte bereits einen Remix von Depeche Modes „A Question Of Time" gemacht und war für seine überragenden Fähigkeiten als Tontechniker bestens bekannt. Daniel Miller kannte ihn persönlich und schickte ihm einige der ersten Demos. Dann verabredeten sie sich in New York zum Essen.

Anfangs war Dave nervös. Er wusste nicht, wie ein anerkannter Produzent wie Ken Thomas darauf reagieren würde, dass er sich nun nach all den Jahren selbst zum Songwriter aufschwingen wollte. Also beschloss er, seine Karten auf den Tisch zu legen. Ken erinnert sich: „Er sagte zu mir: ‚Ich bin kein großer Textdichter, ich habe mit 15 die Schule verlassen, ich bin nicht Bob Dylan. Mehr gibt's nicht.'" Dave erzählte: „Ich fragte Ken, was er von der Idee halte, und er sagte zu mir: ‚Deine Songs vermitteln eine sehr positive Stimmung, ich würde das Projekt sehr gerne machen.' Das ist es. Genau das will ich machen, ich will eine Platte machen, bei der die Leute sich gut fühlen."

Mit Knox und dem Schlagzeuger Victor Indrizzo gingen sie zunächst in die Empire View Studios in New York, um dort mit der Vorproduktion zu beginnen. Die Texte mussten tatsächlich noch ein wenig aufpoliert werden. Sie arbeiteten mit sehr groben Skizzen, die Dave und Knox am Küchentisch angefertigt hatten. „Ein paar Texte veränderten sich", sagt Ken. „Sie waren am Anfang einfach zu offensichtlich. Da musste viel geändert werden, weil ein Großteil des Materials zu kitschig war. Es war nicht genügend ausgearbeitet. Man musste also dringend noch etwas daran feilen."

Als sie Daniel Miller die ersten Demos vorspielten, war der Mute-Chef zunächst nicht überzeugt. Er fand, Dave solle noch weitere Songs schreiben. Ken erinnert sich: „Als ich danach mit Dan Miller sprach, sagte er zu mir: ‚Ken, ich weil kein L.A.-Album. Ich will ein Album, so wie du es machen würdest, ein englischeres Album.' Anfangs dachte ich, Dave wollte ein Iggy-Pop-Album machen, aber ich glaube, das wäre bei Mute nicht erschienen. Daniel konnte kein Album herausbringen, das nicht in seinen Katalog passte. Depeche Mode sind wie eine große Maschine, also ist vermutlich einiges auf einer politischen Ebene gelaufen."

Sie buchten in New York ein größeres Studio, das Electric Lady. Dort begannen sie, die Songs grundlegend zu überarbeiten und ihnen eine ganz neue Dynamik zu verleihen, versuchten aber, deren rohe, intime Qualität trotzdem beizubehalten. Bei der Arbeit an seinem ersten Soloalbum fand sich Dave in einer für ihn ungewohnten Position wieder. Es war das elfte Album, an dem er mitarbeitete, und trotzdem war er in mancherlei Hinsicht ein blutiger Anfänger. Noch nie zuvor war er derart in den Entstehungsprozess eines Albums eingebunden gewesen. „Von Anfang bis Ende war Dave an der Arbeit an den Songs beteiligt", berichtet Ken. „Er kam jeden Morgen herein und ging erst wieder, wenn wir nachts mit der Arbeit aufhörten. Das hatte er bei einem kompletten Album noch nie zuvor gemacht." Als Songwriter hatten ihn die Hunderte von Konzerten geschult, die er mit Depeche Mode gegeben hatte. Sie hatten ihn gelehrt, was funktionierte und was nicht. Er wusste ganz genau, wie man ausladende, eingängige Refrains bastelte.

„Seine Stärke ist, dass er daran gewöhnt ist, vor vielen Leuten zu singen", sagt Ken. „Daher weiß er ganz genau, wie man einen mitreißenden Song hinbekommt. Die Gesangsaufnahmen liefen insgesamt recht flott. Er macht es eben schon eine ganze Weile. Er kam aber nicht wie ein großer Songwriter rüber. Eigentlich erzählte er nur ein paar Geschichten."

Dave genoss diese Erfahrung weit mehr als die Arbeit an *Exciter*. Abgesehen von allem Anderen bestand auch nicht derselbe Druck, der bei einem Depeche-Mode-Album ständig herrschte. „Es ist sehr aufregend, wenn man ein solches Album macht", findet Ken. „Man muss sich nicht darum sorgen, ob es sich verkauft oder nicht, jedenfalls musste Dave das nicht tun. Er wollte eigentlich nur ein Album machen, das er auflegen und mit dem er zufrieden sein konnte. Er wollte nur die Platte veröffentlichen und mit ihr auf Tournee gehen können. Wir sorgten uns praktisch um nichts, außer, dass wir ein Album machen wollten, auf das er stolz sein konnte. Die ganze Zeit über war er glücklich, weil er das tat, was er tun wollte. Ich glaube, jeder, der das tun kann, was er tun will, ist glücklich. Daher herrschte während der gesamten Aufnahmen eine äußerst gute Stimmung."

Außerdem stellte Ken fest, dass der Sänger seinen Sinn für Humor nun vollkommen wiedererlangt hatte. Im Studio verbrachte er viel Zeit damit, die anderen mit Geschichten aus seinen dunklen Tagen der Sucht und über seine langsame Erholung zu unterhalten.

„Zum Beispiel erzählte er Geschichten über seine Reha-Treffen, die er zweimal die Woche besuchte, aber es war immer sehr witzig", sagt der Produzent. „Er hatte sehr viele Geschichten über Depeche Mode auf Lager, aber leider kann ich keine davon erzählen! Sie sind eine große Band, und in großen Bands herrscht irgendwann immer diese Metallica-Stimmung, wie bei einem gestörten Familienleben. Alles, was Dave Gahan tut, besitzt ein komisches Element. Selbst auf der Bühne nimmt er das Ganze nicht allzu ernst. Er hat mich oder Knox ganz schön oft auf die Schippe genommen."

Ein Song mit dem Titel „Bottle Living" verdammte voller Zorn den Alkoholismus. Er richtete sich an jemanden, der seine Trinkgewohnheiten nicht mehr unter Kontrolle hatte und Hilfe benötigte. Damit könnte Dave selbst gemeint gewesen sein. In dem ganzen Presserummel um seine Heroinabhängigkeit war völlig untergegangen, dass er Mitte der Neunziger dem Alkohol fast genauso regelmäßig zugesprochen hatte. „Es ist ein einziger Kampf mit diesem ganzen Zeug, besonders mit dem Alkohol", sagte er 2002 im schwedischen Fernsehen. „Im Leben klammert man sich manchmal an so einen vermeintlichen Rettungsring, aber ich kann ehrlich sagen, dass ich seit sieben Jahren keinen Tropfen mehr getrunken habe."

Ursprünglich hatte Dave nach einem Ventil für seine Rock-Instinkte gesucht. Doch das Album hatte sich ganz anders entwickelt, als er es sich vorgestellt hatte. Das Hauptziel jedoch war erreicht: Es war ein Album, das von Menschen getragen wurde und nicht von der Technik. Er wollte in einem ganz traditionellen Sinne in einer Band spielen. Seine Überdosis lag inzwischen fünf Jahre zurück, und er begann sich nun an die guten Seiten seines Lebens an der amerikanischen Westküste zu erinnern, an die Bands, die er gesehen hatte, und daran, wie aufregend der amerikanische Rock'n'Roll war.

„Innerhalb von Depeche Mode gab es immer gewaltigen Widerstand dagegen, einen etwas rockigeren Pfad einzuschlagen", erzählte er Chris

Roberts. „Alles, was mir vorschwebte, war immer ‚zu rockig‘, verstehen Sie? Das ging mir auf den Wecker. Für mich hieß das: ‚Gut Jungs, das ist wieder eine Tür, die ihr zugeschlagen habt.‘ Sie dachten wohl, ich wollte die Band in Guns N' Roses oder so verwandeln … und, na ja, es gab definitiv einen Teil von mir, der das wollte!“

Trotz der evidenten Spannungen innerhalb von Depeche Mode bedankte er sich bei dem Songwriter der Band höflich dafür, dass auch seine eigenen Songs von Martins Talent profitiert hätten. „Ich hatte viel Anschauungsunterricht von jemandem, den ich sehr schätze und der wahrscheinlich einer der besten Songwriter unserer Zeit ist“, sagte er. „Ich meine damit natürlich Martin. Sein Können hat definitiv auf mich abgefärbt.“

Ken Thomas sieht in Daves Solodebüt *Paper Monsters* in erster Linie einen weiteren Schritt in seinem Genesungsprogramm. Alles ging darum, mit seinen eigenen Problemen umzugehen zu lernen und das Beste aus seinem eigenen Leben zu machen. Angeregt durch die Platten von Sigur Rós, die ihm sehr viel bedeuteten, war in ihm der Wunsch entstanden, selbst eine Platte zu machen, auf der er seine eigenen Gefühle ausdrücken könnte, welcher Art diese auch immer sein mochten.

„Ich glaube, Sigur Rós war eine Art Therapie für ihn“, sagt Ken. „Er versuchte, ein Album zu machen, das ebenfalls eine therapeutische Wirkung für ihn hatte, das er sich anhören und wobei er sich ein bisschen spirituell fühlen konnte. Es war eine große Sache für ihn, ein eigenes Album zu machen. Er fing wieder ganz von vorne an. Er hatte kein großes Budget, kein großes Studio, es gab kein Geld für teure Studiomusiker und solche Dinge. Er fing von vorne an. Er war kein Superstar, dem für sein Solodebüt ein Riesenbudget zur Verfügung stand.“

Trotz seiner reichhaltigen Erfahrungen mit Depeche Mode war *Paper Monsters* in mancherlei Hinsicht ein typisches Debütalbum. Es war Ausdruck von jahrelang angestauten Gefühlen. Alles, was er während seiner Zeit in der Band nicht hatte sagen können, musste nun heraus. Es gab keinen thematischen roten Faden, nicht einmal der Sound war einheitlich. Klanglich war es ein wildes Durcheinander, doch dank der Hilfe von Knox und Ken Thomas waren trotzdem einige wirklich bewegende Songs entstanden.

Das Aufregende an den Aufnahmen zu *Paper Monsters* bestand zum Teil darin, dass niemand wusste, wie die Platte werden würde. Bei Depeche Mode hatte Dave das Gefühl, dass alles so sorgfältig geplant war, dass es kaum noch Raum für Spontaneität gab. Zwar war auch *Violator* ganz anders geworden, als er es erwartet hatte, doch seitdem waren sie in eine Arbeitsweise verfallen, bei der der kreative Prozess größtenteils vor dem Computerbildschirm stattfand. Unter diesen Bedingungen war es nicht leicht für ihn, so Einfluss zu nehmen, wie er es sich wünschte.

Nach dem großen Erfolg mit Depeche Mode wurde allgemein bezweifelt, dass aus dem Frontmann über Nacht ein guter Songwriter werden könnte. Die Medien unterschätzten jedoch seinen Willen. Er schrieb schon viel länger Songs, als irgendjemand ahnte. Nur hatte er in der Vergangenheit nicht den Mut aufgebracht, sie jemandem vorzuspielen.

Nun jedoch sah er endlich seine Chance gekommen, ein bisschen erwachsener zu werden. Einen kurzen Augenblick lang spielte er mit dem Gedanken, das Album *Essex Boy* zu nennen, als humorvollen Hinweis darauf, wie weit er es gebracht hatte. Wie Alan und Daniel gelegentlich sagten, konnten die Jungs aus Basildon wegziehen, doch im Herzen verließen sie die Stadt nie. Am Ende fiel die Wahl auf *Paper Monsters*. Der Titel bezog sich auf die Unsicherheiten und Ängste, die ihn viele Jahre geplagt hatten.

„Als ich noch ein Kind war, fürchtete ich oft, dass jemand im Schrank wäre oder unter dem Bett", sagte er in einem Interview für die Pressemappe zu *Paper Monsters*. „Nachts hörte ich Schritte. Außerdem hatte ich alle möglichen Alpträume. Später stellte ich fest, dass mich oft nur die Angst davon abhielt, das zu tun, was ich tun wollte. Ich glaube, vielen Menschen geht es ebenso — sie tun vor lauter Angst nicht, was sie tun wollen, und sagen nicht, was sie sagen wollen. Sich einzugestehen, dass man Angst hat, ist außerordentlich schwer."

Das Album sorgte in der weltweiten Depeche-Mode-Gemeinde für gewaltigen Aufruhr. Die Fans waren extrem loyal, und viele von ihnen waren enttäuscht, weil sie die Aufnahmen als Zeichen mangelnder Loyalität innerhalb der Gruppe werteten. Als Alan Wilder ausgestiegen war, hatte dies bereits einen Aufschrei ausgelöst. Nun schien es, als könnte die Band auseinander brechen.

„Es ist unglaublich", sagte Dave über die Reaktion der Fans. „Diese Obsession geht mir manchmal ein bisschen zu weit. Das Album hat die Fans definitiv in zwei Lager gespalten. Ein Teil des harten Kerns hat sich von mir abgewandt. Ich wusste, dass das passieren würde, und ich kann nichts dagegen tun. Ich muss tun, was ich selbst für richtig halte." Auf der anderen Seite erfuhr er auch einige Unterstützung. Eine besondere

Ermutigung kam von einem amerikanischen Fan, der ihm ein liebevoll gestaltetes Buch mit Dutzenden positiver E-Mails darin schickte. „Wenigstens habe ich dort also hundert Fans, die das Album definitiv kaufen werden", sagte er. „Das ist doch ein Anfang!"

Die meisten Kritiken waren relativ unentschlossen. Wenige Journalisten lobten das Album, andererseits wurde es auch nicht verrissen. *Q* beschrieb es als „besser als die letzten beiden Mode-Alben und Martin Gores jüngstes Soloalbum *Counterfeit 2*."

Der allgemeine Konsens lautete, dass die Platte zwar ganz gut sei, Depeche Mode aber besser. „Gahans Gesang kann auch noch den dümmsten Text auf das Niveau eines kathartischen Mantras erheben", bemerkte *Pitchfork*, „eine Gabe, die ihm in Abwesenheit von Martin Gore zugute kommt."

Als *Paper Monsters* erschien, verkaufte sich das Album recht gut. Natürlich gingen nicht so viele Einheiten über den Ladentisch wie von einem Depeche-Mode-Album, aber es zeigte, dass er ein großes Publikum hatte. Im Juni 2003 ließ er mit einer Solotour noch ein bisschen mehr Dampf ab. Auch diese zeigte, welche Popularität er persönlich genoss. Er spielte in riesigen Hallen in Osteuropa und zwei Abende hintereinander im Shepherd's Bush Empire in London. Um seinen Ruf als glaubwürdiger Rocker weiter zu festigen, trat er außerdem beim Glastonbury Festival auf, was Depeche Mode nie getan hatten.

Das Live-Programm in Glastonbury umfasste auch eine Version von „Personal Jesus", die eine Mischung aus schmalzigem Rock'n'Roll, frühem Elvis und der elektrisierenden Energie eines Iggy Pop war. Bei anderen Konzerten spielte er als Zugabe oft akustische Versionen seiner Lieblingsstücke von Depeche Mode, zum Beispiel von „I Feel You".

Der relative Erfolg seiner Soloplatte machte es ihm leichter, wieder zur Band zurückzukehren. Er konnte nun darauf bestehen, ebenfalls einige Songs für das nächste Album beizusteuern, ohne dass er sich dabei komisch vorkommen musste.

„Wenn die Zeit reif ist, werde ich mich mit Martin zusammensetzen und alles besprechen", sagte er. „Im Augenblick weiß ich noch nicht, wie die Zukunft aussehen wird. Ich entwickle mich einfach weiter und schreibe meine eigenen Songs."

Der Erfolg der Platte verlieh ihm auch ein neues Selbstbewusstsein – was er auch dringend nötig hatte, nachdem sein dramatischer Abstieg und Fall in der Öffentlichkeit breitgetreten worden war. Auf der Bühne wirkte er zwar sehr souverän, doch im Privatleben war er mitunter noch recht unsicher. „Ich bin ein gutes Beispiel für jemanden mit einem Riesenego aber einer unglaublich geringen Selbstachtung", sagte er in einem Interview mit einer Fan-Site. „Das geht immer Hand in Hand. Einerseits fühle ich mich wie das Allergrößte seit der Erfindung von geschnittenem Brot, auf der anderen Seite komme ich mir vor wie die niederste Kreatur aus der schwarzen Lagune, die man sich überhaupt vorstellen kann – natürlich bin ich keins von beiden, weil ich eine gewisse Balance gefunden habe. Die Arbeit an diesem Album hat mir sehr dabei geholfen, dieses Gleichgewicht zu erreichen."

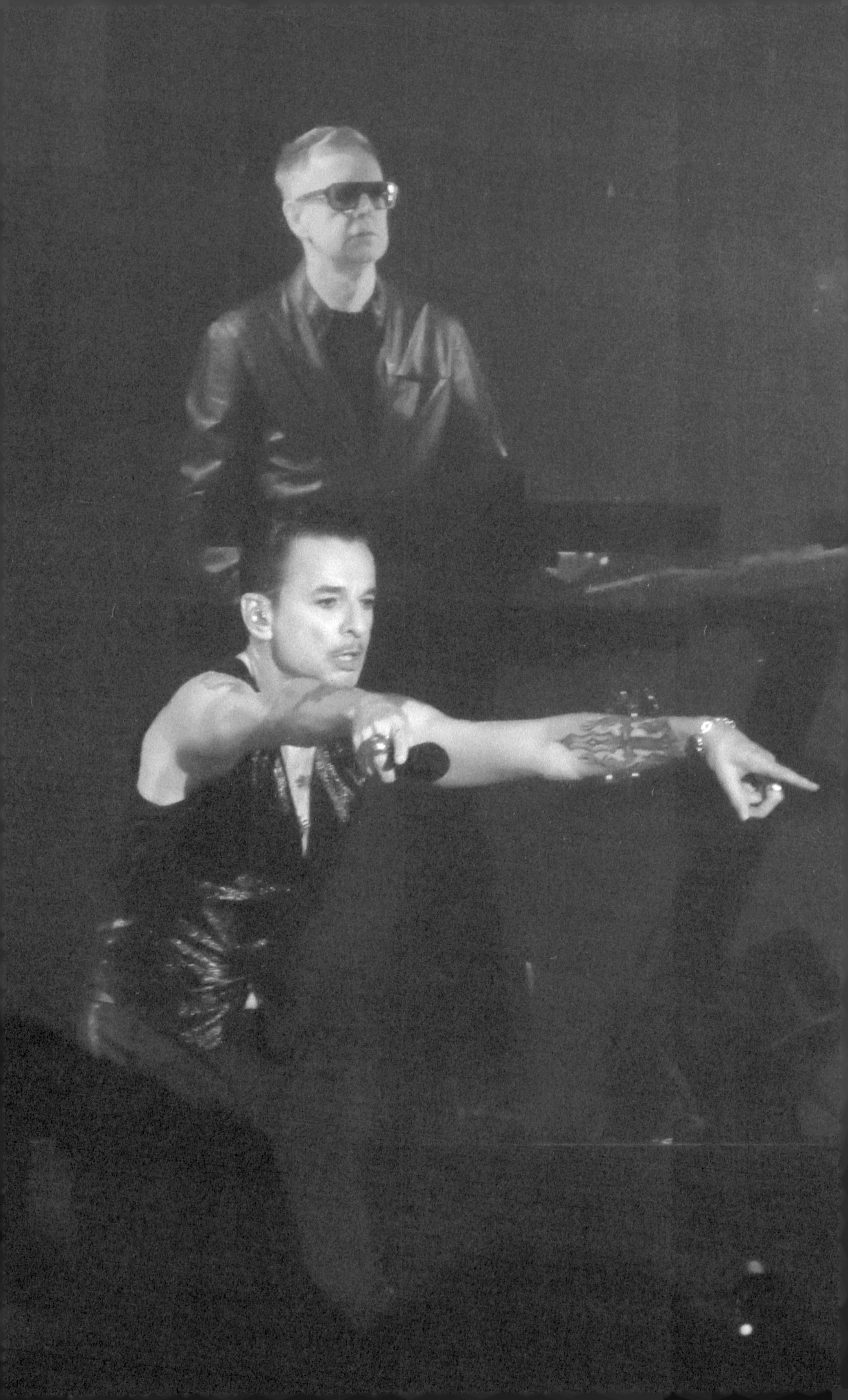

20. Wiedervereinigung

In den Interviews, die Dave anlässlich der Veröffentlichung von *Paper Monsters* gab, sagte er wenig, um diejenigen zu beruhigen, die meinten, sein Soloalbum bedeute das Aus für die Band. Einmal sagte er, seine Rolle bei Depeche Mode sei „die eines Instruments, das von anderen benutzt wird". Dies war vielleicht eine Anspielung auf einen Kommentar, den Martin in einem früheren Interview abgegeben hatte. „Dave ist wie ein Instrument", hatte er gesagt. „Er ist die Stimme der Band. Seine Stimme passt zu vielen Songs besonders gut. Ich kann jedenfalls nicht singen wie er."

Martin hatte das als Kompliment gemeint, aber in Daves Ohren hatte es wohl anders geklungen. Inzwischen war er entschlossen, nicht länger nur ein Instrument zu sein. Er wollte derjenige sein, der das Instrument spielte.

Für Daniel Miller muss das Jahr 2003 eine schwierige Phase gewesen sein. Obwohl er seine Künstler stets in allem, was sie tun wollten, nach Kräften unterstützte, muss ihn der Gedanke an eine Auflösung von Depeche Mode doch sehr beschäftigt haben. 2002 war für Mute ein entscheidendes Jahr gewesen, weil er die Firma nach 14-jähriger Unabhängigkeit an den Major EMI verkauft hatte. Wie viele Independent-Labels hatte es auch Mute Ende der Neunziger oft nicht leicht. Also befand Miller nach dem gewaltigen Erfolg von Mobys Album *Play* im Jahre 2000, dass es nun an der Zeit wäre, entsprechende Verhandlungen aufzunehmen, solange er sich noch in einer starken Position befand. Und natürlich rührte ein Teil dieser Stärke daher, dass das nächste Depeche-Mode-Album garantiert ein großer Verkaufsschlager werden würde.

Miller mag also besorgt gewesen sein, doch die Legion fanatischer Fans der Band war noch viel besorgter. Ein deutscher Reporter fragte Dave, ob es jemals wieder ein neues Album von Depeche Mode geben würde. Als sein Gegenüber dies nicht zusagen konnte, begann er zu jammern und mit den Füßen zu stampfen. Der Druck auf die Band war immens. Und doch nutzte Dave die meisten Interviews lediglich dazu, seine Gefühle zum Ausdruck zu bringen und alle Welt wissen zu lassen, dass sich die Dinge ändern müssten.

„Ich bin sehr wütend auf Martin", sagte er in einem anderen Interview. „Ich würde nie zu ihm sagen: ‚Hey, Mart, könnten wir diesen Songteil nicht anders machen?' Ich weiß, wie seine Antwort lauten würde. Solange er sich dem Gedanken verweigert, dass wir beide mit Songs ins Studio kommen, sehe ich keinen Grund, weiterzumachen."

Als der Rest der Band von diesen Interviews erfuhr, war Martin verwirrt, doch Fletch war in der Lage, sie ganz nüchtern zu betrachten. Er war sich der Tatsache bewusst, dass sowohl Dave als auch Martin oft solche Zeitschriftenartikel benutzten, um miteinander zu kommunizieren. Für Dave boten sie stets auch Gelegenheit, ein wenig Dampf abzulassen. „Interviews sind eine Art Therapie für ihn", sagte Fletch. „Was Dave sagt und was Dave denkt, sind zwei paar Stiefel."

In diesem Fall mag das nicht hundertprozentig zutreffend gewesen sein, doch es war sicher richtig, dass Dave später wieder etwas versöhnlicher gestimmt wäre. Er versuchte, etwas zu ändern und zu bewegen. Trotzdem muss es zwischen den Musikern zu einigen Spannungen gekommen sein: Eigentlich war für Ende 2003 ein Treffen anberaumt worden, das jedoch auf Anfang 2004 verschoben wurde.

Es war unumgänglich, dass sich zunächst die beiden Protagonisten von Depeche Mode miteinander aussprechen mussten. Ihre Beziehung zueinander war so komplex, dass nur wenige Menschen auf der Welt sie verstanden hätten. Als Team waren sie vielleicht nur noch mit Pete Townshend und Roger Daltrey von The Who vergleichbar. Zwischen dem Sänger und dem Songwriter der Band bestand eine seltsame gegenseitige Abhängigkeit. Beide hatten etwas, das der Andere brauchte. Martin muss sich zuweilen gewünscht haben, er besäße Daves Selbstvertrauen und Bühnenpräsenz, wohingegen ihn der Sänger um seine Begabung als Texter und Komponist beneidet haben muss. Für Dave war es immer ein Privileg gewesen, Martins Songs zu singen, und er hatte in all den Jahren nicht mit Lob geknausert. Es waren vielleicht die Schwierigkeiten, die der Songwriter hatte, sich verbal zu äußern, die ihn zu einem solch großartigen Songwriter machten. Er konnte durch seine Songs – und damit auch durch Dave – Dinge sagen, die er auf andere Art nicht hätte sagen können.

Als Dave zur Band stieß, blieb er der ewige Außenseiter – er stammte nicht von derselben Seite des Schienenstrangs, wie Vince, Martin und

Fletch sich gerne ausdrückten. Im Gegensatz zu ihnen war er ein geborener Band-Musiker. Sie hatten ihre Zeit in der Kirche oder in ihren Zimmern verbracht, hatten auf ihren Instrumenten geübt oder darüber geredet, was sie alles tun wollten, wohingegen Dave schon so etwas wie einen Rock'n'Roll-Lebensstil pflegte, als er noch grün hinter den Ohren war. In ihrer Beziehung zueinander hatte es daher immer auch eine gewisse Konkurrenz gegeben, die aber totgeschwiegen wurde, weil die strikte Arbeitsteilung innerhalb von Depeche Mode dies nicht vorsah.

Diese Arbeitsteilung war auch der Grund dafür, warum das Problem nicht schon früher aufgetreten war. Für die Bandmitglieder stand immer ganz klar fest, wer welche Aufgabe hatte, selbst wenn Außenstehende bisweilen verwirrt waren.

Viele Bands zerbrechen an solch simplen Fragen wie Autorenrechten. Wenn die anderen Bandmitglieder bemerken, wie viel größer das Haus des Songwriters ist als ihr eigenes, beginnen sie zu denken, dass auch ihnen ein größeres Stück vom Kuchen zustünde. Bei Depeche Mode war dies nie ein Thema gewesen. Sie hatten alle akzeptiert, dass es schließlich Martins Songs waren, auf denen ihr gesamter Erfolg basierte.

Martins Songs waren nach dem Ausscheiden von Vince Clarke unter den denkbar schwierigsten Bedingungen getestet worden. Sie hatten sie einem gespannten Millionenpublikum vorgetragen, das darauf wartete, was sie wohl als nächstes machen würden. Dave befand sich nun insofern in einer gestärkten Position, dass er durch seine Solokarriere Depeche Mode nicht mehr ganz so dringend brauchte wie in der Vergangenheit. Wenn es ihm nicht gelänge, ein größeres künstlerisches Mitspracherecht an ihren Alben zu bekommen, könnte er einfach das Handtuch werfen. Die Lösung war etwas, worin sie noch nie sonderlich gut gewesen waren: ein Kompromiss.

Martin hat zahlreiche Songs geschrieben, in denen er zum Thema Kompromiss Stellung bezieht, insbesondere in einer zwischenmenschlichen Beziehung. „Stories Of Old“ auf *Some Great Reward* und „Freelove“ auf *Exciter* etwa lassen eindeutig erkennen, dass er Kompromissbereitschaft für das katastrophale Verhalten von Menschen hält, die sich von ihrem wahren Selbst entfremden, um es jemand anderem recht zu machen.

Nach diesem Prinzip arbeitete er auch mit Depeche Mode. Er lehnte fremde Ideen nicht offen ab, sondern behielt einfach stur seine eigene Richtung bei, in der sicheren Gewissheit, dass die anderen ihm folgen würden. Als Alan beschloss, dass er niemandem mehr folgen wollte, stieg er aus. Wenn jedoch Dave die Band verließ, das wusste Martin, wäre es nicht mehr dieselbe Band. Er musste also eine Entscheidung treffen und dem Sänger gestatten, mehr Songs für das nächste Album zu schreiben – oder akzeptieren, dass es andernfalls kein nächstes Album mehr geben würde.

Während dieser Machtkampf noch andauerte, stellte Daniel Miller eine Compilation aus den vielen Remixes zusammen, die Depeche Mode im Laufe der Jahre in Auftrag gegeben hatten. Zum Entsetzen vieler puristischer Fans hatte Mike Shinoda von Linkin Park „Enjoy The Silence" remixt, das prompt als Single veröffentlicht worden war. Das zusätzliche Geschepper beeinträchtigte Daves hervorragenden Gesang zwar nicht, aber es wirkte wie die unnötige Ergänzung eines großartigen Songs. Es war jene Phase in der Karriere der Band gewesen, in der sie vermutlich am weitesten von ihren Fans entfernt war. Diese hatten Depeche Mode während Daves gesamter Drogenabhängigkeit und der nachfolgenden Entziehungskur die Treue gehalten, obwohl das andauernde Gerede in der Presse keinesfalls Anlass zur Hoffnung gegeben hatte. Der Shinoda-Remix war daher ein wenig zu Unrecht als Zeichen dafür gewertet worden, dass die Gruppe den Kontakt zu den devoten, schwarz gekleideten Massen zumindest teilweise verloren hatte.

Glücklicherweise wandte sich schließlich doch alles zum Guten. Was sie hauptsächlich wieder zusammenbrachte, war die Zeit. Zwischen dem letzten Depeche-Mode-Album *Exciter* und dem nächsten, *Playing The Angel*, lag eine Pause von vier Jahren. Sie hatten Gelegenheit gehabt, einander zu vermissen und, was noch viel wichtiger war, sich nach neuen Plattenaufnahmen und Live-Konzerten mit Depeche Mode zu sehnen. Dennoch kam es bei ihrem ersten Treffen nach Daves berüchtigten *Paper Monster*-Interviews zu einigen Spannungen.

„Der Presse gegenüber ist er bei der Werbung für sein Soloalbum ein bisschen zu weit gegangen, als er sagte, er fühle sich wie eine Marionette, und ich sei ein Diktator, und er finde, er habe das Recht, sich einzubringen", sagte Martin zu Danny Eccleston. „Zu jener Zeit wurde mir klar, dass ich dies bis zu einem gewissen Grad zulassen musste, wenn ich wollte, dass die Band weiter existierte. Ich fand aber auch, dass es nach 25 Jahren nicht angebracht war, sich so massiv dazwischen zu drängen und auf einmal 50 Prozent aller Songs schreiben zu wollen." Vielleicht hing alles auch schlicht und einfach von der Qualität der Songs ab. Wenn es Depeche Mode gelänge, weiterhin gute Songs zu produzieren, wäre es den meisten Fans vermutlich völlig egal, wer der Autor war.

Unterm Strich verstieg sich Dave zu der kühnen Behauptung, seine Songs wären ebenso gut wie die eines Mannes, dessen Alben sich weltweit über 50 Millionen Mal verkauft hatten. „Ich vermute, dass er glaubt, man nimmt ihm etwas weg, und nicht, dass er etwas bekommt", sagte Dave.

Auf Dave lastete also ein schwerer Druck, doch er hatte den Vorteil, dass seine Songs neu und frisch waren. Martin hatte das Komponieren nie als einfach empfunden. Als sie sich trafen, um das nächste Album zu besprechen, hatte Dave 17 Songs geschrieben, Martin lediglich vier. Allerdings waren es nicht nur Daves Songs, wie Martin gelegentlich betonte. Er schrieb mittlerweile zusammen mit den Studiomusikern Christian Eigner und Andrew Phillpott. Christian war seit 1997 der Tourneeschlagzeuger von Depeche Mode, während Andrew die Computerprogrammierungen für ihre Tourneen wie auch für *Counterfeit 2*, Martins Album mit Cover-Versionen, übernommen hatte. Beide hatten einen tiefen Einblick in die Arbeitsweise der Band und waren in der Lage, die Struktur zu liefern, die Daves Demos bisweilen fehlte. Es war außerdem von Vorteil, dass sie ihre Rolle darin sahen, Daves Songs so gut wie nur irgend möglich zu machen. Dafür, dass es ihnen vollauf genügte, im Hintergrund zu stehen, spricht auch ihr seltsames Pseudonym: Das Shadow. Einen Ego-Krieg wie innerhalb von Depeche Mode gab es hier jedenfalls nicht.

Als sich Dave und Martin in Santa Barbara trafen, hatte dies durchaus auch freundschaftliche Aspekte. Martin hatte mit eigenen Problemen zu kämpfen gehabt. Die Beziehung zu seiner Frau, der Designerin Suzanne Boisvert, war in der Pause zwischen den zwei Alben zerbrochen. Die Scheidung war für ihn umso schmerzlicher, weil er seine beiden Kinder sehr liebte. Es war eine Situation, die Dave nur allzu gut kannte. Ohne sich dabei aufzudrängen, gelang es ihm und Fletch, ihrem Bandkollegen eine Stütze zu sein. In den letzten paar Jahren hatten sie so viel durchgemacht, dass die Probleme, die sie nun innerhalb der Band hatten, relativ trivial wirkten. Obwohl sie sich immer noch stritten, war es leichter, die Dinge mit etwas Abstand zu sehen.

Es war außerdem von großem Vorteil, dass Daves Songs Martin gut gefielen. Die Arbeit an ihnen versprach eine neue Herausforderung, was nach so vielen Alben durchaus willkommen war. Dave spielte den anderen einfach die Demo-Versionen von neun neuen Stücken vor und fragte, was sie davon hielten. Die Band honorierte seine Offenheit. „Es war ein bisschen wie beim Eurovision Song Contest im Fernsehen", kommentierte Fletch die Aktion.

Nichtsdestotrotz empfand der Produzent Ben Hillier ihre Arbeitsweise als extrem bizarr. Dave zufolge sagte er, sie seien „die mit Abstand sonderbarste Band, mit der er je gearbeitet habe". Die Arbeit mit Ben wiederum unterschied sich stark von ihren Erfahrungen mit Tim Simenon und Mark Bell bei den letzten zwei Alben, weil er mit der Geschichte von Depeche Mode nicht so vertraut war, wie sie es gewesen waren. Er kam nicht aus der elektronischen Ecke und kannte viele ihrer Alben kaum. „Er kannte nur ein paar Songs", sagte Dave. „Wir mussten ihm buchstäblich den gesamten Katalog besorgen, damit er sich alles einmal anhörte."

Einst wäre ihnen dies als Nachteil erschienen. Für gewöhnlich hatten sie stets eine sehr klare Vorstellung davon, wie ein Depeche-Mode-Album klingen sollte und wollten mit Leuten zusammenarbeiten, die diese Vision auch verstanden. Diesmal jedoch sehnten sich alle nach einer Veränderung.

Sie hatten so viel Musik veröffentlicht, dass es keinen Sinn hatte, einfach dasselbe zu machen wie bisher. Als Ben eintraf, waren sie überrascht, dass er ein großer Fan elektronischer Musik war, obwohl er bislang kaum mit Elektro-Bands zusammengearbeitet hatte. Er brachte eine ganze Sammlung alter Analogsynthesizer mit ins Studio. Es muss ein bisschen komisch für die Band gewesen sein, dass die Instrumente, die sie zu Beginn ihrer Karriere gespielt hatten, mittlerweile begehrte Museumsstücke waren. Die Platte sollte dadurch allerdings eine ganz andere Textur erhalten. Gerade die Kombination von alter und neuer Technologie erzeugte den Eindruck, dass man es hier mit einer aktualisierten Version der alten Depeche Mode aus Berliner Tagen zu tun hatte.

Wie Dave vorhergesehen hatte, schien die neue Konkurrenz innerhalb der Band auch Martin zu beflügeln. Als sie im Januar 2005 in Santa Barbara eintrafen, um mit der Arbeit an dem Album zu beginnen, hatten sie bereits elf fertige Songs zur Auswahl – mehr als je zuvor.

Anfangs sorgten sie sich, dass sich das Gruppengefühl nicht so leicht wieder herstellen lassen würde. Seit sie das letzte Mal zusammengearbeitet hatten, waren alle mit eigenen Projekten beschäftigt gewesen, Dave und Martin mit Soloalben und Fletch mit seinem Plattenlabel Toast Hawaii. Es war ihnen durchaus bewusst, dass es in jeder erfolgreichen Band mächtige Egos gab. Sie hatten jedoch gelernt, vorsichtig miteinander umzugehen. Das Album entstand in Santa Barbara, New York und London. So konnte jedes Bandmitglied während der Produktion wenigstens eine Zeitlang bei seiner Familie sein. Fast überrascht stellten sie fest, dass sie besser miteinander auskamen, als dies früher der Fall gewesen war. „Es hat sogar eine Menge Spaß gemacht", sagte Martin über die Produktion. „Vielleicht mehr als alles seit *Violator* oder sogar noch länger."

Dass Dave enthusiastischer und aktiver war als je zuvor, trug sicherlich zu dieser Stimmung bei. Er hatte sich über seinen Gesangspart hinaus ein größeres künstlerisches Mitbestimmungsrecht erkämpft, was sich somit nun für alle bezahlt machte. Viel verdankten sie auch ihrem jungen Produzenten Ben Hillier. Er hatte ausgezeichnete Ideen, wie ihre Musik klingen könnte, und sie hörten sich gerne an, was er zu sagen hatte. Was sie suchten, war – um ihre eigenen Worte zu gebrauchen – ein „Schulleiter".

Eine Aufgabe, die sie Ben übertrugen, war die Auswahl der Songs für das Album. Sie waren bereits übereingekommen, dass drei davon aus Daves, der Rest aus Martins Feder stammen sollte, also ging es nur noch darum, welche am besten zusammenpassten. Hier hätte es bei anderen Bands zu erheblichen Spannungen kommen können, doch da Dave am allerbesten wusste, wie ein Depeche-Mode-Song klang, fügte sich sein eigenes Material nahtlos in das von Martin ein.

Da sie inzwischen alle auch alleine gearbeitet hatten, wussten sie nun die Vorteile besser zu schätzen, die ihnen die Arbeit mit den anderen Bandmitgliedern bot. Beinahe ebenso wichtig wie die Möglichkeit, eigene Songs einzubringen, war es für Dave, dass sie bei allen Nummern als Team arbeiteten. Einer der Songs, die ihm am meisten Spaß machten, war „John The Revelator", weil von Anfang an alle gleichberechtigt daran beteiligt waren.

Er basierte lose auf dem traditionellen Gospel/Blues-Song gleichen Namens und war Martins bislang deutlichste religiöse Stellungnahme. Er unterstrich auch das Interesse am Blues, das er und Dave seit den Aufnahmen zu *Violator* nicht mehr losgelassen hatte. Die berühmteste Version des Songs, eine Aufnahme von Blind Willie Johnson aus dem Jahre 1930, enthält Anleihen an die biblische Offenbarung und andere Themen aus der christlichen Theologie. Martins Text schien dies auf den Kopf zu stellen, indem er jene verdammte, die Religion als Machtinstrument missbrauchen.

Während sie zuhörten, wie Martin das Demo ausarbeitete, veränderte es sich laufend. Dann ließen sie Ben Hillier Schlagzeug dazu spielen, und Dave setzte eine seiner klassischen, rohen Live-Gesangsdarbietungen obendrauf. Es war interessant, dass er und Martin den gemeinsamen Wunsch teilten, ihrer Arbeit eine Patina der Authentizität zu verleihen, etwas, dem sie in der Vergangenheit eher skeptisch gegenüber gestanden hatten. Nichts war authentischer als der Blues, doch ihre Version des Idioms war aktueller und moderner.

Bei diesem Album – *Playing The Angel* – hatten sie eine neue Energie gefunden, die Daves Ansicht nach auf *Exciter* gefehlt hatte. An der Zusammenarbeit mit Ben Hillier gefiel ihm unter anderem, wie schnell der Produzent arbeitete. Sie hatten gar keine Zeit für all die bandpolitischen Fragen, die sie in der Vergangenheit behindert hatten. „Er versteht es ausgezeichnet, diese ganze Scheiße zu umgehen, die sich zwischen Familienmitgliedern anstaut", sagte Dave zu Dan Cairns. „Er kapierte sehr schnell, welche Rollen wir uns für uns selbst auserkoren hatten, und sagte: ‚Das ist doch lächerlich.' Wir wollten jemanden haben, der so eine Schulleiter-Figur ist. Er war aber mehr wie der Kunstlehrer. Sie wissen schon – einer, der einen in den Lagerraum lässt, damit man schnell eine Kippe qualmen kann."

Dave hatte die langen Wochen und Monate im Studio immer als schwer erträglich empfunden. Während der Aufnahmen zu *Songs Of Faith And Devotion* hatte er von einer ungeschliffenen, Energie geladenen und spontanen Platte geträumt. Der Stil von Depeche Mode hatte dafür meist keinen Raum gelassen, aber durch Ben, der im Herzen ein Rock-Produzent war, gewannen die Aufnahmen zumindest eine neue Energie.

Trotz der verbesserten Beziehungen zwischen den Bandmitgliedern war es offensichtlich, dass Dave seine Erfahrungen aus den Neunzigern noch nicht vollständig hinter sich gelassen hatte. Ein Song mit dem Titel „Suffer Well" enthielt eine recht offene Botschaft an seine Bandkollegen, und es zeugte von Martins Toleranz, dass sie Dave gestatteten, den Titel auf die Platte zu bringen. „Es war definitiv ein kleiner Seitenhieb", sagte Dave zu Danny Eccleston. „Ich hatte es nicht mit dieser Absicht geschrieben, aber als ich es sang, stellte ich mir Martin dabei vor und dachte: ‚Warum hast du nicht verstanden, dass ich dich damals am meisten brauchte? Wo waren denn die ganzen beschissenen Antworten, als ich sie am meisten brauchte?' Als ich schließlich ganz unten angekommen war und buchstäblich über den Fußboden jenes Apartments in Santa

Monica kroch, dachte ich, ich müsste sterben. Ich dachte, meine Seele hätte den Körper verlassen. Tief im Innern schrie ich: ‚Wo zum Teufel bist du?!'"

Der Titel bezog sich auf Daves Ansicht, dass seine Erfahrungen in L.A. zumindest eines bewiesen hätten: dass er viel ertragen konnte. Ein Teil seiner Psyche schien sich immer selbst auf die Probe stellen zu wollen, um zu sehen, wie viel er aushielt – ob das nun eine über zehnstündige Sitzung beim Tätowierer oder sein berüchtigtes Piercing war. Eine seiner Tätowierungen, die er sich auf den Arm hatte stechen lassen, zeigte einen keltischen Dolch. Er wollte damit sagen, dass er sich durch das Spritzen von Heroin im Grunde Stück für Stück selbst erstochen habe.

„Es gibt da einen Typen, den ich in New York besuche", sagte er. „Er ist sehr weise und sehr alt. Einmal sagte er zu mir: ‚Also David, hast du nun aufgehört zu leiden?' Ich sagte: ‚Ich bin mir nicht ganz sicher. Was denkst du?' Und er antwortete: ‚Man leidet nur solange, wie man leiden will.' Das fand ich sehr weise."

Ein anderer Song auf dem Album, „Nothing's Impossible", könnte als Kommentar zu einer Liebesbeziehung oder zu den Beziehungen der Bandmitglieder untereinander verstanden werden. Die zentrale Botschaft des Titels war optimistisch, doch die düstere, bedrückende Atmosphäre des Songs wurde höchstens durch ein trübes Lichtlein erhellt. Dave sang das Stück mit einer getragenen, klagenden Stimme, die im scharfen Kontrast zur Botschaft des Songs stand.

Der dritte seiner eigenen Songs, „I Want It All", arbeitete im Text abermals die Probleme der Vergangenheit auf und thematisierte das ihn beherrschende Gefühl, dass „genug" niemals ausreichte. Es ist verblüffend, wie schwer es ist, Daves Songs auf *Playing The Angel* von Martins zu unterscheiden.

Vielleicht, weil sie beide viele ähnliche Erfahrungen gemacht hatten, oder, weil er von Martin beeinflusst worden war, hatte Dave eine ganz ähnliche Ästhetik. Beide waren sie in der Stimmung, endlich reinen Tisch zu machen und zu beichten. Die Tatsache, dass Dave Martins Songs sang, ist vor allem deshalb sehr bewegend, weil er sich mit den Texten nur zu gut identifizieren konnte. Es zeigt, dass innerhalb von Depeche Mode immer noch Platz für die einzigartige Partnerschaft der beiden Musiker war.

In einem Interview für die deutsche Presse nach der Veröffentlichung des Albums gestand Dave: „Als wir zusammenkamen, wussten wir nicht, wie es werden würde, aber nach den ersten paar Wochen lief das Ganze richtig gut an. Wenn wir erst einmal im Studio sind, klingt es irgendwann immer wie Depeche Mode."

Klanglich war *Playing The Angel* ein interessanter Bruch mit allem, was sie in der Vergangenheit gemacht hatten. An manchen Stellen hallten die industriellen Sounds ihrer Berlin-Phase nach, aber sie waren nicht so wuchtig. Es ist ein zurückhaltendes Album. Es klingt, als wäre es in irgendeiner Höhle tief unter der Erde aufgenommen worden. Eingängige Melodien sind eher dünn gesät, doch die Atmosphäre ist kraftvoll und bewegend. Es wirkt wie ein Rückblick auf ihre Karriere. Synthie-Sounds wie bei „Damaged People" hatten sie beispielsweise seit *Speak And Spell* nicht mehr verwendet.

Es war eine Mischung aus Klängen und Stilelementen, die jene Fans begeisterte, die von der gemütlicheren Gangart des *Exciter*-Albums enttäuscht gewesen waren. Auf der Rückseite stand der Hinweis zu lesen: „Schmerz und Leiden in verschiedenen Tempi." Es war ein Witz, der sich nicht nur auf das Album, sondern auf ihre gesamte Karriere bezog. Es war ein Schlussstrich unter vieles, was sie in den letzten Jahren durchgemacht hatten. Die regelmäßigen Verweise auf Engel und Daves „Suffer Well" schienen offenbar zu bedeuten, dass man Probleme anpacken und mit ihnen fertig werden konnte.

Trotzdem gerieten die einzelnen Bandmitglieder immer wieder aneinander. Martin erinnerte sich an einen grotesken Streit beim Videodreh zu „Precious". Der Regisseur Uwe Flade erklärte ihnen gerade den Gedanken hinter dem Video, das in einer Art Science-Fiction-Tanzsaal spielte, und Dave schlug vor, dass Andy Klavier spielen solle. Andy indes meinte, es sei vielleicht besser, wenn er einen alten Synthie spiele. Im Magazin *Mojo* erinnerte sich Martin, dass Dave daraufhin wutentbrannt aus dem Zimmer stürmte und schnaubte: „Nun, ich will nur das Beste für die Band!" Nicht lange darauf war er wieder zurück und entschuldigte sich, aber es war ein deutliches Anzeichen für die Spannungen, die immer noch unter der Oberfläche brodelten. In der Karriere von Depeche Mode hatte es zwischen ihnen unzählige Konflikte gegeben, doch war es stets ihre Stärke gewesen, ungeachtet aller Zwistigkeiten immer weiter zu machen.

Als „Precious" erschien, gab ihnen der Erfolg der Single gewaltigen Auftrieb. Es war auf den ersten Blick keine Pop-Single. Es hatte eine wunderschöne Melodie und einen der bewegendsten Texte, die Martin je geschrieben hatte, aber der Refrain war zurückhaltend und schwer fassbar. Sie hatten als Depeche Mode seit drei Jahren keine Eigenkomposition mehr veröffentlicht und fragten sich wie immer, ob sich die Leute überhaupt noch für sie interessierten. Das taten sie zweifellos: „Precious" schoss direkt auf Platz vier der britischen Charts.

Die Veröffentlichung von *Playing The Angel* im Oktober 2005 schien zu demonstrieren, dass nicht nur die Band sich erfolgreich weiterentwickelt hatte, sondern auch, dass die Fans diesen Schritt mitgegangen waren. Das Album verkaufte sich schließlich über dreieinhalb Millionen Mal und gelangte in sage und schreibe 17 Ländern auf den ersten Platz der Charts. Sogar im zynischen Großbritannien und in den USA erreichte es die Top 10. Dies strafte die meisten Kritiker Lügen, die verlauten ließen, das Album sei zwar gut, würde jedoch außer den harten Fans der Band kaum jemanden interessieren. „Wenn Sie zu der Gruppe von Menschen gehören, die mit angehaltenem Atem auf eine neue Veröffentlichung von Depeche Mode warten, dann seien Sie unbesorgt: Es wird Ihnen gefallen", hieß es auf der einflussreichen Website *Pitchfork*. „Allen anderen sei gesagt: Es ist ganz okay."

Wie so oft hatten viele positive Kritiken einen leicht überraschten Unterton, als hätte der Autor zum ersten Mal seit Jahren wieder eine Platte von Depeche Mode gehört und zu seinem Erstaunen festgestellt, dass sie immer noch ziemlich gut waren. Außerdem war die Annahme weit verbreitet, dass sie versuchten, düster zu wirken und ihnen die Melodien beinahe mühelos eingefallen wären.

„Die dunklen Abgründe ihrer Seelen bringen stets die strahlendsten Melodien hervor", hieß es im *Guardian*. „Ganz im Gegensatz zu der Nick-Cave-artigen Atonalität, die sie vermutlich anstreben." Sie waren wieder dort angelangt, wo sie etwa bei *Music For The Masses* schon gestanden hatten: Angeblich waren sie nur für die harten Fans wirklich interessant, doch zum Glück hatten sie davon offenbar eine ganze Menge.

Nach dem Erscheinen sagte Martin, er sei von Fans angesprochen worden, die zu wissen glaubten, dass dies das letzte Depeche-Mode-Album wäre. Er war überrascht. Er hatte nicht die Absicht, jetzt aufzuhören, aber man kann erkennen, was sie meinten. Das Album hat etwas seltsam Finales. Es scheint unter alles, was sie je gemacht hatten, einen Schlussstrich zu ziehen.

In gewisser Weise war das vielleicht auch so. Dave sagte, die drei Songs, die er diesmal habe beisteuern können, seien „nur ein Anfang". Dies verhieß, dass es künftig häufiger zu jenen unbeholfenen Konfrontationen kommen würde, mit denen sie noch nie richtig hatten umgehen können. Im Augenblick jedoch herrschte innerhalb der Gruppe ein neues Gleichgewicht, das relativ stabil zu sein schien. Die nächsten Singles „A Pain That I'm Used To", „Suffer Well" und „John The Revelator" reihten sich nahtlos in das bemerkenswert beständige Muster aller Singles ein, die sie im Verlauf ihrer Karriere veröffentlicht hatten. Sie waren die perfekte Top-20-Band. Im Scherz hatten sie einst gesagt, dass alles vorbei wäre, wenn sie jemals tatsächlich einen Nummer-eins-Erfolg landen würden.

Das Video zu „Suffer Well", bei dem wieder Anton Corbijn Regie führte, war ein Vier-Minuten-Trip über Daves Abstieg und Fall. Martin und Fletch treten darin als zwei Schaufensterpuppen auf, die ein Brautpaar darstellen. Es gelang Anton, einen simplen Plot zu konstruieren, der den Zuschauer fesselte, obwohl ihm der Song nicht gefiel. Dazu schauspielerte Dave in dem Video noch mehr, als er es je zuvor getan hatte, und verwandelte sich vom elegant gekleideten Liebhaber in einen hoffnungslosen Landstreicher und wieder zurück.

Im März 2006 lieferten Depeche Mode eine besonders bizarre Version von einem ihrer Songs ab: Daves „Suffer Well", aufgenommen in „Simlisch", der Sprache des Computerspiels *The Sims*. „Depeche Mode sind immer offen für neue Verbreitungsmöglichkeiten unserer Musik gewesen", sagte Dave, als die Nachricht verkündet wurde. „Aber eine Neuversion von ‚Suffer Well' auf Simlisch klang einfach vollkommen verrückt. Deshalb konnten wir auch nicht widerstehen, es zu machen."

Vielleicht ist es wenig überraschend, dass Dave so klingt, als wäre es ihm ein wenig peinlich, auf Simlisch zu singen (angeblich eine Mischung aus Ukrainisch und der philippinischen Sprache Tagalog). Der Verantwortliche hinter *The Sims*, Steve Schnur, beschrieb Simlisch als „emotionsgeladene Sprache, die sich nicht übersetzen lässt. Sie passt ausgezeichnet zur Musik von Depeche Mode, weil diese darauf gerichtet ist, Stimmungen zu erzeugen und die Menschen auf einer emotionalen Ebene anspricht." Tatsächlich klang es, als hätte man Daves normalen Gesang rückwärts laufen lassen. Dafür war das dazugehörige, tragikomische Video ausgezeichnet. Es handelte von einem Sim-Roboter, der sich in eine Sim-Frau verliebt.

2006 war die Zeit gekommen, zurückzublicken. In jenem Jahr starteten sie auch eine Reihe von Wiederveröffentlichungen sämtlicher Depeche-Mode-Alben, angefangen bei *Speak And Spell*. In diesem Rahmen drehten sie zu jedem Album einen Dokumentarfilm. Für Dave war es eine interessante aber auch verstörende Gelegenheit, in seine eigene Jugend zurückzuhorchen.

Nach Beendigung der Aufnahmen hörte er sich seine eigenen Platten nur äußerst selten an, außer gelegentlich *Violator* und *Songs Of Faith And Devotion*. Noch verstörender als die Musik aber war das Archivbildmaterial, das zeigte, wie sie damals ausgesehen hatten. „Manches davon ist richtig schrecklich", sagte Dave in einem Fernsehinterview. „Aber dafür habe ich jetzt eine Art Tagebuch mit Zeug darin, das ich vollkommen vergessen hatte."

Es gab auch einige Stellen, auf die er stolz war – insbesondere, wenn es um *Violator* ging, worin er inzwischen ihren Karrierehöhepunkt sah. „Ich kann jetzt verstehen, warum uns diese Platte auf eine ganz andere Ebene katapultiert hat", sagte er. „Wir experimentierten mit Blues und Gospel und vermischten es mit elektronischen Klängen. Das war eine interessante Kombination."

Mit wieder erstarktem Selbstvertrauen brachen sie zu *Touring The Angel* auf, einer Mammuttournee im Stil ihrer früheren Konzertreisen, die mit 125 Auftritten einen beträchtlichen Teil ihrer Zeit beanspruchte. Es war jedoch alles ganz anders als früher. „Auf Tournee, definitiv auf den letzten beiden Tourneen, wache ich auf und erinnere mich an alles, was am Abend zuvor passiert ist!", sagte Dave. „Ich erinnere mich an die Gesichter der Menschen im Publikum, und wie es sich anfühlte, und ich will es wieder und wieder tun. Das treibt mich voran."

Ironischerweise jedoch schien *Touring The Angel* unter einem wesentlich schlechteren Stern zu stehen als viele ihrer früheren, dekadenteren Touren. Unterwegs hatten sie mit Wirbelstürmen, Krankheit und Problemen mit Veranstaltern zu kämpfen.

Ein Konzert im Libanon wurde wegen des Kriegs abgesagt. Die erste Show in Fort Lauderdale musste ebenfalls gestrichen werden, weil ein Hurrikan über Florida hinwegfegte. Stattdessen begannen sie in dem weiter im Inland gelegenen Tampa. Das Bühnenbild, das Anton Corbijn entworfen hatte, war ihr bislang futuristischstes. Auf einer Seite der Bühne war eine gigantische Kugel, die mit einigen klassischen Songthemen von Depeche Mode bemalt war: „Sex", „Schmerz" usw. Über der Bühne prangte ein riesiges Bildnis der fremdartigen Kreatur, die auf dem Plattencover abgebildet war, und zu beiden Seiten standen Science-Fiction-Podeste, auf denen die Musiker spielten.

Der Abschnitt der Tournee, der in den Sommermonaten lag, hieß *Open Air*-Tour, weil die meisten Konzerte im Freien stattfanden. Alles war noch größer angelegt, doch schien der Beginn ebenfalls mit Hindernissen gepflastert. Nach der Hälfte des Konzertes begann Dave auf einmal zu stocken. Er hatte offensichtlich Schwierigkeiten, normal zu singen, und ging schließlich von der Bühne. Martin versuchte, dies mit einer Akustikeinlage zu überbrücken, was den Fans begreiflicherweise nicht passte. Es gab sogar Buhrufe, bis sich Fletch zögerlich entschuldigte und sagte: „Danke, dass ihr gekommen seid, uns zu unterstützen." Dann verließ auch er niedergeschlagen die Bühne.

Anfänglich gab es alle möglichen Gerüchte: Dave wäre wegen ein paar technischer Probleme auf die Tontechniker wütend gewesen, und das Ganze wäre nur eine Trotzreaktion gewesen. Dies war aber weder plausibel noch zutreffend. Nach Hunderten von Konzerten weltweit unter allen möglichen Bedingungen, würden sie wohl kaum eine Show vor Tausenden von Menschen wegen ein paar kleinerer technischer Probleme abbrechen. Erst, als sie den nächsten Auftritt in Chicago ebenfalls absagen mussten, wurde eine offizielle Erklärung herausgegeben: Dave hatte Laryngitis und war daher körperlich nicht in der Lage, zu singen. Es war eine seltsame Ironie des Schicksals, dass sie die gigantische *Devotional*-Tour mit lediglich zwei abgesagten Konzerten hinter sich gebracht hatten und diesmal schon nach kurzer Zeit anderthalb Ausfälle verzeichnen mussten.

Später mussten sie ein weiteres Konzert in Lissabon absagen, weil es Probleme mit dem Veranstalter gab. Schließlich wurde auch ihr erstes Konzert überhaupt in Israel wegen des Konflikts mit dem Libanon gestrichen. Der letzte Abend der Tournee fand in Athen statt, was für Dave besondere Bedeutung hatte, da seine Frau Jennifer griechischer Herkunft war. Die gesamte Familie kam zu dem Konzert, und anfangs spürte er regelrecht, dass sie ihn mit Argusaugen beobachteten.

„Meine Mutter und die Mutter meiner Frau schauten von der Bühnenseite her zu", sagte er in einem Interview im griechischen Fernsehen. „Ich wusste, dass ich mich ganz ordentlich benehmen musste, weil mir meine Schwiegermutter zusah. Ich versuchte, in meiner Darbietung nicht allzu ausgeflippt oder anzüglich zu werden, doch nach der Hälfte des Konzerts dachte ich, ich muss das Ganze durchziehen wie immer."

Trotz aller Probleme bestätigte die Tournee ihre Position als eine der wenigen Bands, die es wirklich wert waren, dass man ein Konzert dieser Größe besuchte. Sie hatten Songs, die man nicht hautnah erleben musste, damit sie ihre Wirkung entfalteten. Das Gemeinschaftsgefühl in der Masse verstärkte diese eher, anstatt sie zu schmälern. „Trotz ihrer blechernen Synthie-Pop-Wurzeln ist die alt gediente Gruppe aus Basildon längst zu einer der größten und beeindruckendsten Stadion-Bands geworden", hieß es in der *Times*. Sie hatten mittlerweile so viele Songs, dass die einzige Kritik aus den Reihen der Fans lautete, sie spielten zu viele Singles und nicht genügend Kult-Hits. Es war interessant zu beobachten, welche Alben inzwischen am beliebtesten waren. Oft spielten sie nur sehr wenig von *Some Great Reward*, und *A Broken Frame* wurde fast vollständig übergangen.

Nach der Tour ließen Depeche Mode verlautbaren, dass Martin Gore 14 neue Songs geschrieben habe und sie wieder gemeinsam ins Studio gehen würden, sobald Dave sein nächstes Soloalbum fertig gestellt habe. Zunächst aber erschien im November 2006 ein weiteres Best-Of-Album, mit dem Depeche Mode eine vollständigere Version ihrer Bandgeschichte vorlegten. Es enthielt Stücke von allen Alben außer *Black Celebration*, der berühmten „Platte ohne Singles". Außerdem fand sich darauf ein neues Stück mit dem Titel „Martyr", dass eigentlich auf *Playing The Angel* hätte erscheinen sollen. Sie hatten es damals jedoch für zu poppig befunden und beschlossen, dass es inmitten der dunklen Blues-Elektronika jenes Albums keinen Platz hatte. Das war durchaus richtig gewesen, denn „Martyr" war wie ein Rückfall in eine frühere Ära, als sie noch für überdrehte, düstere Partymusik wie „Strangelove" oder „Master And Servant" bekannt gewesen waren.

Die Verjüngungskur war gelungen, und Dave Gahans Solokarriere hatte der Band keinesfalls Schaden zugefügt, sondern sie vielmehr noch stärker gemacht. Wie er viele Jahre zuvor schon einmal gesagt hatte, konnte Dave aber immer noch nicht genug bekommen. „I Want It All" auf *Playing The Angel* drückt diese Haltung exakt aus. Er hatte Blut geleckt und wollte weiter Songs schreiben und eigene Musik machen. Nicht lange nach dem Ende der Produktion von *Playing The Angel* begann David Gahan mit der Arbeit an seinem zweiten Soloalbum.

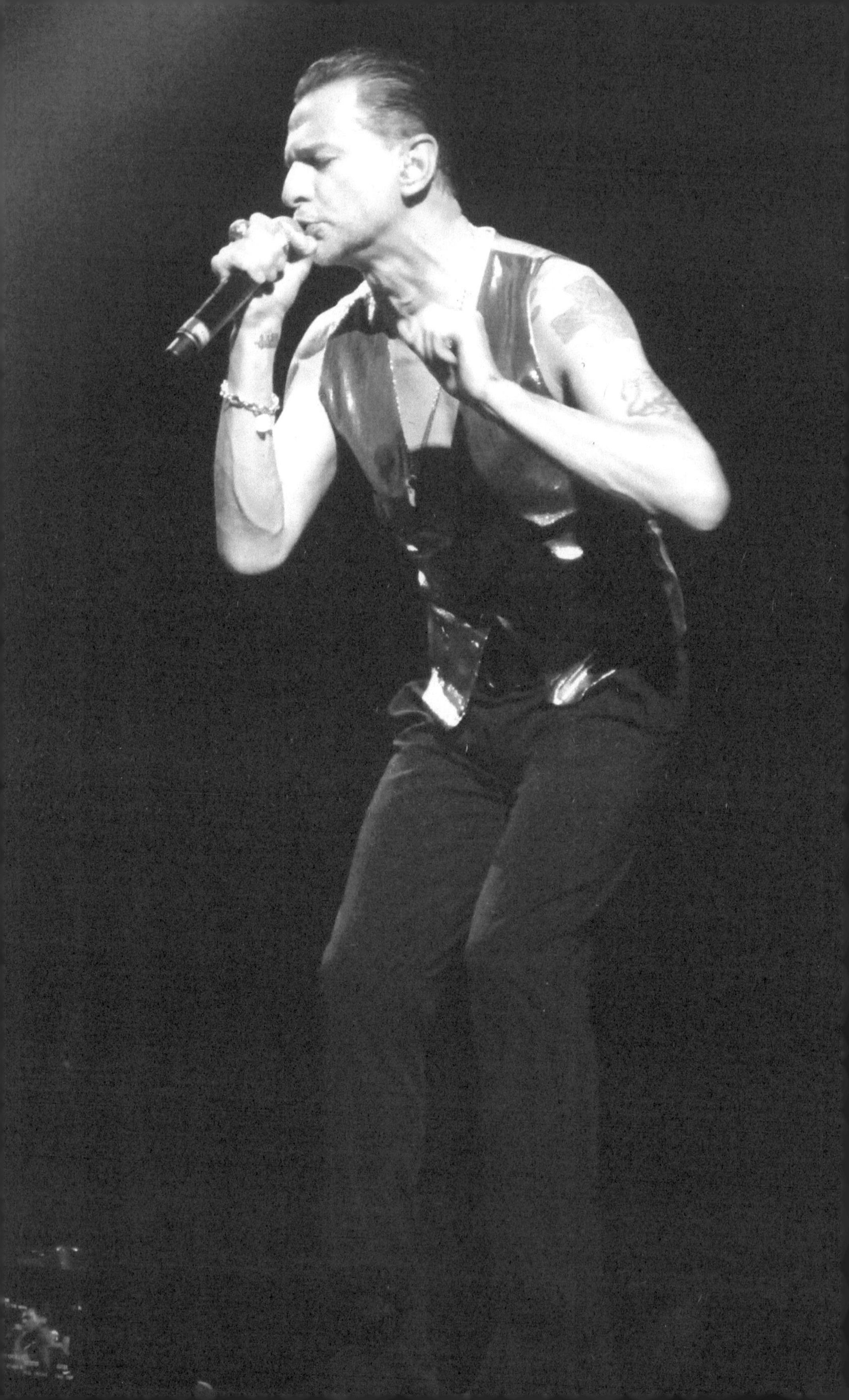

21. Hourglass

Nach *Touring The Angel* dauerte es nur einen Monat, bevor Dave zuhause unruhig wurde und schnell etwas Anderes tun wollte. Nach einer Tournee dauerte es immer eine gewisse Zeit, bis er sich wieder ans Privatleben gewöhnt hatte. „Nach einer Tour ist es immer ziemlich schwierig", sagte er. „Man wartet irgendwie darauf, dass einem jemand einen Zettel unter der Tür durchschiebt, auf dem steht, was man heute zu tun hat. Man schafft sich neue Obsessionen, etwa, wie man die Geschirrspülmaschine richtig einräumt und solche Sachen."

In einer Fragestunde mit Fans sagte er, er begreife langsam, dass er seine Arbeit nicht mit nach Hause nehmen könne. „Man wird von den unterschiedlichsten Gefühlen regelrecht durchgeschüttelt", erklärte er. „Man lernt dabei sein Innerstes kennen. Wenn ich zu meiner Familie nach Hause komme, bringt mich das sofort auf den Boden zurück, besonders meine kleine Tochter. Sie braucht überhaupt nicht lange, bis sie ein paar Purzelbäume vor mir schlägt. Dann weiß ich wieder, was wirklich wichtig ist."

Auch seine Frau Jennifer erinnerte ihn regelmäßig daran, dass er zuhause kein Rockstar war. „Ich bekomme oft zu hören: ‚Du kannst dich hier nicht so benehmen'", gab er zu. Es war jene Normalität, die er schon immer gebraucht hatte. In der Vergangenheit war er jedoch nicht immer bereit gewesen, das auch zu akzeptieren.

Wie schon für seine Songs auf *Playing The Angel* rief er wieder Andrew Phillpott und Christian Eigner an und schlug vor, dass sie sich in seinem Studio in New York treffen sollten. Es lag direkt an einer der belebtesten Straßen der Stadt. Der konstante Lärm draußen gefiel ihm, wie schon bei der Arbeit an *Paper Monsters*.

Anfangs war es noch nicht ganz klar, dass sie ein weiteres Soloalbum machen würden. Sie fingen einfach an, an den Demos zu arbeiten, die er mitgebracht hatte. Da alle drei Kettenraucher waren, war das Studio von einer einzigen großen Qualmwolke erfüllt. Viele von Davids Songs waren nicht auf *Playing The Angel* veröffentlicht worden, also herrschte insofern keine Materialknappheit. Es war zudem ein befreiendes Erlebnis, so schnell zu arbeiten – ohne die kreativen Fesseln der Technik, die die Studioarbeit mit Depeche Mode bestimmten. Bei einem Stück mit dem Titel „Deeper And Deeper" machte er nur ein paar sehr rohe, grobe Gesangsaufnahmen, weil seine Art zu singen die Stimmbänder sehr belastete. „Diesmal belaste ich meine Stimme bis zum Äußersten", sagte er in einem Fernsehinterview. „Nach ein paar Versuchen war es im Kasten, nicht, weil es gut genug oder fertig gewesen wäre, sondern weil meine Stimme fertig war."

In einem anderen Stück namens „Endless" wurde die Energie der Stadt buchstäblich zum Bestandteil der Platte. Man hörte die Geräusche des Verkehrs draußen, zum Beispiel die Sirene eines vorbeifahrenden Polizeiwagens. Sie hatten beschlossen, die Platte selbst zu produzieren, was ihr eine zusätzliche Direktheit verlieh, die Dave sehr schätzte.

Nach zwei oder drei Wochen hätten sie zueinander gesagt, „das klingt wie eine Platte", sagte Dave. Also rief er Daniel Miller an, er solle vorbeischauen und sich das Ganze einmal anhören. Seine Reaktion ermutigte ihn. „Er meinte: ‚Weiter so'", sagte Dave später in einem Fernsehinterview. „Er gab uns sofort sein Okay, was bei *Paper Monsters* nicht der Fall gewesen war. Damals hatte er gesagt: ‚Interessant, aber du musst erst noch ein bisschen mehr schreiben!'"

War Daniel während der Aufnahmen zu *Paper Monsters* noch besorgt gewesen, dass Depeche Mode daran zerbrechen könnte, so war er nun zuversichtlich, dass ihre schlimmsten Probleme untereinander ausgeräumt waren. Als er hörte, wie sehr die Platte nach Depeche Mode klang, war er hocherfreut und stimmte der Veröffentlichung gerne zu. Sie würde zumindest einen guten Teil der vielen Millionen Fans ansprechen, die *Playing The Angel* gekauft hatten.

Diese konnten über eine Reihe Videoclips aus dem 11th Floor Studio, die Dave auf Youtube gepostet hatte, einen Einblick in seine Arbeitsmethoden erhalten. Darin wirkte die Arbeit an einem Dave-Gahan-Album fast wie eine Schulstunde, in der eines der Kinder (Dave natürlich) allerhand Faxen macht und die anderen beiden dadurch vom Unterricht ablenkt. Die Musik selbst, die gerade noch hörbar im Hintergrund blieb, stand dazu im scharfen Kontrast. Es war eine Lehrstunde darin, dass ernste, düstere Melodien auch in einer lockeren, fröhlichen Atmosphäre entstehen können.

War *Paper Monsters* noch aus Daves Wunsch heraus entstanden, vollwertiger Teil einer Band zu sein, dann war dieses Album mehr wie das Depeche-Mode-Album, das es nie gegeben hatte. Die Rock-Elemente wurden zugunsten eines elektronischen Sounds reduziert, der stark an sein hauptberufliches Schaffen erinnerte. Zugegeben: Depeche Mode hätte ein Gitarrensolo wie das auf „Saw Something" nicht gefallen. Eingespielt wurde es von einem anderen legendären Rockstar und ehemaligen Heroinabhängigen, John Frusciante von den Red Hot Chili Peppers. Es ist jedoch der einzige Moment auf dem Album, bei dem man sich nicht vorstellen kann, dass Martin Gore dazu seine Zustimmung erteilt hätte.

„Kingdom", die erste Single des Albums, war eine geschmeidige Elektro-Nummer, die vielleicht einen Tick zu sehr nach U2 klang, als Martin es zugelassen hätte. Freilich lastete auf einem Soloalbum von Dave Gahan nicht derselbe Erwartungsdruck wie auf einem neuen Depeche-Mode-Album. Es war erleichternd, an etwas zu arbeiten, ohne den Druck einer 25-jährigen Erfolgsstory im Nacken zu spüren.

Die Aufnahmen mit Depeche Mode beschrieb Dave so: „Immer heißt es sofort: ‚Okay, hören wir da eine Single? Wird es im Radio laufen?' Diese ganzen Fragen werden aber immer unwichtiger für mich."

Stattdessen schien sein zweites Soloalbum *Hourglass* eine Fallstudie darin zu sein, wie Depeche Mode klingen könnten, wenn Dave das Ruder in der Hand hätte. Die vielleicht überraschende Erkenntnis war: Gar nicht einmal so anders. Auf jeden Fall zeigte das Album erneut, wie ähnlich er und Martin sich hinsichtlich ihrer Textinhalte und ihrem Faible für Blues-Elektronika und düstere Beats waren.

Die Unterschiede zu Depeche Mode sind auf dem Album daher auch weitaus schwieriger auszumachen als die Ähnlichkeiten. Vielleicht besitzt es einen etwas mehr amerikanischen Tenor. „Deeper And Deeper" etwa war mit seinem rauen Gesang eine Reminiszenz an Bands wie Nine Inch Nails, die von der dunkleren Seite von Depeche Mode beeinflusst worden waren. Dasselbe traf auf „Use You" mit seinem peitschenden Rhythmus und seinem zynischen Text zu. Beides waren Stücke, die jenen Charakterzug repräsentierten, den er in Interviews zu *Paper Monsters* als den „bösen Dave" bezeichnet hatte. Zwar hatte auch Martin eine ganze Menge düsterer Songs geschrieben, jedoch niemals etwas, das so explizit boshaft war wie „Deeper And Deeper". Wie bei Martin besaß die Platte aber auch ein weitaus spirituelleres Element. „21 Days" war eine Gospel-

Nummer in der Art, wie sie auch auf seinem Lieblingsalbum *Songs Of Faith And Devotion* hätte erscheinen können, während sich „Miracles“ sogar noch deutlichere Gedanken zur Religion machte.

Das Einzige, was dem Album fehlte, waren eingängige Melodien, die Depeche Mode zu Megastars mit Millionen verkaufter Einheiten gemacht hatten. Statt Refrains zum Mitsingen besaß es Atmosphäre und Groove. Es war eine dieser Platten, die man eher spätnachts anhörte, statt in einem Club oder bevor man ausging.

Die Produktion von Andrew Phillpott und Christian Eigner lieferte den düsteren Hintergrund, vor dem Dave seine gesamte Bandbreite als Sänger unter Beweis stellen konnte. Vom begeisterten Jugendlichen, der auf *Speak And Spell* zu hören ist, bis zum gebeutelten Troubadour von *Ultra* hatte er alle nur erdenklichen Ausdrucksmöglichkeiten erlernt. Die Platte war vielleicht nicht ganz so zwingend wie die besten Alben von Depeche Mode, trotzdem war sie eine weitere großartige Veröffentlichung einer der besten Stimmen des Pop.

Die gesamte Produktion des Albums – vom Schreiben über die Aufnahmen bis zum Abmischen – dauerte lediglich acht Wochen. Das allein schon war, im Vergleich zu den endlosen Aufnahmen mit Depeche Mode, eine Wohltat. Es gab keine innerparteilichen Querelen, weil Dave über alles die volle Kontrolle hatte. Innerhalb des delikaten Gleichgewichts einer Pop-Gruppe wäre dies gar nicht denkbar gewesen. Der Titel *Hourglass* (Sanduhr) schien ein Hinweis darauf zu sein, dass die Zeit knapp war.

„Das Leben in New York hat ein rasantes Tempo“, philosophierte er. „Wenn die Stadt erst einmal wach ist, schläft sie so schnell nicht wieder ein. Ich wollte jedoch einen Gang runterschalten und meine Situation so akzeptieren, wie sie ist. Die Zeit wird knapp für mich. Aber das ist in Ordnung. Ich möchte nur nicht noch mehr Zeit damit verschwenden, dass ich herumsitze und mir den Kopf darüber zerbreche. Ich will kreativ sein und meine Kreativität in die Tat umsetzen.“

Inzwischen arbeitete er, als wäre er gezwungen, Musik so schnell wie irgend möglich zu produzieren. Im selben Interview betonte er jedoch auch, dass das Tolle an einer Sanduhr sei, dass man sie umdrehen und von neuem in Gang setzen könne. 2007 war er bereits seit zehn Jahren clean. Als er bei einer Presseveranstaltung zu *Hourglass* gefragt wurde, ob er auch weiterhin drogenfrei bliebe, konnte er guten Gewissens sagen: „Ja, Gott sei Dank. Aber ich habe immer noch dieselben Fluchtgedanken, diesen Wunsch, ganz woanders zu sein. Ich bin mir aber inzwischen im Klaren darüber, dass Drogen kein Ausweg sind." Schließlich war er also doch noch zur Vernunft gelangt.

Als immer mehr Kritiken zu *Hourglass* erschienen, war Dave verblüfft, wie positiv sie waren. Nur der unvermeidliche Vergleich mit Martins Songs nervte ihn ein bisschen. „Dave Gahans zweites Soloalbum ist durch und durch trostlos", schrieb der *Guardian*. „Erwartungsgemäß bietet es einen Einblick in die Gedankenwelt eines ehemaligen Heroinsüchtigen, erreicht aber auch Momente wahrer Größe." Viele Kritiker betrachteten es als eine Art Herausforderung an Martin, als wolle Dave beweisen, dass er ebenso gute Depeche-Mode-Songs schreiben könne. Die *Times* beschrieb es als „Soloalbum, das wie ein Depeche-Mode-Album klingt. Gahan macht auf Gore. Und das nicht einmal schlecht – ‚Kingdom' ist stärker als alles, was Depeche Mode in letzter Zeit abgeliefert haben. Spitzt sich der Machtkampf innerhalb der Band also weiter zu? Depeche-Mode-Fans wird *Hourglass* gut gefallen. Gore vielleicht weniger."

Das war unfair. Während der Aufnahmen zu *Hourglass* gab es zwischen Dave und Martin niemals einen Zweifel daran, dass es auch wieder ein neues Depeche-Mode-Album geben würde. Martin hatte wieder begonnen, neue Songs zu schreiben, und sie standen bereits in Kontakt miteinander, um Termine für die anstehenden Aufnahmen zu vereinbaren.

„Martin sagte ein paar Dinge zu mir, die mir sehr viel Mut machten", sagte Dave in einem Fernsehinterview. Selbstverständlich schickte ich ihm ein Exemplar von *Hourglass*, und er sagte, ich könne überall herumerzählen, es sei sein persönliches Album des Jahres! Das war nett, umso mehr, weil Martin es sagte." In Interviews hatte Dave häufig geäußert, wie sehr er sich wünsche, dass ihm sein Bandkollege ein wenig mehr Mut zuspräche. Es gibt jedoch keinen Grund, daran zu zweifeln, dass Martin Daves neue Richtung gefiel. Warum auch? Es war seiner eigenen Musik wesentlich ähnlicher als es *Paper Monsters* gewesen war.

Dave gab zwar ein paar Konzerte, um Werbung für sein Album zu machen, doch als man ihn fragte, ob er auf Tournee gehen werde, war seine Antwort unmissverständlich. Da er eben erst eine sieben Monate dauernde Tour mit Depeche Mode hinter sich hatte, wollte er nicht sofort wieder aufbrechen. Er hatte schließlich Familie.

Als *Hourglass* im Oktober 2007 in die Läden kam, war klar, dass es niemals denselben kommerziellen Erfolg erreichen würde wie Daves Arbeit mit der Band. Trotzdem demonstrierte es seine andauernde Popularität in Deutschland, wo das Album auf Platz zwei gelangte. Anderswo lief es nicht so gut, und in Großbritannien erreichte die Platte nicht einmal die Top 40. In Spanien hingegen hatte er mit „Kingdom“ einen überraschenden Nummer-eins-Hit. *Hourglass* verkaufte sich also nicht so gut, dass es eine Bedrohung für Depeche Mode dargestellt hätte, aber es bewies auch, dass sich Dave als Songwriter nicht zu verstecken brauchte. 2008 wollte er mit den Aufnahmen zu einem neuen Album gemeinsam mit Martin beginnen. Das war das Allerwichtigste.

22. Around The Universe

Im Rahmen der Promotion zu *Hourglass* verkündete Dave außerdem, dass Depeche Mode wieder ins Studio gehen würden. Martin arbeitete in Santa Barbara an neuen Songs, und im März 2008 trafen sie sich in seinem Haus in Kalifornien. Die Stimmung war wesentlich entspannter als bei ihrem Treffen vier Jahre zuvor. Sie hatten alle begriffen, welches Glück sie hatten, dass sie nach all den Jahren noch Platten machen konnten. „Manchmal muss ich mich immer noch kneifen", sagte Dave in einem Fernsehinterview. „Als wartete ich darauf, dass mich gleich jemand von hinten antippt und sagt: ‚Schluss jetzt, der Spaß ist vorbei.'"

Im Mai 2008 gingen Depeche Mode wieder gemeinsam ins Studio. In der sterilen Atmosphäre entstand eine Kameradschaft zwischen Martin und dem Frontmann, die in dieser Intensität bislang selten gewesen war. Es war ihnen stets gelungen, sich auf die Musik zu konzentrieren – selbst in Zeiten, als sie persönlich nicht miteinander auskamen. Nun jedoch, da im Studio keine Energie für sinnlose Streitereien verschwendet werden musste, blieb genügend Raum für neue Leidenschaften. Martin hatte begonnen, alte Synthesizer zu sammeln, die er im Internet aufstöberte. Bald wurde daraus so etwas wie eine Sucht.

Die Aufnahmen zum neuen Album fanden in einer Umgebung statt, die wie eine Mischung aus einem Spielwarenladen und einem Science-Fiction-Film der sechziger Jahre wirkte. Sie „spielten" im doppelten Sinne des Wortes und versuchten, diese neue, fröhliche Stimmung mit einer Reihe verwackelter Videos zu dokumentieren, die Fletch filmte und auf Youtube einstellte. Diese sollten offenbar zeigen, dass Aufnahmen mit Depeche Mode mehr Spaß machten als je zuvor. Einmal war Martin zu sehen, wie er in eine Plastikflasche sang. Ein andermal lockerte Dave seine Stimmbänder mit einer kleinen Elvis-Einlage. Der gesamte Prozess wirkte seltsam hausbacken, analog und unausgegoren. Da saßen nicht einfach nur ein paar Typen vor ihren Laptops, wie sich Dave früher oft beklagt hatte. Martins Gitarre war ebenso präsent wie zahlreiche Schnipsel seltsam antiquierter Synthesizertechnologie. Einst fragte man sie, ob es mit neuer Technologie schwieriger sei, gefühlsbetonte Musik zu machen. Die Antwort war offensichtlich: Obgleich sie modernste Computer hätten verwenden können, gab es immer noch Platz für Synthesizer, über die sie 1981 nur gelacht hätten.

Zum ersten Mal überhaupt schrieben Martin und Dave gemeinsam einen Song – auch wenn es nicht dasselbe war wie bei Paul McCartney und John Lennon 1963. Martin schrieb ein Instrumentalstück, dann steuerte Dave die Melodie und den Text bei. Die Idee zu dem Song war ihnen offenbar gekommen, als sie sich beim Tischfußball auf die Zehen getreten waren. Es war vielleicht nicht das Ernsthafteste, was sie je geschrieben hatten, aber es war insgesamt doch ein Zeichen für die neue Milde in ihrer persönlichen Beziehung zueinander. Als sie so jammten und herumwerkelten, wirkten sie tatsächlich wie eine richtige Band, wenngleich eine recht bizarre. Sicherlich kam es hin und wieder auch zum Streit. In Wahrheit jedoch hatte es neben den in der Öffentlichkeit ausgewalzten Unstimmigkeiten auch früher stets Zeiten gegeben, in denen alles reibungslos lief und die Arbeit Spaß machte. Mag sein, dass sie Depeche Mode inzwischen als Job betrachteten, den sie alle vier Jahre erledigen mussten, aber dabei ging es längst nicht mehr ums Geld. Egal, wie frustrierend oder nervenaufreibend das Ganze auch war, es war zu einem Teil ihrer Identität geworden.

Nach ein paar Wochen hatten sie mehr Songs beisammen, als sie auf ein Album packen konnten. Das hätte leicht zu weiteren Streitereien führen können. Stattdessen herrschte stille Einigkeit darüber, dass Martin zwar der Hauptsongwriter war, Dave sich jedoch das Recht verdient hatte, wenigstens drei Songs auf dem Album zu veröffentlichen. Abermals war es bemerkenswert, wie sehr sich die Songs mittlerweile stilistisch ähnelten.

Bei Depeche Mode hatte Dave nun endlich die starke, klar definierte Rolle als Sänger, Frontmann und Songwriter eingenommen, die er sich immer erträumt hatte. Irgendwie war es ihm gelungen, einen weiter gefassten Kompetenzbereich für sich auszuhandeln, und der Rest der Band hatte dies schließlich akzeptiert. Für eine Gruppe, die es geschafft hatte, sich viele Jahre im Geschäft zu halten und dabei so wenig klärende Gespräche wie möglich zu führen, war das eine gewaltige Leistung.

Ihr Erfolg rührte zum Teil aber auch daher, dass sie sich niemals zufrieden gaben. Obwohl sie alle darin übereinstimmten, dass alles, was sie nach *Some Great Reward* gemacht hatten, prinzipiell in Ordnung sei, gab es doch immer noch Bereiche, die sie für verbesserungsfähig hielten. Daneben neigten sie allesamt zu Unsicherheit und Pessimismus, was ihnen zwar gewisse Probleme bereitete, sie jedoch stets auf Trab hielt.

„Fletch und Martin gaben während der ersten paar Jahre ihre bürgerlichen Berufe nicht auf, und wir sind immer noch sehr pessimistisch", scherzte Dave einmal. Es ist nicht schwer zu sehen, warum. Von Anfang an wirkten sie wie eine Band, die sich bald wieder auflösen würde. Die Beziehung zwischen Martin und Dave war rein musikalischer Natur. Es ist ein wenig absurd, dass zwei derart unterschiedliche Menschen am Ende über dreißig Jahre ihres Lebens gemeinsam verbrachten. Wenigstens hatten sie gelernt, sich gegenseitig zu respektieren. „Wir sitzen nicht herum und umarmen einander", sagte Dave. „Aber ich denke, tief im Innern schätzen und respektieren wir uns alle."

Am 6. Oktober 2008 hielten Depeche Mode eine Pressekonferenz in Berlin ab. Sie waren in solchen Dingen mittlerweile ein wenig besser als bei der improvisiert wirkenden Veranstaltung in der Rose Bowl 20 Jahre zuvor. Sie waren alle schwarz gekleidet und wirkten wie Schüler, die bemüht sind, bei einer Theateraufführung ihre Textzeilen nicht zu vergessen. Vor geladenen Gästen und einer großen Anzahl Fotografen verkündeten sie den Beginn einer neuen Tournee mit dem Titel *Tour Of The Universe.* Passenderweise sollte der Auftakt in Tel Aviv stattfinden, wo beim letzten Mal ein Termin abgesagt worden war.

Während sie die Fragen der Presse beantworteten, wirkten sie nach und nach entspannter. Und als Fletch den Fans versicherte, dass die Moral im Lager von Depeche Mode extrem hoch sei, gab es keinen Grund, daran zu zweifeln. Selbst als ein Journalist fragte, wie viele Songs David für das neue Album geschrieben habe, huschte nur ein Schatten von Anspannung über die Gesichter von Dave und Martin.

Offensichtlich war darüber noch nicht abschließend entschieden worden. Die Antwort lautete, man habe zwei aufgenommen und werde „wahrscheinlich" noch zwei weitere aufnehmen – was darauf hindeutete, dass die endgültige Anzahl noch verhandelbar war. „Martin hat ein paar phantastische Songs geschrieben", sagte Dave. „Es ist das erste Mal, dass es uns richtig schwer fällt, die Auswahl für das Album zu treffen." Zu diesem Zeitpunkt waren sie noch nicht soweit, den Namen des Albums preiszugeben. Martin ließ jedoch wissen, dass ihr alter Freund Daryl Bamonte den Titel gehört und gescherzt habe: „Es war höchste Zeit, dass ihr mal wieder einen richtig arroganten Titel wählt." Mehr wollte er allerdings nicht verraten.

Wahrscheinlich gab aber der Name der Tournee einen Hinweis auf den Albumtitel. Fletch scherzte: „Ein paar wichtige Leute vom amerikanischen Militär haben uns gesagt, es gebe Leben auf anderen Planeten, also wollen wir die erste Band sein, die da oben auftritt." Dies war die Antwort auf eine der leichteren Fragen, die man ihnen stellte. Daneben wollten die Teilnehmer der Pressekonferenz aber auch wissen, ob Anton Corbijn für das Bühnenbild verantwortlich zeichne, oder ob die Tour am Schluss um einige Termine verlängert werde. Den Musikern wurde bewusst, dass vieles noch in der Schwebe war. „Wir kündigen das Ganze an, ohne genau zu wissen, was wir eigentlich machen werden!", sagte Martin.

Das schien ihnen allerdings nichts auszumachen. Als sie gefragt wurden, warum sie so lange durchgehalten hatten, antwortete Martin, der einzige Grund dafür sei, dass sie nicht wüssten, was sie erwartete. In der Tat war ihre gesamte Karriere eine Verkettung von Überraschungen gewesen – nicht alle waren angenehm, doch die größte war, dass es die Band immer noch gab.

Mittlerweile bezeichneten die Musiker ihre Band als „eine Ehe". Dies war eindeutig nicht nur positiv gemeint. Dave war zweimal geschieden, Martin einmal. Trotzdem stand es außer Frage, dass die Band sich hätte scheiden lassen können, wenn sie es gewollt hätten. Sie hatten jedoch beschlossen, dies nicht zu tun. Sie hatten immer weiter gemacht. Heute standen die Dinge besser, als es viele Jahre lang der Fall gewesen war.

„Durch die letzten beiden Alben, meinen Gesang und das Songwriting habe ich mich als Musiker weiterentwickelt", sagte Dave nach den Aufnahmen zu *Sounds Of The Universe*. Ich bin mit meiner Position innerhalb der Band heute sehr zufrieden. Das hat allerdings ein paar Jahre gedauert."

Die Resonanz auf die Pressekonferenz war überwältigend. Trotz der Tatsache, dass die Fans noch keinen Ton von der neuen Musik gehört hatten und die Tour erst acht Monate später begann, waren die Tickets beinahe über Nacht ausverkauft. In London sagte ein Sprecher der 0_2 Arena, die Karten seien „buchstäblich innerhalb von Minuten ausverkauft" gewesen, „weil sich die Fans auf die Tickets stürzten. Die Telefonleitungen waren blockiert und Websites brachen zusammen. Auch sämtliche Veranstalter auf dem europäischen Festland berichten von Rekordverkäufen und frühzeitigen Ausverkäufen". Für ihre vorherige Tournee, *Touring The Angel*, wurden 1,8 Millionen Karten verkauft. Nun schien es, als würden Depeche Mode diese eigene Rekordmarke noch toppen.

Die Öffentlichkeit konnte Anfang Februar 2009 einen ersten Eindruck von dem Album gewinnen, als das Stück „Fragile Tension" illegal ins Internet gelangte. Es sei nur eine Vorabversion, sagten sie, doch das Interesse begann sich bereits zu steigern. Am 21. Februar 2009 hatte die Single „Wrong" bei der Echo-Verleihung in Berlin Weltpremiere. Die nächsten zwei Tage war ihr Auftritt bei der Preisverleihung der beliebteste Videoclip auf Youtube. „Wrong" schien einen Bezug zu den poppigsten Momenten ihrer mittleren Phase herzustellen. Es war ein entwaffnend einfacher Song mit einer unvergesslichen Hauptfigur und schien „Martyr" ähnlicher zu sein als ihr gesamtes vorheriges Album. Das Stück folgte dem bewährten Depeche-Mode-Muster: ein düsteres Thema, dargeboten mit erfrischender Energie. Mittlerweile jedoch bot dieses Muster so viel Raum für Experimente und Variationen, dass man kaum vorhersagen konnte, was sie daraus machen würden.

Am 20. April 2009 wurde schließlich das zwölfte Album von Depeche Mode veröffentlicht – *Sounds Of The Universe*. Die ungebrochene weltweite Popularität der Gruppe wurde abermals bestätigt: In 30 Ländern erreichte es einen der obersten drei Plätze der Charts, in 20 Ländern gelangte es auf die Spitzenposition. Zudem erntete es Lorbeeren von den meisten Kritikern. Als Band, die sich einen Namen als innovative Kraft gemacht hatte, befanden sie sich in gewisser Hinsicht in einer schwierigeren Lage als viele andere Gruppen. Es genügte nicht, immer wieder dieselben Klangmuster zu bedienen. Die Fans erwarteten jedes Mal etwas Anderes. Diesmal jedoch war ihnen das erneut gelungen, und sie versprachen bereits, in drei Jahren das nächste Album vorzulegen.

Am 9. Mai 2009 feierte Dave Gahan seinen 47. Geburtstag. Tags darauf flog er nach Tel Aviv, um dort abermals zu einer gewaltigen Welttournee aufzubrechen. Da sie beim letzten Mal gezwungen gewesen waren, ihren Auftritt in Tel Aviv abzusagen, lag es ihnen am Herzen, dies bei den 50 000 Fans wieder gut zu machen, die Karten gekauft hatten. Es gab jedoch erneut Probleme. Dave fühlte sich krank. Es war nicht so schlimm, dass er daran dachte, das Konzert abzusagen. Wie könnten sie auch ein derart großes Konzert zum zweiten Mal absagen?

Zwei Tage später jedoch, in Griechenland, hatte Dave mit mehr als nur einem verstimmten Magen zu kämpfen. Man brachte ihn ins Krankenhaus, wo eine schwere Magen-Darm-Entzündung festgestellt wurde. Bei vielen ehemals drogenabhängigen Rockstars gehört dies zu den unerwünschten Begleiterscheinungen der Sucht. Bei Dave Gahan hingegen lag der Drogenkonsum so weit in der Vergangenheit, dass niemand diese Möglichkeit ernsthaft als Ursache in Betracht zog. Er hatte den Kampf gegen die Droge längst gewonnen.

Als die Testergebnisse schließlich aus dem Labor zurückkamen, waren es schlechte Nachrichten für Dave – die Ärzte hatten einen Tumor in seiner Blase entdeckt. Dies bedeutete das sichere Ende der Tournee. Da war es wenigstens ein Trost, dass der Tumor als „bösartig minderen Grades" bezeichnet wurde. Trotzdem war es wenig wahrscheinlich, dass er direkt im Anschluss an die Operation zur Entfernung des Geschwulstes einfach wieder auf die Bühne ging.

Incredibly – unglaublich, das war genau das, was die Band tat. Am 8. Juni waren sie in der Lage, die Tournee in Leipzig fortzusetzen. Zudem kündigten sie weitere Termine an, die sich bis weit in den Februar 2010 hinein erstreckten. Es war ein bemerkenswertes Arbeitspensum für jemanden, der gerade eine Operation hinter sich hatte. Außerdem vermittelte die Tournee einen guten Eindruck von den globalen Ausmaßen ihrer Popularität: Von Bogota bis Budapest spielten sie praktisch überall.

Trotz seiner nicht unerheblichen Gesundheitsprobleme sang Dave Gahan 2009 vor über zwei Millionen Menschen, die davon so bewegt waren, wie es sich der milchgesichtige Popstar aus den Tagen von „Just Can't Get Enough" kaum hätte vorstellen können. Er beschrieb die Musik von Depeche Mode einmal als „Kopfmusik" und sagte, seine Aufgabe sei es, dem Ganzen ein wenig mehr Herz zu verleihen. Er mag viele Fehler begangen haben, doch dieser Aufgabe wurde er stets zuverlässig gerecht, selbst in seinen schwärzesten Zeiten. Selbst nachdem sein Herz buchstäblich aufgehört hatte zu schlagen.

Es gibt keine andere Band in der Größenordnung von Depeche Mode, die ähnlich loyale Fans hat. Es handelt sich jedoch keinesfalls um blinde Gefolgstreue. Im Gegensatz zu vielen anderen Stars können sie sich mit den drei Jungs aus Basildon immer noch identifizieren, was zum Teil in der schieren Freude wurzelt, die Dave Gahan auf der Bühne ausstrahlt. Er ist seinen Fans immer noch dankbar für den Erfolg, den sie ihm beschert haben, obwohl er nunmehr seit beinahe 30 Jahren daran gewöhnt ist.

Es gibt wenige Aufsteiger aus der Arbeiterschicht, die auch nach über 20 Karrierejahren noch gute Platten machen, also sollten wir Dave Gahan dafür dankbar sein. Gegen Ende der nächsten Depeche-Mode-Tour werden ihm zweifellos sämtliche Knochen wehtun, und er wird sich fragen, warum er immer noch Abend für Abend auf der Bühne herumspringt. Am Ende eines jeden Konzertes planen die Fans auf der ganzen Welt jedoch insgeheim schon ein, ihre Helden im Jahre 2013 wiederzusehen.

Die Karriere von Dave Gahan ist vielleicht nicht ganz so verlaufen, wie er sich das 1980 – oder 1985, 1995 oder 2003 – vorgestellt hatte. Das empfindliche Gleichgewicht innerhalb von Depeche Mode und auch in seinem eigenen Leben drohte bei zahlreichen Gelegenheiten zu kippen. Irgendwie ist es der Band jedoch gelungen, immer weiter zu machen, und Dave hat es ebenfalls geschafft. Sowohl Depeche Mode als auch Dave Gahan haben das Comeback zum Karriereinhalt gemacht.

Daves größtes Comeback, im Jahre 1996, scheint heute eine Million Jahre lang her zu sein. Hätte er es damals nicht geschafft, wären Depeche Mode posthum als Legende in die Geschichte der Populärkultur eingegangen. Sein Gesicht würde auf T-Shirts prangen, für alle Zeiten seltsam verherrlicht als weiteres Opfer einer Rock'n'Roll-Ikone. Tatsächlich aber kann man aus seinem Leben die Lehre ziehen, wie viel besser es ist, weiterzumachen. Bei all seiner Sorge darum, dass seine Fans – und für ihn als Vater noch viel wichtiger: seine Kinder – sein Leben als Glorifizierung des Rock'n'Roll-Mythos missverstehen könnten, so ist es doch das exakte Gegenteil davon. Die Wahl zwischen dem Ausbrennen und dem Verblassen, wie es in dem Song von Neil Young so schön heißt, ist immer der falsche Weg. Dave Gahan ist der lebende Beweis dafür.

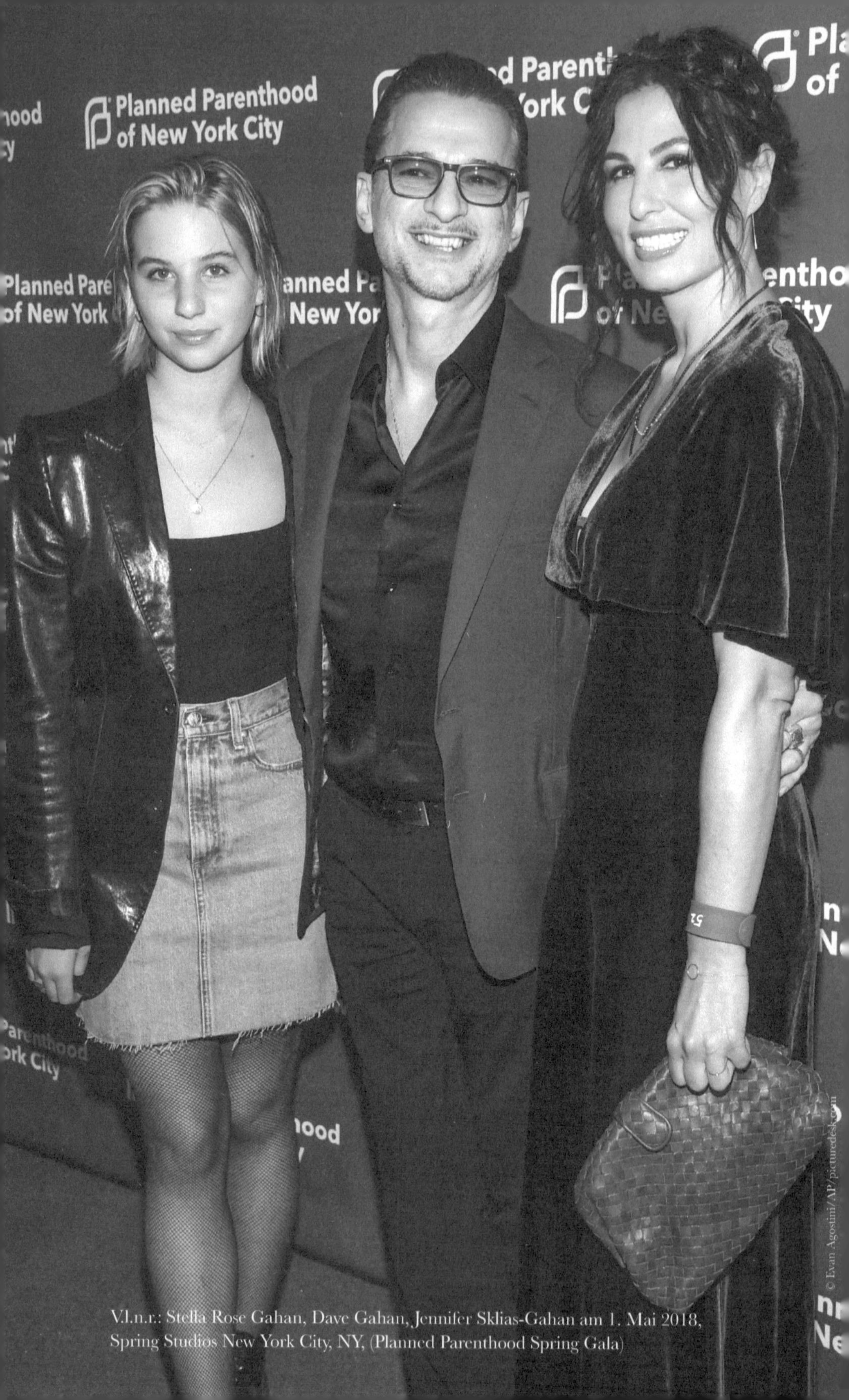

V.l.n.r.: Stella Rose Gahan, Dave Gahan, Jennifer Sklias-Gahan am 1. Mai 2018, Spring Studios New York City, NY, (Planned Parenthood Spring Gala)

© Evan Agostini/AP/picturedesk.com

23. The Light The Dead See & Delta Machine

Es ist ein anderes Zitat aus einem Song von Neil Young, das in gewisser Hinsicht widerspiegelt, an welchem Punkt Dave Gahan nach 30 Jahren mit Depeche Mode angekommen war. „Talk to me, my long lost friend, tell me how you are", heißt es in „Days That Used To Be". „Are you happy with your circumstance, are you driving a new car?" Bleibt man in diesem Bild, fand Dave in den Soulsavers ein neues Auto, mit ihm am Steuer – oder wenigstens in komfortabler Position auf dem Beifahrersitz. Wahrscheinlich war sein Engagement als neues Mitglied der Soulsavers das Beste, was ihm passieren konnte, nachdem er die turbulente Zeit seiner Sucht überwunden, sich sowohl als Solokünstler als auch neben Martin Gore als Co-Songwriter etabliert und fast nebenbei den Kampf gegen den Krebs gewonnen hatte. Frischer Wind, neue Inspiration – und doch keine weitere Zerreißprobe für Depeche Mode: Dave sah in den Soulsavers von Anfang an ein spannendes Nebenprojekt, eine Ergänzung, keinen Ersatz für Depeche Mode.

Als sich die Zusammenarbeit zwischen Dave und den Soulsavers auf der *Tour Of The Universe* anbahnte, bestand die Band bereits seit fast zehn Jahren. Im Jahr 2000 hatten die englischen Produzenten Ian Glover und Rich Machin die Soulsavers gegründet, um ihrem Faible für den angesagten Downbeat-Stil nachzugehen: elektronische Musik, die auf Midtempo-Beats und Synthie-basierte Klangflächen setzt, auf Atmosphäre und Entschleunigung. Sound-Ideale also, an denen zunehmend auch Depeche Mode Gefallen fanden. Da wirkte es nur konsequent, dass Dave, Martin und Fletch den Soulsavers nach drei Alben die Chance gaben, sie als Vorband auf der *Tour Of The Universe* zu begleiten. Eine gute Wahl, nicht nur, weil die Reaktionen der Fans zumeist wohlwollend bis euphorisch ausfielen, sondern vor allem, weil Dave schon bald in den Soulsavers ein neues Outlet für seine Kreativität erkannte. Im Vorprogramm von Depeche Mode traten Ian und Rich als Soulsavers mit Gastsänger Mark Lanegan auf, dem früheren Frontmann der legendären US-Grunge-Band Screaming Trees. Überdies hatten sie zwei gemeinsame Alben mit ihm veröffentlicht, *It's Not How Far You Fall, It's The Way You Land* von 2007 und *Broken* von 2009.

„An den meisten Abenden saß ich seitlich der Bühne und sah Mark dabei zu, wie er ihre Songs sang", erzählte Dave später dem New Yorker Radiosender *WNYC* über die Soulsavers-Shows der *Tour Of The Universe*. Gut möglich, dass er sich schon in einem dieser Momente fragte, wie es wohl wäre, wenn er die Rolle Mark Lanegans einnehmen würde. Dass dieser Gedanke keinesfalls abwegig war, stellte Dave bald darauf in einem Gespräch mit Soulsavers-Kopf Rich Machin fest, als sie sich in den Katakomben einer Konzerthalle über den Weg liefen. „Wir sprachen über den Songwriting-Prozess, und es stellte sich raus, dass wir beide da sehr ähnlich tickten", erinnerte sich Dave. „Die Art und Weise, wie sie in der Vergangenheit mit Mark Songs geschrieben hatten, glich meiner eigenen sehr. Also nahmen wir uns vor, bei Gelegenheit mal etwas gemeinsam zu probieren." Große Hoffnungen, dass daraus wirklich etwas werden könnte, machte Dave sich allerdings nicht. „Solche Dinge sagen sich immer leicht, diese Art von Unterhaltung führt man ständig."

Dass es Rich damit ernst war, stellte Dave schon bald nach Abschluss der *Tour Of The Universe* fest, die nach 102 Auftritten rund um die Welt mit zwei umjubelten Konzerten in Düsseldorf am 26. und 27. Februar 2010 endete. Kaum war Dave zurück zu Hause in New York, erreichte ihn eine E-Mail von Rich, in der er seinen Wunsch wiederholte, mit Dave etwas auf die Beine zu stellen. Er habe da schon einen Song geschrieben, zu dem er sich gut Daves Stimme vorstellen könne, schrieb er, den könne er ihm ja mal schicken. Völlig unverbindlich, *no strings attached*. Daves Neugier war geweckt – und der Rest ist Geschichte: Über ein Jahr schickten sich Dave und Rich Songs und Gesangsspuren hin und her, bis sie irgendwann feststellten, dass sie mehr als genug Material für ein Album zusammenhatten. Für Dave war dieser Prozess auch deshalb so befreiend, weil er zwanglos und ohne Leistungsdruck ablief: Die Welt wartete nicht auf ein neues Soulsavers-Album mit Dave Gahan als Stargast.

Insofern traf die gute Nachricht viele Depeche-Mode-Fans aus heiterem Himmel, als im Frühjahr 2012 bekannt wurde, dass es schon bald neue Musik von Dave geben würde – und das nicht etwa auf einem weiteren Solowerk, sondern in Form des neuen, vierten Soulsavers-Albums *The Light The Dead See*, das am 21. Mai von V2 Records in Europa veröffentlicht wurde und tags darauf von Depeche Modes Stammlabel Mute in den USA. Dass Dave sich zu diesem Zeitpunkt als vollwertiges Mitglied der Soulsavers fühlen durfte, belegten schon die Credits der Platte: Von den zwei Instrumentalstücken abgesehen trug Dave zu allen Songs die Texte und den Gesang bei; in den beiden Schlussnummern *Take* und *Tonight* ist er außerdem an der Mundharmonika zu hören. Applaus dafür gab es unter anderem vom britischen *Guardian*, der den neuen Sound der Soulsavers irgendwo zwischen Johnny Cashs *American Recordings*, den U2 der *One*-Ära und Ennio Morricones Spaghettiwestern-Soundtracks einordnete, mit Daves mal brüchiger, dann wieder umso energischerer Stimme als Dreh- und Angelpunkt: „Gahans grüblerische Kraft ist der Schlüssel zu seiner wahrscheinlich besten Arbeit seit Depeche Modes *Violator* von 1990: großartige Songs über Dämonen und Versäumnisse, über Moral und Sterblichkeit, über Bereuen, Vertrauen und Hingabe – *faith and devotion*." Der *NME* fasste die Verbindung zwischen Dave und seiner neuen Zweitband ähnlich euphorisch zusammen: „Eine perfekte Paarung."

Auch Dave selbst hatte die Zusammenarbeit mit den Soulsavers sichtlich beseelt. „Musik ist ein Geschenk", schwärmte er im Interview mit *WNYC*. „Das soll nicht heißen, dass man keine Arbeit hineinstecken muss. Das muss man. Aber als Rich mir diese Songs gab, waren sie Geschenke. Es gab nicht einen Augenblick, in dem ich gesagt hätte: ‚Schön und gut, aber was soll ich jetzt damit machen?' Alles lief instinktiv." Fünf bis sechs Songs hatte es laut Dave gebraucht, bis der Funke endgültig übergesprungen war und sich das Konzept hinter *The Light The Dead See* vor den Augen der Beteiligten abzeichnete. „So wie es David Bowie getan hatte, als ich ein Kind war, haben wir *The Light The Dead See* wie ein Vinyl-Album angelegt, aufgeteilt in eine A- und eine B-Seite", erklärte Dave. Die Ironie dabei dürfte ihm nicht entgangen sein: Ausgerechnet die Vinyl-Version von *The Light The Dead See* kam mit einer mehrwöchigen Verspätung heraus, weil es zu Fertigungsproblemen im Presswerk gekommen war und man die Qualitätsmängel der fertigen Platten zu spät registriert hatte. So blieb den Vinyl-Puristen unter ihren Fans zunächst nichts anderes übrig, als *The Light The Dead See* auf digitalem Weg zu hören. Immerhin: Mit der ersten Single-Auskopplung „Longest Day" gab es am Record Store Day einen Vorgeschmack auf die LP-Ausgabe in Form einer auf 300 Exemplare limitierten Seven Inch, die heute ein gesuchtes Sammlerstück ist.

Angesichts der vielen positiven Reaktionen von Fans und Kritikern auf *The Light The Dead See* hätte sich eine begleitende Tour, zumindest im kleinen Rahmen, angeboten. Das aber kollidierte mit den Plänen von Depeche Mode, die bereits im März 2012 – und damit einige Wochen vor Erscheinen des Soulsavers-Albums – zurück ins Studio gegangen waren, um an neuen Songs zu arbeiten. Dave waren die Hände gebunden: Mit einer Auszeit on the road hätte er Depeche Mode womöglich aus dem Rhythmus gebracht und die Aufnahmen in den kalifornischen Sound Design Studios in die Länge gezogen. Als Kompromisslösung einigte er sich mit den Soulsavers auf eine exklusive „Secret Show", die am 21. Juli wegen der örtlichen Nähe in den Capitol Studios in Los Angeles über die Bühne ging. Teilnehmen konnte man nur auf Einladung, dauerhaft in die Röhre gucken musste man trotzdem nicht: Einige Monate später streamten die Soulsavers die Show über die Website des amerikanischen *Rolling Stone*, und im Jahr darauf legten sie die CD von *The Light The Dead See* neu auf, nun um eine Bonus-DVD ergänzt, auf der sich unter dem Titel *Live In Hollywood* ein Mitschnitt des sieben Songs langen, gut halbstündigen Sets befand, neben dem Video zur zweiten Singleauskopplung „Take Me Back Home" und einem Interview mit Dave und Rich.

Nach dem Konzert zu *The Light The Dead See* in L.A. standen bei Dave die Zeichen wieder ganz auf Depeche Mode. Zugleich hatten ihn die zurückliegenden Monate im Dienst der Soulsavers gewissermaßen auf das vorbereitet, was nun folgte: Während sich Rich und er auf ihrem Album von der Vorliebe für Blues und Gospel inspirieren ließen, war Martin bei seinen Songs für das nächste Depeche-Mode-Album ähnlichen Vorlieben gefolgt. Das schlug sich auch im späteren Plattentitel *Delta Machine* nieder, der auf die technische Seite der Musik von Depeche Mode („machine") ebenso anspielt wie auf die organische („delta" wie in „Delta Blues"). Ein weiteres Mal war es an Produzent Ben Hillier, Dave, Martin und Fletch dabei zu helfen, ihre Sound-Vision zu verstehen und im Studio einzufangen: die Verschmelzung moderner, manchmal futuristisch anmutender elektronischer Musik mit archaischen Blues-Elementen. *Delta Machine* entstand zwischen März und Oktober 2012 bei Sound Design in Santa Barbara und Jungle City in New York – auf diese Weise hatten zumindest Martin und Dave für Teile der Sessions keine weiten Reisen zu unternehmen und mussten sich nicht für Monate von ihren Familien verabschieden. Den Wert eines intakten Privatlebens hatten sie längst für sich erkannt.

Vielleicht auch deshalb nahmen sie für ihre Songtexte teils sehr persönliche Perspektiven ein. In „Secret To The End" etwa reflektiert

Dave die Krebsdiagnose, die er auf der *Tour Of The Universe* unvermittelt erhielt, und setzt sich vor dem Hintergrund dieser Erfahrung mit der Endlichkeit des Lebens auseinander: „When I look at you/I'm probably the same way too/I got a feeling that it's coming soon/Could this be the end?" Daves souveräner Umgang mit der Diagnose überraschte selbst seine alten Freunde Fletch und Martin, inzwischen selbst jenseits der 50 und mit einem anderen Blick aufs Leben als in den Anfangsjahren von Depeche Mode. „Daves Erkrankung hat mich über das Leben an sich nachdenken lassen, nicht zwangsläufig über unsere Zukunft als Band", sagte Martin im Interview mit dem Musikmagazin *Visions*. „Ich finde es unglaublich, wie schnell er sich nach der Diagnose und Behandlung erholt hat. Das waren gerade drei Wochen. Ich weiß, dass viele Fans enttäuscht waren, weil wir deshalb einige Konzerte absagen mussten, aber wir reden hier ja nicht von einem Schnupfen, sondern von einem bösartigen Blasentumor."

Auch Fletcher sah in Daves Erkrankung einen Beschleuniger für den Prozess, der die Musiker von Depeche Mode über die Jahre hin zu einem bedachtsameren Lebensstil geführt hatte: „Wir sind nicht mehr die Jüngsten, wir kommen in die Jahre. Und je älter man wird, desto mehr Probleme bekommt man. Wenn wir jetzt bald die nächste Tour in Angriff nehmen, die nächsten anderthalb Jahre mit Depeche Mode, fragen wir uns schon, was in dieser Zeit alles passieren wird. Klar, wir versuchen, kürzerzutreten. Wir schlagen uns nicht mehr die Nächte um die Ohren, Partys sind eine absolute Ausnahme. Ich bin inzwischen der Einzige in der Band, der überhaupt noch trinkt. Trotzdem ist Disziplin nur die halbe Miete Es braucht auch Glück. Und wir hatten sehr viel Glück mit Dave. Hätte er sich nicht wegen einer harmlosen Magen-Darm-Geschichte im Krankenhaus durchchecken lassen, wäre der Krebs in diesem frühen Stadium wohl nicht erkannt worden und so gut zu bekämpfen gewesen. Wer weiß, wo wir dann heute stehen, worüber wir jetzt reden würden. Ich hatte Dave erst vor einer Stunde am Telefon. Unsere Proben für die Tour stehen an, und er kann es kaum erwarten, endlich loszulegen. Er liegt mir schon den ganzen Tag damit in den Ohren."

Wie diszipliniert Dave sein Leben als Ex-Junkie und frischgebackener Krebspatient gestaltete, wurde auch im Song „Should Be Higher" deutlich, den er ebenso wie seine zwei anderen Beiträge auf *Delta Machine*, „Secret To The End" und „Broken", gemeinsam mit dem Schweizer Produzenten und Electro-Musiker Kurt Uenala geschrieben hatte.

Dave zufolge geht der Text auf eine Situation an Heiligabend in einem Restaurant zurück: Während der Alkohol bei seinen fröhlich feiernden Begleitern in rauen Mengen floss, verbot er sich selbst den Wein – aus Angst, ein einziges Glas könne bei ihm die sprichwörtliche Büchse der Pandora öffnen. „Denn mein Kopf sagt mir dann direkt, dass ich es noch viel wilder treiben kann – *I can go much higher*." Dieses ewige Ringen mit seinen inneren Dämonen spiegelt sich mehrfach im Text von „Should Be Higher" wider. „I tried to resist but succumb to the bliss", heißt es dort etwa. Und: „Your arms are infected, they're holding the truth/ Oh, stop all your crying, this one you'll lose." Auch Martin hätte nach langen Jahren des hohen Alkoholkonsums von Fehltritten im Rausch der Euphorie ein Lied singen können, überließ es stattdessen aber Dave. Das wäre sie vielleicht gewesen: die Chance auf einen gemeinsamen Song auf einem Depeche-Mode-Album, eine echte Koproduktion zwischen den beiden Hauptpolen der Band nach über 30 Jahren zusammen im Rampenlicht.

Doch ähnlich wie beim *Sounds Of The Universe*-Outtake „Oh Well" schaffte es ihr gemeinsam erarbeiteter Song „Long Time Lie" nur als Bonustrack auf die „Deluxe Version" von *Delta Machine*. „Wir hatten einfach zu viele Songs für das Album", erläuterte Martin im Gespräch mit *Visions* in Anspielung auf die insgesamt gut 20 Demosongs, die er und Dave mit ins Studio gebracht hatten – um schließlich 13 davon auszuarbeiteten und daraus das Album zu formen. „Irgendwo musste ein Schnitt erfolgen", kommentierte Martin etwas lapidar, blieb für die Zukunft aber optimistisch: „Dave und ich nähern uns dem Moment an, an dem wir uns tatsächlich zum gemeinsamen Schreiben treffen. Aber ganz so weit war es diesmal noch nicht, auch wenn man schon von einer wirklichen Kooperation sprechen kann: Ich habe zunächst die instrumentale Basis des Songs geschrieben, Dave dann den Text dazu und ich wiederum weitere Elemente wie die Bridge. Wir haben uns die Bälle zugespielt, wir waren im selben Team." Überwindung kostete Dave diese Arbeitsweise keineswegs, im Gegenteil: Sich Songs in verschiedenen Entwicklungsstufen um die halbe Welt hin und her zu schicken, bis alles am richtigen Fleck ist – mit dieser Strategie war er bereits als Sänger und Co-Songwriter der Soulsavers gut gefahren.

Bereits Ende Januar 2013, fast zwei Monate vor Veröffentlichung von *Delta Machine*, kündigte die erste Single Depeche Modes 13. Studioalbum an: die melancholische, auf einem Blues-Schema basierende Ballade

„Heaven". Die B-Seite hielt mit dem wesentlich kühler und technoid klingenden „All That's Mine" eine weitere Gahan/Uenala-Komposition bereit. Als Folge des ersten von Mute und Columbia Records gemeinsam herausgebrachten Albums der Bandgeschichte markierte „Heaven" eine Zäsur in den Augen eingefleischter Depeche-Mode-Sammler: Als erste Single seit „The Meaning Of Love" von 1982 erschien sie nicht unter der Katalogbezeichnung „Bong".

Das stimmungsvolle Video zu „Heaven" hatten Depeche Mode bereits im November 2012 im Marigny Opera House gedreht, einer ehemaligen Kirche in New Orleans. Regisseur Timothy Saccenti hatte sich dafür Inspiration bei Terrence Malicks Coming-of-age-Drama *The Tree Of Life* (dt. *Der Baum des Lebens*) geholt. Mit der Idee hatte er vor allem Dave überzeugt, der sich im Clip mit Lederjacke und Kajal-umrahmten Augen präsentierte. „Wir hatten schon lange kein Performance-Video mehr gemacht", gab er in der Making-of-Dokumentation zu Protokoll. „Das war nach all den Jahren sehr erfrischend." Zugleich war es Saccenti gelungen, den reduzierten Charakter des Songs nicht mit Bildgewalt zu torpedieren. „Bei ‚Heaven' haben wir sehr bewusst darauf geachtet, dass wir den Song nicht musikalisch überfrachten; dass nichts vom Gesang ablenkt", erklärte Dave. „Für mich ist dieses Stück einer der Gründe, warum ich immer noch Musik mache. Ab und zu taucht ein Song auf, den ich einfach singen muss. Ich will ihn nicht singen – ich muss. So wie ein Paar Stiefel, das man mag, weil es perfekt passt. ‚Heaven' war der Ausgangspunkt für alles. Der eine Song, an dem sich jeder andere auf *Delta Machine* messen lassen musste."

Auf der Setlist der *Delta Machine Tour* bekam „Heaven" einen entsprechend zentralen Platz im Hauptteil. Nach einer Warm-up-Show in Nizza am 4. Mai 2013 feierte die Konzertreise ihren offiziellen Auftakt drei Tage später in Tel Aviv, wo Depeche Mode 2009 bereits die *Tour Of The Universe* gestartet hatten. Gleichzeitig war das Konzert im Hayarkon Park eine Art verspätete Wiedergutmachung für die Show, die dort im Sommer 2006 stattfinden sollte, aber wegen des Libanonkriegs gestrichen wurde. Bei allem Elan, mit dem Dave dem Auftakt der *Delta Machine Tour* entgegenfieberte, bedeutete die Vorbereitung für ihn angesichts seiner überstandenen Erkrankung eine Umstellung. Im Interview mit dem Magazin *Der Spiegel* bejahte er die Frage, ob er sich vor der Tour ärztlich untersuchen lasse, und ergänzte. „Meine Tochter sagt immer zu mir: Darum wirst du dich jetzt für den Rest deines Lebens kümmern müssen", erzählte Dave. „Also gehe ich regelmäßig ins Krankenhaus und werde alle paar Monate gründlich durchgecheckt. Ich bin nicht der Erste und werde nicht der Letzte sein, der sich mit dem Thema Krebs auseinandersetzen muss. Zum Glück bin ich noch da. Und ich habe vor, den Rest meines Lebens so gut wie möglich auf mich aufzupassen."

Zugleich räumte er ein, dass das unverändert hohe Konzertpensum nicht gerade im Sinne seiner Ärzte sei und man schon auf der vorherigen Tour – im Anschluss an seine Diagnose – versucht habe, ihn in die Grenzen zu weisen. „Die Ärzte nannten mich verrückt. ‚Sie brauchen die Zeit, um gesund zu werden! Und für Ihre Behandlungen! Die Leute nehmen sich in der Regel ein Jahr.' Ich sagte: ‚Okay, ihr habt sechs Wochen!' Manchmal ist meine Verweigerungshaltung ganz nützlich. Ich machte einen Plan mit den Ärzten und ging im Laufe der Tour in verschiedene Krankenhäuser. Das war hart. Es ist nicht lustig, in die Klinik zu müssen, wenn die anderen aus der Band Pause machen. Ich glaube, meine Familie macht sich ein bisschen Sorgen um mich. Aber ich bin in Form, ich habe auf mich achtgegeben. Wird schon alles in Ordnung sein. Meine Grundhaltung ist sehr positiv gerade – ungewöhnlich für mich."

106 Konzerte umfasste die *Delta Machine Tour* letztlich, fast ein ganzes Jahr verging zwischen dem Auftakt in Israel und dem Finale am 7. März 2014 in Moskau. Dave war zu Recht optimistisch gewesen – er schlug sich Abend für Abend mit Bravour. So auch am 7. November in Belfast, beim ersten Depeche-Mode-Konzert in Nordirland seit annähernd 30 Jahren. Wenige Wochen darauf ließen Depeche Mode ihre beiden Auftritte in Berlin von Anton Corbijn aufzeichnen. Als der Mitschnitt auf CD und DVD fast ein Jahr später unter dem Titel *Live In Berlin* erschien, bereitete sich Dave längst auf das nächste Kapitel mit Depeche Mode vor.

24. Angels & Ghosts

Im März 2015 stand für Depeche Mode und die weltweite Fan-Community ein besonderes Jubiläum an: *Violator*, das Album, das alles veränderte – nicht nur für Dave und die Band, sondern für die gesamte Welt des Rock und Pop – feierte seinen 25. Geburtstag. In einem Interview zum Jubiläum sagte Martin Gore dem amerikanischen *Rolling Stone*, die Arbeit an diesem Album sei der „vergnügliche Höhepunkt der Band als Quartett" gewesen; außerdem habe ihm keine Coverversion eines Depeche-Mode-Songs so gut gefallen wie Johnny Cashs Interpretation von „Personal Jesus". Wie wichtig das Album für die Fans bis heute ist, zeigten die vielen Tribute-Texte und Erinnerungen an *Violator*. Im Berliner Online-Fanzine *Nothing But Hope And Passion* würdigte Norman Fleischer *Violator* in Form eines Liebesbriefes. „Ist es wirklich schon 25 Jahre her?", begann er seinen Text. „Na herzlichen Glückwunsch! Für dein Alter siehst du noch ziemlich gut aus. Aber seien wir ehrlich, es umgibt dich ohnehin eine gewisse zeitlose Aura." Der Autor verdeutlichte in seinem Artikel, dass das Album nicht nur eine heiße Liebe war – sondern auch seine erste. Wobei Dave in seiner Rolle als König im Video zu „Enjoy The Silence" eine besondere Wirkung ausstrahlte: „Es muss mehr oder weniger auf den Tag genau 25 Jahre her sein, dass ich mich zum ersten Mal verliebt habe. Es war eine meiner ersten Erinnerungen an Popmusik. Ich erinnere mich, wie ich ein Video auf unserem alten Fernseher sah. Ein Mann, als König verkleidet, mit einem roten Umhang und einem Klappstuhl, lief im Schnee herum. Ich war ungefähr sechs Jahre alt, als sich diese ikonischen Bilder zum ersten Mal für immer in mein Gehirn einbrannten."

Man kann Geburtstage von wegweisenden Alben als unwichtige Daten abtun, als Anlässe für neue Titelgeschichten, überteuerte Deluxe-Ausgaben und immer wieder neu aufgetischte Erinnerungen. Was der 25. Geburtstag von *Violator* 2015 jedoch zeigte und zwar sowohl den Fans als auch der Band: Dieses Album hat ein Vierteljahrhundert nach

Veröffentlichung nichts von seiner Kraft und Magie verloren. Ein paar Songzeilen jedoch, die haben sich nicht unbedingt bewahrheitet. „I've changed my routine/Now I'm clean", sang Dave in „Clean". Wie schrieb es Norman Fleischer in seinem Liebesbrief an *Violator*: „Gore wusste damals noch nicht, welche Ironie in seinen Worten steckte. Es dauerte weitere sechs Jahre, bis Gahan wirklich clean wurde, denn diese Tage markierten den Beginn seiner Heroinsucht. In der Zwischenzeit wären Depeche Mode beinahe zusammengebrochen und Gahan fast gestorben." Aber das sah damals, im März 1990, 25 Jahren zuvor, niemand kommen.

Gut, dass sich Dave Mitte der 10er-Jahre bester Gesundheit erfreute. Denn er hatte in dieser Phase sehr viel zu tun. Es war die Zeit, als klar wurde, dass ihm Depeche Mode allein nicht mehr reichen. Dass aber auch eine Solokarriere nicht den gewünschten Weg darstellt. Der Trend ging daher zur Zweitband. In welche musikalische Richtung Dave nach Depeche Modes *Delta Machine* ziehen wollte, offenbarte eine Single, die bereits Ende 2013 erschienen war: SixToes sind ein Londoner Projekt, das sich sowohl als Remixer-Gruppe als auch als dunkle Folk-Band versteht. Der enge Draht zu Depeche Mode kam nicht von ungefähr: Cellistin Anne Carruthers ist seit vielen Jahren für Mute Records tätig, als A&R-Managerin sowie Managerin des Studio Mute, das Mitte der 10er-Jahre im Londoner Stadtteil Hammersmith eröffnet wurde und in dem Marta Salogni erste Erfahrungen machte – wir werden ihr später im Kapitel über *Memento Mori* wieder begegnen. Doch zurück zu SixToes. Das Ensemble fand Einzug in die kreative Welt von Depeche Mode zunächst durch ihre Remixe von Songs der Band. Verantwortlich zeichneten sie für neue Versionen des *Playing The Angel*-Songs „The Sinner In Me" und drei Songs von *Sounds Of The Universe*: „Jezebel", „Come Back" und „Peace". Für ihr zweites Album *The Morning After* gewannen SixToes Dave als Gastsänger und Mundharmonikaspieler für den Song „Low Guns", der mit schwermütigen Streichern und einer Länge von über sechs Minuten eine intensive Hörerfahrung bietet. Das lag nicht zuletzt an Gareth Jones, der den Mix übernahm. „Dave hat sich immer sehr positiv geäußert, nachdem er unsere Remixe für ihr *Sounds Of The Universe*-Album gehört hatte, also luden wir ihn ein, auf ‚Low Guns' zu singen, und zu unserer Freude sagte er sofort ‚Ja'", erklärte Anne Carruthers. „Er ging sogar noch einen Schritt weiter und fügte am Ende des Stücks einen Mundharmonika-Part hinzu." Der Musikkritiker des *Guardian* schrieb damals in seiner Rezension zur Veröffentlichung von

„Low Guns“: „Obwohl es eine Weile dauert, bis das Stück in Gang kommt – in den ersten 30 Sekunden müssen einige Geigen gestimmt werden –, ist die zarte Entwicklung von der sanft gezupften Gitarre über das rollende Schlagzeug bis hin zur windgepeitschten, tränenüberströmten Traurigkeit des letzten Drittels erdrückend schön.“

Mitte 2014 schmiss sich Dave dann mit vollem Elan in ein Projekt, dessen Einfluss auf seine weitere Karriere als Sänger, Musiker und Mensch gar nicht hoch genug eingeschätzt werden kann. Die wie gewohnt lange und anstrengende *Delta Machine Tour* von Depeche Mode hatte im März 2014 mit einem Konzert in Moskau ihren Abschluss gefunden. Nun begann die Zeit, die Dave in Interviews mit dem einprägsamen Bild der „An-die-Wand-starren-Wochen“ bezeichnet: Nach monatelangem Stress gab es plötzlich nichts mehr zu tun, auf Volldampf folgte Leerlauf – verbunden mit einer damit einhergehenden Sinnlosigkeit des Daseins. Drei Jahre lang hatte das Depeche-Mode-Album Sinn gegeben, jetzt war die Sache abgeschlossen. Haken dran, *job done*. Das klingt nach wohlverdienter Ruhe, stellt aber eine unfassbare Herausforderung dar, wenn man die vielen Monate zuvor ein Leben lebte, in dem Konzerte für die Massen den Alltag bestimmt haben: hingebungsvolle Fans, Reisen in alle Regionen der Erde, Lärm und Euphorie an fast jedem Abend – eben der typische Depeche-Mode-Wahnsinn. Da können Ruhe und ein freier Terminkalender zur Bedrohung werden.

Insofern traf es sich gut, dass sich mit Soulsavers-Kopf Rich Machin ein alter Bekannter bei Dave meldete. Ein Mann, der Mitte 2014 genügend Empathie besaß, einschätzen zu können, wie es dem Depeche-Mode-Sänger in diesem Moment erging. Rich entschied sich, genau das Richtige zu tun, nämlich Dave anzurufen, um ihm abermals Musik zu schicken, an der er in den zurückliegenden Monaten gearbeitet hatte. So war schließlich schon das vorherige Soulsavers-Album *The Light The Dead See* entstanden – und Dave war neugierig, ob sich nicht eine weitere Kooperation abzeichnete. „Ich schau mal, ob ich da was fühle“, hatte er am Telefon zu Rich Machin gesagt. Als er die Tracks erhielt, spürte er schnell, dass er durch sie „an Orte geführt wurde, die ich vorher, warum auch immer, noch nicht erreicht hatte“, wie er in einem Interview für *Live Nation TV* erzählte.

So begann die Arbeit an *Angels & Ghosts*, dem zweiten Soulsavers-Album mit Daves Beteiligung – das im Gegensatz zur Vorgängerplatte unter dem Namen Dave Gahan & Soulsavers erschien. Das war erstens gut für die Vermarktung der Musik, gab aber zweitens auch die Verhältnisse im Studio wieder: Dave erfand sich während der Produktion als Sänger neu. *Angels & Ghosts* kam am 23. Oktober 2015 heraus. Das Cover zeigte eine von Daves damals 16-jähriger Tochter Stella Rose erstellte Porträt-Collage ihres Vaters. Eigentlich hatte sie die Fotoserie für eine Schulaufgabe angefertigt, dann aber gefielen die Aufnahmen Dave, seinem Management und den Soulsavers so gut, dass sie diese aufs Frontsleeve des Albums schafften. Auch das konnte man als Zeichen dafür werten, wie zentral die Rolle Daves auf der Platte war. Denn schon im frühen Stadium der Produktion zeichnete sich ab, dass die erneute Zusammenarbeit mit Rich für Dave weitaus mehr als ein Projekt darstellte: Die Soulsavers wurden zu seiner zweiten musikalischen Heimat. Und damit zu einer Band, die einen Sinn erfüllt. Er habe, sagte Dave einmal in einem Interview, von Martin im Laufe der Karriere von Depeche Mode mehr gelernt, als er je geglaubt habe. „Aber ich dachte immer, ich müsste etwas beweisen." Beweisen, dass er nicht „nur" der Sänger sei; dass er kein „Blender" sei, der nichts anderes hinbekommt, als die Songs eines anderen zu singen. Und dann kamen die Soulsavers. „Meine zweite Band, eine echte Sache", wie es Dave gegenüber *Live Nation TV* formulierte.

Rich hatte ihm im Vorfeld auch diesmal keine fertigen, durchkomponierten Tracks geschickt, die nur noch auf seine Stimme warteten. Was Dave erhielt, waren Ideen – mit viel Platz um ihren Kern. Seinen Job sah er nun darin, diese Ideen zu vervollständigen, sie zu echten Songs werden zu lassen. „Im Grunde arbeite ich immer als Songwriter", sagte Dave zum Entstehungsprozess. „Es schwirren immer Ideen für Songs in meinem Kopf herum, aber Sinn ergaben sie erst, als ich sie in Richs Ideen einfließen lassen konnte." Vor allem Richs Gitarrenlinien waren es, die Daves Melodien und Worte im Kopf ordneten und vollendeten. So entstanden neun Songs, aus denen sich das starke fünfte Soulsavers-Album zusammensetzt.

Spätestens jetzt war Dave ein Fan dieser für ihn nach wie vor ungewohnten Art des Songwriting. Er hatte es die längste Zeit seiner Bandkarriere so erlebt, dass einer – in der Regel also Martin – die Musik komplett allein schrieb und sie dann an seine Band weitergab. Als Dave die Songs für seine Soloplatten komponierte oder einforderte, auch für Depeche Mode zu schreiben, hatte er dieses Modell im Sinn. Er kannte ja kein anderes. Ein zweites ergab sich erst, als sich Dave beim

Songwriting Unterstützung wünschte: Co-Songwriter, die seine Ideen in Form bringen, ergänzen und vollenden. Die Zusammenarbeit mit Rich auf *The Light The Dead See* sowie nun auf *Angels & Ghosts* gestaltete sich allerdings grundlegend anders, sie beschrieb einen dritten Weg: „Es geht nahezu mühelos vonstatten", sagte der Soulsavers-Chef im Gespräch mit *Live Nation TV*. „Es gibt keine Agenda, keinen Plan, kein Ziel, das wir erreichen wollen. Ich weiß nur eins: Die Ideen, die für mich selbstverständlich sind, passen selbstverständlich auch zu Dave – und ich mag selbstverständlich, was er daraus macht."

Dave erklärte den kreativen Ansatz so, dass die Instrumental-Ideen, die Rich ihm vorspielte, einen Raum geöffnet hätten, den er wiederum einfach nur mit seinen Ideen aufzufüllen hatte. Auch für ihn schien das ein sehr einfacher Weg gewesen zu sein. Mitunter mussten sich die beiden gegenseitig vergewissern, dass es kein schlechtes Zeichen sein muss, wenn sich diese kreative Tätigkeit so leicht anfühlt. Ein Jahr lang spielten sich Rich und Dave auf diese Weise die Bälle zu, dann war allen Beteiligten klar: Es gibt genug Material für ein weiteres gemeinsames Album. Und nun auch für beeindruckende Liveshows. „Was, wenn Depeche Mode im Verlauf ihrer Karriere die Keyboards weggeschmissen und sie gegen Gitarren eingetauscht hätten?", begann der *Guardian* die Kritik zur Bühnenpremiere der neuen Songs im Londoner Shepherd's Bush Empire im Oktober 2015. Für jeden, der *Angels & Ghosts* gehört oder das Konzert gesehen hat, war das eine rhetorische Frage. Im *Guardian* hieß es weiter: „Die Soulsavers (…) sind die Spaghettiwestern-Version von Gahans anderer Band, verströmen die gleiche seelengeißelnde, pervers-eingängige Vorahnung. Wenn Depeche Mode (…) die erste Adresse für elektronische Verdammnis sind, dann übertragen die Soulsavers das Ganze auf eine breite und verstaubte Leinwand."

Die Unterschiede des Soulsavers-Sounds zu Depeche Mode sind also offensichtlich. Und doch betonte Dave immer wieder, dass für ihn selbst zwischen beiden Bands keine Welten liegen. „Auch die Musik von Depeche Mode ist in hohem Maße von Gospel und Blues beeinflusst. Sie ist nicht sehr weit von dem entfernt, was Ian und Rich mit Soulsavers machen", sagte Dave in einem Interview mit dem Fernsehportal des *Wall Street Journal*. Der Unterschied liege in der Instrumentierung: „Bei den Soulsavers nutzen wir viele Gitarren und alte Tasteninstrumente, haben Schlagzeug, Gospel-Sänger und am Bass Martyn LeNoble dabei", verwies Dave auf die Besetzung. Letzterer, ein gebürtiger Niederländer, war seit 2009 Teil der Soulsavers-Live-Crew und schon zuvor ein bekannter Musiker der Alternative-Rock-Szene. Er war Gründungsmitglied von Perry Farrells Band Pornos For Pyros, spielte für The Cult und Thelonious Monster. Und: Er freundete sich Anfang der 90er-Jahre mit Dave an. Martyn war es auch, der dank seines engen Drahts zum Depeche-Mode-Sänger einen großen Anteil daran hatte, dass die Soulsavers 2009 als Vorband bei den Europa-Shows der *Tour Of The Universe* auftraten.

„Um meinen Gesang herum gab es also viele Livemusiker", beschrieb Dave die Produktion von *Angels & Ghosts*. Und die verstanden ihr Handwerk: Legendär war die Ansage der Sängerin Wendi Rose, die mit Janet Ramus und T Jae Cole das Trio für den Backgroundgesang zwischen Soul und Gospel bildete. Man werde nicht mehr als einen Tag für die zehn Songs des Albums benötigen, sagte sie dem Produktionsteam im Vorfeld. Zehn Stücke in einer Session – ob sie das ernst meine? „Absolut", bestätigte Wendi. „Mit dem Team bekommen wir das hin." Und sie behielt recht. Dave, der das manchmal doch etwas träge Tempo des Tankers Depeche Mode gewohnt war, dürfte die Produktion vorgekommen sein, als würde er auf einem Schnellboot arbeiten. Noch dazu auf einem Schnellboot, das auf freier See unterwegs war. Denn ein Ansatz der Soulsavers war, nicht jede Ecke des Klangpanoramas zuzukleistern, sondern im Klangbild Luft zu lassen. „Ich habe mich immer von Bands angezogen gefühlt, die den vorhandenen Raum als ein Instrument nutzten", erklärte Rich gegenüber *Live Nation TV* seine Faszination für diesen Ansatz. Jede Lücke zu füllen sei für ihn nicht attraktiv, weil so alle Beteiligten eingeengt würden. Dieser Ansatz führe in seinen Augen zu Aufnahmen, die sich dicht anhören, aber jede Individualität vermissen lassen – vor allem die der beteiligten Sänger. „Ich mag es, ins Studio zu gehen und genau zu wissen, wo mein Platz ist, was ich singen soll und was von mir verlangt wird", sagte Backgroundsängerin Wendi. „Mit Rich und Dave zu arbeiten ist eine völlig andere Erfahrung. Sie geben dir Raum, um darin mit der Stimme etwas zu erschaffen."

Als „fast schon spirituell" bezeichnete Bassist Martyn die Zusammenarbeit, hier habe sich auch die Bedeutung des Albumtitels *Angels & Ghosts* gezeigt: „Wir Beteiligten besaßen in der Vergangenheit eine Art geisterhafte Beziehung zueinander." Obwohl man sich noch nicht begegnet war oder noch gar nicht kannte, beeinflusste man sich bereits gegenseitig. „Während der Aufnahme kamen wir uns dann gegenseitig wie Engel vor." Dave präzisierte: Engel seien in diesem Prozess für ihn alle Menschen gewesen, „die um mich herum waren und von denen ich Botschaften empfangen habe". Solche Menschen gebe es immer – „man muss nur gut hinhören". Und die *Ghosts*, die der Albumtitel den *Angels* zur Seite stellt? „Die sind in unserem Gedächtnis", erklärte Dave. Oft genug sei es ja so, dass man nicht viel mehr besitzt als die Erinnerungen. „Und wenn du älter wirst, merkst du, dass das, was im Gedächtnis ist, zu den wichtigsten Dingen gehört."

Als *Angels & Ghosts* im Oktober 2015 erschien, verdichteten sich die Anzeichen, dass sich die Musikindustrie im Zuge der fortschreitenden Digitalisierung grundlegend verändern würde. Mit Depeche Mode begann Dave seine Karriere im Zeitalter der Schallplatten und Tapes. Es folgte die Einführung der CD – die ein paar Jahre lang dominierte, bevor sie Konkurrenz von den Musik-Downloads erfuhr, den legalen wie den illegalen. Doch jetzt zeigte sich, dass sich die Ära der MP3 dem Ende näherte. Man lud nicht mehr herunter, man streamte. Die meisten taten das beim Marktführer Spotify. Mit der Single „Thinking Out Loud" von Ed Sheeran durchbrach erstmals ein Song die Grenze von 500 Millionen Streams bei diesem Anbieter. Der Streamingdienst hatte 2015 rund 75 Millionen User, 20 Millionen davon zahlten für die sogenannte Premium-Nutzung. Rückblickend galt 2015 als markantes Jahr für die Entwicklung des Streamings, weil erstmals für jeden offensichtlich wurde, wie stark die Marktmacht von Spotify & Co. wurde. So war 2015 das Jahr, in dem beim Umsatz die digitalen Formate – Downloads und Streaming – erstmals die physischen – CD und Vinyl – überflügelten. Nicht alle Künstler standen der Streamingzukunft positiv gegenüber. Die bekannteste Kritikerin war Taylor Swift, die 2014 ihre Songs von Spotify verschwinden ließ und Apple unter Druck setzte, nur dann zu bleiben, wenn der Konzern sein Bezahlmodell während der üblichen dreimonatigen Testphase ändere. In Deutschland war die Musik von hierzulande großen Acts wie Die Ärzte, Element Of Crime oder Herbert Grönemeyer nicht bei Spotify zu finden.

Die Frage, wie man es als Musiker mit dem Streaming hält, gehörte in Interviews zum Standard. Sie wurde auch an Dave gerichtet, passenderweise im Interview mit dem *Wall Street Journal*. Seine Antwort war differenziert und griff zurück auf die seit jeher technologieoffene Geschichte von Depeche Mode: „Wir haben als Band früh gegen Normen verstoßen, weil wir elektronische Musik produzierten und Remixe anfertigen ließen, bei denen sich gar nicht mehr klar feststellen ließ: Wer spielt hier den Bass, wer das Schlagzeug?" Schließlich habe die Technologieoffenheit sogar dazu geführt, dass die noch sehr junge Band ihre Gitarren gegen Synthesizer eintauschte – zu einer Zeit, als andere im Kleingedruckten ihrer Platten stolz darauf hinwiesen, dass bei ihren Produktionen keine Synthesizer zum Einsatz gekommen waren. Dieses konservative Denken war Depeche Mode schon immer fremd. „Mein Punkt ist: Die Technologie existiert", so Dave, „und sie entwickelt sich ständig weiter. Du kannst diese Informationen entweder nutzen oder Angst davor haben." Natürlich, als Mitte der 00er-Jahre auch Musik von Depeche Mode illegal über das Internet verbreitet wurde, habe die Band das hart getroffen. „Aber die Technik hat sich entwickelt", sagte Dave zehn Jahre später mit Blick auf die Streamingplattformen. Nun sei es die Aufgabe der Industrie, sich zu ändern – und auch darauf zu achten, dass die Künstler angemessen für ihre Arbeit bezahlt werden. „Denn es handelt sich um Arbeit", so Dave. „Wenn du ein junger Künstler bist, muss es Verträge geben, in denen geregelt ist, dass du für deine Arbeit vernünftig entlohnt wirst."

Kaum hatten Dave und die Soulsavers *Angels & Ghosts* veröffentlicht, kaum waren die Interviews dazu geführt und die Shows gespielt, drosselte Dave das Tempo. Eine lange Konzertreise wie bei Depeche Mode kam für ihn weiterhin nicht in Frage – zumal er merkte, dass die Pflicht rief. „Ich wäre nicht überrascht, wenn ich mich Ende des nächsten Jahres mit Depeche Mode im Studio wiederfinden würde", sagte Dave in einem Interview mit *Yahoo* im Herbst 2015. Es ging dann sogar noch schneller: Bereits im Januar 2016 kündigte Martin in einem Podcast für den April die Rückkehr von Depeche Mode im Studio an. Dave und er hätten dafür fleißig Songs geschrieben und Demos aufgenommen. So nahm *Spirit* Fahrt auf.

25. Spirit

Im Spätsommer 2015 fand sich ein besonderer Besucher in Martins Haus in Santa Barbara ein, wo Dave, Fletch und der Gastgeber ihn schon erwarteten: James Ford – als designierter Produzent ihrer nächsten Platte. Nach drei Alben mit Ben Hillier oder, wie Dave es nannte, dem „Abschluss einer Trilogie" fühlten sich Depeche Mode bereit für frischen Wind im Studio, eine neue Herausforderung, ein paar beherzte Schritte raus aus der eigenen Komfortzone. Ford, Jahrgang 1978, war noch ein Kleinkind gewesen, als sich Depeche Mode gegründet hatten. Als Mitglied des House-Duos Simian Mobile Disco und der Indierock-Band The Last Shadow Puppets stand er ebenso für einen jungen Sound wie als Produzent von Acts wie Arctic Monkeys und Florence And The Machine, denen der Übergang vom Underground in den Mainstream längst gelungen war. Später würde sich Ford nicht nur als musikalischer Ideengeber im Studio empfehlen, sondern auch als Streitschlichter zwischen Dave und Martin, die während der Aufnahmesessions gelegentlich heftig aneinandergerieten und um jeden ihrer Songbeiträge rangen. Eigentlich ein gutes Zeichen: Offenbar steckte viel Herzblut in diesem Projekt. Auch Ford hatte bereits früh eine klare Vorstellung vom 14. Depeche-Mode-Album, wie Dave später im Interview mit dem Radiosender *WFUV* verriet: „Er wollte ein Album, das auf den Punkt kommt, das nicht zu viele Songs enthält und nicht zu lang gerät. Ein Album nach klassischer Bauart."

Am Ende des ersten Treffens zwischen Depeche Mode und Ford in Santa Barbara stand eine klare Strategie: Der Weg zu gemeinsamen Aufnahmen würde zunächst über Trennung führen. Distanz zur Vorbereitung. In Daves Fall bedeutete es, dass er Martin seine Demos überließ und im Gegenzug dessen Songideen zurück mit nach New York nahm. Monatelang schloss sich Dave daraufhin in seinem Heimstudio ein und ließ die neuen Stücke auf sich wirken. „Ich spielte sie in Endlosschleife ab, bis ich mich wirklich in ihnen verlor", erzählte er gegenüber *WFUV*.

„Wie setze ich diese Songs um, um ihnen gerecht zu werden? Wie kann ich ihnen eine Atmosphäre, eine Persönlichkeit geben, die unsere Hörer in ihren Bann ziehen wird?“ Einen weiteren Monat lang arbeitete Dave seinen Gesang aus, inspiriert von der vorangegangenen Soulsavers-Platte, auf der ihn Wendi Rose, Janet Ramus und T Jae Cole als Sängerinnen unterstützt hatten. Mehr Chöre, mehr Vielstimmigkeit – mit diesem Vorsatz kehrte Dave im April 2016 zurück in die Sound Design Studios nach Kalifornien, wo die Aufnahmen für *Spirit* begannen. „Die Zeit mit den Soulsavers hatte mich belebt und mit neuem Elan ausgestattet“, sagte Dave. „Vor allem im Hinblick darauf, wie ich meine Stimme in Zukunft einsetzen wollte.“ Seine – und die von Martin: Einerseits ließ sich Martin schnell auf die Idee ein, noch stärker mit Backing Vocals neben Dave in Erscheinung zu treten als auf bisherigen Depeche-Mode-Alben. Andererseits war Dave bewusst, dass er sich als Co-Songwriter zurücknehmen musste. „Schon als ich das erste Mal Martins Demos für dieses Album gehört hatte, ahnte ich, dass ich einige meiner Songs über Bord werfen musste“, berichtete Dave im Gespräch mit dem Musikportal *Vevo*. „Martin hatte einfach zu viele Songs geschrieben, die ich unbedingt singen wollte.“ Leicht tat er sich damit trotzdem nicht; seine leidenschaftlichen Auseinandersetzungen mit Martin im Studio sprachen Bände. Die Vorgabe von Ford, die Länge des Albums und die Anzahl der Songs nicht ausufern zu lassen, zog für Dave einige unliebsame Kürzungen nach sich.

Letztlich landeten mit „Cover Me“, „Poison Heart“ und „No More (This Is The Last Time)“ wie schon zuletzt drei Songs von Dave auf dem Album, die er entweder in der bewährten Dreier-Konstellation mit Peter Gordeno und Christian Eigner geschrieben hatte oder im Duo mit Kurt Uenala. Hervor stach aber ein anderes Stück mit Dave als Co-Autor, der kantige Dance-Pop-Song „You Move“, der nicht weniger als einen bandhistorischen Moment markierte: als erste Gemeinschaftskomposition von Dave und Martin, die es auf ein Album von Depeche Mode geschafft hatte. Die Entstehungsgeschichte klang kurios. Während Dave mit den Soulsavers an *Angels & Ghosts* gearbeitet hatte, war Martin mit seiner Solo-LP *MG* fertiggeworden und hatte einige Instrumentalstücke übrigbehalten, die er darauf nicht verwerten konnte. Eines davon schickte er Dave, in der Hoffnung, dass der es stilistisch in eine neue Richtung lenken könnte. Dave war angetan von Martins neuem Solomaterial, allem voran vom Ambient-Stück „Europa Hymn“, wusste aber zunächst wenig anzufangen mit der Songskizze, aus der später „You Move" erwachsen sollte. Bis ihm eines Tages die Zeile „I like the way you move" einfiel, die er bisher vergeblich versucht hatte, in einem Depeche-Mode-Song unterzubringen. Es passte, und so kamen die Dinge in Gang: Über Wochen schickten sich Dave und Martin den Song hin und her, stets um eine Gesangsidee oder ein Sound-Detail reicher. Im Studio war schließlich kaum mehr zu tun, als auf den Aufnahmeknopf zu drücken und auf diese Weise Bandgeschichte zu schreiben. Seinen eigenen Anteil an den insgesamt zwölf Songs auf *Spirit* bewertete Dave am Ende als fair. „Über die vergangenen 20 Jahre habe ich mich sozusagen als Songwriter in die Band geschlichen", bilanzierte er gegenüber *Vevo*. „Aber der Songwriter von Depeche Mode – das ist nach wie vor Martins Rolle. Er hat praktisch alle Stücke geschrieben, die man mit uns verbindet. Ich bin eher der Typ auf der Ersatzbank, der ab und zu ins Spiel kommt und mal etwas Besonderes beisteuert. Danach heißt es wieder: Zurück auf die Bank! Und das ist in Ordnung, damit komme ich gut klar. Denn ich bin mit einem außergewöhnlichen Talent in einer Band; mit jemandem, der den Standard sehr hoch gesetzt hat."

Erstaunlich war es allemal, wie sehr sich viele von Martins und Daves Songs auf *Spirit* in einem wesentlichen Punkt ähnelten: in der Wut über den Zustand der Welt, die mal mehr, mal weniger offensichtlich aus ihnen spricht. Mit markigen Worten steigt Dave im Song „Going Backwards" ins Album ein: „We are not there yet/We have not evolved/We have no respect/We have lost control." Diesen Fatalismus greift „Where's The Revolution" direkt im Anschluss auf („Who's making your decisions/ You or your religion?"), und er zieht sich wie ein roter Faden durch die Platte, die nicht zufällig in einem Song namens „Fail" endet. Man kann es durchaus so interpretieren: *Spirit* dokumentiert das menschliche Versagen. „Als ich das fertige Master hörte, war meine erste Reaktion: Huch, das klingt schon ziemlich hart und düster so am Stück!", erinnerte sich Dave. „Aber genau das ist die Musik, die ich mag, ob bei Nick Cave, Mark Lanegan oder Johnny Cash. Mir gefällt es, wenn ich einem Sänger wirklich glauben kann, was er da singt. Ich versuche, mit meiner Stimme eine kleine Welt zu erschaffen, sei es in meinen eigenen Songs oder in denen von Martin. Ich bin permanent auf der Suche nach meiner Stimme. Mal klappt es, mal klappt es nicht, das kommt immer auf den Song an. Aber generell denke ich, dass es unmöglich ist, nicht von dem beeinflusst zu werden, was um einen herum passiert. Mit Blick auf die vergangenen paar Jahre stelle ich fest, dass ich die Geduld verliere mit dem, was in der Welt vor sich geht. Armut und Hunger und Menschen ohne Trinkwasser. Dinge, die wir eigentlich längst überwunden haben müssten, stellen immer noch ein Riesenproblem dar. Und obendrein sehe ich, was in meinem Land passiert. Einem Land, in dem ich seit 25 Jahren gerne lebe. Das schockiert mich. Amerika war immer ein Ort, an dem Menschen aller Art zusammengefunden haben, an dem jeder willkommen war. Solche Gedanken haben die Ästhetik des Albums geprägt."

Seine eigene Ästhetik brachte ein weiteres Mal Anton Corbijn ein, der für das minimalistische Artwork von *Spirit* und seinen Singleauskopplungen auf ein Nebeneinander von wehenden Flaggen und stampfenden Stiefeln setzte. Noch eindeutiger gestaltete der Niederländer das Schwarz-Weiß-Video zu „Where's The Revolution", das der Veröffentlichung des Albums um einige Wochen vorausging: Flankiert von Martin und Fletch thront Dave auf einem Podest vor einer Fabrikkulisse, als halte er eine Ansprache vor Proletariern, die im Gleichschritt auf ihn zu marschieren. Eine solche Bildsprache, die durchaus Diskussionen oder gar Kontroversen nach sich ziehen kann, ist das Ergebnis von blindem Vertrauen in die Fähigkeiten und das Gespür ihres Designers. Was Depeche Mode auch nach 30 Jahren an Anton Corbijn bindet, fasste Dave im Interview mit *Vevo* zusammen. „Zunächst ist er ein toller Künstler, ein fantastischer Fotograf. Er verstand früh unsere Musik; dass sie eine optische Komponente brauchte. Und diese optische Komponente waren nicht zwingend wir. Es waren seine Fotos, seine Motive, seine Landschaften. Ein Video wie das zu ‚Enjoy The Silence' besteht einfach aus wunderschönen Bildern. Es war damals einzigartig, und es hat den Test der Zeit bestanden. Trotzdem hat Anton uns mit seinen Konzepten oft verwirrt, nach dem Motto: ‚Ist das dein Ernst, ich soll mich als König verkleiden und mit einem Klappstuhl durch die Gegend ziehen?!' Aber wir haben gelernt, ihm zu vertrauen."

Als der Designer und Filmemacher nun mit dem Vorschlag auf Depeche Mode zukam, sie für das Video zu „Where's The Revolution" ins Zentrum einer „marxistischen Szenerie" zu stellen, kamen den drei Musikern Zweifel – bis er ihnen den Kern seiner Idee offenlegte: Als Sänger einer Rock'n'Roll-Band auf der Bühne nehme man im Grunde eine genauso exponierte Position gegenüber dem Publikum ein wie ein Demagoge auf dem Podest. Der Weg von Dave Gahan zu Karl Marx war so gesehen nicht weit. „Man muss das mit einem Augenzwinkern nehmen", erklärte Dave.

Angeblich ebenfalls mit einem Augenzwinkern zu nehmen war die Aussage des amerikanischen White-Supremacy-Verfechters Richard Spencer, der in einem Interview mit dem *New York Magazine* im Februar 2017 Depeche Mode als die „offizielle Band der Alt-Right-Bewegung" bezeichnet hatte. Zwar ruderte er bald zurück und bezeichnete die absurde These als Scherz. Zugleich verwies er aber als „langjähriger Fan von Depeche Mode" darauf, dass das Image der Band auf „existenzieller Angst, Schmerz, Sadismus, Horror, Dunkelheit und vielem mehr" basiere und die Ästhetik ihrer frühen Alben „sowohl kommunistischen als auch faschistischen Elementen" Raum gebe. Depeche Mode konterten postwendend mit einem Statement, das sie über ihr Management verbreiten ließen: „Das ist eine lächerliche Behauptung. Depeche Mode haben keine Verbindung zu Richard Spencer [...] noch unterstützen sie die Alt-Right-Bewegung." Laut Dave hatten ihm seine Kinder geraten, so schnell wie möglich mit einer Gegendarstellung auf die Aussage Spencers zu reagieren. „Wir leben in einem freien Land", sagte Dave gegenüber *Vevo*. „Hier herrscht Meinungsfreiheit, und wir können nur hoffen, dass sich daran nie etwas ändert. Wir möchten niemandem den Mund verbieten, aber manche Leute gehen einfach zu weit. Richard Spencer hatte kein Recht, uns in seinen Mist hineinzuziehen. Auch wenn ich mich immer noch frage, warum er ausgerechnet uns schräge Vögel dafür ausgesucht hat. Wie dem auch sei, er ist ein gefährlicher Kerl, wirklich smart. Ich komme nicht dahinter, wie jemand, der so gebildet und privilegiert ist wie er, so bigott und rassistisch werden kann."

Als giftigen Kommentar auf den Rechtsruck im eigenen Land konnte man *Spirit* nicht erst seit der falschen Vereinnahmung von Depeche Mode durch Richard Spencer missverstehen. Als das Album am 17. März 2017 erschien, saß der Schock liberaler Kräfte in den USA immer noch tief über den Wahlsieg Donald Trumps wenige Monate zuvor. Im Interview mit *WFUV* stellte Dave klar: „Viele dieser Songs hatten wir bereits anderthalb, teils fast zwei Jahre vor der Veröffentlichung der Platte geschrieben. Es war Zufall, dass sie in dem Moment erschien, als wir gerade einen neuen US-Präsidenten bekommen hatten und als in meinem Heimatland eine Mehrheit für den Brexit gestimmt hatte. Eine sehr kleine Mehrheit zwar, dennoch aber eine Mehrheit. So war das Wahlergebnis, das ist Demokratie. Und das ist ja auch das Schöne an der Demokratie: Ich bin trotz allem hoffnungsvoll, dass sich die Dinge eines Tages wieder zum Besseren wenden. Ich glaube, dass allem Negativen etwas Positives gegenübersteht. Dass es zu jeder hasserfüllten Aussage jemanden gibt, der das genaue Gegenteil empfindet. Auch darin geht es in einem Song wie ‚Where's The Revolution': Die Fähigkeit, die Welt zu verbessern, steckt in uns allen. Ich bin mir nicht sicher, ob ich es noch erleben werde, aber die Zukunft wird es richten, mit einer neuen Generation am Ruder. Meine Kinder etwa – sie sind jetzt 18, 24 und 30 Jahre alt – denken schon ganz anders. Sie sind schlau, sie kümmern sich, sie hören zu. Ich lerne eine Menge von ihnen. Dank meines Sohnes Jimmy habe ich jetzt zum Beispiel [das US-Kulturmagazin] *The Atlantic* im Abo. Er meinte: ‚Lies das, Papa, nicht immer nur die *New York Times* – du solltest dich auch mit anderen Perspektiven auseinandersetzen.'"

So durchzog in letzter Konsequenz auch Optimismus das Album *Spirit*. Für „Cover Me" etwa ließ sich Dave von der Geschichte eines Mannes inspirieren, der auf der Suche nach einem neuen Planeten durchs All reist, bis er ihn gefunden zu haben glaubt. Doch dann stellt sich heraus, dass er ein Spiegelbild der Erde ist – der Weltraumreisende hat sich buchstäblich im Kreis gedreht. „Im übertragenen Sinne heißt das: Er kann nicht vor sich selbst weglaufen", sagte Dave. „Wenn er möchte, dass sich die Dinge verändern, muss er bei sich selbst anfangen." Noch persönlicher wurde Dave im Text von „Poison Heart", dem zweiten Song auf *Spirit*, den er mit Peter Gordeno und Christian Eigner geschrieben hatte – und der Martin zu einem seiner seltenen Komplimente veranlasste. „Martin ist kein Mann großer Worte, wenn es um anderer Leute Songs geht", erzählte Dave dem amerikanischen *Rolling Stone*. „Poison Heart" aber habe er kurzerhand zum besten Song erklärt, den sein Sänger je für Depeche Mode geschrieben habe. Ein Ritterschlag aus unverhoffter Richtung. „Der Text ist wie ein innerer Dialog angelegt", so Dave. „Ich befasse mich mit meiner Unfähigkeit, Bindungen zu anderen Menschen einzugehen. Immer wieder habe ich meine Probleme damit. Daher rührt auch der Songtitel. Irgendetwas stimmt nicht mit mir, es ist, als hätte ich Gift im Herzen, das es mir unmöglich macht, mich in solchen Situationen anderen zu öffnen. Im Song ziehe ich daraus die Konsequenzen und mache mit mir selbst gewissermaßen Schluss: Ich breche mit meiner Routine, mit meinen Verhaltensmustern und den Dingen, die mich emotional beeinträchtigen. Um mich zu einem besseren Menschen zu entwickeln." Auf der musikalischen Ebene trug „Poison Heart" etwas Rock-Gestus und Blues-Schwere ins Album, das insgesamt stärker als sein Vorgänger in Richtung elektronischer Musik ausschlug. Martins

Begeisterung für modulare Analog-Synthesizer ist auch auf *Spirit* nicht zu überhören.

„Widerstandsfähig und unerschrocken" nannte das Portal *Allmusic* die Art und Weise, wie sich Depeche Mode auf ihrem 14. Album präsentierten, und wählte für sein Fazit kaum zufällig ein martialisches Bild: „Am Ende könnte sich *Spirit* als eine der frühesten und besten Salven seiner politischen Ära entpuppen." Dave selbst haderte mit solchen Urteilen, ihm selbst erschien das Attribut „politisch" unangemessen für Popmusik. „Es ist ein Album, das sich mit den Zeichen der Zeit befasst. Und das geschieht aus einer sozialen Perspektive heraus. Ich blicke nicht in politischer Weise auf Songs", erzählte er dem Magazin *Billboard*. „Natürlich drehen sich einige der Songs auf *Spirit* um politische Themen, aber das steht beim Hören für mich nicht im Mittelpunkt. Musik informiert mich. Wenn sie mich also dazu bringt, tätig zu werden, Dinge in Frage zu stellen oder meine eigene Position zu überdenken, ist das super. Andererseits ist es nun mal Musik, und als solche soll sie unterhalten." Die meist positiven Kritiken hoben dennoch vor allem die textliche Dimension von *Spirit* hervor; den Mut von Depeche Mode, an diesem Punkt ihrer Karriere nicht den Weg des geringeren Widerstands zu gehen, sondern ihre Songs inhaltlich aufzuladen. Der britische *Independent* identifizierte indes genau das in seiner Review als einen Knackpunkt: „Depeche Mode werden ernst und politisch, was ihnen nicht besonders steht."

Keine zwei Monate nach der Veröffentlichung des Albums, die Depeche Mode mit einem fast schon intimen Konzert vor 1.000 Menschen im Berliner Funkhaus feierten, brachen sie auf die *Global Spirit Tour* auf. Mit 130 Konzerten und einem Umsatz von über 200 Millionen US-Dollar ging sie als längste und erfolgreichste in die Bandgeschichte ein.

Gegen Ende der Europa-Tour 2017 veröffentlichte die Band mit „Going Backwards" den ersten Song aus einer Session, die im Vorjahr ohne Publikum im New Yorker Club Highline Stages aufgezeichnet wurde. Kurz nach Beginn der US-Tour erschien außerdem eine Performance von David Bowies „„Heroes"" – ein Song, der auch auf der Setlist der *Global Spirit Tour* stand. „Heroes" war Dave nicht nur eine Herzensangelegenheit, weil ihm das Stück einst den Posten des Sängers bei Depeche Mode eingebracht hatte (siehe Kapitel 1). Vielmehr hatte ihn der Tod seines Jugendidols schwer getroffen. Anfang 2016 war David Bowie, überraschend für Außenstehende, einem langjährigen Leberkrebsleiden erlegen. Dem amerikanischen *Rolling Stone* schilderte

Dave, wie er in den Nachrichten davon erfahren und in den Armen seiner Frau und seiner Tochter bitterlich geweint habe. Abseits der frühen Fan-Liebe zu Bowie und sporadischer Backstage-Begegnungen hatte Dave den Pop-Visionär vor allem im Alltag kennengelernt: Stella Rose Gahan und Bowies Tochter Alexandria Zahra Jones sind im selben Alter und waren auf dieselbe Schule in Manhattan gegangen.

So war Dave seinem einstigen Helden bei ganz profanen Anlässen nah, auf Elternabenden und Schulfesten, und hatte ihn als einen bodenständigen Kerl und engagierten Vater erlebt. „Ich traf dort auf einen Bowie, der ganz anders war als der, den ich als Jugendlicher angebetet hattet", erinnerte sich Dave. „Aus heutiger Sicht bereue ich es sehr, dass ich ihn nie beim Vorbeigehen angesprochen habe: ‚Weißt du, David, ich laufe dir immer wieder über den Weg, aber ich habe dir noch nie erzählt, wie viel mir deine Musik früher bedeutet hat und immer noch bedeutet." Dass mancher Kritiker kein gutes Haar an Depeche Modes „„Heroes""-Cover ließ – der deutsche *Rolling Stone* etwa sprach von einem „grandiosen Scheitern" und nannte die Interpretation eine „Schunkelnummer" –, dürfte Dave da wenig interessiert haben. Er legte sogar nach und nahm auf Initiative seiner Live-Musiker Martyn LeNoble und Christian Eigner ein weiteres Bowie-Cover auf: „Cat People (Putting Out Fire)", im Duett mit Mark Lanegan. Die Einnahmen dieser reinen Digitalveröffentlichung gingen an die American Liver Foundation, die sich der Erforschung und Heilung von Lebererkrankungen widmet. „Heroes" wiederum blieb bis zum Ende der *Global Spirit Tour* auf der Setlist, so auch beim Abschlusskonzert am 25. Juli 2018 in der Berliner Waldbühne. Zusammen mit dem Auftritt am selben Ort zwei Tage zuvor bildete die Show die Grundlage für Anton Corbijns Konzert-und-Fan-Doku *Spirits In The Forest*, die Ende 2019 ins Kinos kam – 30 Jahre nach D. A. Pennebakers legendärem Konzertfilm *101*, als dessen modernes Update sie sich verstand.

26. Imposter

Nach dem Ende der *Global Spirit Tour* wartete auf Dave eine interessante Phase in seiner Karriere. In den 00er-Jahren hatte er sein Profil als Songwriter geschärft. Ab Mitte der 10er-Jahre legte er diese Ambition zwar nicht auf Eis, rückte jedoch einen neuen Anspruch in den Fokus. Seit 1980 war Dave die Stimme von Depeche Mode. Er hatte in diesen Jahren unzählige andere Sängerinnen und Sänger beeinflusst, hatte einen Gesangsstil entwickelt, der – kombiniert mit seiner Bühnenperformance – für jeden sofort zu erkennen ist. Von den Fans sowieso, aber auch von Gelegenheitshörern, die Depeche Mode sofort identifizieren, sobald einer ihrer Songs im Radio läuft. Es gab Momente in der Geschichte von Depeche Mode, da war Dave mit seiner Rolle, nur der Sänger dieser Band zu sein, nicht zufrieden. Nun schien es, als habe er das Wort „nur" aus seinem Bewusstsein gestrichen. Er machte seinen Frieden mit der Rolle. Mehr noch, er nahm sie ernster denn je. Er dachte viel nach über die Sänger im Rock'n'Roll, im Pop und im Soul, die ihn als Menschen beeinflusst hatten. Die mit ihren Stimmen da gewesen waren, wenn er sie gebraucht hatte. Gerade in den dunkelsten Stunden – und von solchen hat es im Leben von Dave einige gegeben.

Als die Rolling Stones Mitte der 60er-Jahre noch hauptsächlich Songs anderer Interpreten wie Chuck Berry, Sonny Bono oder Arthur Alexander nachspielten, platzierten sie 1965 auf ihrem für den US-Markt konzipierten Album *December's Children (And Everybody's)* das von Mick Jagger und Keith Richards komponierte Stück „The Singer Not The Song", beeinflusst vom obskuren englischen Western dieses Namens, der 1961 in den Kinos gelaufen war. Im Film fiel der Satz „It's the singer, not the song" in der letzten Szene, als der geächtete Bandit kurz vor seinem Tod einem ebenfalls sterbenden Priester verzeiht, nach dem Motto: Die Kirche (also der Song) ist zwar Mist, aber du (der Sänger) warst ein guter Kerl. Im Text des Songs transferierten Jagger und Richards diese Blickweise auf eine Beziehung: Es kommt nicht darauf an, dass ein Junge ein Mädchen an seiner Seite hat –

sondern dass es die richtige ist. Schon bald wandelte sich „It's the singer, not the song" zu einem Mantra in der Rock- und Popmusik. Hier war die Bedeutung eindeutig: Egal, wie gut der Song ist – taugt der Sänger nichts, ist alles verloren. Ein brillanter Sänger hingegen kann jeden Song retten – egal, wie gut oder schlecht er ist. Ob bewusst oder unbewusst: Dave nahm sich in dieser Phase seiner Karriere dieses Mantra auf seine Art zu Herzen. Er sah sich als Sänger und nahm sich die Songs.

2017 stand Dave in einem Studio in New York, um zusammen mit Kurt Uenala, wie er seit vielen Jahren in den USA zu Hause, für das Projekt Null + Void den Song „Where I Wait" einzusingen. Uenala war bekanntlich schon an der Produktion von *Sounds Of The Universe*, *Delta Machine* und *Spirit* beteiligt gewesen, hatte sich als Sound-Programmierer bewährt und Dave bei dessen Stücken als Co-Songwriter unterstützt: ein „kreativer Sparringspartner" für Dave also, wie der es 2023 im Interview mit dem Radiosender SRF aus Uenalas Schweizer Heimat ausdrückte. Der von Dave gesungene Song „Where I Wait" entpuppte sich als Highlight auf Null + Voids Album *Cryosleep* und wäre wohl auch als eine neue Depeche-Mode-Single durchgegangen – als Stück im alten Stil, wohlgemerkt. Denn Uenalas Arrangements und Sounds klingen deutlich elektronischer als die Musik, die Depeche Mode zuletzt auf *Spirit* spielten. Im Gespräch mit dem SRF teilte der Schweizer die schöne Geschichte mit, wie Dave und er sich 2007 kennengelernt hatten: Dave befand sich auf der Suche nach einem Produzenten für erste Demos eines möglichen neuen Depeche-Mode-Albums, das dann 2009 unter dem Titel *Sounds Of The Universe* erschien. Ihm wurde Uenala empfohlen, der sofort Feuer und Flamme war und Dave in seinem Heimstudio besuchte. „Wir wollten aufnehmen und merkten, dass wir nur einen Stuhl hatten", erinnerte sich Uenala an den ersten gemeinsamen Arbeitstag. Einen zweiten kaufen? Gute Idee, wenn da nicht der heftige Regen gewesen wäre, der über New York niederging. „Wir hatten nur einen Schirm, also haben wir uns unter diesen gezwängt und auf den Weg nach Chinatown gemacht, weil ich dort von einem Laden wusste, der Bürostühle verkaufte." Ein Spaziergang unter einem Regenschirm mit Dave Gahan – „für mich als Depeche-Mode-Fan war das ein totaler Trip", so Uenala. Und es kam noch besser: Der neue Stuhl musste natürlich auch aufgebaut werden, und so nahmen die beiden das Unterfangen gemeinsam in Angriff. „Die meisten Stars hätten das niemals gemacht", sagte Uenala. „Aber bei ihm hieß es einfach: ‚Of course, no problem' – so easy-going ist er."

Ein Jahr später war Dave für weitere alte Bekannte als Gastsänger tätig. Bei sieben Konzerten von *Touring The Angel* 2006 hatte das Electro-Pop-Duo Goldfrapp den Support übernommen, darunter waren die beiden Shows in Berlin sowie die in Bremen und Leipzig. 2017 veröffentlichten Goldfrapp ihr neues Album *Silver Eye,* der Song „Ocean" war zunächst in der Originalversion ein Vorab-Track. Schon damals hieß es in vielen Kritiken, er sei stark vom pulsierenden Synthie-Pop von Depeche Mode beeinflusst. Dass das stimmte, zeigte die neue Version von „Ocean", die Goldfrapp 2018 als Singleauskopplung aus Anlass einer Deluxe-Variante des Albums *Silver Eye* veröffentlichten: Dave knöpfte sich das Stück zusammen mit Sängerin Alison Goldfrapp vor. Die Kritik zeigte sich von der Kooperation begeistert und verwies auf die Ähnlichkeit zwischen „Ocean" und den Songs der *Violator*-Ära von Depeche Mode. „Es überrascht nicht, dass Gahan sich problemlos einfügt und zwischen der stampfenden Elektronik und Alison Goldfrapps eigenem Gesang sitzt, als wäre er schon immer dazu bestimmt gewesen, dort zu sein", schrieb etwa der Musikkritiker Ben Kaye im Magazin *Consequence Of Sound.*

2019 machte sich Dave mit Rich Machin an die Arbeit an einem weiteren Soulsavers-Album. Die Aufnahmen fanden im kalifornischen Malibu statt, und schon bald stellte sich heraus, dass sie die Beteiligten in eine interessante Richtung führen würden. Für *The Light The Dead See,* die erste Soulsavers-Platte mit Daves Beteiligung von 2012, hatte der Sänger die Texte geschrieben. Die Musik selbst kam hingegen, wie bei den Soulsavers üblich, von Rich und seinem angestammten Projektpartner Ian Glover. Vermarktet wurde das Album unter dem Bandnamen, auf dem Cover war ein Grammofon zu sehen, aus dem eine Art Geist zu entweichen scheint – Daves Zutun war also im Plattenladen nicht sofort offensichtlich. Die zweite gemeinsame Platte *Angels & Ghosts* kam 2015 dann unter dem Namen Dave Gahan & Soulsavers in den Handel, inklusive der Fotocollage von Stella Rose Gahan (die heute übrigens ebenfalls als Sängerin und Songwriterin ihre Spuren hinterlässt – ihr beachtliches Debütalbum *Eyes Of Glass* erschien 2023 und bietet eine rockige Variante des Depeche-Mode-Sounds).

Obwohl die Aufnahmen zu Daves drittem Album mit den Soulsavers bereits 2019 stattgefunden hatten, erschien *Imposter* erst 2021. Die Verspätung hatte auch mit der Pandemie zu tun, die viele Albumprojekte ausbremste. 2021 hätte sich als Veröffentlichungsjahr für *Imposter* eigentlich verboten mit Blick auf den Plattenrhythmus von Depeche Mode. Denn nach der rigiden Band-Agenda hätte nun eigentlich ein neues Album von diesen kommen müssen, das gibt zumindest der markante getaktete Veröffentlichungsrhythmus des Großunternehmens Depeche Mode vor: Seit 1993, seit *Songs Of Faith And Devotion*, brachte die Band alle vier Jahre ein neues Album auf den Markt. 2017 war *Spirit* erschienen, 2021 hätte daher also ein Depeche-Mode-Jahr sein müssen. Doch es stockte im Maschinenraum des „gigantischen und schwer zu steuernden Tankers", wie Martin die Band in einem Interview zu seiner ebenfalls 2021 erschienenen Solo-EP *The Third Chimpanzee* bezeichnet hatte. Deshalb hatten sowohl Martin als auch Dave ihre aktuellen Nebenprojekte auf das vermeintliche „Depeche-Mode-Jahr" gelegt.

Imposter wurde zum mit Abstand persönlichsten der drei Soulsavers-Alben mit Dave – und das, obwohl er darauf weder als Songwriter noch als Texter in Erscheinung trat. Dave und Rich hatten das Werk als eine Sammlung aus Coverversionen konzipiert, und diese Auswahl hatte es in sich: Wer wollte, konnte anhand der zwölf Stücke das Leben von Dave nachverfolgen. Zu einem gewissen Teil war *Imposter* eine klingende Autobiografie. Unter den Songs fanden sich keine Geheimtipps und unbekannten Perlen, sondern Stücke, die schon in den Originalversionen eine Wucht waren – und darüber hinaus von einigen der größten Sänger interpretiert worden waren, von Jeff Buckley und Stuart Staples (Tindersticks), von Elvis Presley und Elvis Costello. Die Platte bot darüber hinaus Soul- und Blues-Standards wie „Lilac Wine" – ein Song über die Abhängigkeit von diesem berauschenden Getränk, unter anderem interpretiert von Nina Simone – oder „I Held My Baby Last Night", ein Bluesstück aus den frühen Fünfzigern von Elmore James. Dazu gesellten sich Stücke von Bob Dylan, Gene Clark, Neil Young, PJ Harvey, Cat Power, Mark Lanegan und Rowland S. Howard. Letzterer war wie Dave über viele Jahre hinweg heroinsüchtig gewesen, leider gab es bei ihm kein gutes Ende: Der Australier starb im Alter von 50 Jahren an einem Leberzellkarzinom als Folge seines Drogenkonsums.

Was die Songwriter, deren Songs Dave zusammen mit den Soulsavers für *Imposter* auswählte, gemeinsam haben: Sie haben alle ihre Kämpfe gekämpft und in ihren Songs davon erzählt. Von der Suche nach der Liebe und nach dem Gefühl der Erlösung, wenn sie einem widerfährt. Von ihren Abhängigkeiten und Süchten. Vom Drang, immer wieder die Gefahr zu suchen, im Wissen, dass nicht nur der eigene Körper und Geist darunter leiden, sondern auch die Mitmenschen, die diese

Anziehungskraft der Dunkelheit nicht nachvollziehen können. Und nicht zuletzt von der Schuld, die man auf sich nimmt. *Imposter* war ein „Album Noir“, ein Werk, das die Bedeutung der Düsternis in der Rock- und Popmusik herausarbeitete. Und Dave war der beste Sänger, um ein so ambitioniertes Vorhaben erfolgreich zu realisieren. In einem ausführlichen Interview für das Musikmagazin *Visions* erzählte Dave damals von den Beweggründen, sich diese Songs zu eigen zu machen. „Sie ergeben zusammen eine Geschichte, wobei die Reihenfolge der Songs auf dem Album nicht zufällig entstanden ist. Immer wenn ich diese Songs über die Jahre gehört habe – und zwar nicht nur die Originalversionen, sondern auch die Interpretationen anderer Künstler –, haben mich die jeweiligen Stimmen besonders fasziniert. Das sind für mich alles ‚Vocals-Songs‘, Stücke, die von der Gesangsperformance getragen werden.“ Interessant war seine Feststellung, dass er ein Album wie *Imposter* vor 20 Jahren nicht hätte aufnehmen können, weil er als Sänger nicht die nötige Demut mitgebracht hätte. „Ich hätte wahrscheinlich versucht, die Originalversionen zu überbieten“, sagte er. „Mit der Ambition, es noch besser zu machen.“ Heute sei er an einem Punkt in seinem Leben, an dem er es sich einfacher mache und so zum Erfolg komme: „Ich habe diese Stücke mit meiner eigenen Stimme gesungen. Die Frage war also nicht, ob ich andere Interpretationen toppen könnte, sondern ob es mir gelingt, den Stücken aus meiner subjektiven Perspektive heraus etwas hinzuzufügen.“

Bei der Auswahl der Songs von *Imposter* fällt auf, dass viele von ihnen in der Nacht spielen. „Ich habe mit den Jahren erfahren, dass diese dunklen Orte eine große Anziehungskraft auf mich ausüben“, erklärte er im *Visions*-Interview. „Ich fühle mich dort wohl, aber in gleicher Weise ängstige ich mich dort auch.“ Das Stück „The Dark End Of The Street“, mit dem *Imposter* beginnt, ist dafür ein gutes Beispiel. Die Komposition von Dan Penn und Chip Moman von 1966, bekannt geworden durch die Version des Soul-Sängers James Carr aus dem Folgejahr, handelt von zwei Liebenden, die sich, um ihre Affäre, von der niemand wissen darf, auszuleben, an der dunkelsten Straßenecke treffen müssen. „Der Song ist sehr aufschlussreich“, so Dave. „Auch in mir gibt es die Sehnsucht danach, außerhalb des eigenen Daseins etwas zu finden, das mir Befriedigung und Freude verschafft. Etwas Verbotenes – mit der Folge, dass diese Beziehung ein Geheimnis bleiben muss. Sonst besteht die Gefahr, alles zu verlieren.“ Im Song geht es laut Dave aber auch darum zu zeigen, wie aufregend sich dieser Flirt mit der Dunkelheit anfühlen kann, „welche Anziehungskraft die Gefährlichkeit dieser Situation auslöst. Warum wir unsere Sehnsucht nach der Zugehörigkeit an einen Ort erfüllen, obwohl von ihm offensichtlich eine Gefahr ausgeht. Man bewegt sich hier auf einem schmalen Grat, und der Song ‚The Dark End Of The Street' erklärt diesen Balanceakt."

Dave als Mann, der die Gefahren kennt, sich aber dennoch davon angezogen fühlt – man muss diese Symbolik nicht überinterpretieren, um zu erkennen, wie häufig in seinem Leben er selbst die Folgen dieses Wesenszuges zu spüren bekam. Auch und vor allem dann, wenn es sich nicht um eine Affäre mit einem anderen Menschen handelte, sondern um eine Substanz. Die Sucht, die mit der Sucht einhergehenden Dämonen und die eigenen Erfahrungen zu besingen – dieser Ansatz für *Imposter* gefiel Dave offensichtlich gut. So gut, dass er ihn auf dem nächsten Album von Depeche Mode erneut anwandte. Dazu im folgenden Kapitel mehr. Bei der Aufnahme der Songs von *Imposter* jedenfalls habe er immer wieder die Erfahrung gemacht, sich in diesen Songs wiederzufinden, sagte Dave gegenüber *Visions*. „Diese Songs erklären mir das Leitmotiv meines Lebens, und zwar weitaus präziser und wirkungsvoller als jede Religion. Ich fühle mich ihnen zugehörig. Es fiel mir leicht, mich in ihnen zu platzieren, eine spirituelle Verbindung mit den Figuren aufzubauen, von denen diese Stücke handeln."

Was Dave bei der Produktion der Platte außerdem eindringlich spürte: das Gefühl einer „engen und spirituellen Verbundenheit" – so wie er es meist auch bei den Songs empfand, die Martin für Depeche Mode geschrieben hatte. Nicht wenige Stücke seines ewigen Bandgefährten wirkten, als habe Martin bewusst für Dave, seinen Sänger, geschrieben. „In den ersten Jahren war das noch ein bisschen anders, da waren wir jung und spontan", erinnerte sich Dave an die frühen Jahre der Band. „Martin kam mit seinen Demos ins Studio, und wir begannen dort damit, den Song fertig aufzubauen. Wobei meine Stimme ein Element unter vielen war." Seit Mitte der 90er-Jahre hat Dave die Arbeit als Sänger dann deutlich intensiviert. „Wenn Martin nun einen Song schreibt, dann gibt er ihn als Demo an mich weiter, und es vergehen Monate, bis wir ins Studio gehen. Bis dahin studiere ich den Song, adaptiere ihn und singe ihn am Ende des Prozesses so, als wäre es mein Song."

Dieser Charakter eines Sängers, der imstande ist, auf unvergleichliche Weise die Songs anderer zu singen, sei seit vielen Jahren in ihm angelegt.

„Das erklärt sicher auch, warum ich an einem bestimmten Punkt das Bedürfnis hatte, für Depeche Mode selbst Stücke zu schreiben, um über diese Rolle hinauszugehen und auch mal meine eigenen Melodien und meine eigenen Texte zu singen. Nicht immer, aber zumindest ab und zu." Auf die Frage, ob es vorgekommen sei, dass er im Studio Martin nach der Bedeutung bestimmter Textstellen gefragt habe, sagte Dave, das sei nur sehr selten der Fall, denn: „Darauf, was Martin in seinem Stück sieht, kommt es am Ende ja gar nicht mehr an. Meine Sänger-Identität übernimmt diesen Song. Ich mache ihn zu meinem, weshalb Martins Demo irgendwann keine Rolle mehr spielt. Denn müsste ich neben Martins Worten und Melodien beim Singen auch noch seine Intentionen rüberbringen, würde das nicht mehr funktionieren. Mein eigener Charakter würde in diesem Moment seine Wirkungsmacht verlieren, das Stück würde sich nicht mehr wahrhaftig anhören."

Daves Fähigkeit, Songs von anderen zu seinen eigenen zu machen, führt zum Titel des Soulsavers-Albums: *Imposter* – „der Hochstapler". „Jeder Songwriter, Sänger, Musiker, jeder Künstler ist Hochstapler", sagte Dave im Gespräch mit *Visions*. Der ultimative Hochstapler sei für ihn Charles Chaplin gewesen, Autor des Stücks „Smile", das Dave auf der Platte interpretierte. „Wir, also das Publikum, haben mit Charles Chaplin gelacht und geweint; wir hatten Mitleid mit ihm, entwickelten Empathie für seine Gefühle; wir lernten, seine Ausdrücke zu lesen. Aber natürlich hat er uns das alles nur vorgespielt. Mehr noch: Weiß überhaupt irgendjemand, wer Chaplin eigentlich war? Was war das für ein Mensch? Ich wette, es gibt niemanden, der das genau sagen kann. Und genau das gefällt mir: Ich identifiziere mich mit Chaplin, weil er als Mensch ein Buch mit sieben Siegeln geblieben ist. Er hat sein wirkliches Wesen als Geheimnis bei sich getragen."

Ein halbes Jahr, nachdem *Imposter* erschienen war, feierte Dave seinen 60. Geburtstag. Man darf das Album als ein Geschenk verstehen, dass er sich selbst gemacht hat. Die Musikkritik war sich nicht einig, wie es zu bewerten sei. Einige werteten es als ein Übergangsalbum, mit ein paar pflichtschuldigen, manchmal langweiligen Coverversionen. Andere, die sich intensiver mit *Imposter* beschäftigt hatten, kamen zu einem anderen Urteil. „Ein Album, das mit der Zeit so bedeutend für Gahans Karriere werden wird, wie Johnny Cashs *American Recordings*-Reihe für dessen bleibendes Vermächtnis war", schrieb Mat Smith vom Magazin *Clash* überschwänglich. Ganz so kam es nicht, was vor allem damit zu hat, dass Dave ja „nebenbei“ auch noch Sänger von Depeche Mode war und diese Band – wie immer – jede Soloaktivität überstrahlte. Was die Fans an *Imposter* positiv fanden: Wie auch Martins Ausflug in den Instrumental-Techno mit der *Third Chimpanzee*-EP stellte Daves autobiografisch geprägtes Coveralbum keine Konkurrenz zur Hauptband dar. Beide Platten fokussierten sich auf sehr persönliche Schauplätze: Martin probierte die Möglichkeiten seines Homestudios aus und ließ seiner Liebe für digitale Drones freien Lauf, Dave sang Lieder über sein Leben. Kein Wunder, dass sich die beiden am Ende des Jahres 2021 in Interviews zuversichtlich zeigten, dass die jeweiligen Erfahrungen, die sie dabei sammelten, dem, was mit Depeche Mode folgen werde, zugutekommen dürften.

Da passte es auch gut ins Bild, dass Depeche Mode bereits Ende 2020 in einer von der Pandemie beeinträchtigten Online-Zeremonie in die Rock And Roll Hall Of Fame aufgenommen wurden – ein für viele überfälliger Schritt. „Wir waren ihnen ein bisschen ein Dorn im Auge“, sagte Dave im Interview mit dem amerikanischen *Rolling Stone*. „Aber jetzt werden wir nicht mehr ignoriert! Es ist irgendwie schön, Teil dieses Clubs zu sein.“ Bis dahin wurden die Zeremonien nur von Hardcore-Fans und Branchen-Insindern gesehen, im Fall von Depeche Mode war das anders: Es war November 2020, die Welt steckte im Lockdown fest, man verbrachte viel Zeit online und war froh, wenn mal etwas passierte. Zum Beispiel, wenn auf einem Splitscreen mit Dave, Martin und Fletch die drei von Depeche Mode zu sehen waren, wohlauf, humorvoll, bester Dinge. „Die Art und Weise, wie es passierte, war surreal“, erinnerte sich Dave im *Rolling Stone*. „Die Art und Weise, wie Charlize Theron uns vorstellte – sie ist ein großer Fan der Band und war auf der *Spirit Tour* –, und ich, Martin und Fletch es auf Zoom machten. Es war sehr lustig.“

„Alright, congratulations, boys, we finally found a way to accept our induction into the Rock and Roll Hall of Fame“, begann Dave die Dankesrede, trug eine lila getönte Brille und saß vor der roten Stellwand mit Blumensymbolen, vor der er die meisten seiner Online-Interviews bestritt. Nachdem Martin, Fletch und er ein paar Sprüche ausgetauscht hatten, machte Dave deutlich, was ihm die Aufnahme in die Ruhmeshalle der Rockmusik bedeute: „Es ist unglaublich, jetzt in diesem Club zu sein. Es gibt so viele andere Musiker und Künstler, die dazugehören und mit denen wir aufgewachsen sind: David Bowie, Iggy Pop and The Stooges, The Clash, um nur ein paar zu nennen.“ Dave ließ den Anteil von Vince Clarke und Alan Wilder nicht unerwähnt, stellte fest, dass er sein gesamtes Leben als Erwachsener dieser Band gegeben hat – was vielleicht ein Segen gewesen war: „Denn um ehrlich zu sein, ich wüsste nicht, was ich tun würde, wenn ich keine Musik gefunden hätte." Auf Fletchs Einwurf, er wäre dann wohl Autodieb geworden, erwidert Dave mit entwaffnender Ehrlichkeit: „Ich glaube, die Musik hat uns in mehr als einer Hinsicht gerettet." Um dann zu erklären: „Wenn man aufwächst, Musik im Radio hört und Musik um sich hat, hilft das, sich normal zu fühlen – sich als Teil von etwas zu fühlen. Das ist es, was Musik für die Menschen tut, und ich glaube, das ist es, was Depeche Mode für viele Menschen getan haben. Ich glaube, dass Musik die Menschen wirklich zusammenbringt, und jeder weiß, dass wir das heute mehr brauchen als je zuvor." Schöne, wahre Worte – die Martin mit einem Lob quittierte, worauf Dave ihn zu seinen Kindern und in sein Heimstudio sowie Fletch mit den Worten „Opening time!" in den nächsten Pub beorderte (wobei die in Großbritannien wegen der Lockdowns geschlossen hatten), während er selbst mit einem Wasser anstieß: „See you soon, cheers!" Ein Abschied, der die Herzen der Depeche-Mode-Fans hüpfen ließ – denn wenn es ein Wiedersehen geben würde, dann doch sicher auch ein neues Album.

Bis es so weit war, trat Dave bei sehr unterschiedlichen Projekten als Gastsänger in Erscheinung. 2020 veröffentlichte der britische Musiker Rob Marshall unter seinem Bühnennamen Humanist die gitarrenlastige melodiöse Single „Shock Collar" mit Dave als Sänger. Der Text stammte von Mark Lanegan. Dave interpretierte mit „Strange Religion" auch eine Lanegan-Komposition auf seinem *Imposter*-Album – bis heute eine besonders berührende Stelle auf der Platte, weil es beinahe so wirkt, als habe Mark den Text von „Strange Religion" eigens für Dave geschrieben, wenn es heißt: „Almost called it a day so many times/Didn't know what it felt like to be alive." Auf die Frage, ob Dave es nicht gespenstisch finde, wenn jemand wie Mark Zeilen schreibe, die man fast eins zu eins auf das eigene Leben übertragen könne, antwortete er uns, das sei nicht gespenstisch, sondern ein Beispiel für die Magie von Musik und von Songs: „Mark erzählt von einer Gefährtin, zu der er sich sehr hingezogen fühlt, die aber offensichtlich eine Gefahr für ihn darstellt und ihm nicht guttut. Aber da ist etwas in ihr, das in ihm eine Sehnsucht weckt. Und zwar, das ist wohl der Clou des Songs, die Sehnsucht, am Leben zu bleiben." Der Charakter in diesem Lied erkenne die Gefahren der

Beziehung, finde sich in der Dunkelheit wieder – wolle aber unbedingt weiterleben. „Da sind sie wieder", sagte Dave, „die Hoffnung, der Glaube und der Wille, dass es auch in der dunkelsten Stunde weitergeht." Mark Lanegan starb Anfang 2022 in seiner Wahlheimat Irland. Sein Tod traf Dave sehr.

Zum 30. Geburtstag von Metallicas „Black Album" erschien im Herbst 2021 ein Tribute, auf dem die zwölf Songs von insgesamt 53 Bands und Solisten gecovert wurden, viele also gleich mehrfach. Dave sang eine von zwölf (!) Versionen der Hit-Ballade „Nothing Else Matters", verantwortet wurde die Aufnahme erneut von Kurt Uenala, mit dem er sich 14 Jahre zuvor einen Schirm geteilt hatte. Die Version gab dem Original durch seine Elektronik eine neue, besondere Tiefe. Dave interpretierte das Stück gefühlvoller und androgyner – womit ihm einer der stärkten Auftritte auf dem recht überfüllten Sampler gelang. Ende 2021 war Dave dann in einer für ihn untypischen Rolle als Backgroundsänger zu hören. Für Jenny Lee Lindberg von der Indiepop-Band Warpaint aus Los Angeles, die als Jennylee eine Reihe von Singles herausbrachte, sang Dave im Refrain von „Stop Speaking" zurückhaltend, aber stimmungsvoll mit. Laut Jennylee handelt der Song vom Wunsch, in Ruhe gelassen zu werden, Daves Gesang passte sich diesem Thema an: So lässig und bewusst unbeteiligt war er bislang selten zu hören gewesen. Zustande gekommen war auch diese Kooperation aus alter Verbundenheit: Jennylee, seit Teenagerjahren ein glühender Depeche-Mode-Fan, konnte ihr Glück kaum fassen, als sie mit Warpaint einige Shows der *Global Spirit Tour* eröffnen durfte. Noch fassungsloser war sie, als Dave zusagte, bei ihrer Solo-Single „Stop Speaking" dabei zu sein.

Ein Coveralbum und zahlreiche Gastbeiträge als Sänger: Wenn Dave in dieser Phase ein *Imposter* – ein Hochstapler – war, dann ein sehr fleißiger. Grund, dieses Arbeitspensum zu drosseln, gab es nicht. Denn Ende 2021 begann der „nur schwer zu steuernde Tanker" Depeche Mode, abermals Fahrt aufzunehmen – um schon bald bisher unbekannte Gewässer zu erreichen.

27. Memento Mori

„Memento mori – sei dir der Sterblichkeit bewusst." Nach vielen dramatischen Ereignissen in seinem Leben trägt Dave diesen Satz in sich. Als er und Martin sich an die Arbeit machten, Songs für das 15. Studioalbum von Depeche Mode zu schreiben, zeigte sich schnell, dass die Vergänglichkeit des Lebens ein zentrales Thema sein würde. Das war keine ungewöhnliche Wahl, wenn Menschen um die 60 Lieder schreiben. Dennoch fühlt es sich für viele Fans bis heute fast unwirklich an, dass der Tod die Band schon bald so direkt und unerbittlich erreichte: Am 26. Mai 2022, wenige Monate, nachdem Dave und Martin mit dem Songwriting begonnen hatten, starb Andy Fletcher an den Folgen einer Dissektion der Aorta. Sein Tod kam plötzlich und ohne Vorwarnung. Er erwischte Dave und Martin kurz vor dem Moment, an dem sie Fletch die gemeinsam erarbeiteten Demos vorstellen wollten. Dave erzählte im Interview mit dem *New Musical Express*, er habe bereits die Stimme von Fletch im Kopf gehabt, wie er die neuen Songs kommentiert hätte: „Das ist das Beste, was wir in den letzten Jahren gemacht haben." Und: „Muss wirklich jeder Song vom Tod handeln?"

Über Fletchs Rolle im Bandgefüge von Depeche Mode ist nach seinem Tod viel geschrieben worden. Der Keyboarder war zu keinem Zeitpunkt der kreative Chef, sein Job war ein anderer: Er konnte zuhören. Er brachte genügend Empathie mit, um Verständnis für die verschiedenen Perspektiven zu entwickeln. Er war aber niemals so eitel, auch noch unbedingt und zu jeder Zeit die eigene Perspektive einbringen zu müssen. Fletch war vor allem daran interessiert, Konflikte zu lösen. Und er tat das häufig nicht mit langem Gerede oder therapeutischen Supervisionen, sondern mit albernen Sprüchen und trockenen Witzen. Die Wirkung dieser Methode muss sehr groß gewesen sein, sonst hätte die Band nicht überlebt, gerade mit Blick auf die vielen Konflikte zwischen Dave und Martin und auf die dramatischen Ereignisse rund um Daves Drogenkonsum.

Natürlich, Fletch hatte auch seinen Anteil am Sound der Band. Er brachte seine Kenntnisse von Synthesizern ein und war bei den Konzerten gerade deshalb ein Blickfang, weil er sich auf der Bühne so ganz anders präsentierte als Martin und vor allem Dave. Seine Kernkompetenz war jedoch eine andere: Fletch war über all die Jahre hinweg der Mann gewesen, der mit absoluter Zuverlässigkeit für den Druckausgleich innerhalb des Kosmos von Depeche Mode gesorgt hatte. Wie ihm das gelang, fasste Dave im April 2023 in einem Interview mit dem *Rolling Stone* zusammen. Noch einmal erinnerte er sich an den letzten Auftritt von Depeche Mode als Trio. Stattgefunden hatte er bei der Zeremonie zur Einführung in die Rock And Roll Hall Of Fame, per Zoom, mitten in der Pandemie. „Das wird mir immer in guter Erinnerung bleiben, weil wir drei zusammen über unsere alten Witze lachten und uns gegenseitig auf den Arm nahmen", sagte Dave. „Das werde ich wirklich vermissen, wenn Fletch nicht mehr da ist. All die verrückten Dinge, die passieren, wenn man unterwegs ist, die Erlebnisse, die man teilt, all die Dinge, die man zusammen durchmacht (…) Wie oft wir uns zusammengesetzt und über dumme Dinge gelacht haben. Das werde ich am meisten an Fletch vermissen."

„Memento mori – sei dir der Sterblichkeit bewusst." Es ist interessant, dass sich im Zuge der Aufnahme zum Album mit diesem Titel sehr bald zeigte, dass Fletcher zwar gestorben war, er aber über seinen Tod hinaus eine Wirkung auf den Entstehungsprozess ausübte – auf die weitere Verarbeitung der Demos, die Aufnahme im Studio, die Auswahl der Songs, den Weg der neuen Stücke auf die Setlist – und natürlich auf die Konzerte. Die meisten Interviews zu *Memento Mori* gaben Dave und Martin getrennt, jedoch redeten sie viel mehr als sonst über ihre gemeinsamen Erfahrungen; darüber, dass sie durch den Tod von Fletch zusammengerückt waren, enger, als es in den Jahren zuvor der Fall gewesen war. Das Verhältnis zwischen Dave und Martin, das zu einer Art professionellen Arbeitsbeziehung geworden war, entwickelte sich zurück – oder, je nach Sichtweise, nach vorn – in eine kreative Partnerschaft, vielleicht sogar in eine Freundschaft. Was bei diesem Prozess geholfen hat, war der Umstand, dass nach der Schocknachricht vom Tod des Gründungsmitglieds direkt Entscheidungen getroffen werden mussten: Depeche Mode ohne Fletch, ohne den guten Geist der Band – kann das überhaupt funktionieren? Und wenn ja, ab wann wieder? Oder steht das Ende von Depeche Mode im Raum – zumindest aber eine unbegrenzte

Pause? „Dave und ich haben dieses Szenario kurz angedacht“, sagte uns Martin im Interview für den *Musikexpress*. „Wir waren uns aber sehr schnell einig, dass es besser ist, direkt weiterzumachen. Im Elend zu verharren hätte niemandem geholfen.“ Recht schnell fanden Martin und Dave im Studio eine Arbeitsebene, die weiterhin von Humor geprägt war – einer Sache, die Fletch bei den Produktionen immer sehr wichtig war. Martin stellte im Gespräch vergnüglich fest, dass er und Dave ein paar gute Gags auf der Platte platziert hätten. „Soul With Me“ etwa sei ein Song übers Sterben, der sich dann im „Refrain ziemlich unerwartet in eine sehr an Soul-Musik erinnernde Richtung entwickelt, während Martin ‚I'm taking my soul with me‘ singt.“ Das sei genau die Art von Humor, die Depeche Mode im Studio auszeichne. „Ich finde so etwas sehr lustig“, sagte Martin. Auf die Frage, wie sich die Dynamik zwischen Martin und ihm nach dem Tod von Fletcher entwickelt habe, sagte Dave, er und Martin seien wegen der Abwesenheit ihres „guten Geistes“ gezwungen gewesen, „anders zu kommunizieren“: „Eine Stärke von Fletch war es, dass er zwischen Martin und mir stand. Wie ein Schiedsrichter. Über die Jahre haben wir uns daran gewöhnt, dass er da ist und diese Aufgabe übernimmt. Nun war er nicht mehr da. Und Martin und ich hatten die Aufgabe …“ An dieser Stelle machte Dave im Gespräch eine längere Pause, um dann zu sagen: „… Freunde zu werden“.

Wie die beiden diese Aufgabe gelöst haben, dazu gleich mehr, wenn es um die Tour zum Album geht. Zunächst aber noch einmal zurück in die Zeit der Lockdowns während der Pandemie: Wie viele andere Menschen auch verbrachten Dave und Martin viel Zeit mit digitaler Kommunikation – was dazu führte, dass bestimmte Drähte heißer wurden. Martin stärkte seine Bekanntschaft mit Richard Butler, dem Sänger und Songwriter der englischen New-Wave-Band The Psychedelic Furs. Die beiden arbeiteten zu zweit an sieben Songs, Butler sang auf einigen dieser Demos. Sechs dieser neuen Stücke gefielen Martin so sehr, dass ihm klar wurde, dass daraus Depeche-Mode-Songs werden müssten – und keine Stücke für ein eventuelles Nebenprojekt von Butler und ihm. Also schickte er die Demos an Dave. Das war ein riskantes Unterfangen, wie man sich vorstellen kann. Und tatsächlich reagierte Dave überrascht: „Ich dachte: ‚Was zum Teufel?!‘“, drückte er es im Interview mit dem *New Musical Express* aus. „Dann erklärte Martin mir, dass Richard und er während der Pandemie zusammen einige Songs geschrieben haben. Es ist mir egal, wer sie geschrieben hat: Es waren großartige Songs.“ Die

Idee allerdings, Richard könnte als Zweitsänger involviert sein, empfand Martin als obskur: Wenn eine Band einen Sänger wie Dave hat, dann benötigt sie keinen zweiten. Was sollte Richard Butler denn auf der Bühne machen? „Bez sein?", fragte Martin – und bezog sich damit auf den legendären Tänzer der Band Happy Mondays aus der Madchester-Zeit, der auf der Bühne nichts anderes zu tun hatte, als sich zur Musik zu bewegen und ein paar Rasseln in der Hand zu halten.

Neben den Songs von Martin – bei vier von denen, die es auf *Memento Mori* schafften, ist Richard Butler als Co-Songwriter aufgeführt – finden sich auf dem Album drei Songs mit Dave als Co-Songwriter. Zwei davon schrieb er abermals mit Live-Drummer Christian Eigner. Bei der späteren, nunmehr sechsten Singleauskopplung „Before We Drown" war zudem Peter Gordeno beteiligt. Das Stück ist Daves große Ballade auf dem Album, es handelt von der Ambivalenz der Liebe, von den ständigen Zweifeln, dem Aufstehen und Fallen – und der Notwendigkeit, sich als Individuum besser vorwärts zu bewegen, bevor man gemeinsam untergeht. Bei „Speak To Me" wiederum wurde Dave von James Ford, dem Produzenten des Albums, unterstützt sowie von der Programmiererin und Toningenieurin Marta Salogni. Es sei für sie eine Ehre gewesen, für die Arbeit an „Speak To Me" einen Songwriting-Credit zu bekommen, sagte sie im Interview mit dem Magazin *Sound On Sound*. „Der Song wurde von Dave geschrieben, und James und ich haben uns eines Tages im Studio eingeschlossen und sein Demo komplett überarbeitet. (…) Wir veränderten Tonart und Tempo, nahmen alle Instrumente heraus und bauten das Arrangement ausgehend vom Gesang neu auf."

Nicht nur für Dave, sondern für die gesamte Band ist „Speak To Me" ein überlebenswichtiger Song. Dave erzählte, er sei in einer Phase entstanden, in der er ernsthaft überlegt habe, die Zeit mit Depeche Mode zu beenden. „Ich fühlte mich hin- und hergerissen zwischen dem Versuch, eine weitere Depeche-Mode-Platte zu machen, oder, wie ich es in den vergangenen Jahren zum ersten Mal in meinem Leben getan hatte, zu Hause bei Freunden und Familie und meinen Tieren zu bleiben, einfach mein Leben zu leben und das wirklich zu genießen", sagte er in einem Interview mit dem US-Radiosender *NPR*. Noch einmal den Rockstar geben oder zum Privatier, wenn nicht sogar zum Ruheständler werden? Die Sache stand auf Messers Schneide. Doch dann habe er einen mysteriösen Dialog mit einer „höheren Kraft" geführt, so Dave, der letztlich zu diesem Song geführt habe – und dazu, dass Daves Freunde, Familie und Tiere nun doch noch eine ganze Weile ohne ihn auskommen mussten.

„Der Song ist ein Gesuch, eine flehentliche Bitte", so Dave im Interview für den *Musikexpress* kurz vor der Veröffentlichung von *Memento Mori*. „Der Text und die Musik flogen mir an einem Stück zu, und ich habe das durchaus als Zeichen verstanden. Der Song spielt auch deshalb eine zentrale Rolle, weil er es war, der mich dazu gepusht hat, unbedingt dieses Album machen zu wollen." Dave hat es in den Interviews nie direkt bestätigt, vielleicht um das ohnehin schon große Stück nicht noch zusätzlich zu belasten, aber es ist davon auszugehen, dass es im Dialog mit einer höheren „Instanz" nicht nur darum geht, ob er Teil von Depeche Mode bleiben soll, sondern dass „Speak To Me" auch von jenem Moment handelt, als er 1996 dem Tod ganz nahegekommen war. Für viele Fans ist „Speak To Me" deshalb ein Geschenk, weil der Song der persönlichste auf dem Album ist – vielleicht sogar einer der persönlichsten des Songwriters Dave Gahan überhaupt. Martin fand für diesen Ansatz im Interview mit dem *Musikexpress* lobende Worte: „Dave sagte im Studio einmal völlig zu Recht, dass er weniger abstrakte als deutlich konkrete Gedanken zu dem Text entwickeln würde – und dass damit andere Emotionen einhergehen. Die Songs wirken nun wahrhaftiger, als wir uns das vorher vorstellen konnten."

Prägend für den imponierenden und eindringlichen Klang von „Speak To Me" war neben der Arbeit von Marta Salogni und James Ford das „unglaubliche Streicher-Arrangement" von Davide Rossi. „Wir haben ihn dazu motiviert, dass sich die Instrumentalisten nicht um Konventionen kümmern müssen. Sie sollten sich die Musik und die Worte erfühlen und sich davon wegtragen lassen, wohin auch immer, in den Wahnsinn wahrscheinlich", so Dave. Darauf angesprochen, dass am Ende die Streicher verhallen und ein Beat einsetzt, der einem Herzschlag gleicht, sagte Dave: „Am Ende, wenn die Dunkelheit den Song zu dominieren scheint, entsteht auf einmal etwas. Es wird etwas gefunden." Was das sein könnte? „Sinn und Frieden." Dass „Speak To Me" am Ende von *Memento Mori* stehen muss, ist Dave von Anfang an klar gewesen. „Es gab vom Start weg einen Anfang für das Album, nämlich Martins ‚My Cosmos Is Mine', und ein Ende: ‚Speak To Me'. Uns war sehr wichtig, dass dieses Album wie eine Sequenz von Songs wirkt, die man immer wieder von Anfang bis Ende hören möchte. Dieses Ziel zu erreichen war wichtiger als alles andere."

Der dritte Song des Albums, an dem Dave als Songwriter beteiligt war, markiert eine weitere Besonderheit: „Wagging Tongue" ist das vierte Stück der Bandgeschichte, bei dem sich Martin und Dave die Credits als Songwriter teilen. Davor war das der Fall bei „You Move" vom Album *Spirit*, bei „Oh Well", zu hören als Bonustrack von *Sounds Of The Universe*, sowie bei „Long Time Lie" von der limitierten Bonus-Disc zu *Delta Machine*. Der Unterschied bei „Wagging Tongue": Das Stück ist an zweiter Stelle auf dem Album sehr prominent platziert; zudem wurde es nach „Ghosts Again" und „My Cosmos Is Mine" als dritte Single veröffentlicht, was es zur ersten Gemeinschaftsarbeit von Dave und Martin macht, die aus einem Album ausgekoppelt wurde. Wie schon „Speak To Me" nahm „Wagging Tongue" im Verlauf der Arbeit an *Memento Mori* einen abenteuerlichen Weg, wie Dave uns im Gespräch erzählte. „Ich habe den Song, wie eigentlich immer, mit Hilfe einer schlecht gespielten Gitarre komponiert. Ich bekomme die dafür notwendigen Akkorde so gerade hin, kann auf dieser Basis eine Melodie und den Text entwickeln. Meistens arrangiere ich ein solches Demo eines Stücks von mir sehr rudimentär und nehme es mit dem Smartphone auf, und im Fall von ‚Wagging Tongue' klang das Stück für mich wie ein Singer/Songwriter-Track aus den 70er Jahren. Es erinnerte mich an Tim Buckley oder Gene Clark – Künstler also, die ich in der Vorbereitungszeit zum Soulsavers-Album *Imposter* gehört hatte." Dort hatte Dave mit der von Rich Machin zusammengestellten Band den Song „Where My Love Lies Asleep" von Gene Clark gecovert, im Original zu finden auf dem 1971er Album *White Light* des ehemaligen Byrds-Mitglieds. „Ich schickte mein Demo von ‚Wagging Tongue' an Martin, zusammen mit der Ankündigung, dass ich es für einen Folkie-Song halten würde", erinnerte sich Dave an den weiteren Prozess. Martin habe daraufhin vieldeutig gelacht, „und als ich den Track von ihm zurückerhielt, hatte er ein elektronisches Intro ergänzt, das meiner Meinung nach wie eine Hommage an Kraftwerk klingt."

Dave war überrascht und begeistert zugleich. „Ich liebe diesen Part", sagte er im Interview mit dem *Musikexpress*. „Er erzeugt die Ausstrahlung, dass gleich etwas Großes beginnt." Mit dem „Folkie-Song", der ihm im Kopf herumspukte, hatte Martins Intro nicht mehr allzu viel zu tun. Als problematisch hat Dave das aber nicht empfunden. „Songs ändern sich, wenn sie in die Händen von jemandem wie Martin gelangen oder im Studio weitere Leute daran arbeiten. Der Wandel liegt in der Natur der Sache, man muss als Kreativer lernen, damit umzugehen." Klar hätte es die Möglichkeit gegeben, „Wagging Tongue" zu einem Hybrid-Stück zu machen, halb elektrisch, halb akustisch. Man habe sich aber im Studio bewusst dagegen entschieden: „Wir wollten das Album nicht überfrachten. Das Potenzial dafür hätte es gegeben, James Ford ist ein Multitalent, er kann sich fast jedes beliebige Instrument nehmen und unmittelbar losspielen: Bass, Schlagzeug, Gitarren … Er hat das auch immer mal wieder gemacht, am Ende haben wir aber verhältnismäßig viele dieser Einspielungen wieder gelöscht. Es war uns wichtig, dass das Album frisch klingt und dass ihm ein Element der Spontaneität innewohnt. Ich finde, die Songs verlangen danach."

Die Vorabsingle „Ghosts Again" erschien am 9. Februar 2023 – und damit fast sechs Jahre nach *Spirit*. So lange hatten die Fans noch nie auf neue Musik von Depeche Mode warten müssen. Das Album *Memento Mori* folgte dann am 24. März 2023. Nicht nur die Community zeigte sich von den neuen Songs begeistert, sondern auch die Mehrzahl der Musikkritiker. So viel Lob waren Depeche Mode zuletzt nicht mehr gewohnt gewesen. Natürlich wurden auch die Platten davor in diesem oder jenem Magazin gefeiert, im Großen und Ganzen jedoch fielen die Urteile eher mittelmäßig aus. Auch auf dem Bewertungsportal *rateyourmusic.com* fielen die bis dahin jüngsten drei Alben der Band im Vergleich zu den anderen ab: *Sounds Of The Universe* und *Delta Machine* stehen bei durchschnittlich rund drei von fünf möglichen Punkten, *Spirit* belegt mit einem Durchschnitt von 2,80 unter allen Depeche-Mode-Alben den hintersten Rang. Das letzte gut bewertete Werk war lange *Playing The Angel* mit einem Durchschnitt von gut 3,5. Nun reihte sich *Memento Mori* mit rund 3,4 Punkten kurz dahinter ein – und wies damit einen besseren Punkteschnitt auf als *Construction Time Again* von 1983 oder *Exciter* von 2001.

Was in vielen Kritiken besonders häufig gelobt wurde: Die Rückkehr zum Stamm-Sound der Band mit vielen Synthesizern (dafür hatte wenig überraschend Martin die Weichen gestellt) sowie die bemerkenswerte Gesangsleistung von Dave. Im Interview nahm er als Sänger das Kompliment gern an – und begründete, woran das seiner Meinung nach lag: „Als Martin begann, mir ab Anfang 2022 erste neue Songs zu schicken, haben mich viele direkt gefangen genommen. Das passiert manchmal, wenn Martin mir seine Sachen zukommen lässt." Im Gegenzug begann er damit, Martin ein paar seiner Songs als Demos zu schicken, verbunden mit der Einladung, sie weiterzuentwickeln. „So kam es dann, dass er mir bald nicht nur seine eigenen neuen Songs gab, sondern auch bearbeitete Demos der Lieder, die ich geschrieben hatte. Mir gefällt diese Art der Zusammenarbeit. Sie gibt mir die Chance, mit Martin eine sehr interessante Verbindung als Künstler einzugehen. Ich erstellte mir aus seinen und meinen von ihm überarbeiteten Songs eine Playlist und probte sie." Dieses Proben, so führt Dave im Interview mit dem *Musikexpress* weiter aus, dürfe man sich tatsächlich so vorstellen, dass er die Songs immer wieder über eine Anlage oder auf Kopfhörern ablaufen ließ. Erst habe er sich hörend, mitpfeifend und murmelnd herangetastet. „Danach sang ich sie, und schließlich performte ich sie, als stünde ich auf einer Bühne. Als es dann ins Studio ging, waren mir diese Lieder bereits so vertraut, dass ich in der Lage war, mich vollkommen auf die Performance zu konzentrieren." Dave fühlte sich in diesen Momenten wie ein Schauspieler, der seinen Text so gut kennt, dass er in der Rolle, die er spielt, mit seiner ganzen Persönlichkeit aufgehen kann. „Ich fühlte mich exzellent vorbereitet, und genau das liebe ich. Ich hatte diese Lieder absorbiert, war ein Teil von ihnen geworden – ich war der Song."

Daves frühes Eintauchen in die Songs von *Memento Mori* war bereits so intensiv gewesen, dass es zumindest eine dieser Aufnahmen direkt aufs Album schaffte: Der Gesang auf dem Demo von „Don't Say You Love Me" war so stark, dass es für alle Beteiligten keinen Sinn ergab, sie im Studio toppen zu wollen. Auf den Impuls, seine Arbeit als Sänger so konzentriert anzugehen, kam Dave durch seine Arbeit am Soulsavers-Album *Imposter*, wie er bestätigte: „Ich habe mir vorgenommen, die Songs auf dem neuen Album von Depeche Mode so zu singen, wie ich das auf *Imposter* getan hatte. Bei diesem Projekt war es so, dass ich dafür Lieder ausgewählt hatte, die mir nicht nur sehr gut gefallen, sondern die etwas über mein Leben erzählen. Daher hatte ich die Idee, diese Stücke wirklich so zu singen, dass ich ein Teil von ihnen werde. Dabei half das Gedankenspiel, so zu tun, als wären diese Songs eigens für mich geschrieben worden." Was bei den Coversongs des Soulsavers-Albums der Gedanke eines „Hochstaplers" war, stimmte bei *Memento Mori*: Obwohl Richard Butler von den Psychedelic Furs bei einigen der Stücke als Co-Songwriter fungierte und bei den Demos die Rolle des Piloten für den Gesang übernahm, war Martin ab einem bestimmten Punkt klar: Das sind Songs für Depeche Mode – und damit für Dave.

Als Dave und Martin die Interviews zum neuen Album gaben, fanden gerade vorher und nachher Proben für die kommende Tour statt. Zu

Beginn dieser Übungsphase teilte sich die Gruppe auf: Martin und die Musiker arbeiteten in Los Angeles an der Umsetzung der neuen Stücke auf der Bühne, Dave verbrachte Zeit in New York, um mit einem Coach an seiner Stimme zu arbeiten – daran, dass der Gesang auf der Bühne die Intensität der Studioaufnahmen erreichen und seine Stimme eine monatelange Tour durchstehen würde. Bei den Gesprächen merkte man Dave und Martin an, wie groß der Respekt vor der anstehenden weltweiten Konzertreise war: Es würde die erste Tour ohne Fletch sein. Martin berichtete aus L.A., die ersten Proben fühlten sich gut an, es mache Spaß, die neuen Songs mit älteren zu kombinieren. „Trotzdem sind diese Proben eine emotionale Herausforderung für mich. Es ist hart, weil wir ja auch die alten Songs neu denken müssen. Neu im Sinne von: ohne Andy." Konkret stehe die Band nun vor der Aufgabe, die Parts von Fletch aufzuteilen: Wer übernimmt was, welche Stellen sollten anders arrangiert werden? „Jedes Mal, wenn ich mich konkret dieser Arbeit widme, entstehen schmerzhafte Erinnerungen an Andy. An das, was er gespielt hat. An das, was ihn als Menschen ausgezeichnet hat", sagte Martin. Schon die Aufnahmen zu *Memento Mori* seien für Dave und ihn emotional gewesen. „Bei den Sessions im Studio konnten wir uns darauf konzentrieren, etwas Neues zu erschaffen. Bei den Proben wird uns der Verlust eines alten Freundes bewusst." Und auf der Bühne, das war Dave und Martin klar, würde es nicht anders werden.

Umso bemerkenswerter war das, was Depeche Mode im Rahmen der *Memento Mori World Tour* auf die Bühne brachten, vom 23. März 2023 mit dem Start im kalifornischen Sacramento bis zum Finale mit drei Konzerten Anfang April 2024 in Köln. Weniger, was die Songauswahl und die Struktur der Shows betraf: Ein Kern von 15 Songs wurde auf jeder der insgesamt 112 Shows gespielt, zumeist an der gleichen Stelle der Setlist, mit eingeübten Gesten und von vielen Fans heiß geliebten,

wenn auch standardisierten Drehungen Daves (wobei das Tempo der Pirouetten im Laufe der Tour nicht langsamer wurde, was vom Publikum immer wieder mit einem Raunen quittiert wurde). Wirkliche Überraschungen oder gar Spontaneität gab es kaum; selbst die Ständchen für Geburtstagskinder in den Stadien und Arenen wirkten zwar herzlich, aber eben auch inszeniert. Doch was die Konzerte der Tour so besonders machte, war die unübersehbare Nähe zwischen Dave und Martin. Eine Nähe, die es bei den Shows vor dem Tod von Fletch so offensichtlich nicht gegeben hatte.

Dave trug dabei in der Regel ein Outfit zwischen englischem Edelmann und Rock'n'Roll-Gentleman – viele fühlten sich insbesondere wegen der weiten Hemdmanschetten an die Optik von The Damneds Dave Vanian erinnert. Ersichtlich war von Beginn an, dass Dave bei dieser Tour den Kontakt zu Martin suchte – und der den zu ihm. „Die neu geschaffene Macht der zwei wurde durch die Zuneigung und Freundlichkeit, die sich die Überlebenden gegenseitig entgegenbringen, unterstrichen", schrieb der Kritiker des *Guardian* nach der Show von Depeche Mode Ende Januar in London. „Es gab ein breites Lächeln und ein Lob von Gahan für Gores ‚schöne, engelsgleiche Töne' nach ein paar Stücken mit Gore als Frontmann; am Ende dann Schulterklopfen und Umarmungen."

Die meisten der Shows boten zwei emotionale Höhepunkte: Bei „World In My Eyes", Fletchs Lieblingssong vom *Violator*-Album, war ein gigantisches Schwarz-Weiß-Bild des verstorbenen Gründungsmitglieds zu sehen, das sich subtil änderte – und beim Hinschauen den Eindruck erweckte, als lächle der überlebensgroß gezeigte Keyboarder milde bis spöttisch auf das, was seine Band zu bieten hat. Beim ersten Song des Zugabenblocks wurde es dann intim: Entweder „Waiting For The Night" von *Violator* oder – seltener – „Condemnation" von *Songs Of Faith And Devotion* spielten Dave und Martin Seite an Seite als Duo auf einem Steg, der bis ins Publikum hineinragte. Bei „Waiting For The Night" legte Martin seine Gitarre sogar zur Seite und sang den Song zusammen mit Dave, gefolgt von einer gegenseitigen Verbeugung, bevor sich die beiden in die Arme fielen. Selbstverständlich war auch diese Performance eine Inszenierung. Weil aber viele Fans aus den vorderen Reihen diese Momente filmten, konnte man gut sehen, wie Dave und Martin in diesem Song regelrecht aufgingen; wie sie sich beobachteten und am Ende nicht nur zufrieden lächelten, sondern vor allem Dave befreit lachte. Hat Fletch von irgendwoher auf diese Szenen geblickt, er wird mit „seinen Jungs" zufrieden gewesen sein.

Die Tour gab einige Antworten – und doch blieben Fragen offen. Was hatte es zum Beispiel mit dem schwarzen Tape auf sich, das Dave während der Tour an seinem Daumen trug? Welche Konflikte auf dieser Welt könnte Dave noch lösen, nachdem er bei einer Show in Los Angeles eine handfeste Schlägerei in der erste Reihe mit den Worten: „Hey, nothing is that important" beruhigte – um dann halb belustigt, halb verbittert nachzuschieben, der wahre Ärger des Fans beruhe darauf, dass er sein „fucking phone" verloren habe. Und: War das Konzert der

Band am 8. April 2024 in Köln vielleicht das letzte in der Geschichte von Depeche Mode? Vor dem Block mit den Zugaben richtete Dave ein paar Worte an das Team, das diese Konzertreise zu einem Erfolg werden ließ. „Es war wirklich eine besondere Tournee“, sagte er ins Mikro. Am Anfang hatten wir Herausforderungen: Wir haben unseren Freund verloren. Martin und ich beschlossen, weiterzumachen und diese Platte zu machen. Wir haben die Tournee gemacht, und ich bin froh, dass wir es getan haben.“ Entgegen seiner sonstigen Gewohnheit beschloss Dave die Show nach der letzten Zugabe „Personal Jesus“ nicht mit der sonst üblichen Floskel „See you next time“. Die Zukunft von Depeche Mode scheint offen zu sein. Wobei das am Ende einer Welttournee kein unüblicher Zustand für diese Band ist.

Was dagegen klar zu sein scheint: Dave hat weiterhin Lust zu singen. Im Juni 2024 war er erneut als Sänger auf einer Single des Projekts Humanist des britischen Songwriters und Produzenten Rob Marshall zu hören, der bei vier Konzerten der *Memento Mori World Tour* im Vorprogramm dabei war. Das Electro-Stück „Brother“ klingt zuversichtlich, poppig – und durchaus so, als wäre Dave danach, als Sänger weiter neues Terrain zu erobern. Was wiederum bedeutet: Dieser Weg ist noch nicht zu Ende. Ob mit oder ohne Depeche Mode, der Band, der er alles zu verdanken hat – von der er sich aber als Performer in den vergangenen Jahren emanzipiert hat. Eine Tatsache, die ihm als Mensch zweifellos gutgetan hat. Und erst recht der kreativen Kraft von Depeche Mode.

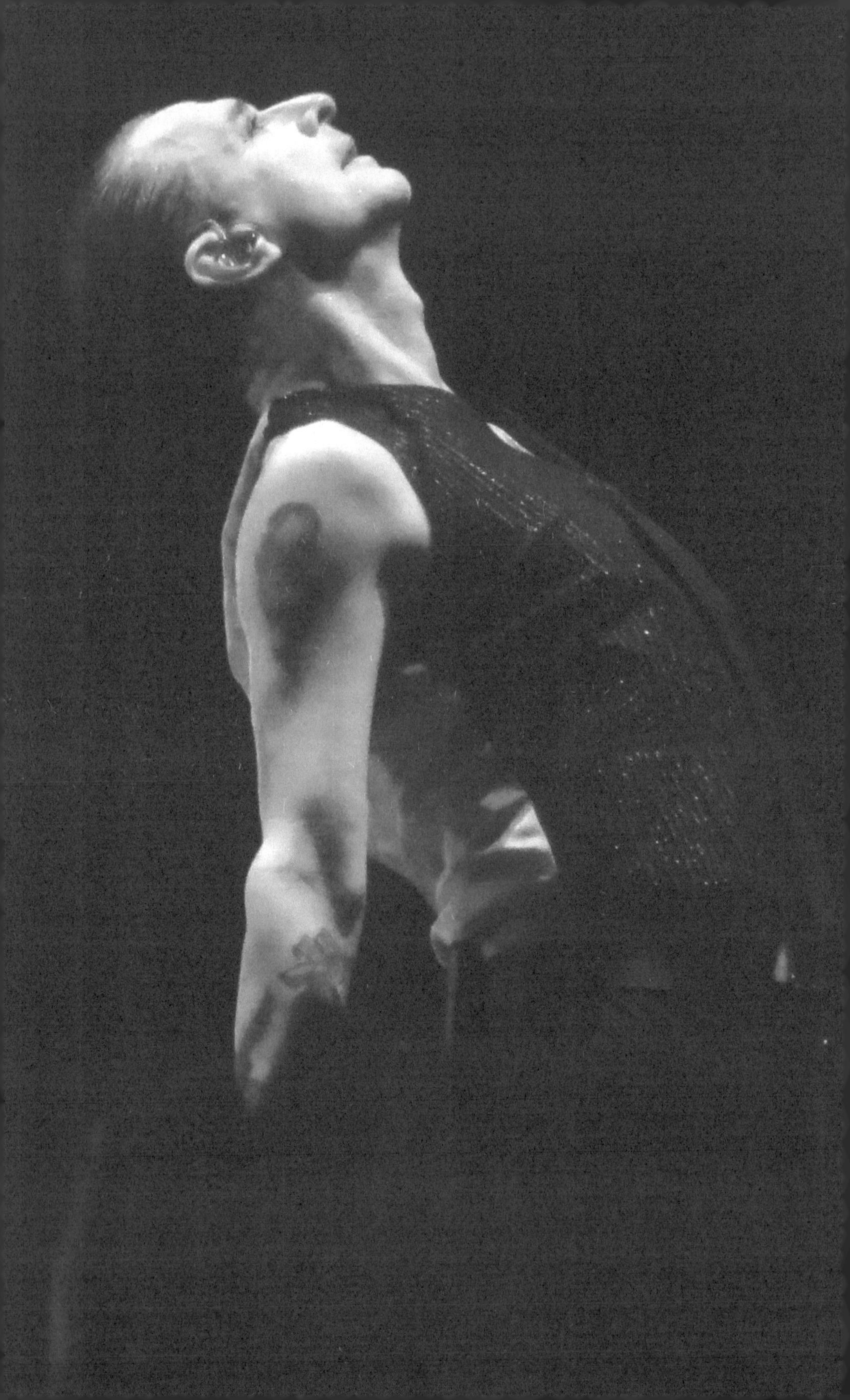

X Diskografie

I. STUDIOALBEN (*Singles)

Depeche Mode – Speak And Spell (Mute, Oktober 1981)
New Life* / I Sometimes Wish I Was Dead / Puppets / Boys Say Go! / NoDisco / What's Your Name? / Photographic / Tora! Tora! Tora! / Big Muff / Any Second Now (Voices) / Just Can't Get Enough*

Depeche Mode – A Broken Frame (Mute, September 1982)
Leave In Silence* / My Secret Garden / Monument / Nothing To Fear / See You* / Satellite / The Meaning Of Love* / A Photograph Of You / Shouldn't Have Done That / The Sun & The Rainfall

Depeche Mode – Construction Time Again (Mute, August 1983)
Love, In Itself* / More Than A Party / Pipeline / Everything Counts* / Two Minute Warning / Shame / The Landscape Is Changing / Told You So / And Then … / Everything Counts (Reprise)

Depeche Mode – Some Great Reward (Mute, September 1984)
Something To Do / Lie To Me / People Are People* / It Doesn't Matter / Stories Of Old / Somebody* / Master And Servant*/ If You Want / Blasphemous Rumours*

Depeche Mode – Black Celebration (Mute, März 1986)
Black Celebration / Fly On The Windscreen (Final) / A Question Of Lust* / Sometimes / It Doesn't Matter Two / A Question Of Time* / Stripped* / Here Is The House / World Full Of Nothing / Dressed In Black / New Dress

Depeche Mode – Music For The Masses (Mute, September 1987)
Never Let Me Down Again* / The Things You Said / Strangelove* / Sacred / Little 15* / Behind The Wheel* / I Want You Now / To Have And To Hold / Nothing / Pimpf / Interlude #1 – Mission Impossible

Depeche Mode – Violator (Mute, März 1990)
World In My Eyes* / Sweetest Perfection / Personal Jesus* / Halo / Waiting For The Night / Enjoy The Silence* / Interlude #2 – Crucified / Policy Of Truth* / Blue Dress / Interlude #3 / Clean

Depeche Mode – Songs Of Faith And Devotion (Mute, März 1993)
I Feel You* / Walking In My Shoes* / Condemnation* / Mercy In You / Judas / In Your Room* / Get Right With Me / Interlude #4 / Rush / One Caress / Higher Love

Depeche Mode – Ultra (Mute, April 1997)
Barrel Of A Gun*/ The Love Thieves / Home* / It's No Good* / Uselink / Useless* / Sister Of Night / Jazz Thieves / Freestate / The Bottom Line / Insight / Junior Painkiller

Depeche Mode – Exciter (Mute, Mai 2001)
Dream On* / Shine / The Sweetest Condition / When The Body Speaks / The Dead Of Night / Lovetheme / Freelove* / Comatose / I Feel Loved* / Breathe / Easy Tiger / I Am You / Goodnight Lovers*

Dave Gahan – Paper Monsters (Mute, Juni 2003)
Dirty Sticky Floors* / Hold On* / A Little Piece / Bottle Living* / Black And Blue Again / Stay / I Need You* / Bitter Apple / Hidden Houses / Goodbye

Depeche Mode – Playing The Angel (Mute, Oktober 2005)
A Pain That I'm Used To* / John The Revelator* / Suffer Well* / The Sinner In Me / Precious* / Macro / I Want It All / Nothing's Impossible / Introspectre / Damaged People / Lilian* / The Darkest Star

Dave Gahan – Hourglass (Mute, Oktober 2007)
Saw Something* / Kingdom* / Deeper And Deeper* / 21 Days / Miracles / Use You / Insoluble / Endless / A Little Lie / Down

Depeche Mode – Sounds Of The Universe (Mute, April 2009)
In Chains / Hole To Feed* / Wrong* / Fragile Tension* / Little Soul / In Sympathy / Peace* / Come Back / Spacewalker / Perfect / Miles Away/ The Truth Is / Jezebel / Corrupt / Interlude #5 – (Wrong Reprise)

Soulsavers – The Light The Dead See (V2, Mai 2012)
La Ribera / In The Morning / Longest Day* / Presence Of God / Just Try / Gone Too Far / Point Sur Pt.1 / Take Me Back Home* / Bitterman / I Can't Stay / Take / Tonight

Depeche Mode – Delta Machine (Mute/Columbia, März 2013)
Welcome To My World / Angel / Heaven* / Secret To The End / My Little Universe / Slow / Broken / The Child Inside / Soft Touch/Raw Nerve / Should Be Higher* / Alone / Soothe My Soul* / Goodbye

Dave Gahan & Soulsavers – Angels & Ghosts (Columbia, Oktober 2015)
Shine* / You Owe Me / Tempted / All Of This And Nothing* / One Thing / Don't Cry / Lately / The Last Time / My Sun

Depeche Mode – Spirit (Mute/Columbia, März 2017)
Going Backwards* / Where's The Revolution* / The Worst Crime / Scum / You Move / Cover Me* / Eternal / Poison Heart / So Much Love / Poorman / No More (This Is The Last Time) / Fail

Dave Gahan & Soulsavers – Imposter (Columbia, November 2021)
The Dark End Of The Street / Strange Religion / Lilac Wine / I Held My Baby Last Night / A Man Needs A Maid / Metal Heart* / Shut Me Down / Where My Love Lies Asleep / Smile / The Desperate Kingdom Of Love / Not Dark Yet / Always On My Mind

Depeche Mode – Memento Mori (Columbia, März 2023)
My Cosmos Is Mine* / Wagging Tongue* / Ghosts Again* / Don't Say You Love Me / My Favourite Stranger* / Soul With Me / Caroline's Monkey / Before We Drown* / People Are Good* / Always You / Never Let Me Go / Speak To Me

II. LIVEALBEN & COMPILATIONS (*Singles)

Anmerkungen: Bei *Soundtrack To Live Monsters* und *Live From SoHo* von Dave Gahan handelt es sich um eine reine Digitalveröffentlichung. Die Depeche-Mode-Compilations *Remixes 81–04* und *Remixes 2: 81–11* erschienen in stark verkürzter Form auch als Einzel-CDs; die Tracklistings im Folgenden sind die der erweiterten Multi-CD-Fassungen. Depeche Modes Livealben *Touring The Angel: Live In Milan* und *Tour Of The Universe: Barcelona 20/21.11.09* wurden ausschließlich als Teil der jeweiligen DVD/CD-Sets gleichen Namens veröffentlicht. Zudem erschienen unter dem Titel *Recording The Angel* 2006 insgesamt 43 Konzertmitschnitte von der Tour zu *Playing The Angel* als CD und Download. 2009 und 2010 griffen Depeche Mode das Konzept nochmals auf und veröffentlichten unter dem Titel *Recording The Universe* 48 Konzertmitschnitte von der Tour zu *Sounds Of The Universe*, wieder als CD und Download.

Depeche Mode – The Singles 81>85 (Mute, Oktober 1985)
Dreaming Of Me / New Life / Just Can't Get Enough / See You / Leave In Silence / Get The Balance Right / Everything Counts / Love, In Itself / People Are People / Master And Servant / Blasphemous Rumours / Shake The Disease* / It's Called A Heart*

Depeche Mode – 101 (Mute, März 1989)
Pimpf / Behind The Wheel / Strangelove / Something To Do / Blasphemous Rumours / Stripped / Somebody / The Things You Said / Black Celebration / Shake The Disease / Pleasure, Little Treasure / People Are People / A Question Of Time / Never Let Me Down Again / Master And Servant / Just Can't Get Enough / Everything Counts*

Depeche Mode – Songs Of Faith And Devotion Live (Mute, Dezember 1993)
I Feel You / Walking In My Shoes / Condemnation / Mercy In You / Judas / In Your Room / Get Right With Me / Rush / One Caress / Higher Love

Depeche Mode – The Singles 86>98 (Mute, September 1998)
Stripped / A Question Of Lust / A Question Of Time / Strangelove / Never Let Me Down Again / Behind The Wheel / Personal Jesus /

Enjoy The Silence / Policy Of Truth / World In My Eyes / I Feel You / Walking In My Shoes / Condemnation / In Your Room / Barrel Of A Gun / It's No Good / Home / Useless / Only When I Lose Myself* / Little 15 / Everything Counts (Live)

Dave Gahan – Soundtrack To Live Monsters (Mute, März 2004)
Hidden Houses / Hold On / Dirty Sticky Floors / Bitter Apple / Black And Blue Again / Stay / A Little Piece* / I Need You / Bottle Living / Goodbye

Depeche Mode – Remixes 81–04 (Mute, Oktober 2004)
Never Let Me Down Again – Split Mix / Policy Of Truth – Capitol Mix / Shout – Rio Remix / Home – Air „Around The Golf" Remix / Strangelove – Blind Mix / Rush – Spiritual Guidance Mix / I Feel You – Renegade Soundwave Afghan Surgery Mix / Barrel Of A Gun – Underworld Hard Mix / Route 66 – Beatmasters Mix / Freelove – DJ Muggs Remix / I Feel Loved – Chamber's Remix / Just Can't Get Enough – Schizo Mix / Personal Jesus – Pump Mix / World In My Eyes – Mode To Joy / Get The Balance Right! – Combination Mix / Everything Counts – Absolut Mix / Breathing In Fumes / Painkiller – Kill The Pain – DJ Shadow Vs. Depeche Mode / Useless – The Kruder + Dorfmeister Session / In Your Room – The Jeep Rock Mix / Dream On – Dave Clarke Acoustic Version / It's No Good – Speedy J Mix / Master And Servant – An ON-USound Science Fiction Dance Hall Classic / Enjoy The Silence – Timo Maas Extended Remix*

Depeche Mode – Touring The Angel: Live From Milan (Mute, September 2006)
A Pain That I'm Used To / John the Revelator / Precious / Suffer Well / Macro / I Want It All / The Sinner In Me / Damaged People *(CD ist Teil des DVD-Sets gleichen Namens)*

Depeche Mode – The Best Of Volume One (Mute, November 2006)
Personal Jesus / Just Can't Get Enough / Everything Counts / Enjoy The Silence / Shake The Disease / See You / It's No Good / Strangelove / Suffer Well / Dream On / People Are People / Martyr* / Walking In My Shoes / I Feel You / Precious / Master And Servant / New Life / Never Let Me Down Again

Dave Gahan – Live From SoHo (Mute, Dezember 2007)
Saw Something / Kingdom / Deeper And Deeper / Use You / Endless / A Little Lie / Miracles

Depeche Mode – Tour Of The Universe: Barcelona 20/21.11.09 (Mute, November 2010)
In Chains / Wrong / Hole To Feed / Walking In My Shoes / It's No Good / A Question Of Time / Precious / Fly On The Windscreen / Jezebel / Home (Acoustic) / Come Back / Policy Of Truth / In Your Room (Zephyr Mix) / I Feel You / Enjoy The Silence / Never Let Me Down Again / Dressed In Black (Acoustic) / Stripped / Behind The Wheel / Personal Jesus / Waiting For The Night

Dave Gahan – Hourglass: Remixes (Mute, März 2008)
Deeper & Deeper – Juan Maclean Club Mix / Kingdom – Booka Shade Club Remix / Love Will Leave –Kap10Kurt Mix / Use You – Maps Remix / Deeper & Deeper – T. Raumschmiere Remix Extended / Kingdom – Digitalism Remix / Saw Something – Onur Ozer / Deeper & Deeper – Sebastien Leger Remix / Kingdom –Rosario's Big Room Vocal / Saw Something – Skreamix / Deeper & Deeper – SHRUBBN!! FX Instrumental

Depeche Mode – Remixes 2: 81–11 (Mute, Juni 2011)
Dream On – Bushwacka Tough Guy Mix / Suffer Well – M83 Remix / John The Revelator – Unkle Reconstruction / In Chains – Tigerskin's No Sleep Remix / Peace – SixToes Remix / Lilian – Chab Vocal Remix Edit / Never Let Me Down Again – Digitalism Remix / Corrupt – Efdemin Remix / Everything Counts – Oliver Huntemann And Stephan Bodzin Dub / Happiest Girl – Pulsating Orbital Vocal Mix / Walking In My Shoes – Anandamidic Mix / Personal Jesus – The Stargate Mix* / Slowblow – Darren Price Remix / Wrong – Trentemøller Club Remix / World In My Eyes – Dub In My Eyes / Fragile Tension – Peter Bjorn + John Remix / Strangelove – Tim Simenon/Mark Saunders Remix / A Pain That I'm Used To – Jacques Lu Cont Remix / The Darkest Star – Monolake Remix / I Feel You – Helmet At The Helm Mix / Higher Love – Adrenaline Mix Edit / Fly On The Windscreen – Death Mix / Barrel Of A Gun – United Mix / Only When I Lose Myself – Dan The Automator Mix / Ghost – Le Weekend Remix / Personal Jesus – Alex Metric Remix Edit* / Never Let Me Down Again – Eric Prydz Remix

/ Behind The Wheel – Vince Clarke Remix / Leave In Silence – Claro Intelecto „The Last Time“ Remix / In Chains – Alan Wilder Remix / When The Body Speaks – Karlsson & Winnberg Remix / Puppets – Röyksopp Remix / Tora! Tora! Tora! – Karlsson & Winnberg (From Miike Snow) Remix / Freestate – Clark Remix / I Want It All – Roland M. Dill Remix / A Question Of Time – Joebot Presents „Radio Face“ Remix / Personal Jesus – Sie Medway-Smith Remix*

Depeche Mode – Live In Berlin (Mute/Columbia, November 2014)
Welcome To My World / Angel / Walking In My Shoes / Precious / Black Celebration / Should Be Higher / Policy Of Truth / The Child Inside / But Not Tonight (Acoustic) / Heaven / Soothe My Soul / A Pain That I'm Used To (Jacques Lu Cont's Remix) / A Question Of Time / Enjoy The Silence / Personal Jesus / Shake The Disease / Halo (Goldfrapp Remix) / Just Can't Get Enough/ I Feel You / Never Let Me Down Again / Goodbye

Depeche Mode – Live Spirits: Soundtrack (Columbia, Juni 2020)
Intro / Going Backwards / It's No Good / A Pain That I'm Used To / Useless / Precious / World In My Eyes / Cover Me / The Things You Said / Insight / Poison Heart / Where's The Revolution / Everything Counts / Stripped / Enjoy The Silence / Never Let Me Down Again / I Want You Now / Heroes / Walking In My Shoes / Personal Jesus / Just Can't Get Enough

III. GASTAUFTRITTE & SAMPLERBEITRÄGE

David Gahan – A Song For Europe
Vom Sampler *Dream Home Heartaches … – Remaking/Remodeling Roxy Music* (B5 Atomic, 1997)

Junkie XL– Reload (feat. Dave Gahan)
Vom Album *Radio JXL: A Broadcast From The Computer Hell Cabin* (Roadrunner, 2003)

frYars – Visitors (feat. Dave Gahan)
Vom Album *Dark Young Hearts* (frYarcorp, 2009)

SixToes feat. Dave Gahan – Low Guns
Vom Album *The Morning After* (Toe, 2014)

Mirror – Nostalgia (starring Dave Gahan)
Vom Album *Mirror* (Eigenveröffentlichung, 2016)

Martyn LeNoble & Christian Eigner feat. Mark Lanegan & Dave Gahan – Cat People (Putting Out Fire)
Single (Eigenveröffentlichung, 2016)

Null + Void feat. Dave Gahan – Where I Wait
Vom Album *Cryosleep* (HFN, 2017)

Goldfrapp feat. Dave Gahan – Ocean
Vom Album *Silver Eye* (Mute, 2017)

Humanist feat. Dave Gahan – Shock Collar
Vom Album *Humanist* (Ignition, 2020)

Dave Gahan – Nothing Else Matters
Vom Sampler *The Metallica Blacklist* (Blackened, 2021)

Jennylee feat. Dave Gahan – Stop Speaking
Vom Album *Heart Tax* (Virgin, 2022)

OLI feat. Dave Gahan – Does That Hurt?
Single (Hottwerk, 2022)

Kurt Uenala feat. Dave Gahan – Manuscript
EP (HFN, 2022)

Dave Gahan & Kurt Uenala – Chains
Vom Sampler *The Raveonettes Presents: Rip It Off* (Crunchy Frog, 2023)

Humanist feat. Dave Gahan – Brother
Vom Album *On The Edge Of A Lost And Lonely World* (Bella Union, 2024)

Zitatnachweise

Soweit die Zitatquellen nicht bereits im Text genannt wurden, stammen die verwendeten Zitate aus den hier aufgeführten Zeitschriften und Zeitungen:

S. 10 „Danach habe ich Leuten ..." (*Daily Mirror*)
S. 11 „Mit diesen kleinen Beruhigungspillen ..." (*NME*)
S. 11 „In ganz England ..." (*Times*)
S. 11 „Genau das machte aber ..." (*Rolling Stone*)
S. 11 „Meine Mama ..." (*Uncut*)
S. 12 „Es ging soweit ..." (*Observer*)
S. 12 „Das Zeug knallte ..." (*Guardian*)
S. 12 „Wir machten alles gemeinsam" (*No. 1*)
S. 12 „Alle sahen mich an ..." (*Q*)
S. 20 „Ohne es zu wissen ..." (*Rolling Stone*)
S. 23 „Ich mag diese Szene ..." (*Sounds*)
S. 23 „Ich wollte sie mir ..." (*Mojo*)
S. 25 „Einer von denen ..." (*Uncut*)
S. 39 „Ich erinnere mich ..." (*Smash Hits*)
S. 40 „Das könnte der Wendepunkt ..." (*Mojo*)
S. 40 „All das, was der Erfolg ..." (*New Sounds*)
S. 41 „Als Vince ausstieg ..." (*Blitz*)
S. 43 „Alle ihre Freunde ..." (*Uncut*)
S. 43 „Wir waren ein bisschen ..." (*Rolling Stone*)
S. 44 „In der Schule war sie ..." (*Uncut*)
S. 51 „Wir strampelten uns ab ..." (*Kingsize*)
S. 51 „Das ist schon ein seltsamer Ort ..." (*Record Mirror*)
S. 53 „Wir alle finden ..." (*Melody Maker*)
S. 54 „Als wir anfingen ..." (*NME*)
S. 56 „Man fliegt dorthin ..." (*NME*)
S. 58 „Ein Teil des Materials ..." (*Melody Maker*)
S. 60 „Wir sagten: ‚Das können wir nicht machen' ..." (*NME*)
S. 60 „Das war unsere S-s-s-s-s-Nummer ..." (*No. 1*)
S. 62 „Ich persönlich glaube ..." (*NME*)
S. 65 „Für uns war diese Aufnahmephase ..." (*No. 1*)
S. 66 „Er hielt das für lustig ..." (*Melody Maker*)
S. 74 „Man bat uns nicht ..." (*Creem*)
S. 74 „Weil wir bei einem Independent-Label sind ..." (*Blitz*)
S. 78 „Bis etwa 1985 ..." (*Revolver*)
S. 79 „Die wirklich peinlichen Momente ..." (*ZigZag*)
S. 80 „In Ungarn gibt es tatsächlich ..." (*Sky*)
S. 80 „Ich glaube nicht ..." (*Guardian*)
S. 81 „Sie darf mit, aber ..." (*Record Mirror*)
S. 81 „Es wurde alles ..." (*No. 1*)
S. 81 „In den Achtzigern ..." (*Q*)
S. 82 „Wenn wir je davor standen ..." (*Melody Maker*)
S. 89 „Damals stritten wir uns ..." (*Uncut*)
S. 91 „Es war das erste Mal ..." (*Bong*)
S. 93 „Ich habe mich bei der Arbeit ..." (*Uncut*)
S. 94 „Wir befinden uns ..." (*Record Mirror*)
S. 96 „Es kommen Kids ..." (*NME*)
S. 98 „Die französischen Fans ..." (*Smash Hits*)
S. 101 „Ich fühlte mich scheiße ..." (*Q*)
S. 102 „Man denkt, man sei ..." (*Rolling Stone*)
S. 104 „Ich stellte fest, dass ..." (*New York Times*)
S. 109 „Ich sagte ihm, er solle ..." (*Rolling Stone*)

S. 114 „Es wurden über eine halbe Million ..." (*Melody Maker*)
S. 116 „Während der Produktion ..." (*Mojo*)
S. 119 „Bis zu diesem Zeitpunkt ..." (*Q*)
S. 119 „Die Leute hier sind ..." (*Rolling Stone*)
S. 120 „Auf der *Violator*-Tour ..." (*Q*)
S. 120 „Es war ein Fluchtverhalten ..." (*Times Magazine*)
S. 120 „Es war ganz schön ..." (*Uncut*)
S. 121 „Mir taten andauernd ..." (*FHM*)
S. 122 „Er dachte wohl ..." (*Details*)
S. 127 „Ich fühlte mich dort ..." (*Times Magazine*)
S. 127 „Man blickt eines Morgens ..." (*Details*)
S. 129 „Ich dachte tatsächlich ..." (*NME*)
S. 129 „Am Schluss musste ich ..." (*Melody Maker*)
S. 130 „Angeblich wirkt es ..." (*Q*)
S. 130 „Das belastete mich ..." (*Uncut*)
S. 131 „Wenn ich die Songs ..." (*Pulse*)
S. 133 „Theoretisch war das ..." (*Future Music*)
S. 134 „Wir hatten vorher ..." (*Q*)
S. 135 „Zeitweise war es ..." (*Vox*)
S. 135 „Bei den Aufnahmen zu ..." (*Mojo*)
S. 136 „Ich habe so ein ..." (*LA Times*)
S. 136 „Wir versuchen, die Leute ..." (*Creem*)
S. 137 „Der Gedanke bei ..." (*Keyboard*)
S. 139 „Viele Leute sagten mir ..." (*Spin*)
S. 144 „Dave ist der geborene ..." (*Mojo*)
S. 143 „Sie waren wie meine ..." (*NME*)
S. 148 „Wir dachten ..." (*Uncut*)
S. 148 „Momentan schreiben sie ..." (*i-D*)
S. 150 „Ich könnte Ihnen jetzt ..." (*Uncut*)
S. 156 „Während des letzten Songs ..." (*FHM*)
S. 159 „So lange ich denken kann ..." (*Mojo*)
S. 159 „Wenn man ein Junkie ist ..." (*Q*)
S. 161 „Ich glaube nicht ..." (*Uncut*)
S. 161 „Ich habe großes Glück gehabt ..." (*MTV*)
S. 161 „Man hat mir des Öfteren ..." (*Hot Press*)
S. 162 „Ich sah in die Augen ..." (*Uncut*)
S. 171 „Als wir mit dem Album ..." (*Winnipeg Free Press*)
S. 172 „Wir drei vertragen uns ..." (*BAM*)
S. 173 Ich habe auf seinen ..." (*Q*)
S. 173 „Vince sagte einmal ..." (*Pavement*)
S. 173 „Wir haben eine Doppelseite ..." (*NME*)
S. 174 „Es täte mir leid ..." (*NME*)
S. 174 „Als wir mit Depeche Mode ..." (*Times*)
S. 177 „Es liegt nicht nur an ..." (*Sunday Times*)
S. 179 „Los Angeles kann einen ..." (*Detour*)
S. 183 „Ich bin sehr stolz ..." (*Time Out*)
S. 183 „Ich begann vor ..." (*Billboard*)
S. 184 „Früher kam unser Manager ..." (*Virtually Alternative*)
S. 186 „Es ist eigentlich wie ..." (*Virtually Alternative*)
S. 189 „Martin gab ein paar ..." (*Q*)
S. 191 „Martin meinte nur ..." (*Rolling Stone*)
S. 195 „Innerhalb von Depeche Mode ..." (*Uncut*)
S. 197 „Es ist unglaublich ..." (*Metro*)
S. 204 „Der Presse gegenüber ..." (*Mojo*)
S. 206 „Es war ein bisschen wie ..." (*Q*)
S. 208 „Er versteht es ..." (*Sunday Times*)
S. 213 „Auf Tournee ..." (*Manchester Evening News*)
S. 220 „Das Leben in New York ..." (*NME*)

Danksagungen

Der Autor möchte folgenden Personen für die Exklusivinterviews danken, die sie ihm für das vorliegende Buch gegeben haben: BJ Cole (Sessionmusiker auf *Songs Of Faith And Devotion*); Brian Griffin (Fotograf der Albumcover); Dave Clayton (Keyboarder auf *Ultra* und Mitglied von Bomb The Bass); Peter Care (Videoregisseur); Ken Thomas (Produzent von Dave Gahans Soloalbum *Paper Monsters*); Russell Lee (Förderer und Fan aus Anfangstagen); Rusty Egan (Musiker und Veranstalter); Shaun de Feo (Toningenieur bei *Songs Of Faith And Devotion*); Stéafán Hannigan (Sessionmusiker auf *Songs Of Faith And Devotion*) und Terry Murphy (Veranstalter und Inhaber des Bridge House).

Der Hannibal Verlag bedankt sich bei Ronny Ecke, CPR und Partyman für den unermüdlichen Einsatz bei diesem und anderen Buchprojekten des Hauses zum Thema Depeche Mode und bei Ronny Ecke für die freundliche Bereitstellung des Bildmaterials für dieses Buch.